Prof. Dr. Christoph Rueger
Die musikalische Reiseapotheke

Zum vorliegenden Buch hat Prof. Dr. Christoph Rueger musikalische Kostbarkeiten ausgesucht, erschienen in der Reihe »Philips Classics«:

Die musikalische Reiseapotheke
(5 CDs im Schuber, 6 Stunden Spieldauer)
ISBN 3-7205-1785-3

Von Prof. Dr. CHRISTOPH RUEGER
sind im Ariston Verlag außerdem erschienen:

Die musikalische Hausapotheke
für jedwede Stimmungslage von A bis Z
(276 Seiten mit ausführlicher Diskographie und Sachregister)
ISBN 3-7205-1665-2

Die musikalische Hausapotheke
(Erste Folge: Vol. 1–5; neue Folge: Vol. 6–10.
Klassische Musik zu den Kapiteln des Buches.
Je 5 CDs im Schuber, zusammen 12 Stunden Spieldauer)
ISBN 3-7205-1721-7/3-7205-1723-3

Wie im Himmel so auf Erden
Die Kunst des Lebens im Geist der Musik –
das Beispiel Johann Sebastian Bach
(304 Seiten, 60 Abbildungen)
ISBN 3-7205-1773-X

Wie im Himmel so auf Erden
(2 CDs der Reihe »Philips Classics«
Doppel-CD mit ausgewählten Werken J. S. Bachs –
zusammengestellt von CHRISTOPH RUEGER)
ISBN 3-7205-1775-6

Prof. Dr. Christoph Rueger

Die musikalische Reiseapotheke

Ein klingendes Vademekum für weltoffene Zugvögel

ARISTON VERLAG · GENF/MÜNCHEN

Die Deutsche Bibliothek – CIP-Einheitsaufnahme

Rueger, Christoph:
Die musikalische Reiseapotheke:
ein klingendes Vademekum für weltoffene Zugvögel
Christoph Rueger. – 2. Aufl. – Genf;
München: Ariston Verlag, 1995
ISBN 3-7205-1783-7

Gestaltung des Schutzumschlages:
Studio Höpfner-Thoma, GraphicDesign BDG, München

Gesamtherstellung: Ueberreuter Buchproduktion,
Korneuburg bei Wien

Erstauflage: Februar 1995
Zweite Auflage: Mai 1995
Printed in Austria 1995

ISBN 3-7205-1783-7

Inhalt

PROLOG

Von äußerer und innerer Mobilität oder: Einladung zum Aufbruch

»Trinkt, o Augen, was die Wimper hält,
von dem goldnen Überfluß der Welt.«
Gottfried Keller

»Fürs Reisen gibt es viele Diagnosen:
Die einen schmückt es, andern liegt's im Blut.
Mobilität jedoch tut allen gut.
Wer selten rastet, rostet nicht vorzeiten!«
C. R.

Beweglichkeit und Bewegung sind Geschenke des Schöpfers an den Menschen. Sie helfen, seine Wahrnehmung von und seinen Austausch mit Mensch, Natur und Kultur zu verfeinern und zu intensivieren – bis er, nunmehr dynamisch-flexibel, zu einer Art Polyphonie des Lebens gelangt ist.

Wie das Erleben des räumlichen Klanges und noch mehr das räumliche Sehen die Sinneswahrnehmung qualifiziert und erheblich steigert – so schwingt künstlerisches und historisches Wissen mit, hat man sich nur genug umgeschaut, hat man genug gespeichert, gelesen und gelauscht: etwa bei der »Eroberung einer Stadt«, bei der Betrachtung einer Landschaft, beim Durchstöbern einer Burg. Diese Erweiterung des Horizonts kommt segensreich auf uns zurück. Denn jetzt können wir uns besser relativieren, uns realistischer einschätzen und nicht zuletzt auch unsere vermeintlich großen Probleme entweder in Ruhe angehen oder in ihrer

Verhältnismäßigkeit besser einordnen, können wir manch drohender Sphinx »auf die Schliche kommen« und sie entzaubern.

Wir Menschen an der Wende zum dritten Jahrtausend haben bislang ungeahnte Möglichkeiten, uns die Welt anzusehen. Mehr als das – der Mitteleuropäer ist gewöhnt, daß ihm die Welt buchstäblich zu Füßen liegt. Er entsteigt nach acht Stunden mehr oder weniger angenehmen Fluges einer silbernen Zigarre, setzt seinen Fuß auf den roten Teppich des örtlichen Fremdenverkehrsministeriums und leistet sich dann einen Urlaub »vor Ort«, gleichsam *à la carte.*

Nichts spricht dagegen, sondern eine Menge dafür, zumal hier jeder nach seinem privaten Gusto selig werden kann. Aber ist das alles? GOETHE sagte einmal: »Man sieht nur, was man weiß.« Solange das Reisen nicht durch Kenntnis und Einfühlung vorbereitet ist, solange die äußere Beweglichkeit nicht mit Neugier, Toleranz und Verständnis auch für anscheinend oder auf den ersten Blick Unverständliches, weil Andersgeartetes, gepaart ist und solange man nicht bereit ist, verändert aus der Ferne zurückzukehren – so lange bleiben alle Reisen ohne Gehalt, zumindest unter dem Aspekt des Weiterkommens, der Entfaltung unserer Persönlichkeit. Der schönste Sinn des Reisens besteht im Austausch und im Dazulernen, im Sichverändern. Und er gipfelt darin, daß man auch das Zuhause neu sieht, möglicherweise sogar etwas umgestaltet und zu guter Letzt daheimbleiben kann – weil man die Welt mittlerweile in sich trägt.

Wer nichts dazulernen will, braucht eigentlich gar nicht auf Reisen zu gehen, sondern könnte in seinen vier Wänden bleiben. Dies ist nicht im Sinne des weise gewordenen, gesättigten Alters gemeint, das sich genußvoll zurücklehnen darf, um die farbenreichen Jahrzehnte Revue passieren zu lassen. Es bezieht sich vielmehr auf den Stubenhocker, der sich vor dem Draußen scheut und das Geschenk der Beweglichkeit in einer Zeit relativen Friedens und relativer Sicherheit aus Hasenherzigkeit ausschlägt. Solche Menschen werden sich unter Ihnen, verehrte Leserinnen und Leser, nicht finden. Denn Sie lieben alle Arten von Exkursionen – ob ins Reich der Tonkunst, in exotische Fernen oder in die Abenteuerlandschaft der Psychologie.

So möchte dieses Buch schon durch Aufbau und Zusammenstellung als »Lesebuch zur Mobilität des Menschen« jene Vielfalt in der Einheit, jene Vielschichtigkeit bei gemeinsamem Nenner wiedergeben, wie sie uns durch Ortsveränderung und bewußte Wahl, An- und Aufnahme »neuer Tapeten« zuteil werden dürfte. Und das sollte nicht zufällig vor sich gehen, sondern möglichst unter dem Einfluß der Tonkunst, die ja vor allem das Unterbewußtsein anzuregen und zu nähren vermag. Denn wie der lebendige, gezielte Umgang mit Musik zur Sensibilisierung gegenüber anderen, speziell anders denkenden und anders empfindenden Menschen erziehen kann, so geschieht das nicht minder durch das Reisen ...

Eine solche klingende »Reisefibel« bietet darum bewußt verschiedenartige Kapitel, die natürlich jeweils nur eine Auswahl von besuchenswerten Regionen behandeln können. Ich wollte Ihnen keineswegs komplette Menüs auf den Tisch bringen, sondern eine Fülle von Appetizern, sozusagen *antipasti misti.* Aber es kommen auch manche kulturhistorische Zusammenhänge zur Sprache, oder es werden scheinbar selbstverständliche Voraussetzungen unter die Lupe genommen.

Nach Überlegungen zur Kunst des Reisens widmen wir uns den vier Elementen, die dem Menschen die unterschiedlichen Arten von Fortbewegung überhaupt erst ermöglichen: das alles zeugende, alles tragende und alles verschlingende *Wasser* zuerst, dann die *Erde* als Haut unseres Planeten, die wir uns *per pedes* und Muskelkraft erobern, die Schätze birgt und Berge bietet. Dem prometheischen Element *Feuer* verdanken wir – neben dem Phänomen Licht und Wärme – die Motoren für Eisenbahn und Automobil, und die *Luft* mit ihrer assoziativen Spannweite von Vogelwelt bis Spiritualität läßt uns Menschen über uns selbst hinauswachsen und im Flug über den Wolken den antiken Wunschtraum unserer Spezies verwirklichen.

Dem großen Vierklang der Elemente folgt, zur »Windrose« gebündelt, der Vierklang der Himmelsrichtungen. Der *Süden* ist dank dem Mittelmeer die Wiege unserer abendländischen Kultur. Aber auch der *Osten* spielt in den deutschsprachigen Raum länger und tiefer hinein, als es auf den ersten Blick scheint. Abgesehen von den Hugenotten gibt es zumal in Deutschland weit mehr slawisch- als romanischstämmige Familien; und Fernost übt immer stärker seine Faszinosität aus. Der *Norden,* lange vernachlässigt und relativ isoliert, vermag uns zu Ruhe und innerer Einkehr, auf jeden Fall aber zu differenzierter Wahrnehmung und zum Umgang mit uns selbst zu verhelfen. Die »Destination *West*« schließlich ist die im zwanzigsten Jahrhundert bestimmende und prägende – von der europakulturellen Hegemonie der »Hauptstadt des neunzehnten Jahrhunderts«, Paris, über die »Hauptstadt des zwanzigsten«, New York, bis nach Lateinamerika mit seiner originellen, temperamentvollen Umschmelzung und »Neuauflage« iberischer Folklore.

Verabschieden werde ich mich von Ihnen mit einem Plädoyer für »inneres Reisen nach äußerem Sammeln« ...

Wie bei meinem vorangehenden Buch, der ebenfalls im Ariston Verlag erschienenen *»Musikalischen Hausapotheke«,* informiert schließlich eine umfangreiche Diskographie (zu der *Philips Classics* aus ihrem Repertoire fünf thematisch zusammengestellte CDs mit den schönsten Einspielungen vieler im Buch zitierter Musikstücke herausbrachte) über die erhältlichen Tonträger, die Sie auf Ihre Reisen vorbereiten oder auf ihnen begleiten können – bis hin zur Situation der strapazierten oder gelangweilten Autofahrer.

Wichtig freilich erscheinen mir noch zwei prinzipielle Eingrenzungen. Erstens ging es mir mit der *»Musikalischen Reiseapotheke«* nicht um eine therapeutische Zielstellung wie im Falle der *»Musikalischen Hausapotheke«,* sondern um die ursprüngliche Bedeutung des griechischen Wortes: Speicher, Store – also um Musik rund um den Globus. Und zweitens war es mir dabei nicht so sehr um die authentische Musik, die Sie in diesem oder jenem Land erwarten wird, zu tun. Vielmehr will ich vor Augen führen und zu Gehör bringen, wie fremde Klänge, Mentalitäten und Landschaften auf die sogenannten »klassischen Komponisten« gewirkt haben und wirken, auf solche also, die dem europäischen Kulturkreis im weitesten Sinne angehören (wie etwa der Brasilianer HEITOR VILLA LOBOS). Sich in indische Ragas hineinzuhören oder in das japanische Hoftheater, das No, ist ein edles und reizvolles Unterfangen, aber nicht das Thema dieses Buches, das auf vielleicht etwas unübliche Weise das Hörrepertoire seiner Leserschaft neu ordnen und gegebenenfalls ergänzen und erweitern will. Also ENRIQUE GRANA-

DOS statt originaler Azulejos, CLAUDE DEBUSSYS *Pagoden* statt Peking-Oper (oder, wie heute zunehmend phonetisch bereinigt: Beijng-Oper).

Schließlich wurden in der »*Musikalischen Reiseapotheke*« jene Destinationen ausgeklammert, die uns allen leicht erreichbar sind. Hierbei handelt es sich um die deutschsprachigen Länder (Österreich, Schweiz und natürlich Deutschland), denn die Diskrepanz zwischen einem Thema »rund um die Welt« und rund 300 Druckseiten verlangt nun einmal Opfer. Lieber wollte ich Sie auf ausländische Komponisten neugierig machen, die Sie vielleicht noch kaum oder überhaupt nicht kennen, und neben ihrer Person auch einige ihrer interessantesten Werke vorstellen, die von einzelnen Regionen unseres Planeten klingendes Zeugnis ablegen, als Sie durch das Ihnen vermutlich wohlvertraute musikalische Wien, München, Hamburg, Berlin oder Basel zu führen. Dafür begleite ich Sie zu guter Letzt mit RALPH VAUGHAN WILLIAMS sogar in die Antarktis.

Zu bekennen ist aber auch noch (m)eine geheime Absicht: nämlich die musikliebenden und reisefreudigen Leserinnen und Leser zum bewußten Sammeln und Verarbeiten von Impressionen einzuladen – letztlich in Vorbereitung auf die wichtigste und schönste Reise ihres Lebens, die »Reise nach innen«. Denn wer innen viel hat, braucht außen immer weniger. In diesem Sinne ist das Älterwerden zugleich ein Reicherwerden. Der antike Philosoph und Mathematiker THALES VON MILET, unter die Piraten gefallen, sagte: »Nehmt, was ihr findet. Denn was ich wahrhaft besitze, trage ich in mir – *omnia mea mecum porto!*«

»Omnia mea mecum porto« – wer das sagen kann, hat gewonnen. Ich wünsche Ihnen gute Lektüre und beim Reisen wache Augen, offene Ohren und vor allem offene Herzen, was offene Arme und Hände nicht ausschließt!

Ihr
CHRISTOPH RUEGER

Bevor wir uns nun gemeinsam auf den klingenden Weg machen,
hier als Postskript noch

Neun ganz persönliche Reisetips

1. Seien und bleiben Sie stets interessiert, dankbar und fähig zum Staunen. Das sollte auch Ihre Umgebung an Ihnen bemerken. Ihre Offenheit Neuem und Andersartigem gegenüber schützt Sie vor Klischeevorstellungen – seien es positive oder negative Vor-Urteile.
2. Bereiten Sie – soweit möglich – sich sorgfältig auf eine Reise vor. Dazu gehören Sprache und Mentalität, Geschichte und Kultur eines Ziellandes.
3. Sammeln Sie – ganz im Geiste von GOTTFRIED KELLERS eingangs zitiertem Motto –, soviel sich Ihnen darbietet, an Erinnerungen und Eindrücken: von Menschen, Natur, Stimmungen, Klängen und Kunst. Bringen Sie entsprechende Literatur, Bild- und Tonträger mit nach Hause zurück – es werden später unschätzbare Hilfen zur Wiederbelebung Ihrer authentischen Eindrücke, regelrechte Imaginationshilfen sein. Auch Gebrauchsgegenstände, in der Ferne erworben, können Erinnerungen wach und lebendig erhalten.
4. Überladen Sie sich möglichst nie mit technischem »Konservierungsgerät« für zu erwartende Eindrücke optischer und/oder akustischer Art. Wie oft sieht man bedauernswerte Menschen selbst an einzigartigen Orten oder in unwiederbringlichen Augenblicken, wie sie sich mit den prosaischsten Dingen herumplagen und etwa Filme oder Kassetten wechseln. Oder sie warten, bis endlich auch sie ein bestimmtes Objekt richtig im Visier haben. Es ist oft besser, sich stumm und innerlich aufnahmebereit zehn Minuten vor ein Weltwunder wie das indische Tadsch Mahal oder in ein solches wie den Petersdom zu stellen

und für diesen Zeitraum jeder nichtigen Aktivität bis hin zu belanglosen Gesprächen aus dem Weg zu gehen. Die so erworbenen »Psychogramme« werden erhalten bleiben und alle technischen Dokumente übertreffen. Gibt es nicht Bildbände aus professioneller Hand zu kaufen (am besten schon vorher)? Beim Betrachten wird sich unser persönlicher Speicher ganz von selbst aktivieren, werden unsere sinnlich erfahrenen Impressionen wieder vor unserem inneren Ohr und Auge aufsteigen!

5. Versuchen Sie, sooft wie möglich Strecken »ehrlich« zu bewältigen: indem Sie die Gegenden und Landschaften sehen und wahrnehmen, möglichst sogar verarbeiten, durch die eine Reise führt. Und: Was Sie zu Fuß erwandern, erleben Sie am intensivsten – und sei es nur eine Straße oder ein Stadtviertel.
6. Formulieren und fixieren Sie Ihre Eindrücke, führen Sie ein Reisetagebuch (dazu braucht man kein GOETHE zu sein). So haben Sie später einen Schatz, der besonders farbige Abschnitte Ihres eigenen Lebens verkörpert, die Sie nun noch einmal genußvoll und dankbar nachvollziehen können, wenn die Reisen nach innen an der Reihe sind.
7. Folgen Sie alten Wegen, suchen Sie bestimmte Orte, Plätze, historische Bauwerke, Parks, Naturschönheiten in größeren Intervallen wieder auf. Es gibt kaum eine bessere Anleitung zum akzeptierten Älter- und Reiferwerden. So kann man das Leben als spiralförmige Weiterentwicklung begreifen und den Erscheinungen immer tiefer auf den Grund gehen.
8. Wählen Sie sorgfältig, mit wem Sie reisen – besser allein als mit einem nicht seelenverwandten Zeitgenossen. Doch wie das Ganze mehr ist als die Summe seiner Teile, so sind geteilte Impressionen – die man dann auch gemeinsam zurückrufen kann – nicht zu überbieten. Die schönste Version freilich ist die Reise mit einem geliebten Partner.
9. Nehmen Sie sich Zeit, und arbeiten Sie mit doppelter Zeitrechnung: Reisen Sie mit zwei Uhren! Man kann dies gut an der Musik verdeutlichen, die ja eine Zeitkunst ist und von ihren Interpreten eine Doppelnatur verlangt – einmal müssen sich diese vor den Augen und Ohren des Publikums geradezu selbst verbrennen, doch gleichzeitig quasi mit der Stoppuhr in der Hand

neben sich stehen, den »Selbstvergessenen« in sich ebenso beobachten wie das Publikum und darauf sehen, daß die »Technik« stimmt und die dramaturgischen Höhepunkte sitzen. Ähnlich sind mit Geschmack, Geist und Geschick Reisende gut beraten, sich zweier Zeitrechnungen zu bedienen, zwischen denen man nach Belieben und Bedarf pendeln kann. Denn Reisen muß geplant werden, und jede Reise ist zeitlich mehr oder weniger begrenzt. Also sollte man stets beides können und praktizieren: sowohl kalkulieren, mit gnadenlosem Sekundenzeiger und weiträumiger Vorausplanung, als auch diese Zeitrechnung ersten Grades immer dann außer Kraft setzen, sozusagen die Zeiger vom Zifferblatt abfallen lassen, wenn wir uns Tage oder Stunden als Inseln der Zeitlosigkeit (»Verweile doch . . .«) leisten, sie in die Tiefe dehnen wollen, was ich als Zeitrechnung zweiten Grades bezeichnen möchte. Wer das Kunststück, beide »Uhren« zu kombinieren, daheim im Alltag noch nicht gelernt hat, wird es unter den erleichternden Umständen des Tapetenwechsels sicher begreifen und bald schon begeistert anwenden. Denn hierbei ergänzen das Bedürfnis des Herzens und die Konsequenz des Verstandes einander.

ELEMENTARIA

Was uns trägt und fortbewegt

Wasser

Wohl gab es hochentwickelte Zivilisationen, denen die Entdekkung des Rades verwehrt blieb; aber kein Volk, das mit Wasserläufen, Seen oder dem Meer konfrontiert war, konnte auf Dauer der Versuchung widerstehen, sich deren tragender Oberfläche anzuvertrauen – sei es, um sich daraus per Fischfang zu ernähren, oder sei es, um sich ganz einfach transportieren zu lassen.

Doch dieses Element hat ein Doppelgesicht; gleich dem Feuer kann es helfen oder verschlingen, das Leben erleichtern oder gefährden. Der biblischen Legende zufolge diente einst das Wasser der furchtbaren Heimsuchung durch den erbosten Schöpfer, andererseits aber – in »tragender Verbindung« mit der Arche Noah – auch als einzig mögliche Rettung des Lebens, als sonst buchstäblich »nichts mehr lief«. IGOR STRAWINSKY hat eine späte Kantate *The Flood* geschrieben, mit fast komischen, handfesten Details. Ein anderes Mal begruben laut Altem Testament die zusammenschlagenden Wogen des Roten Meeres »Roß und Reiter« der nachjagenden ägyptischen Truppen, als MOSES die Kinder Israels aus der Knechtschaft führte – von GEORG FRIEDRICH HÄNDEL packend nachgestaltet in seinem Oratorium *Israel in Ägypten.*

Und noch zu Beginn des zwanzigsten Jahrhunderts nach Christus wurde menschliche Hybris vom Ozean verschlungen, als die »Titanic« mit den meisten ihrer Passagiere sank. Während des Weltkrieges warnte BERTOLT BRECHT in der *Ballade vom Soldaten,* beklemmend und unvergeßlich vertont von HANNS EISLER, die in Rußland einfallenden Truppen vor dem Winter und dem Eis der Wolga. Doch das Schicksal der Unbelehrbaren war schon besiegelt, denn »... das Wasser fraß auf, die drin waten«.

Als furchterregend empfand man die Weltmeere schon immer. In CARL MARIA VON WEBERS Oper *Oberon* nach WILLIAM SHAKESPEARE heißt es in der beeindruckenden Meeresarie der Rezia direkt: »Ozean, du Ungeheuer«. Selbst ein »Profi«, da Marineoffizier und durchaus seetüchtig, wie der Petersburger NIKOLAI RIMSKI-KORSAKOW konnte der Versuchung nicht widerstehen, im vierten, letzten Satz seiner Sinfonischen Suite *Scheherazade* den Helden ihrer Erzählungen aus »Tausendundeiner Nacht« dem Meer zu opfern. Im Eingangssatz durfte Sindbad der Seefahrer mit seinem Schiff noch ruhig den Horizont passieren (drittes Thema) – jetzt gehört er dem sturmgepeitschten Element (dessen Thema ist übrigens von dem des grausamen Sultans abgeleitet). Doch da Musik aus Kontrasten lebt, wird zuvor in Bagdad rasch noch ein ausgelassenes Fest gefeiert. Aber dann kommt ein höllisches Unwetter auf, der sagenhafte Magnetberg entfaltet seine tükkische Anziehungskraft, und Sindbads Schiff zerschellt an ihm. Ein packendes Klanggeschehen, dessen Dramatik und Farbenpracht an Gemälde des Krim-Malers IWAN KONSTANTINOWITSCH AJWASOWSKIJ erinnert *(»Die neunte Woge«).*

Ohne Handlung kommen die »drei sinfonischen Skizzen« *La mer* von CLAUDE DEBUSSY aus, den ich gern als »MONET der Musik« bezeichne. Der Komponist wäre übrigens fast Seemann geworden und bekannte: »Die See ist sehr gütig zu mir gewesen; sie hat mir all ihre Stimmungen gezeigt ... Sie ist immer wieder endlos und voller Schönheit. Sie ist recht eigentlich das in der Natur, was einen wieder in seine Schranken verweist.«

Im kraftvollen dritten Orchesterbild stellt uns Debussy einen »Dialog zwischen Wind und Meer« so plastisch vor Ohr und inneres Auge, daß man die gewaltige Dünung direkt zu spüren und Schaumkronen zu sehen vermeint. Das Orchester swingt geradezu, im Baß verblüffen regelrechte Jazzpassagen – das Ganze ist eine Hymne auf die weniger bedrohliche als imposante Gestalt des Meeres in überraschendem Klanggewand.

Bei einem allerdings noch spätromantischen, stark von RI-

CHARD WAGNER geprägten Sinfoniker hat sich das Meer als eine Art dramaturgischer Archetyp eingebürgert. ANTON BRUCKNER liebte es, die Eingangssätze seiner oft ausladenden Partituren mit einem »Ur-Meer« zu eröffnen, wie das auch Wagner durchaus programmatisch am Beginn seines *»Rheingold«* praktiziert hatte: Da erklingen in den schwärzesten Tiefen des Orchesters zuerst der Grundton, dann dessen Oktave, endlich die Quinte: bisher sämtlich sogenannte »vollkommene« Intervalle, die es nicht in der Doppelausfertigung »groß – klein« (entsprechend Dur – Moll beziehungsweise männlich – weiblich) gibt, die also quasi noch den ersten Schöpfungstagen angehören – vor Erscheinen des Menschen. Die Wirkung ist tatsächlich archaisch; auf solchem allmählich erstarkendem Klanggrund, der sich unaufhaltsam und gemächlich ausbreitet, kann man natürlich grandiose Gebäude errichten, die dann mühelos über dreißig Minuten tragen!

In der englischen Musik des frühen zwanzigsten Jahrhunderts gibt es einen regelrechten Wasser-Sinfoniker, der es besonders auf die metaphysischen Aspekte dieses Elementes abgesehen hat, RALPH VAUGHAN WILLIAMS. Sein Erstling – *A Sea Symphony* auf Texte von WALT WHITMAN – ist direkt dem Meer gewidmet. Mit einer reichlichen Stunde Aufführungsdauer und großem Besetzungsaufwand (Riesenorchester, Chor, Sopran und Bariton) ist sie nicht nur stilistisch, sondern auch dimensional den gleichzeitigen Sinfonien GUSTAV MAHLERS vergleichbar. Sechs Jahre (bis 1909) nahm die Komposition dieses gigantischen Opus in Anspruch. Es befaßt sich – ausgehend vom Text – mit den Zusammenhängen zwischen Natur und Mensch sowie mit dessen zeugender, vorwärtsdrängender Neugier, die ihn zum Seefahrer werden läßt. Mit diesem Auftakt seines sinfonischen Schaffens, das dann bis zur stolzen, oft »erprobten« Nummer neun vorstoßen wird, hat sich der Komponist würdig in die stolze Tradition des englischen Chorgesanges eingereiht, der immerhin mit PURCELL, HÄNDEL und HAYDN europäische Maßstäbe gesetzt hatte. Das selbstbewußte kritische Bürgertum, das als erstes auf der Welt seine Monarchie in die Schranken der Konstitution verwiesen hatte, artikulierte sein Bewußtsein von gemeinsamer Stärke nur zu gern im Chorgesang. Es ist also nicht nur das Meer, das RALPH VAUGHAN

WILLIAMS mit seiner *See-Sinfonie* feiert, sondern ein gut Teil englisches Selbstverständnis. Es ist im übrigen bemerkenswert, daß der bewußte Brite auf die Poesie des nicht minder bewußten Amerikaners Whitman zurückgreift. Doch beide eint das Interesse an den Mysterien der Schöpfung, und da sehen sie gerade im Wasser das wichtigste, unseren Planeten belebende Element.

Die vier Sätze sind gut aufeinander abgestimmt und lassen zu keiner Zeit das Gefühl von Länge oder Einförmigkeit aufkommen. Der mit knapp zwanzig Minuten großangelegte Kopfsatz ist ein gewaltiges, episches Andante maestoso: *»A Song for All Seas, All Ships«* (Ein Gesang auf alle Meere, alle Schiffe). Im düster beginnenden zweiten Satz *(Largo sostenuto)* reflektiert der Solo-Bariton mit assistierendem Chor *»On the Beach at Night, Alone«* (Allein, des Nachts am Strand) über die Bezüge zwischen Schöpfung, Mensch und Zeit. Nach einem etwas diesseitigeren, dem Chor überlassenen Scherzo, *»The Waves«* (Die Wellen), mit temperamentvollem Schwung und zuletzt sogar Überschwang, kommt als wichtigster, subsumierender Satz der Partitur, *»The Explorers«*, das den Forschern und Entdeckern gewidmete Finale. Text und Musik definieren auf ergreifende Weise die Wirkung von Gewalt und Weite der See auf den Menschen und die philosophische Erkenntnis aus diesem Ur-Erleben:

O riesiges Rund, treibend im Raum,
bedeckt überall mit sichtbarer Kraft und Schönheit,
wo Licht und Tag ... einander abwechseln,
in unaussprechlicher Höhe Sonne, Mond, zahlloses Gestirn ihre Bahn ziehen ...
Jetzt erst, scheint mir, beginnt mein Denken dich zu umspannen ...
Fast möcht' ich vergehen beim Denken an Gott,
an die Natur und ihre Wunder, Zeit und Raum und Tod ...
Furchtlose Seele, erkundend, ich bin mit dir, du bist mit mir,
segle weiter, steure stets nur in tiefe Gewässer,
denn wir müssen dorthin, wohin noch keiner sich wagte,
und wagen werden wir alles – die Schiffe und uns ...

(Übersetzt von *C. R.)*

Man kann das Flugzeug rühmen, daß es uns märchenhaft schnell und sicher befördert, wie der berühmte fliegende Teppich. Man mag der Schiene zugute halten, daß sie uns lästige Anfahrten zu abgelegenen Airports erspart, uns von Stadtmitte zu Stadtmitte transportiert und uns dabei sogar noch ehrlich die Landschaft zeigt, die wir sonst ahnungslos und unberührt überfliegen müssen. Natürlich kann man auch ein Plädoyer fürs Auto halten, es bleibt neben mancher Fragwürdigkeit in seiner Autarkie unüberbietbar und immer dann unverzichtbar, wenn ein Ziel anders (buchstäblich) einfach nicht erreichbar ist.

Fußarbeit ist gut, versagt aber im allgemeinen bei Distanzen über zehn Kilometer, und Radfahren ist leider nicht immer und nicht jedem möglich. Bleiben also Boot und Schiff als ehrwürdige, um die Welterkundung und globale Zivilisation hochverdiente uralte Verkehrsmittel, die mit dem Urelement Wasser die fruchtbarste Symbiose eingingen. Mit dem Schiff lassen sich heutzutage gleich mehrere wichtige und richtige Bedürfnisse des zivilisationsgeschädigten Zeitgenossen auf angenehme Weise stillen. Beginnen wir mit den Nächten an Bord: Wo wird der erwachsene Mensch noch gewiegt wie in seinen frühesten Tagen? Die Wogen des Meeres machen es möglich. Zuvor aber muß der Sternenhimmel betrachtet werden, dessen Veränderungen mit der Distanz zu den europäischen Breitengraden immer sichtbarer werden:

Die Unendlichkeit des Himmels und des durch nichts verbauten allseitigen Horizontes sind äußerst hilfreich, wenn es um die Relativierung und Bewältigung unserer (oft vermeintlichen) Probleme geht . . .

Luft, Wind und Sonne tun das Ihre am Tag. Der Minutenzeiger verabschiedet sich von ganz allein. Sie brauchen ihn tatsächlich nicht mehr. Denn auf dem Wasser wird Ihnen plötzlich klar, daß Sie Zeit haben! Aus solchen Gründen halte ich das Reisen zu Wasser für die schönste Version: allmählich, so daß man sich gut akklimatisieren kann, statt anschließend seinen *Jetlag* ausgleichen zu müssen. Und allmählich stellen sich ganz neuartige Empfindungen und Überlegungen ein. Was hatten Sie alles noch gar nicht gesehen oder gewußt! Natürlich sind hier Reiselektüre und vielleicht auch vorbereitende Sprachstudien sowie die Beschäftigung mit Kunst und Kultur der bereisten Länder angebracht. Denn das, was Sie an Land nie hatten oder sich nie nahmen, haben Sie an Bord in Fülle: Zeit.

Die sanften (ich spreche nicht von den selbst auf großen Schiffen mitunter unvermeidbaren heftigen) Bewegungen der »schwankenden Planken«, die jetzt für einige Zeit den festen Boden unter Ihren Füßen ersetzen müssen, haben längst ihr musikalisches Idiom und ebenso ihre psychologische Deutung gefunden. Denn was Sie hier angenehm erleben können, ist das Pendant zur einstigen Wiege und zu den zärtlichen, beruhigenden Bewegungen, die jeder Mensch in frühestem Alter von seiner Mutter oder anderer liebender Hand erfahren haben sollte. Für beides, Original und »Imitat«, gibt es seit der Romantik eingebürgerte Formen. Wiegenlieder oder Berceusen hier, Gondellieder oder Barkarolen da. Es gibt ihrer so viele, weil der Bedarf an zärtlicher, intimer Musik mit entweder nostalgischer Beschwörung einstiger Geborgenheit oder mit pittoresker Kulisse vor dem geistigen Auge mit dem Ausbau des bürgerlichen Salons und dem Siegeszug des Klaviers ab 1850 immer größer wurde.

Schon unter den *Liedern ohne Worte* von Felix Mendelssohn Bartholdy finden sich gleich drei *»venezianische Gondellieder«,* bei Frédéric Chopin heißt das ungleich gewichtigere, virtuose Stück *Barcarolle.* Ein auch für den Laien gut spielbares, klangsinnliches und lautmalerisches Kabinettstück gelang Pjotr Tschaikowsky mit seinem gleichnamigen Stück für den Monat Juni aus seinem Klavierzyklus *Jahreszeiten.* Üppig, schon durch den satten Satz für zwei Klaviere, präsentiert sich Nr. 1 *»Barkarole«* (nach einem Gedicht von Michail Jurjewitsch Lermontow) aus der *Ersten Suite* für zwei Klaviere von Sergej Rachmaninow. Beklemmend wirken hingegen die herben *Trauergondeln* des alten, vereinsamten Franz Liszt. Doch der berühmteste Vertreter ist zugleich auch der sinnlich beglückendste – und trotz häufigen Gebrauchs durchaus nicht inflationiert, sondern in den anspruchsvollsten Aufnahmen zu haben. Es ist eben geniale Musik: *Die* Barkarole schlechthin stammt aus der Oper *Hoffmanns Erzählungen* und aus der Feder des Kölners und Wahlparisers Jacques Offenbach. Der wiegende, meist akkordisch unterstützte Hintergrund läßt die einschmeichelnde, durchaus erotische Melodie besonders verführerisch wirken. Die gleichmäßige Bewegung im erwähnten sechshebigen Takt ist leicht als Sinnbild der ewigen Bewegung der Wogen zu erkennen: dynamische Statik, statische Dynamik.

Es sei ein Exkurs in die Symbolik der Taktarten gestattet, weil sich hier klare musikpsychologische Zusammenhänge herausgebildet haben. Die Musiktheorie unterscheidet prinzipiell zwischen geraden und ungeraden Taktarten. Die häufigsten sind der Vier- und der Dreivierteltakt.

Während der Vierer (auch möglich als Zweier) ein natürliches Gleichmaß ausstrahlt, in sich mehr oder weniger gleich lang unterteilt ist und sich darum sowohl etwa für Foxtrott als auch für Märsche eignet, aber nicht minder für lyrische Lieder oder großangelegte sinfonische Sätze ohne vorrangige Bewegungsimpulse, bevorzugt man den Dreier mit seiner üblichen Dehnung der jeweiligen Takt-Eins (extrem beim Wiener Walzer) wegen seiner Asymmetrie für kinetische und schwungerzeugende Musik. Darum sind hier vor allem das Menuett (einst führender höfischer Tanz) und sein siegreicher Nachfolger bürgerlicher Herkunft – der Walzer – anzutreffen.

Beide Gesellschaftstänze konnten sich sogar im Konzertsaal installieren. Denn in viersätzigen Formen wie Sinfonie, Streichquartett und Sonate gibt es eine klare Zuteilung, die nur selten durchbrochen wird und auf die man sich nahezu (je älter das Werk, desto untrüglicher) verlassen kann: Die beiden Außensätze stehen im geraden Takt (der erste fast immer, der letzte häufig), die beiden Binnensätze unterscheiden sich polar voneinander. Der langsame Satz steht im Vierer, der raschere im Dreier (bei HAYDN ist es noch das Menuett, später wird daraus das Scherzo (gelegentlich als Walzer) – so noch bei BRUCKNER, TSCHAIKOWSKY, MAHLER und PROKOFJEW.

Die dramaturgische Bedeutung der Taktarten wurzelt aber noch tiefer – inhaltlich und chronologisch. Die mittelalterliche Ästhetik bezeichnete, für uns auf den ersten Blick unverständlich, den Dreier als »vollkommenen Takt« *(tempus perfectum)* und symbolisierte ihn mit einem Vollkreis, den man nach dem Notenschlüssel eintrug. Der Vierer oder Zweier hingegen galt als »unvollkommen« *(tempus imperfectum)* und wurde durch einen Halbkreis gekennzeichnet. Noch heute setzt man diesen Halbkreis in Form eines »c« an den Beginn eines Stückes im Vierviertelakt. Diese Zuordnung läßt sich nun nur aus der Theologie erklären – aus dem Dogma der Dreifaltigkeit, der göttlichen Trinität. Darum war die Dreizahl heilig und vollkommen, und deshalb mußte auch ihr Kreis ein voller und durfte kein halber sein ...

Was hat das nun mit der Barkarole zu tun? Die Antwort liegt in deren typischem Sechsachteltakt. Um es vorwegzunehmen: In ihm schwingen beide Welten mit, die göttlich vollkommene und die menschlich unvollkommene, denn er ist beides – Dreier im Zweier, Zweier im Dreier. Man zählt ihn nämlich (beachten Sie die großgeschriebenen Akzente) EINS – zwei – drei – VIER – fünf – sechs. Also besteht das Taktmaß der meisten Gondel- und Wiegenlieder aus einer Kombination von zwei kleinen Dreier- und einem großen Zweiertakt. Und damit umgibt den Hörenden die komplexe Wirklichkeit der zwei Welten um uns und über beziehungsweise in uns ...

Besonders erwähnen möchte ich einige Orchesterimpressionen von Boots- oder Schiffsfahrten. Der Auftakt gehört der Ouvertüre des neunzehnjährigen MENDELSSOHN nach GOETHES Gedichtpaar *»Meeresstille«* und *»Glückliche Fahrt«*. Schon vor der Komposition schwebte ihm die Klangfarbe für die »dicken Wellen« vor: das Kontrafagott. Das Werk endet heiter:

> Die Nebel zerreißen, der Himmel ist helle
> Und Aeolus löset das ängstliche Band.

Anders gestimmt sind freilich die beiden Sinfonischen Dichtungen der Jahrhundertwende nach ein und demselben Gemälde, das damals ungemein populär und in zahllosen Kopien und Reproduktionen über die europäischen Haushalte verteilt war: *»Die Toteninsel«* von ARNOLD BÖCKLIN. Es ist schon ein beeindrukkendes Sujet: Vor der italienischen Küste finden sich mehrere solcher Begräbnisstätten, umgeben von schwärzlichen Wassern, dem Styx der Antike ähnlich. SERGEJ RACHMANINOW und MAX REGER (beide Jahrgang 1873) nutzen entsprechend düstere Farben, das Meer ist drohend bewegt, und doch liegt über allem eine lösende, erlösende Ruhe – im Gemälde angedeutet durch die aufragende weiße Gestalt, gleichsam CHARON im Nachen, vor ihr der Sarg.

Auf daß unsere Bewegungsproben zu Wasser nicht zu düster enden, hier noch zwei heitere, lichte Gegenstücke, beide wieder für Klavier. Vier Hände braucht Nr. 1 *»En bateau«* (Im Boot) aus der *Petite suite* (Kleinen Suite) von CLAUDE DEBUSSY; man wird an die fröhlichen Ruderpartien der impressionistischen Maler in der Banlieu von Paris erinnert, die sie zusammen mit ihren hübschen Freundinnen unternahmen und die RENOIR unvergeßlich gemacht hat.

Nicht auf der Seine, sondern auf offenem Meer bewegt sich hingegen MAURICE RAVEL mit dem dritten seiner fünf *Miroirs* (Spiegelbilder) für Klavier zu zwei Händen: *»Une barque sur l'océan«* (Eine Barke auf dem Ozean). Hier wird mit beinahe orchestraler Palette die ganze Bandbreite des Elementes vorgeführt; und dennoch bleibt der Komponist nicht bei der Lautmalerei stehen, sondern führt – dem Titel des Zyklus gemäß – eher die Wirkung vor, die das Geschaute in dem Betrachter auslöst. Man muß bedauern, daß der Klangfarbenkünstler Ravel (man beachte seine Fassung von MODEST MUSSORGSKIS *Bilder einer Ausstellung*) nicht wie so manche seiner Stücke auch dieses instrumentiert hat.

Ich lade Sie nun ein zu einer klingenden Reise »von der Quelle bis zum Meer«.

Die Quelle als Symbol für Reinheit und Natur- oder Gottesgeschenke findet sich klangschön bei FRANZ LISZT vertont. In seinen *Pilgerschaftsjahren,* Jahrgang I, *Schweiz,* findet sich an vierter Stelle eine delikate Anschlagsstudie *»Au bord d'une source«* (An einer Quelle), ein funkelndes Kabinettstück mit ständig wechselnden Figuren in durchgehender Bewegung (RICHARD CLYDERMAN wartet 150 Jahre später mit einer Imitation auf). Direkt in Verbindung mit dem »ewigen Leben« bringt dann der Abbé Liszt das

Wasser bei der Betrachtung der Springbrunnen im Park der Villa d'Este zu Tivoli vor Rom: »*Les jeux d'eaux à la Villa d'Este*« (Die Wasserspiele . . .).

Im Springbrunnen haben wir ja das künstlich geschaffene Pendant zur Quelle vor uns. Auch MAURICE RAVEL war von dieser Welt begeistert, wie man an seiner virtuosen Klavierimpresssion *Jeux d'eau* (Wasserspiele) von 1901 überzeugend hören kann. In diesem Stück sieht der Komponist selbst den »Ursprung aller pianistischen Neuerungen, die man in meinem Werk hat bemerken wollen. Dieses Stück, inspiriert vom Geräusch des Wassers und der musikalischen Laune von Springbrunnen, Kaskaden und Bächen, ist nach Art eines ersten Sonatensatzes auf zwei Themen gebaut, ohne sich jedoch dem klassischen Tonartenschema zu unterwerfen.« Es ging ihm hierbei im Unterschied etwa zu LISZT um die ständig wechselnde Gestalt des Elementes – vom Perlenregen bis zur wuchtigen Masse. Gewidmet hat er das maßstabsetzende Opus seinem Lehrer, dem »lieben Meister GABRIEL FAURÉ«, und ein Motto (HENRI DE RÉGNIER) spricht vom »Flußgott, der sich lachend vom Wasser umrieseln läßt«, also eine Art sinnenfrohes Kammer-Bacchanal.

»Vom Wasser haben wir's gelernt, vom Wasser«, dichtet der Dessauer WILHELM MÜLLER, vertont von FRANZ SCHUBERT als erstes seiner sogenannten »Müller-Lieder«. In diesem wohl bekanntesten Zyklus der Liedliteratur überhaupt geht es um das Wandern als dem Wasser des Baches abgeschautes Sinnbild des ständigen Unterwegsseins, um die Auffassung des Lebens als unaufhaltsame Annäherung an ein noch ungewisses Ziel. Hierbei ist der Bach selbst zweifellos die zweite handelnde Person in SCHUBERTS Zyklus *Die schöne Müllerin* (wie er offiziell heißt), denn besagte Dame wird nur angesungen und angebetet, tut aber selbst nichts, während Wanderbursche und Bach einen steten Dialog führen und der Bach rät, was auch ich Ihnen raten möchte: »Nur weiter, immer weiter . . .« Man wird hier alles finden: von der Idylle des Rinnsals bis zur produktiven Kraft des Mühlbaches.

An Bächen muß man entlangwandern, auf Flüssen kann man, wie es heute heißt, bereits »wasserwandern«. Bei ROBERT SCHUMANN beziehungsweise JOSEPH VON EICHENDORFF scheint es sich um eine Frühlingsfahrt flußabwärts gehandelt zu haben, die zwei ungleiche Brüder unternehmen. Doch es geschieht Unverhofftes. Der erste ist an Land gegangen und hat eine bürgerlich-biedere Existenz aufgebaut, den jüngeren aber gibt der Fluß nicht mehr her.

Den zweiten sangen und logen
die tausend Stimmen im Grund,
verlockend Sirenen, und zogen
ihn in die buhlenden Wogen,
in der Wogen farbigen Schlund.
Und wie er aufwacht' vom Schlunde,
da war er müde und alt,
sein Schifflein, das lag im Grunde,
so still war's rings in der Runde,
und über den Wassern weht's kalt . . .

Großartig, wie SCHUMANN seinen Dichter und dessen gespenstisches *claireobscure* umsetzt: Beklemmende Harmonien, ein sich in den Boden bohrender Baß, an keiner einzigen Stelle dieser Textpassage findet sich die beherzte, unternehmungsfreudige, lebensbejahend »kecke« Punktierung, die das Lied sogleich begann und speziell den älteren Bruder charakterisiert. Statt dessen nur die scheinheilige Ruhe der Wasseroberfläche nach dem Untergang eines Schiffes, eine unmenschliche, kalte Statik, die schaudern macht.

Nach seiner Rückkehr aus den Vereinigten Staaten kurz vor der Jahrhundertwende schloß ANTONÍN DVOŘÁK sein sinfonisches Schaffen mit fünf programmatischen Partituren ab, die er in der Art von BEDŘICH SMETANAS Zyklus *Mein Vaterland* bündeln wollte. Sie sind zwar inhaltlich nicht miteinander verbunden, jedoch stammen ihre Vorlagen aus derselben literarischen Quelle, der Gedichtsammlung *Der Blumenstrauß* des Tschechen KAREL JAROMIR ERBEN. Sämtlich stehen sie in der Tradition des älteren Landsmannes und letztlich auch der des Begründers der »Sinfonischen Dichtung« FRANZ LISZT. Das erste Stück, *»Der Wassermann«,* eine Ballade aus dem Böhmerwald, datiert von Anfang

1896. Ein Wassermann verliebt sich in ein Mädchen aus einem nahegelegenen Dorf, das in seinem See wäscht, und zieht sie in die Fluten. Sie bringt ihm ein Kind zur (Unterwasser-)Welt, ist jedoch krank vor Heimweh. Der Wassermann gestattet ihr einen kurzen Besuch bei der Mutter, behält aber das Kind als Pfand für ihre Rückkehr bei sich. Nach vergeblichem Warten begibt sich der Betrogene auf die Suche und klopft flehend an die Haustür der Untreuen. Schließlich kommt ein gewaltiger Sturm auf, der etwas gegen die Tür schleudert. Entsetzt sehen die Frauen die Leiche des Kindes, das der Wassermann getötet und während des von ihm entfesselten Unwetters den trügerischen Menschen entgegengeschleudert hat.

Auf ein Binnengewässer, das sogar den Titel liefert, geht immerhin das populärste der drei Ballette von PJOTR TSCHAIKOWSKY zurück. Angeregt zu *Schwanensee* wurde er durch die Kinder seiner Schwester, die mit aus Papier geschnittenen Schwanenflügeln spielten. Das Gewässer gab dem Komponisten Gelegenheit, den gleichmäßigen, traurigen Zug der verzauberten Prinzessinnen auf dem nächtlichen See und später einen durch den bösen Zauberer Rotbart entfesselten Sturm mit aufgepeitschten Wellen unvergeßlich zu Klang werden zu lassen ...

Wasser ist das wandlungsfähigste der vier klassischen Elemente. Die von ihm in seinen verschiedenen Erscheinungsformen inspirierten Kompositionen sind Legion.

Nebel – Regen – Schnee – Eis werden zumal auf Reisen und erst recht im Urlaub meistens mit leiser Trauer oder unverhohlenem Ärger registriert. Mir kommt es darauf an, daß Sie auch im Fall eines angeblich »verregneten« (was doch immer nur partiell zutreffen kann – außer im Reiche des Monsuns) Aufenthaltes auch dieser Seite der Natur die Nuancen abgewinnen, die da zu holen sind.

Lassen Sie sich ermutigen (oder gegebenenfalls trösten) durch Komponisten, denen speziell der Regen eine Studie wert war. DEBUSSY war von *»Jardins sous la pluie«* (Gärten im Regen) so angetan, daß er ihm den letzten seiner drei *Estampes* (Kupferstiche) widmete. Das ist kein Nieseln, sondern ein erfrischender Schauer

(BACHsche Tokkatenklänge imitieren das Prasseln der Tropfen auf dem Fensterbrett). Kinder, die ohnehin ein ungestörtes Verhältnis zum Regen haben, scheinen hinter der Scheibe zuzuhören (Wendungen aus Kinderliedern).

Bedeutungsschwerer freilich geht es zu im sogenannten *»Regentropfen-Prélude«* von FRÉDÉRIC CHOPIN, weshalb dieser nicht autorisierte Beiname für op. 28 Nr. 15 Des-Dur auch wenig oder nur oberflächlich zutrifft, denn hier pocht (im Mittelteil) der Tod ans Fenster (Ausführlicheres dazu im »Windrose«-Kapitel »Südwärts«).

Anders HANNS EISLER, der in wieder freundlicher (und, für ihn typisch, aphoristisch kurzer) Weise einer delikaten Kammerbesetzung eine reizvolle und hörenswerte Galerie auf die Instrumente komponierte: *Vierzehn Arten, den Regen zu beschreiben.*

Bereits das Diffuse am Nebel, das Farben und Formen verschwimmen läßt, *mußte* die Meister der Zwischentöne unter den Komponisten, also die französischen Impressionisten, gleichsam magisch anziehen. Wenn die Maler WILLIAM TURNER und JAMES WHISTLER schon in England den Dunst über der Themse mit der Brechung des Lichtes verschmolzen, so gelingen DEBUSSY mit *»Brouillards«* (Nebel), dem ersten *Prélude* aus Heft II, adäquate und dabei völlig neuartige Klangbilder: rasche stereotype Figuren in beiden Händen, die sich kaum voneinander entfernen, dazu keine gängigen Harmonien, sondern Vorformen der späteren »cluster« (»Tontrauben«).

Nebel ist freilich des anderen, der gern mit Debussy in einem Atemzug genannt wird, Sache ganz und gar nicht: MAURICE RAVEL bevorzugt kristallin klare Strukturen, eine fast gnadenlose Transparenz im Stil der französischen Altmeister, verabscheut jede Vagheit der Konturen – mit einer, allerdings ganz bewußten, Ausnahme, dem »choreographischen Poem« *La Valse.* Was der stets sophistisch und paradox formulierende Komponist (zum *Boléro:* »Ein schönes Stück, nur kommt leider keine Musik drin vor«) als »Apotheose des Walzers« ausgibt, ist in Wahrheit ein beklemmender, grausamer Vorgang. Denn es wird hier im Verlauf von zwölf Minuten gleich einer Agonie das Bewußtsein getrübt und allmählich, aber unumkehrbar – und zugleich lustvoll – abgebaut, um in einen orgiastischen Taumel zu münden, der, wie es starke Inszenierungen auch vorführen, in den Armen des Todes verhaucht. Ob Ravel damals, 1914, schon geahnt hat, wie er selbst enden sollte?

Schnee und Eis haben ihren eigenen, starren Zauber. Es kann leise Anmut einer frischgefallenen dünnen Schneedecke sein, auf der es sich angenehm wie auf einem Teppich laufen läßt und wo die Fußstapfen gut sichtbar bleiben: So scheint es DEBUSSY in dem *Prélude »Des pas sur la neige«* (Schritte im Schnee) auf den ersten Blick abgebildet zu haben. Doch dann kommen andere Klänge, ähnlich wie im letzten Lied *»Der Leiermann«* aus SCHUBERTS *Winterreise:* ein lebensfeindliches, ja tödliches Ostinato steht für Ermattung und Kälte zugleich. Der Komponist schrieb von einer »traurigen, eisigen Landschaft«. Einzig ein Ges-Dur-Abschnitt bleibt von dieser Kälte und Erstarrung ausgenommen, »wie ein zärtliches, trauriges Bedauern«.

Man kann den Schnee auch anders sehen: als weiße Pracht ringsum, wenn die Troika durch die tiefen Wälder saust. Mit dem obligaten Schellengeklingel präsentieren sich hier als die bekanntesten Ausgaben des klassischen russischen Dreigespanns die beiden für Klavier von TSCHAIKOWSKY (aus den *Jahreszeiten,* mit einer anrührenden Melodie, die auch in seinem bekanntesten *Streichquartett D-Dur* vorkommt) und RACHMANINOW (in rasender Geschwindigkeit mit leidenschaftlicher Steigerung: *Prélude gis-Moll* aus op. 32) sowie eine für Orchester aus der ironischen Schauspielmusik *Leutnant Kishe* von PROKOFJEW (Näheres im Kapitel »Erde«).

Es kann aber auch die drohende Majestät und doch auch überirdische Schönheit (wenn sie von der Mitternachtssonne vergoldet werden) der polaren Gletscher und die latente Präsenz des Todes in der menschenleeren weißen Wüste der Antarktis sein – nachzuhören in der einzigartigen *Sinfonia antartica* von VAUGHAN WILLIAMS (siehe »Windrose«-Kapitel »Westwärts«).

Oder die Entsprechung der tödlichen Starre der Natur im Kampf auf Leben und Tod bei PROKOFJEW: In seiner Kantate *Alexander Newski* findet die Entscheidungsschlacht zwischen Kreuzrittern und Polen auf dem zugefrorenen Peipussee statt

(*»Die Schlacht auf dem Eissee«*). Aber auch schon SCHUBERT nutzte die Symbolik von Winter, Eis, Starre und Tod in *»Gefrorne Tränen«* und *»Frühlingstraum«* (in der *Winterreise*).

Doch schließen möchte ich den Exkurs über das wandlungsfähigste und an Überraschungen reichste Element mit kindlichen und meist freundlichen Tönen. Für Töchterchen Chouchou komponierte DEBUSSY eine Klaviersuite *Children's Corner* (Kinderecke). Zwischen lustige Miniaturen hat er auch ein Winterstück plaziert: *»The Snow Is Dancing«* (Der Schnee tanzt), in dem einerseits »weich und gestochen« das Treiben der Flocken recht liebevoll nachgezeichnet, andererseits aber nicht die winterliche Einsamkeit verschwiegen wird. Doch, um im Kontext unserer »Elementaria« zu bleiben: Die Wandlungsfähigkeit des Ur-Elements macht es möglich, ja gesetzmäßig, daß Eis wieder schmilzt und dem Winter ein Frühling folgt.

Erde

»Und die Erde erzitterte ...«

Schon als zehnjährigen Sänger im Thomanerchor hat mich diese Passage des Evangelisten in Johann Sebastian Bachs *Matthäus-Passion* mit Schauder erfüllt. Wo sonst nur nüchterner, ja protokollarisch strenger, schmuckloser und niemals verzierter Sprechgesang (»Rezitativ«) zu hören war, verließ die Musik plötzlich die gewohnten Bahnen und begann sich wahrhaftig die Erde zu öffnen, der Boden unter den Füßen zu wanken. Die tiefen Streicher spielten ein bedrohliches Tremolo, der hohe Tenor steigerte sich zu unverhoffter Dramatik: »... und die Gräber taten sich auf ...«

Spätestens wenn sie unter uns zu wanken, zu beben beginnt, erkennen wir den Wert von Grundlage und Erdanziehung. Glücklicherweise gehören diese Wahrnehmungen zu den Ausnahmen; ansonsten gilt für die Beziehung zwischen dem festen Element und der Bewegung: Die Erdoberfläche ist gottlob *erstarrte* Bewegung, ebenso wie Architektur geronnene Musik ist (oder sein sollte).

Darum wird im folgenden neben dem klassischen Element und den Arten, sich auf ihm zu bewegen – per Muskelkraft, noch ohne Zuhilfenahme des Feuers – auch die »geohistorische Handschrift« der Natur eine Rolle spielen, also die Bergwelt samt dem verborgenen, teils rätselhaften, teils lebenswichtigen Reich der Bodenschätze.

Erde – von ihr sind wir genommen, in ihren Schoß werden wir zurückkehren. Der Mensch spürt, daß er mit der Scholle verwachsen ist, verwurzelt ist, in der Heimat, erdverbunden ist, er spürt vielleicht sogar – sommers auf einer Wiese flach ausgestreckt –, wie die Strahlen, die zwischen Kosmos und Erde hin- und hergehen, ihn durchdringen, ihn in dieses Weltenganze einbinden und kräftigen. Doch ist er der »Mutter« Erde so sehr verhaftet, daß er sich nur mit Anstrengung ihrer Anziehung entwinden kann. Und wie liebt er sie, obgleich sie ihn festhält!

Und wie mannigfaltig, variantenreich ist die Erdoberfläche gestaltet! In dieser Vielfalt findet der Mensch die Vielfalt in sich selbst und innerhalb der Menschheit widergespiegelt. Der Ausdruck »Seelenlandschaft« spricht für sich.

Während wir uns auf und vom Wasser tragen und treiben lassen, müssen wir zu Lande etwas tun, um uns fortzubewegen. Die Sicherheit, daß wir von der Erde nicht wie vom Wasser verschlungen werden können und daß sie uns als zuverlässiger »fester Boden unter den Füßen« allzeit zur Verfügung steht, hat ihren Preis – Muskelarbeit. Freilich, was früher selbstverständlich war, ist inzwischen zum Freizeitsport avanciert: Man fährt mit dem Auto in die Berge, um dort zu wandern. Aus notwendigem Lauf bei Gefahr, Flucht oder in Eile ist Jogging mit Spezialausrüstung geworden.

Und je weiter die Kriegs»kunst« (schade um das Wort »Kunst« in diesem Kontext) fortschritt, desto besser wurde der Marsch trainiert und ausgeführt. Während ich mir einfach nicht vorstellen kann, wer außer Kindern oder Feuerwehrmännern bei Paraden freiwillig marschieren würde, verhält sich das anders bei Zuhilfenahme fremder Kraft: Geritten wurde nicht nur im Feld und im Beruf, sondern auch zur Jagd und aus purem Vergnügen. Das gute, brave Pferd diente anfangs nicht zu mehr als zum Aufsitzen; längst aber zieht es Lasten und ent-lastet so den Menschen. Denn die nur wenigen Völkern verwehrte Erfindung des Rades führte schon bald zu Karren, Wagen und endlich Kutschen, die zumal als öffentliche Verkehrsmittel eine eigene Welt mit sich brachten. Doch noch immer »lief« alles per Muskelkraft. (Eisenbahn und Automobil benötigen Feuer und gehören darum zum nächsten, dritten Element.) Wandern, Marschieren, Reiten, Schlitten- und Kutschfahrten haben immer wieder Komponisten inspiriert.

Die Elemente am fünften Schöpfungstag, als es noch nicht Gut und Böse, Frau und Mann gab – das bieten uns noch heute die Berge, wie etwa besonders eindrucksvoll auf Spitzbergen. Fels und Wasser, Himmel und Tiefe ... Und darüber hinaus eine archaische Nähe zum Kosmos, dem wir ja im Mittel- und Hochgebirge einige Hunderte von Metern näher sind. Wenn man bedenkt, daß die Vertikale zu den mächtigsten Gegnern des Menschen gehört (nach oben lassen sich nur Zentimeter abtrotzen, nach unten droht der freie Fall), ist die »heile Höhe« ein Wunder. Darum wohl steigen so viele Sucher (ob nach Gott, sich selbst, einer Antwort oder nach Ruhm) immer wieder einsam nach oben, wie getrieben, ja besessen. Weil sie wissen und immer wieder bestätigt werden in diesem Wissen, daß dort etwas stattfindet, was es unten nicht geben kann.

Berge schaffen Kontakt zu höheren Welten und dienen dadurch als Hilfe zur Relativierung eigener Probleme, sozusagen aus »erhabener Sicht«. (Man höre GUSTAV MAHLERS *Lied von der Erde;* der letzte Satz *»Abschied«* sagt es direkt: »Ich gehe in die Berge . . .«)

Berge dienen der Rückgewinnung von Natur und der Wiedereingliederung in ihren Kreislauf: das Wesen des Eremiten (man höre MAX REGERS *»Geigenden Eremiten«* aus seiner *Böcklin-Suite).*

Berge gelten als Reservat von Reinheit, Sitte und Natürlichkeit (von EUGÈNE D'ALBERTS *Tiefland* bis zur banalen Versicherung »Auf der Alm, da gibt's koa Sünd«).

Berge (schon sprachverwandt mit Burg und Geborgenheit) können auch Zuflucht gewähren oder erhoffte Hilfe »bergen« – vom Kyffhäuser bis zu BEDŘICH SMETANAS Sinfonischer Dichtung *Blanik.*

Berge dienen als Abbild der Seelenlandschaft, zumal in Bedrängnis.

LORD BYRON, ein hochromantischer Dichter, empfand etwa die Alpenlandschaft als überaus dramatisch. Sein Held Manfred durchstreift ruhelos die Bergwelt – das äußere Pendant seiner inneren Zerrissenheit. Immerhin hatte er sich der eigenen Schwester in sträflicher Liebe genähert und ihren Freitod verschuldet. Abgründe tun sich auf, reißende Sturzbäche donnern zu Tal, ewiges Eis läßt erschaudern, doch auch wunderbare Lichtwirkungen begrenzen den Tag, das Echo zaubert virtuelle Klänge, der langgezogene Ton des Alphorns gleicht einer sehnsüchtigen Geste des einsamen, vom Gewissen geplagten Menschen nach Erlösung und nach dem entschwundenen Glück.

Gleich zwei Komponisten griffen zu: ROBERT SCHUMANN, dem innere Abstürze und seelische Verlassenheit nicht unbekannt waren – so wird er auch enden –, schuf nach Byron eine Orchesterouvertüre. PJOTR TSCHAIKOWSKY, dessen Leben ja aus dem fatalen Spannungsfeld zwischen Sehnsucht und Zwang gespeist und manisch getrieben wurde und der dieses Leben auch selbst beenden mußte, komponierte sogar eine fünfsätzige Programmsinfonie, deren erster Satz eine grandiose Sinfonische Dichtung für sich darstellt – hier könnte der Held durchaus auch Hamlet heißen. Doch die beschriebene Dramatik der Musik verweist deutlich auf das Hochgebirge; und genau lokalisiert ist der schöne, scherzogleiche zweite Satz voller Farbspiele und instrumentatorischer Tricks: »Die Alpenfee erscheint Manfred unter dem Regenbogen«, der sich in den Stäubchen eines Wasserfalls bildet.

Es gibt dramatische und lyrische Landschaften. Ich kenne keine Komponisten (abgesehen von solchen vorgeblichen Vertretern ihrer Zunft, die mit mathematischen Formeln und Zufallsgeneratoren arbeiten), die nicht durch Landschaften inspiriert worden wären, und sei es auf unbewußte Weise durch die Landschaft ihrer Kindheit, die ihren Dialog, ihren Austausch mit und ihr Verhältnis zur Schöpfung definiert und geprägt hat.

Berge ermöglichen, wie gesagt, auch die Annäherung an das Firmament, der – frei nach IMMANUEL KANT – zweiten sittlichen Instanz für uns Menschen nach dem »moralischen Gesetz in uns«. Und davon wird das nächste Beispiel zeugen.

Daß ein Münchner eine genuine Beziehung zu Bergen hat, versteht sich von selbst. Für RICHARD STRAUSS war diese Beziehung so natürlich, daß er sogar jegliche Metaphysik abstritt, die eventuell bei seiner grandiosen »*Alpensinfonie*« mitgeschwungen haben könnte. Doch die Musik spricht eine andere, objektive Sprache (man kennt es ja auch von IGOR STRAWINSKY, der sogar noch mit diversen paradoxen Äußerungen seiner Musik jeglichen »Ausdruck«, geschweige denn irgendwelche außermusikalische Programmatik absprach). In den minuziös abgetrennten, akribisch kommentierten rund zwanzig Abschnitten der *Alpensinfonie* von

Richard Strauss erleben Sie freilich auch naturalistischen Budenzauber – von echten Kuhglocken bis zur Windmaschine. Aber es geht da noch um mehr: um das Mysterium der Berge als Annäherung »an oben«. Doch diese Dimension teilt sich hier nur klingend mit. (Auch unter anderem Aspekt ist dieses Opus hörenswert: als Beispiel einer vollendeten, üppigen Orchestersprache. Strauss selbst meinte 1914, er habe nun »endlich instrumentieren gelernt«.)

Noch in einer anderen Partitur des Bajuwaren spielen die Berge eine wichtige Rolle: in *Also sprach Zarathustra,* (sehr) frei nach FRIEDRICH NIETZSCHE. Auch hier leugnete Strauss geradezu hartnäckig jede mystische Ambition. Aber es ist wieder so: Man höre besser seine Musik. Der altiranische Religionsgründer tritt in Dialog mit der Sonne, deren Kult er ja als ZOROASTER eingeführt haben soll.

Der Ort der Begegnung überrascht nicht: das Hochgebirge. Denn die Rahmenbedingungen für die Begegnung des Menschen mit der Unendlichkeit heißen Einsamkeit und Erhabenheit – letzteres können Sie auch wörtlich nehmen: erhoben, also der Schwerkraft abgetrotzte Höhe, ein (wenngleich winziger) Schritt in Richtung Ewigkeit. Mühen, Einsamkeit und Verzicht sind der Preis und die Voraussetzungen für diese »Annäherung gegen unendlich«, für dieses Über-sich-Hinauswachsen, Aus-sich-Heraustreten – was die Griechen als *ek-stasis* bezeichnen und was die eigentliche Bedeutung unseres heutigen Begriffes »Ekstase« ist (so hat man auch das fulminante *Poème de l'extase* von ALEXANDER SKRJABIN zu verstehen). Von besonderer, verinnerlichter Schönheit ist das Motiv der Sehnsucht, das dann im Abschnitt *»Von der großen Sehnsucht«* und *»Von den Freuden und Leidenschaften«* ausgesponnen wird.

In der packenden (obgleich zwölftönigen) Oper *Moses und Aaron* von ARNOLD SCHÖNBERG ist es der alttestamentliche Berg Horeb, auf dem der Volksführer mit seinem Gott spricht. Andere dürfen ihn nicht betreten, hier empfängt er die beiden Gesetzestafeln mit den zehn Geboten (in der Aufteilung drei zu sieben), indes »sein Mund«, also sein Sprecher Aaron den in der Wüste ausharrenden Juden Geduld anempfiehlt, dann aber doch dem Druck der Menge nicht standhalten kann und den verhängnisvollen Tanz um das Goldene Kalb duldet.

Das Gebirge als Hort der reinen Herzen bildet das Ambiente für die junge Liebe, die in der Oper *Tiefland* von EUGÈNE D'ALBERT einem typischen Vertreter der ränkereichen Täler, dem Gewaltmenschen Don Sebastiano, anfangs als Opfer dient, ihn dann aber doch mit einem Naturburschen ebenfalls »von den Bergen« zu besiegen weiß ...

Berge spielen auch bei EDVARD GRIEG (siehe »Windrose«-Kapitel »Nord«) eine Rolle, ob als Kulisse für Trolle und Geister (*»In der Halle des Bergkönigs«* aus *Peer Gynt*) oder Stimmungsrahmen für schmerzliche Einsamkeit und ruhelose Wanderungen *(»Abend im Hochgebirge«, »Hirtenknabe«).*

Der heilige Berg der Hussiten, *»Blaník«,* steht im Mittelpunkt der letzten der sechs Sinfonischen Dichtungen, die BEDŘICH SMETANA unter dem Titel *Ma Vlast* (Mein Vaterland) zusammengefaßt hat. Im Blaník ruhen der Legende nach die Toten Helden der Hussitenkriege, bereit zum Einsatz, wenn sie das Vaterland ruft. Wie schon in der vorausgehenden Sinfonischen Dichtung *Tabor* (Heerlager) erklingt programmatisch der Hussitenchoral *»Die ihr Gotteskämpfer seid«,* hier jedoch nicht kämpferisch, sondern dem Charakter des Berges entsprechend fried(hof)fertig. Schalmeienklänge von Oboe und Klarinette malen dann ein pastorales Bild. Krieg und Bedrohung steigen auf: Da öffnet sich auf ein grandioses Hornsignal der Berg, und die gepanzerten Krieger treten heraus. Marsch und Sieg der Hussiten, Rückkehr der Kämpfer in den Berg ...

FRANZ LISZT schrieb seine erste Sinfonische Dichtung unter der Überschrift nach VICTOR HUGOS *»Ce qu'on entend sur la montagne«* (Was man auf dem Berg hört) und sprach selbst von einer regelrechten »Berg-Sinfonie«. Gewidmet hat er diesen Erstling (von insgesamt 13 Sinfonischen Dichtungen, die bis auf die letzte sämtlich in seiner ersten Weimarer Zeit entstanden waren) der zweiten wichtigen Frau seines Lebens, der Fürstin CAROLYNE SAYN-WITTGENSTEIN, die er von seiner letzten großen Virtuosenreise aus der Ukraine mitgebracht hatte und die nun in Weimar dafür sorgte, daß der »Kunstzigeuner« nicht nur seßhaft wurde, sondern auch erstmals kontinuierlich und für Orchester komponierte. So ist die (auch selbst schreibende) Fürstin durchaus an der Entwicklung der neuartigen Form der »Sinfonischen Dichtung« beteiligt, die ja französische Romantik und deutsches Komponistenhandwerk auf farbigste Weise miteinander verbindet: Poesie total.

LISZT brachte den Inhalt von Hugos Ode (aus dem Jahre 1829) auf eine verknappte Formel, die er der Erstausgabe seiner Partitur voranstellte: »Der Dichter vernimmt zwei Stimmen; die eine unermeßlich, prächtig und ordnungsvoll, dem Herrn ihren jubelnden Lobgesang entgegenbrausend – die andere dumpf, voll Schmerzenslauf, von Weinen, Lästern und Fluchen angeschwelt. Die eine sprach: Natur!, die andere: Menschheit! Die beiden Stimmen ringen sich einander näher, durchkreuzen und verschmelzen sich, bis sie endlich in geweihter Betrachtung aufgehen und verhallen.«

Was die Erde in Jahrmillionen an Kunstwerken hervorgebracht hat und dem schürfenden Menschen nur zögernd herausgibt, hat auch die Künstler seit eh und je fasziniert. Die »Herrin vom Kupferberg« ist die Gebieterin über die Bodenschätze und Edelmetalle in dem Ballett *Die steinerne Blume* von SERGEJ PROKOFJEW.

Beginnen wir mit dem auf den ersten Blick weniger spektaktulären Edelmetall, dem Silber. Ein Lachen, Sopranstimmen und Cembali können »silbrig« klingen. Doch es war RICHARD STRAUSS vorbehalten, diese spezifische Mixtur aus Glanz, Feinheit und Reinheit nicht nur einzigartig in die Sprache des Orchesters umzusetzen, sondern sie in seinem *Rosenkavalier* auch höchst pikant einzusetzen, unter dramaturgischem Aspekt nämlich mit doppeltem Boden. Der grobe Ochs von Lerchenau läßt sein traditionelles Brautgeschenk der blutjungen Sophie ausgerechnet durch den gleichaltrigen Octavian überreichen – beide werden bei der berühmten »Überreichung der silbernen Rose« plötzlich der Bestimmung ihrer Herzen gewahr; ihr Gefühl ist lauteres Silber . . . (Die Wirkung von Silber erzeugt Strauss übrigens auch durch einen harmonischen Trick: die Aneinanderreihung völlig beziehungsloser Akkorde, meist gewöhnlicher Dreiklänge; dank ihrer Beziehungslosigkeit untereinander beginnen dann diese simplen Versatzstücke zu schillern, zu irisieren und zu schweben.)

Unter reinem Wertaspekt ist es natürlich das Gold, das die Menschen anzieht, seit sie es zu Schmuck veredelten und zur Tauschwährung erhoben. Freilich bringt es in Literatur, Musik und im Leben verblendeten Suchern oder skrupellosen Besitzern und Mehrern vorwiegend Unheil. Bei RICHARD WAGNER *muß* es einfach Gold sein, was auf dem Grund des Rheins liegt, und rotes Gold, weil Blut daran klebt. Seinem Fluch werden selbst die Götter zum Opfer fallen. Richard Wagners *Ring des Nibelungen* ist somit auch eine Parabel auf die Gefährdung von Menschlichkeit und Zivilisation durch den Kult um Besitz und Macht.

Während der auch (stab)reimende Bayreuther dem Zuschauer nach Zusammenbruch seiner »Gold-Gesellschaft« über, auf und unter der Erde keine Moral mit auf den Weg gibt, kann sich das der humanistische Romantiker GOETHE nach Ausgang des achtzehnten Jahrhunderts in seiner Ballade – in deutschen Schulen einst noch Lernpflicht – *Der Schatzgräber* einfach nicht versagen. Sie fand gleich zwei namhafte Vertoner: 1815 FRANZ SCHUBERT, 1836 dann CARL LOEWE. Auch bei ROBERT SCHUMANN gibt es einen solchen bedauernswerten Kerl, doch diesmal nach einem Gedicht von JOSEPH VON EICHENDORFF. Wenn Goethe seinen Tiefbauarbeiter samt flachköpfiger Lebenseinstellung »Reichtum ist das höchste Gut!« zuletzt zu einem produktiven Kompromiß zwischen Mühe und Muße führt – »Tages Arbeit! Abends Gäste! Saure Wochen! Frohe Feste!« –, so muß EICHENDORFFS »Held« seine Chance verspielen. Himmlische Stimmen warnen ihn, doch er kann, er will der Lockung nicht widerstehen:

Wie rote Augen drangen
Metalle aus dem Schacht.
»Und wirst doch mein!« und grimmer
wühlt er und wühlt hinab,
da stürzen Steine und Trümmer
über den Narren herab.
Hohnlachen wild erschallte
aus der verfallnen Kluft.
Der Engelsgesang verhallte
wehmütig in der Luft.

Die spannende Oper *Cardillac* von PAUL HINDEMITH, eine expressionistische Partitur nach E.T.A. HOFFMANNS Erzählung *Das Fräulein von Scudéri*, schildert, wie ein Goldschmied der Magie seines Materials und der Schönheit der eigenen Produkte so hilflos ausgeliefert ist, daß er (verkleidet) seine Kunden umbringt, um wieder in den Besitz der Schmuckstücke zu kommen.

Aber verachten wir nicht das Eisen. Sicher, es ermöglichte mit der Schwerindustrie auch die moderne Kriegsführung und Massenvernichtung, aber hat daneben zu allen Zeiten auch nahezu sämtliche Produktionszweige der modernen Zivilisation und Kultur erleichtert, bis hin zum gußeisernen Rahmen der modernen Klaviere und Flügel, der etwa um 1850 aufkam und eine Revolution im Bereich von Haus- und Konzertmusik sowie der Klavierliteratur auslöste!

Le pas d'acier (Der Tanz des Stahls) hat PROKOFJEW in den zwanziger Jahren, fortschrittstrunken wie damals viele Russen, eines seiner klanglich härtesten Ballette genannt. Sein Landsmann ALEXANDER W. MOSSOLOW komponierte gar ein Ballett *Die Eisengießerei* – aber schließlich hatte ein halbes Jahrhundert zuvor schon die »kleine Exzellenz«, ADOLPH VON MENZEL, nicht nur historische Szenen wie FRIEDRICH II. beim Flöten und den Weißen Saal des Berliner Schlosses, sondern auch das *Eisenwalzwerk* gemalt. Wie hoch das Eisen um die Jahrhundertwende bei Designern und Architekten im Kurs stand, belegen die Nähmaschinen von damals ebenso wie der Eiffelturm zu Paris, der Lift in die Oberstadt von Lissabon oder die gigantische Doppelstock-Brücke in der Sherry-Stadt Porto. Und so mancher luftige Balkon an Gründerzeitfassaden.

Das Eisen wird ob seiner Beständigkeit und Zuverlässigkeit gern auch in der Liebeslyrik zitiert: »Eisen und . . .« heißt es bei JOHANNES BRAHMS in dem Lied *Von ewiger Liebe,* einem flammenden Herzensbekenntnis (JOSEF WENZIG nach dem Wendischen):

. . . Fest ist der Stahl und das Eisen gar sehr,
Unsere Liebe ist fester noch mehr.
Eisen und Stahl, man schmiedet sie um,
Unsere Liebe, wer wandelt sie um?

Eisen und Stahl, sie können zergehn,
Unsere Liebe muß ewig bestehn!

Die Metapher wurde erheblich später von der Schlager»dichtung« aufgegriffen und ins »Lapidarium« übertragen; neben das veredelte und das Roheisen treten Marmor und Stein, die an Bruchfestigkeit, wer hätt's geahnt, hinter dem liebenden Herzen zurückbleiben.

Beschließen möchte ich den Blick in die Zauberwelt des Erdinnern mit einem überraschenden Vergleich, den FRÉDÉRIC CHOPIN in einem Brief an seine Freundin, die polnische Gräfin DELFINA POTOCKA, zieht und der einerseits den sensiblen Pädagogen ausweist, zum andern die bislang noch nicht erwähnten Edelsteine betrifft: »Musik, reich, voller Gefühl, nicht seelenlos, ist wie ein Kristall, auf den die Sonne fällt, die dann einen ganzen Regenbogen hervorbringt. Und jedermann mag ihn aus einem anderen Grunde anbeten. Den einen wird die Tatsache erfreuen, daß der Kristall kunstvoll geschliffen ist, einem anderen wird die rote Farbe gefallen, wieder einem anderen die grüne, während der vierte die purpurne bewundern wird. Und jener, welcher seine Seele in den Kristall legte, ist wie einer, der Wein hineinfüllte. Sie wissen, daß ich meine Schüler lehre, meine eigenen Werke und die anderer so zu spielen, wie sie sie fühlen, und daß ich es nicht mag, wenn sie mich zu sehr imitieren und nichts Eigenes zur Interpretation hinzufügen. Wie auch ich selbst, wie Sie wissen, selten etwas zweimal auf die gleiche Art spiele . . .«

Es gab mal eine heile Zeit, da stimmte man beim Wandern Lieder an. Ich kenne noch die schöne Sitte, die freilich ein gewisses Maß an Übung verlangt, zur Melodie, die die Frauen und Mädchen sangen, eine zweite Stimme im Alt/Tenor und einen Baß als Fundament hinzuzufügen – aus dem Stegreif, versteht sich. Die parallelen Terzen und Sexten, als einfachere Variante, wären und waren auch keine Schande.

Aber bevor man beim Wandern singen kann, muß man überhaupt erst einmal aufbrechen. Doch Wandern ist mittlerweile fast schon zu einer nostalgischen Vergnügung geworden. Was soll's –

tun wir's erst recht. Und es wird auch in der Tat viel getan von den einzelnen Gemeinden, die inzwischen wohl wissen, was sie zu bieten haben, wenn es da Wald, Feld, Wiesen, einen nicht begradigten Bach und intakte Bauernhöfe mit »täglich frischen Eiern« und diversem freilaufenden Getier gibt. Da stellt der Rat der Gemeinde schon gern mal ein paar Bänke auf und markiert garantiert schadstofffreie Wanderwege.

Was war das eigentlich mit dem Wandern in früherer Zeit? Der Handwerksbursche wurde Geselle und ging auf »Walz«. Erst wenn er sich in »Welschland« umgesehen, seinen Horizont geweitet und sich unterwegs tapfer durchgeschlagen hatte, konnte er dann daheim hoffen, Meister zu werden. Er hatte sozusagen »Auslandserfahrung« oder genauer »Auslandser*wanderung*«. Daß eine solche Alpenüberquerung nicht nur Mühsal bereithielt, zeigt uns auf geradezu charmante Weise JOSEPH VON EICHENDORFFS Novelle *Aus dem Leben eines Taugenichts.* Und wenn sich Komponisten des Themas »Wandergeselle« (bis hin zu KARL MILLÖKKERS unsterblicher Operette *Der Bettelstudent*) annahmen, dann war es schon selbstverständlich, daß da nicht nur ein junger Mann, sondern auch ein junges Herz auf Wanderschaft ging. Denn ebenfalls in Herzenssachen muß man irgendwann mal seine Gesellenprüfung ablegen . . .

GUSTAV MAHLER hat seine vier *Lieder eines fahrenden Gesellen* nach Vorlagen aus der Gedichtsammlung *Des Knaben Wunderhorn* teilweise selbst getextet. Hier verbindet sich das Naturerlebnis eines jungen Mannes mit der wohl ersten großen Liebe, die er – unerfüllt – zurücklassen mußte. Die Stimmung spielt demzufolge zwischen den Polen glückhafter Freude an der Schöpfung – »*Ging heut' morgen übers Feld*« – und schwarzer Verzweiflung, dem Aufschrei eines verschmähten Herzens: »*Wenn mein Schatz Hochzeit macht*« und »*Ich habe ein glühend Messer, ein Messer in meiner Brust*«.

Die gleiche Konstellation hatte ja schon FRANZ SCHUBERT bei dem Lyriker WILHELM MÜLLER für sich entdeckt und kompositorisch genutzt, und das gleich in zwei ausgedehnten Liederzyklen und zwei Etappen der Frustration. Der erste Zyklus, *Die schöne Müllerin,* ist noch mindestens zur Hälfte von Hoffnung getragen.

Ein Müllergeselle geht auf Wanderschaft, verdingt sich unterwegs und verliebt sich aber ausgerechnet in die Frau Meisterin, was ja nun wahrhaftig nicht statthaft ist. Denn es gibt durchaus noch einen Herrn der Mühle, der allerdings nur am Rande und notgedrungen Erwähnung findet. Doch da ist auch noch ein flirtender Jäger; und das scheint den Sänger aus der Fassung zu bringen. Andererseits aber macht ihm dieser Tatbestand wieder Hoffnung – dann hat vielleicht auch *er* Chancen! Die Berufswahl durch den dichtenden Dessauer war sicher kein Zufall; die Tangente mit seinem eigenen Namen deutet auf einen autobiographischen Bezug. Sonst hätte er ja auch einen Bäcker oder Schneider besingen können. Daß sich Müller für einen Müller entschied, hat immerhin zwei Vorteile. Da es sich bei dem Produktionsmittel der *Schönen Müllerin* eindeutig um eine *Wasser*mühle handelt, wandert der Geselle am notwendigerweise vorhandenen Bach entlang und beginnt mit diesem einen ständigen Dialog. Der zweite Vorteil: Dieser anrührende dramaturgische Einfall des Dichters kommt Schubert als musikalische Gestaltungsebene gerade recht, denn jetzt kann er zeigen, was er zumal in der Klavierbegleitung zu »sagen« hat. Mal murmelt der Bach, mal braust er und dreht die mächtigen Mühlräder, manchmal tröstet er: Schau, ich gebe auch nicht auf und fließe unentwegt. Wo ist der Schnee von gestern? So wird auch dein Liebesschmerz bald bewältigt, vergangen sein. Recht hat er, der Bach.

Der Wanderer des zweiten Zyklus, der *Winterreise,* hat keinen solchen treuen Gefährten. Wenn ihn jemand begleitet, sind es Krähen, die – schauerliche Vermutung – auf sein Ende warten. Hier gibt es statt Hoffnung nur noch wehmütige Erinnerung, ja Todessehnsucht. Zuletzt wird er sich mit einem bettelnden, zerlumpten Leierkastenspieler solidarisieren. Daß hier von Wandern, von einer positiven Aufnahme der Natur und der Menschen kaum mehr die Rede ist,zeigt schon das erste Lied *»Gute Nacht«* – abgestellt auf einen durchgehenden Trauermarsch-Rhythmus. Dieser unglücklich Liebende hat eigentlich kein Ziel, denn er verläßt das Glück von einst und weiß, daß es für ihn kein neues geben wird. *»Der Lindenbaum«* stellt beide Welten gegenüber: die wärmende Erinnerung an selige Stunden »in seinem Schatten« und die verzweifelte Gegenwart, von einem spukhaften Sturm durchtobt, der den Gemütszustand des »Wanderers« symbolisiert.

Nirgends in Schuberts Liedschaffen wurde das Dilemma des ruhe- und freudlosen Menschen so bündig formuliert wie in dem Gedicht *Der Wanderer* von GEORG PHILIPP SCHMIDT VON LÜBECK. Dieses vom Verleger posthum in den Nachlaßzyklus *Schwanengesang* aufgenommene, einzeln komponierte Lied hat seinen bitteren Höhepunkt in der Erkenntnis: »Dort, wo du nicht bist, dort ist das Glück.« Denn beides hat er hinter sich: die Suche nach Wärme und die Flucht vor der Kälte. Und immer wieder muß er feststellen, daß alle Wanderschaft ihm nichts nützt: Er scheint die Kälte anzuziehen und die Liebe zu vertreiben – ein Gezeichneter, Opfer der umgekehrten Wirkung. Je mehr er bittet und fleht, desto weniger gewährt ihm das grausame Schicksal.

> Die Sonne dünkt mich hier so kalt,
> die Blüte welk, das Leben alt,
> und was sie reden, leerer Schall,
> ich bin ein Fremdling überall.

Es ist symptomatisch, daß Schubert den berühmten Variationensatz seiner sogenannten *Wanderer-Fantasie* auf die Melodie ausgerechnet *dieser* Textpassage geschrieben hat. Er muß sich auf erschütternde Weise mit ihrem Inhalt identifiziert haben ...

Doch gibt es genügend frohe Wandermusik. Zumal ROBERT SCHUMANN hat die jungenhafte Freude eines Menschen in Töne gefaßt, den es »mächtig in die Ferne« treibt. Das *Wanderlied* des JUSTINUS KERNER zieht Parallelen zwischen Sonne, Meer, Sturm, Vogel – und dem Menschen, der nicht ruhig sitzen kann:

> So treibt es den Burschen durch Wälder und Felder,
> Zu gleichen der Mutter, der wandernden Welt.

Dazu ein keck punktierter Rhythmus – auskomponierter Auf- und Ausbruchswille! In den *Liedern op. 36* wendet sich Schumann »*An den Sonnenschein«* (Robert Reinick); ohne Vor- und Nachspiel (bei ihm eine Seltenheit) präsentiert sich die schlichte, sofort vom Hörer gespeicherte »Mit-sing-Melodie«.

O Sonnenschein, o Sonnenschein!
Wie scheinst du mir in's Herz hinein,
weckst drinnen lauter Liebeslust,
daß mir so enge wird die Brust.

Doch »Stub und Haus« wird dem Sänger eng: Auch hier der resolute, durch Auftakte zusätzlich intensivierte punktierte Rhythmus.

Düster weht es uns im Mittelteil der *»Frühlingsfahrt«* an; der Text stammt nicht umsonst von Eichendorff (siehe das Kapitel »Wasser«); doch in den ungetrübten Außenseiten dominiert wiederum besagter aufbruchsfreudiger Rhythmus.

Für den jungen Burschen, der *»Sonntags am Rhein«* wandert und den die Schönheit der Natur und die Frische des Morgens Gott für soviel Freude danken läßt, findet der Komponist eine entsprechend innige, schlichte Weise; ebenso wirkt auch der Text (wieder Robert Reinick). Meisterhaft zieht ein einziges Bauprinzip durch das gesamte Lied: meist akkordisch ausgesetzte Achtel, mindestens vier-, meist aber achtmal wiederholt. Dadurch ergeben sich eine stetige Steigerung und ein gewisser Schub: Man folgt der Beschreibung der unterschiedlichsten Szenen, die der Wanderer, den Strom begleitend, erblickt.

Des Sonntags in der Morgenstund',
wie wandert's sich so schön
am Rhein, wenn rings in weiter Rund'
die Morgenglocken geh'n ...

Ein großer Wanderer war Goethe, der in der Bewegung durch die freie Natur seine immens komprimierte »Denkfabrik« regenerierte und ausgleichen konnte. Gewandert ist er auf den Kickelhahn, einen Berg mit schöner Rundsicht um Ilmenau – ein Städtchen, der Name sagte es, an der Ilm, die auch den Weimarer Schloßpark durchfließt, in dem Goethe sich sein Gartenhaus eingerichtet hatte. Auf dem besagten Kickelhahn schrieb er *Wanderers Nachtlied.* Wir kennen es vorwiegend durch SCHUBERTS Vertonung »*Über allen Gipfeln ist Ruh*«.

Es gibt noch ein zweites, in den Ausgaben zur Unterscheidung mit römisch Zwei bezeichnet – von denselben Verfassern: »*Der du von dem Himmel bist . . .*« – beide sind an den Mond gerichtet und beste klingende Nachtlektüre. Unwillkürlich drängt sich das Gemälde *Zwei Männer bei Betrachten des Mondes* von CASPAR DAVID FRIEDRICH auf . . .

Bei SCHUBERT war er uns in der WINTERREISE schon begegnet: der Marsch, der ja untrennbar mit militanten Vorstellungen gekoppelt ist. Nach zwei Weltkriegen haben zumal die Deutschen ein anderes, vielleicht sogar gestörtes, Verhältnis zum Militärmarsch als die Meister des neunzehnten Jahrhunderts, die noch ganz gern Märsche sogar in Kinderalben aufnahmen oder sich einen Spaß daraus machten, Kinder exerzieren zu lassen – wie GEORGES BIZET in *Carmen* oder GIACOMO PUCCINI in *La Bohème.* Militär hatte noch etwas Gemütliches, und der Gendarm war kein »Bulle«, sondern Vertrauensperson und Garant der Zuverlässigkeit, des Berechenbaren und der Ordnung – etwa wie die beiden bärtigen Staatsmänner FRANZ JOSEPH I. und WILHELM I. Nur so kann man sich unbeschwert der federnden Elastizität von SCHUBERTS köstlichen *Militärmärschen zu vier Händen* hingeben.

Doch schon bei LUDWIG VAN BEETHOVEN hat der Marsch eine trübe Verwendung erhalten: als *»Marche funèbre«* seiner *Eroica,* wo er der Gefallenen und Dahingeschlachteten gedachte (auf diesen Marsch hat dann SCHUMANN Variationen für Klavier komponiert).

Anders im Schlußsatz seiner »*Neunten Sinfonie*« – da erklingt ein Triumphmarsch der Sonne und des Lichtes des Humanismus, am Horizont zieht die Vision einer weise gewordenen, müdegekämpften Menschheit auf, die allmählich dahingehend gereift und geprüft ist, daß sie sich untereinander akzeptiert.

Bewußt düster, ja makaber soll der Marsch in der *Fantastischen Sinfonie* des Exzentrikers unter den französischen Meistern, HECTOR BERLIOZ, wirken. Zum Schafott wird der Komponist selbst geführt (»*Der Gang zum Hochgericht*«): er hat – recht geschah ihr – die ungetreue Geliebte aus Rache getötet. Denn: einen Künstler wie ihn verläßt man nicht! Der russische Schicksalssinfoniker PJOTR TSCHAIKOWSKY würde eine solche autobiographische Inszenierung gar nicht erst ins Auge fassen; er denkt in philosophischen Kategorien. So läßt er in seiner *Fünften Sinfonie* das Verhängnis aufmarschieren und seine infernalische Energie entfalten, die alles niederwalzt. In der Fünften kann er durch Mutation des Tongeschlechts noch einen Triumphmarsch daraus machen, aber in der *Sechsten*, der *Pathétique* vermag auch kein »Dur« mehr zu helfen – der Geschwindmarsch des Scherzos gehört zu den finsteren Mächten.

Bei Pjotr Tschaikowsky genau zugehört hat GUSTAV MAHLER. Seine *Sinfonien Nummern 3, 5* und *6* beginnen alle mit einem gigantischen Marsch, der fast immer tragische Färbung annimmt. Und bei beiden Meistern, dem Russen und dem Österreicher, hat der neben PROKOFJEW bedeutendste russische Sinfoniker des zwanzigsten Jahrhunderts, DIMITRI SCHOSTAKOWITSCH gelernt. Wenn man hören will, wie Panzerdivisionen ein friedliches Land niederwalzen, muß man seine *Leningrader Sinfonie* (1. Satz) auflegen.

Während hier auf jegliche Zitate verzichtet wurde, war es doch früher durchaus gang und gäbe, Melodien bekannter Hymnen zur Verdeutlichung ideologischer Positionen heranzuziehen.

So hatte bereits TSCHAIKOWSKY in seiner Freiluft-Partitur *Das Jahr 1812* einen bekannten Marsch ins Negative umgekehrt und zum Symbol für Angriff und Überfall gemacht: die im allgemeinen mit Menschheitsfortschritt assoziierte *Marseillaise*, die tatsächlich erst den Sturm auf die Bastille und das Abschütteln einer korrupten, überfälligen Feudalherrschaft verkündet hatte, dann aber als französische Nationalhymne auch zum Repräsentanten napoleonischer Eroberungspolitik wurde.

Überlassen wir es PROKOFJEW, wieder Licht in unser Marsch-Repertoire zu bringen. Zu den Besonderheiten seines Schaffens und seiner Klangsprache gehörte auch die Vorliebe für groteske Wirkungen. Und wenn man seinen marionettenhaften Marsch aus seinem Märchenballett nach GOZZI, *Die Liebe zu den drei Oran-*

gen, in einer Kammerversion für Violine und Klavier hört, dann hat die Gattung Marsch jede Militanz für immer verloren ...

Für die muskulären Fortbewegungsarten Reiten, Kutsche und Schlitten seien wenige herausragende Beispiele herangezogen.

Die in ihrer Einfachheit einfach genialste Lösung, Pferdegetrappel zu imitieren, stammt von FRANZ SCHUBERT: rasche oktavierte Tonwiederholungen, bei denen der Pianist achtgeben muß, sich keine Sehnenscheidenentzündung zu holen. *Der Erlkönig,* Schuberts bedeutendste GOETHE-Vertonung und vom Dichterfürsten, dem er sie ehrerbietig und hoffnungsvoll übersandt hatte, nicht mal eines Kommentars gewürdigt, beruht auf einem den Galopp der Angst andeutenden hackenden Triolenrhythmus, mit dem sämtliche Passagen außer den Einflüsterungen des Waldgeistes unterlegt sind. Das sind im einzelnen: die Vor- und Zwischenspiele (ein Nachspiel hat sich der Komponist nach dem Tod des Kindes aus dramaturgischen Gründen versagt) sowie der Dialog zwischen Vater und Sohn – des ersteren begütigende, verharmlosende Worte, des Kindes hastige, flehende Hilferufe, die immer schrecklicher zu ertragen sind, je mehr dem Hörer gewiß wird, daß der Vater nichts von dem »Erlkönig« sieht, je mehr sein Kind schon ahnt, daß es verloren ist.

Kutschen, jene aus Unterwagen, Kutschkasten und Verdeck zusammengesetzten Reisewagen, stellten seit dem Barockzeitalter für lange Zeit die Hauptverkehrsmittel. Sämtliche Virtuosen und Komponisten haben hochgerechnet mindestens zehn Prozent ihrer Lebenszeit auf mehr oder meist weniger gefederten Rädern verbracht. Bekannt ist das Lamento des halbwüchsigen MOZART, dessen Sitzfläche sich vom ständigen Kutschenfahren so entzündet hatte, daß er nicht anders als mit Hilfe der ausgestreckten Arme sitzen konnte. Abends aber mußte der arme Kerl dann doch auf den wunden, aufgeriebenen Stellen sitzen, weil er nun die Hände schließlich zum Spielen brauchte. Und dann: Bitte lächeln, wie für die Presse, zumal bei Hofe! Wenn er sich diese Mimik abgerungen haben dürfte, so müssen wir heute direkt staunen, daß er trotz beträchtlicher Schmerzen dennoch an der Musik, die er selbst hervorbrachte, echtes intensives Erlebnis, ja hohen Genuß hatte. Ich darf Ihnen versichern, daß so etwas möglich ist. Denn ein echter Musiker wird von seiner Kunst so beherrscht, daß er andere Sinneswahrnehmungen unterordnet, notfalls »abschalten« kann . . .

Franz Liszt reiste in den neun Jahren seiner Virtuosenzeit etwa 50.000 Kilometer quer durch Europa, von Petersburg bis Konstantinopel, von Gibraltar bis London, überwiegend in einer Art Wohnmobil, in dem er schlafen, kochen und – auf einer stummen Tastatur – üben konnte. In diesem – für damalige Verhältnisse durchaus komfortablen – Reisegefährt hat er auch Besuch empfangen.

Und der Spanier Isaac Albéniz schrieb innerhalb seines Klavierzyklus *Recuerdos de viaje* (Reiseerinnerungen) sogar ein Stück »*Rumores de la caleta*« (Geräusch der Kutsche), eine »Malagueña«, in der sich die wechselnde Landschaft draußen mit wechselnden Stimmungen innen reizvoll mit dem durchgehenden Trappeln der Pferde und Holpern der Räder vermischt.

Nicht nur Musiker, sondern auch und gerade Schriftsteller und Dichter sprachen von der anregenden, ja inspirierenden Wirkung des Pferdegetrappels und der singenden Räder, was sich heute allenfalls mehr auf schienengebundenen Rädern nachvollziehen läßt, im Idealfall noch mit Schienenstoß . . .

Die gelungensten Umsetzungen von pferdegezogenem Fahrgenuß beziehen sich auf Schlittenfahrten. Aufgrund ihres harten Winters hatten und haben die Russen natürlich ein genuines Verhältnis zu Schnee und Schlitten. Zu den populärsten Salonpiècen der Jahrhundertwende gehörte neben dem *Gebet einer Jungfrau* und *Heinzelmännchens Wachtparade* die durchaus virtuose *Petersburger Schlittenfahrt.* Aber auch die russischen Konzertsaal-Komponisten wußten den Schlitten zu schätzen, zumal in seiner typisch nationalen Ausprägung, als Troika. Dieses Dreigespann (*tri* = drei, *Troika* = Dreigespann, nicht zu verwechseln mit *Troiza* = Dreieinigkeit) war noch zu Tschaikowskys Zeiten das übliche (Expreß-)Verkehrsmittel: ein Führungspferd in der Mitte, beidseits je ein Seitenpferd, alle mit Glöckchen – hui! Ab geht's! Die Fahrgäste werden durch dicke Decken gegen die Kälte von außen und durch etliche »sto gram« (*sto* = hundert; in Rußland werden Spirituosen abgewogen) Wodka gegen die innere Kälte geschützt. In TSCHAIKOWSKYS Klavierzyklus *Die Jahreszeiten* ist eine solche Troika dem Monat »*November*« zugeordnet. Den Rahmen dieses kleinen Bewegungsstückes bilden Glockengebimmel und Hufgetrappel, der Mittelteil wird von einer etwas elegischen Weise genährt, die der Komponist einem Kutscher auf dem ukrainischen Landsitz seiner Schwester abgelauscht hatte.

Selbst SERGEJ PROKOFJEW huldigt noch dem klassischen russischen Wintergefährt. Im Rahmen seiner Musik zu dem Film *Leutnant Kishe* steuerte er auch eine »*Troika*« bei. Die Handlung ist grotesk und höchst sympathisch, denn dieser Genosse Kishe existiert gar nicht, ist also eine Karteileiche höheren Grades – das pure Kunstprodukt wuchernder und darum fehlerhafter Bürokratie wird aber pflichtgemäß und von keinem bemerkt durch die Akten der »Einwohnermeldeämter« geschleppt, heiratet sogar und erhält zuletzt ein höchstpersönliches Begräbnis ... Die Kenntnis des satirischen Hintergrundes kann den Spaß an dieser musikalischen Schlittenfahrt der Moderne eigentlich nur steigern.

Feuer

Das gebändigte Feuer, das der Menschheit letztlich die Kultur und nicht zuletzt die Kunst bescherte, war der griechischen Mythologie zufolge ein Geschenk des Prometheus, der für diese unerlaubte Weitergabe eines olympischen Gutes von Zeus grausam bestraft wurde. Sein Schicksal führte dazu, daß die frühen Christen den für die Menschheit Leidenden bald schon mit dem Gottessohn und seinem Leidensweg in Zusammenhang brachten. Prometheus ist zweifellos der Philanthrop, der Menschenfreund, der antiken Sagenwelt. Denn anders als sie alle, die etwa in und um Troja versammelt waren, ging es ihm nicht um Rachegelüste oder um die Befriedigung persönlicher Eitelkeit, sondern darum, die noch unerweckten Menschen mit einer göttlichen Gabe zu beglükken und zu veredeln, sie aus der vegetativen in die spirituelle Sphäre zu erheben. Was im Deutschen »Aufklärung« heißt, ist ja eigentlich ein Bild der »Erhellung« – im Französischen spricht man von *éclairissement* und nennt den geistesgeschichtlichen Begriff *philosophie des lumières* (des Lichts); die Engländer sagen noch sinnvoller *enlightenment*...

Ein sinnender und ringender Schöpfer wie LUDWIG VAN BEETHOVEN mußte sich einfach für diese Gestalt interessieren. Das Finale seiner sechzehnteiligen Ballettmusik *Die Geschöpfe des Prometheus* (1801) ist nicht zufällig auch die Keimzelle des verblüffend einfach gebauten und bald zu triumphaler Steigerung geführten Finalthemas der *Sinfonia Eroica* (1804) und war vom selben Komponisten zuvor schon in den *15 Klaviervariationen* (mit Fuge) *op. 35* allseits erprobt worden (1802).

FRANZ LISZT widmete der mythologischen Lichtgestalt eine seiner für die gesamte Programmusik maßstabsetzenden Sinfonischen Dichtungen der ersten Weimarer Zeit. 1850 wurde ebenda ein Denkmal für den Dichter und Philosophen JOHANN GOTT-

FRIED HERDER enthüllt. Hofkapellmeister Liszt vertonte zu diesem Anlaß mehrere Chöre aus HERDERS dramatischen Szenen *Der entfesselte Prometheus* und stellte ihnen eine Ouvertüre voran, die dann als selbständiges Werk *Prometheus* weiterlebte. Der Komponist faßt die dramaturgischen Stationen mit vier Begriffen zusammen, die man hörend gut nachvollziehen kann: »Kühnheit, Leiden, Ausharren, Erlösung«.

Und der leidenschaftliche Metaphysiker und Amateurphilosoph ALEXANDER SKRJABIN krönt mit einer revolutionären Partitur *Prométhée* sein einzigartiges, zukunftsweisendes Lebenswerk – freilich unfreiwillig, denn er hatte noch große Pläne. Doch sein »Prometheus« mit dem Untertitel »*Le poème du feu*« (Das Poem des Feuers) blieb sein letztes abgeschlossenes Werk (1910); er starb nur fünf Jahre darauf an einer Blutvergiftung. Zu dem immens besetzten Sinfonieorchester treten noch ein auf Vokalisen singender Chor sowie ein Farbenklavier, für das in der Partitur sogar ein zweistimmiger Part notiert ist. Er selbst hat die Realisierung dieser Konzeption nicht erlebt. Spätere komplette Aufführungen bewiesen, daß das Zusammenwirken der akustischen und optischen Ebene einen enormen Eindruck hinterläßt.

Prometheus war nicht der erste, der den Menschen das Phänomen des Feuers vorführte. Doch er war der erste, der es in gütiger, konstruktiver Weise tat. Schon früher pflegte Zeus, der allgewaltige, seine Blitze zu schleudern – wider unbotmäßige Menschen zumal. Man höre GOETHES Ballade *Prometheus* in gleich drei Vertonungen, vom ersten Musikberater des Dichters, dem einstigen preußischen Hofkapellmeister JOHANN FRIEDRICH REICHARDT, von FRANZ SCHUBERT und – am beeindruckendsten, zumal mit Orchesterbegleitung – von HUGO WOLF (1889). Dort geht der buchstäblichen Pro-Vokation des Sängers ein regelrechtes Schlachtengemälde voraus; *diese* Blitze schlagen wirklich ein!

Bedecke deinen Himmel, Zeus,
mit Wolkendunst
und übe, dem Knaben gleich,
der Disteln köpft,
an Eichen dich und Bergeshöhn . . .

Möglicherweise liegt es an dem ursprünglich göttlichen Privileg, mit Feuer umzugehen, daß der Mensch so gern »mit dem Feuer spielt«. Gern benutzt man in Herzenssachen entsprechende Metaphern: Da brennt ein Herz lichterloh, da gleicht die Liebe auf den ersten Blick einem *coup de foudre,* einem einschlagenden Blitz. Ein gewisser Grieche namens HEROSTRATOS gab zwar vor, seinen Brand der reinen Publicity wegen gelegt zu haben (tatsächlich bezeichnete man bald schon seinesgleichen mit seinem Namen); doch vielleicht hatte er ebensoviel perverse Freude am Ergebnis wie der singende und harfende Kaiser NERO angesichts des brennenden Roms? Von GIACOMO MEYERBEER ist überliefert, daß ihm die besten Einfälle kamen, wenn er in einer Art Gewächshaus, das er sich im Garten hatte bauen lassen, bei Gewitter saß und den Regen über sich prasseln, den Donner und den Einschlag der züngelnden Blitze in größtmöglicher Nähe krachen hören konnte. Wer weiß, welche Urschichten im Tiefstinneren da angesprochen werden!

Zweifellos unschuldig ist das Spiel mit dem Feuer im Falle des Feuerwerks, das wir den Chinesen verdanken. Ihre uralte Kultur verbot ihnen, das Pulver für Konfliktlösung einzusetzen. Die europäischen Monarchen des Absolutismus taten beides: Schießen und Feiern, und das zumeist in ebendieser Reihenfolge.

Die populärste *Feuerwerksmusik* schrieb GEORG FRIEDRICH HÄNDEL für seinen englischen König, bei dem er einst noch in Hannover gedient und den er dann auf abenteuerliche Weise in London – in gleicher Funktion – wieder vorgefunden hatte. *Seine* Funktion war ebenfalls dieselbe: Chef der höfischen Musik. 1749 gab es ein erfreuliches Ereignis zu feiern: Der österreichische Erbfolgekrieg, der sich über acht Jahre hingezogen hatte und aus dem England siegreich hervorgegangen war, wurde durch den Frieden zu Aachen beendet. Prächtig hebt die Ouvertüre an, wie es sich für eine Siegesfeier gebührt; doch der offenbar auch dem Komponisten wichtigste Satz ist eine betont lyrische *Siciliana,* die zum Schönsten aus Händels Feder gehört und mit der er die Idee des Friedens zum Ausdruck bringen wollte.

150 Jahre später waren Stücke mit ähnlichem Titel meistens lautmalerische Tongemälde. Man spricht ja figurativ auch in Fäl-

len von nichtprogrammatischer Musik gern von einem »wahren Feuerwerk«: etwa der Virtuosität. Doch bei CLAUDE DEBUSSYS *Prélude Feux d'artifice* (aus Heft II von 1910–1913) geht es tatsächlich um klingende Raketen, sprühende Klangfunken und Sternenregen. Denn es wird ein reales Fest-Feuerwerk wiedergegeben: Zuletzt grüßt in Klangfetzen sogar die *Marseillaise* herein, die traditionell beim Jahrestag des Sturmes auf die Bastille gespielt wurde.

Im Frühwerk des IGOR STRAWINSKY taucht gleich zweimal das Feuer auf: in der kurzen Orchesterfantasie *Feu d'artifice* (Feuerwerk) und im ersten seiner drei russischen Ballette, dem noch impressionistischen, klangschwelgerischen *Oiseau du feu* (Feuervogel). In beiden Fällen haben das harmonische Vorbild DEBUSSYS und das instrumentatorische RIMSKI-KORSAKOWS ihre deutlichen Spuren hinterlassen.

Neben seinem *Prometheus* hat ALEXANDER SKRJABIN auch in seinem umfangreichen und vielfältigen Klavierschaffen gelegentlich Bezug auf das Feuer genommen und gleichzeitig auch das Phänomen des Lichtes zum Klingen gebracht: in seinen Poemen (diese von LISZT stammende Orchesterform hatte der Russe erstmals auf das Klavier übertragen) *Vers la flamme* (Der Flamme entgegen) und *Flammes sombres* (Düstere Flammen). Es zeigt sich, daß sein eigenwilliger, an nichts und niemanden erinnernder harmonisch-melodischer Stil schon etwas Züngelndes an sich hat – eine Art *Style flamboyant* (so die französische Hoch- und Spätgotik), wenn man diesen Begriff für die Musik in Anspruch nehmen darf.

Um wahrhaft »düstere« Flammen geht es auch in einem symbolistischen Mittelalter-Roman des russischen Symbolisten VALERIAN BRJUSSOW, dessen Heldin den Feuertod erleiden wird: *»Der feurige Engel«.* Das Buch handelt von der Liebe zwischen einer schönen, sinnlichen Frau – Renate – und einem Ritter namens Rupert. Doch beider Weg kreuzt noch ein »Incubus«, wie die Inquisition, wo Renate dann auch landen wird, einen Dämon zu bezeichnen pflegte, der Menschen verführt, um von ihrer Seele und ihrem Körper Besitz zu ergreifen. Renates Incubus ist ein Jüngling im Flammengewand, der ihr nach eigenem Geständnis des Nachts erscheint ... PROKOFJEW hatte diesen Roman begeistert gelesen, eine gleichnamige Oper aus ihm gemacht und thematisch von dieser ausgehend seine *Dritte Sinfonie* geschaffen, die darum noch den entsprechenden Untertitel trägt. Das Scherzo (3. Satz) entspricht in der Oper dem herabfahrenden Engel.

An das Schicksal Renates, die dem Scheiterhaufen anheimfällt, schließen sich dramaturgisch weitere böse Feuer an, die zumal die Inquisition entfachte. Eine großangelegte Ketzerverbrennung als »gnädiges« Reinigungsmanöver für verirrte Seelen findet sich in *Don Carlos* von GIUSEPPE VERDI. In Spanien hatte man für diese keineswegs seltenen, volksfestartig begangenen Ereignisse den Spezialbegriff »Autodafé« geschaffen.

Letztlich ebenfalls um ideologisch bedingte Folterung wegen Verweigerung des verlangten Götzendienstes geht es in der alttestamentlichen Geschichte, die dem *Gesang der Jünglinge im Feuerofen* von KARLHEINZ STOCKHAUSEN zugrunde liegt. Die vier Jehova preisenden Männer widerstehen den Flammen und lassen den babylonischen Diktator NEBUKADNEZAR an seinen eigenen Göttern zweifeln.

Man darf das Thema »böse Feuer in der Musik« nicht abschließen, ohne auf RICHARD WAGNERS meisterhafte Umsetzung im *Ring des Nibelungen* einzugehen. Nachdem er schon im sogenannten *»Feuerzauber«* seine virtuose Orchesterbehandlung bewiesen hatte (Wotan versetzt die eigenmächtige Walküre in Schlaf und umgibt sie mit einem Feuerkranz, den nur der durchschreiten kann, der sich ihm, dem Gott, nicht unterordnet), kommt es im Finale des letzten Abends der Tetralogie zum Weltenbrand in Bayreuth. Es ist schon beklemmend, sich den »Anstreicher« (BERTOLT BRECHT über Hitler) mit leuchtenden Augen angesichts der *»Götterdämmerung«* vorzustellen, nur kurze Zeit, bevor er daranging, die ganze Welt anzuzünden, das eigene Land eingeschlossen.

Es müssen keine verlogenen Götter oder wahnsinnigen Diktatoren sein; Feuer kann ausbrechen und braucht nicht gelegt zu werden. Freilich glaubte man früher an teuflische Mächte: Landpfarrer a. D. EDUARD MÖRIKE dichtete *Der Feuerreiter,* und HUGO WOLF machte eine atemberaubende Chorschöpfung daraus, zu der es auch eine Liedfassung gibt. Im Spiel sind ein rotbemützter

Reiter, ein Span vom Kreuz Christi und eine Mühle, die niederbrennt. Nach dem hochdramatischen Bericht von der Brandlegung und den vergeblichen Löschversuchen heißt es im ruhigen Erzählton:

> Nach der Zeit ein Müller fand
> ein Gerippe samt der Mützen
> aufrecht an der Kellerwand
> auf der beiner'n Mähre sitzen:
> Feuerreiter, wie so kühle
> reitest du in deinem Grab!
> Husch! Da fällt's in Asche ab.
> Ruhe wohl, ruhe wohl
> drunten in der Mühle!

Edgar Allan Poe, der Meister des Spuks und der übersinnlichen Erscheinungen, hat ein vierteiliges Poem geschrieben: *The Bells* (Die Glocken), wo er deren unterschiedliche Funktion im Leben des Menschen schildert; jedesmal sind sie aus einem anderen Metall. Silberne Schellen markieren Geburt und Jugend, goldene Glocken die Hochzeit, Bronze gehört den Feuer- und Sturmglocken, und eiserne schließlich läuten beim Begräbnis. Sergej Rachmaninow schuf nach dieser Vorlage eine viersätzige Kantate für drei Soli, Chor und großes Orchester. Der »Feuer-Satz« steht an dritter Stelle, kommt ohne Solisten aus und lebt von der Angst; in dem vorüberjagenden Presto klingt ein bei Rachmaninow später immer wiederkehrendes Motiv aus der katholischen Liturgie an, das dem »Requiem« entnommene »Dies irae«.

Unter dem Aspekt der Fortbewegung verdanken wir der griechischen Göttergabe die beiden heute bestimmenden Verkehrsmittel: In chronologischer Folge sind es Eisenbahn und Automobil. Doch beiden zugrunde liegt erst einmal der Verbrennungsmotor. Strenggenommen gilt dies auch für das Flugzeug; doch da dieses nicht von der Erde getragen wird – unsere rhetorische Fragestellung hieß ja: Was uns trägt und fortbewegt –, werden wir ihm in *seinem* Element begegnen, der Luft.

Aus der Kutsche (siehe das vorangehende Kapitel »Erde«) wurde die Pferdebahn (Bahn jetzt generell für schienengebundene Versionen), deren Zugtiere erst Dampfmaschinen, dann Diesel- und Elektromotoren ablösten; die heutige Eisenbahn war geboren. Ihr Hoheslied sang ARTHUR HONEGGER, der in den Vereinigten Staaten voller Ehrfurcht die kilometerlangen Güterzüge betrachtete, die von einer Küste des Riesenlandes zur anderen eilten. Der schweizerische Komponist, Mitglied der französischen »Six«, kommentierte sein Faible für die Bahn selbst: »Ich habe immer eine leidenschaftliche Vorliebe für Lokomotiven gehabt. Für mich sind sie lebende Wesen, die ich liebe, wie ein anderer Frauen oder Pferde liebt.« 1923 schrieb er denn ein »Mouvement symphonique« mit dem Titel *Pacific 231* – einen sinfonischen Satz direkt auf einen bestimmten Lokomotiventyp, Marke »Pacific 231« für Gütereilzüge. Der seltsame Name rührt aus der Räderordnung her: die mittleren drei stehen für die mannshohen Schwungräder. Vom langsamen »Atemholen« und allmählichen Anfahren geht die Entwicklung in stetem Crescendo und Accelerando bis zur damaligen Spitzengeschwindigkeit der Maschine, »bis sie einen lyrischen Hochstand erreicht, die Pathetik eines Zuges von dreihundert Tonnen, der mit 120 Kilometern pro Stunde durch die tiefe Nacht stürmt«. Honegger wollte dabei weniger naturalistisch imitieren, als vielmehr die Dynamik des Geschehens auf die musikalische Form übertragen und behauptete sogar, er habe »einen großen figurierten Choral komponiert, der sich in der Form an JOHANN SEBASTIAN BACH anlehnt«.

Honegger war nicht der einzige Lokomotiven-Fan unter den Komponisten. Auch PAUL HINDEMITH gehört zu ihnen, was bei einem Vertreter der »Neuen Sachlichkeit« weniger wundert als bei einem ausgemachten Naturfreund und Romantiker, dem Böhmen ANTONÍN DVOŘÁK. Der brachte es sogar fertig, seine Studenten auf den Prager Hauptbahnhof zu schicken mit der Aufgabe, zu überprüfen, welche Lokomotive welchem Expreß vorgespannt sei. Und der Eingangssatz seiner *Sinfonie Nr. 8* soll von ankommenden Lokomotiven inspiriert worden sein . . .

RACHMANINOW reiste eine Konzertsaison hindurch in den Staaten mit eigenem Salonwagen – darin Küche mit Koch und

Steinway mit Stimmer –, um die lästige Ein- und Auszieherei des Hotellebens zu umgehen. IDA RUBINSTEIN, die extravagante Tänzerin und schwerreiche Mäzenatin, reiste gewöhnlich sogar mit einem ganzen Privatzug.

TSCHAIKOWSKY und mit ihm die gesamte internationale Musikwelt verdankt sein Schaffen ab dem *Violinkonzert* und der *Sinfonie Nr. 4* faktisch dem Phänomen Eisenbahn. Und zwar in ihrer expansiven Phase, der zweiten Hälfte des neunzehnten Jahrhunderts. Rußland wurde auch von ausländischen Investoren als gigantischer Rohstofflieferant und willkommener Absatzmarkt zunehmend wahr- und angenommen. Also mußten Bahnlinien her, die das rückständige Mammutreich an das europäische Verkehrsnetz anschlossen. Bei der Errichtung der Transkaspischen Linie (einer wichtigen Schlagader zwischen dem Nahen Osten und Europa) war ein gewisser KARL VON MECK, ein baltendeutscher Ingenieur, federführend. Er konnte sich ein Millionenvermögen erwerben, das seine Witwe NADESHDA erbte. Und die unterstützte damit über vierzehn Jahre hinweg aufs großzügigste keinen Geringeren als – PJOTR ILJITSCH TSCHAIKOWSKY und finanzierte sogar die beiden Vorbedingungen für sein nun bald schon übersprudelndes Schaffen: Freiheit von der Lehrverpflichtung (er hängte seine Professur an den Nagel und reiste à la carte durch Europa) und Freiheit von der Ehefrau, die zu einer Alibiheirat mit dem homophilen Komponisten nicht bereit war und ihn zu erpressen begann. Beides wollte finanziert sein und war nicht billig. Frau VON MECK, in fast blinder Bewunderung ihres platonischen Freundes, zahlte – aus dem Eisenbahnvermögen ihres verstorbenen Mannes . . .

Die legitime Nachfolge der Kutsche hat in der Hauptsache nicht das selbstgelenkte Kraftmobil, sondern die Bahn angetreten. Vier Gründe sprechen für diese »schräge Erbfolge«. Erstens bedient die Bahn gleich der Kutsche den öffentlichen Verkehr. Zweitens besitzt sie ein Netz, das wie seinerzeit die Postkutsche Stadt und Land, ja mittlerweile per Fähre die ganze Welt umspannt. Drittens erspart die Bahn das Selbstfahren und entlastet durch den Massentransport in noch viel stärkerem Maße als einst Kutschen die Straßen. Und viertens – das ist für unseren Kontext besonders relevant – inspiriert das Zugfahren die Gäste durch vorbeiziehende Landschaft (was sehen Sie schon im Flugzeug?) und speziell die Musiker und Schreiber durch die Kontinuität von Bewegung und Geschwindigkeit. Motorik regt an. Das weiß der Musikfreund aus dem BACH-Werk, das unter anderem vorzügliches Material zur Innervation, zum Ansporn der geistigen und körperlichen Ebene bereithält. Das gilt aber auch für gleichmäßige akustische Vorgänge der natürlichen und gestalteten Umwelt oder Arbeitswelt: ob das Murmeln von Quelle und Bach, das Schlagen der Hämmer (JOHANNES BRAHMS: *Der Schmied*), ob das Brausen und Laufen von Mühlenbach und -rad, das Mahlen des Mühlsteins bei JOHANN SEBASTIAN BACHS Vorfahren, der sich dazu das Lautenspiel beibrachte, ob das Sausen von Treibriemen und Stampfen von Maschinen (PROKOFJEWS *Toccata* d-Moll), ob das Ticken von Uhren oder das (in neuerer Zeit immer mehr kaschierte) Stoßen der Schienen.

Wenn es eines weiteren Plädoyers für die Schiene bedürfte, so müßte von unserem sich neu ordnenden Kontinent gesprochen werden. Denn noch mehr als einst die Kutsche wirkt sich das Bahnnetz völkerverbindend aus. Gerade der Gedanke des gemeinsamen Europa wird beträchtlich forciert und der breiten Bevölkerung nahegebracht durch das grenzüberschreitende Bahnnetz.

Es gibt für mich nichts Schöneres und kein produktiveres Ambiente als eine Zugfahrt ab vier Stunden Dauer aufwärts, die mich von einem Stadtzentrum direkt ins nächste bringt, mich nirgends unnütz warten läßt wie ein Paket, das abgeholt werden will und nicht abgeholt wird, sondern mir die Möglichkeit zu angeregtem Nutzen dieser großen Zeitspanne in geborgener Umgebung bietet: Großraumwagen, Tisch in der Lehne des Vordermannes runtergeklappt, darauf kann ich arbeiten, schreiben . . .

Draußen wird mir eine ständig wechselnde Welt vorgeführt, die ich teilweise nicht mehr aus der lebendigen Anschauung kenne. Plötzlich wird mir klar, wie schön und verschiedenartig unser Land ist. Und ich spüre, wie eilfertig und geschwind mich der Zug durch dieses wahre Panoptikum befördert, spüre unter mir die Schwingungen des Waggons und beginne, sobald der Zug seine Spitzengeschwindigkeit erreicht hat, innerlich zu singen – was sich zusammen mit allen Fahrgeräuschen zu einer Art Hymne auf die schönen Seiten der Technik formt, ganz à la HONEGGER.

Nun zum selbstgelenkten Kraftmobil. Im Rahmen einer *»Musikalischen Reiseapotheke«* sei ein Vorschlag zur Güte geäußert: Bahn und Auto ergänzen einander und beziehen jeweils aus der Eigenart des anderen Vorteile. Die Zielgruppe Mensch braucht beide – es wäre an der Zeit, einen sinnvollen Kompromiß mit- und nicht gegeneinander zu suchen und zu gehen. Wo es kein öffentliches Netz gibt, muß das Auto her. Und *wo* es das gibt, kann man letzteres stehenlassen. Während man im Zug hören kann, was man will – man muß sich auf nichts konzentrieren, im ICE bekommt man sogar eine brauchbare Auswahl an Hörprogrammen geboten (eigene Kopfhörer nicht vergessen, sonst muß man sie an Bord kaufen) –, ist das beim Autofahren anders. Hier muß man allerdings unterscheiden zwischen Stadt-, Nacht- und Langstreckenfahrten (und bei diesen noch zwischen Fahrten auf Autobahn und Landstraße). Bedenken muß man ferner, ob man allein fährt oder wen man noch im Auto hat.

Generell ist Musik mit extremer Lautstärken-Amplitude ungeeignet zum Autofahren. GUSTAV MAHLER allerhöchstens. Oder wenn bei exquisit leise laufendem Motor nachts auf der Autobahn Sie die/der einzige, Ihre Nerven so weit in Ordnung und Sie selbst noch so gut beisammen sind, daß Sie expressive Ausbrüche wie etwa der Todesschrei der Lulu aus ALBAN BERGS gleichnamiger Oper am Lenkrad nicht Kobolz schießen läßt.

Leichte Motorik, gleichlaufender, beschwingender Swing ist gut für alle Zeiten und Zwecke, auch bei Gesprächen. Alles, was ärgern könnte – weil man an der einen Stelle, bei dreifachem *Piano,* gar nichts mehr hört, drei Sekunden später aber mit vierfachem *Forte* akustisch geohrfeigt wird –, ist tunlichst zu Hause zu lassen.

Vokalmusik ist nur zu empfehlen bei chorischer Besetzung oder bei Sängern der tieferen Stimmklasse (Mezzosopran, Alt, Bariton, Baß). Opernfans können sich auf Langstrecken durchaus Gesamtaufnahmen zuführen, sie sind ja einiges gewöhnt. Ansonsten hat es schon seinen Grund, daß die auf Einschaltquoten bedachten

Unterhaltungssender gleich von vornherein auf Koloratursoprane und Heldentenöre verzichten. Im laufenden Straßenverkehr könnten sie ebenso wie Hardrock oder -core den Blutdruck hochschnellen lassen sowie das Aggressions- und Frustrationspotential steigern. Dafür brauchen Sie keine Musik, dafür dürfte schon das Fahrverhalten einiger Zeitgenossen sorgen.

Sehr gut zu nutzen sind Langstreckenfahrten für allmähliches Einhören bestimmter, Ihnen wichtiger Kompositionen. Es gibt Partituren in Fülle, die durch zigmaliges Hören nichts verlieren, sondern immer mehr Nuancen offenbaren – das ist eben der Vorteil einer dichtgewirkten, kompakt gearbeiteten Klangkost gegenüber einer mehr oder weniger im Fließbandmodus gefertigten Unterhaltungsmusik. Die ist auf Tagesgebrauch und Verschleiß ausgelegt – wie jede Mode. Aber Dauerhaftes muß besser und dauerhafter gearbeitet werden. Weshalb ich die Klassik (bis hin zu LEONARD BERNSTEIN) denn auch vorziehe – als geronnene Lebens-, Leidens- und Liebeserfahrung ihrer Verfasser. Da lohnt es schon mal, etwa eine Nacht lang den großartigen *Metamorphosen* von RICHARD STRAUSS zu lauschen – spätestens beim vierten Mal wissen Sie, wie es weitergehen wird, und freuen sich schon darauf. Und dann werden Sie diese großartige Musik die nächsten Tage einfach nicht mehr los. Sie wird in Ihnen aufsteigen und in Ihnen erklingen – als hätten Sie sie studiert. Dergleichen macht sich am besten in aller Abgeschiedenheit von anderen Menschen und in der Ruhe einer Nachtfahrt. Und da ist die Straße der Schiene überlegen.

Welche Musik zu welcher Strecke? Zuerst muß klar sein, daß die Sicherheit im Straßenverkehr vor allen musischen Ambitionen des Fahrers oder seiner Insassen rangiert. Das bedarf wohl keiner weiteren Erklärung. Sodann benötigt Hörgenuß im Auto eine brauchbare Anlage, die auch den Bässen noch das Durchkommen gestattet. Das ist nicht immer ganz billig, aber Autofahren wird ja ohnehin allmählich zu einer freien Entscheidung für eine bestimmte Art von Luxus: für individuelle Mobilität, die freilich erst dann wieder Spaß machen kann, wenn sie vom Quasi-Bürgerrecht zum besonderen Ereignis wird, für das man auf anderes verzichten muß – womit die Straßen wieder frei würden.

Musikschaffende wie -freunde könnten also im Grunde beide dankbar sein für das Automobil, weil es optimale Rahmenbedingungen für bewußtes, entspanntes (und entspannendes) Hören bietet. Denn – sofern Sie Ihr Auto noch nicht in ein zweites Büro mit Mobilfunk und -fax verwandelt haben – hier kann Sie niemand aufstöbern; Sie fahren durch Gottes schöne Welt (aber möglichst, was die Tageszeit betrifft, »gegen den Strom«, also nicht mit den meisten anderen) und lassen sich nicht nur optisch, sondern nun auch noch akustisch verwöhnen; der Wagen federt leicht, surrt leise (Sie jagen ihn ja nicht hoch), über Sie kommt eine schöne, tiefgreifende Lösung (keine Müdigkeit!). Dabei kann Musik eine wunderbare flankierende Wirkung haben; gehen Sie mit diesen Stunden behutsam und dankbar um. Niemals sollte man eine längere Fahrt unternehmen, ohne sich entweder die gewünschte oder geeignete Musik auszuwählen, vielleicht zu Hause von der Schallplatte oder CD auf Band umzuschneiden oder sich ein solches zuzulegen.

Jede längere Fahrt kann durch gezieltes Hören ausgewählter Musik zu einem besonderen Erlebnis werden. Lange oder öde Strekken lassen sich ebenso verkürzen wie ein Stau (der ja gewöhnlich gern in Gruppen auftritt) ... Selbst stumpfe Routinefahrten bekommen gleichsam »Farbe« mit Musik. Niemals empfehlen würde ich das bloße Einschalten eines Radios, weil Sie dann der Auswahl und dem (nicht immer vorhandenen) Geschmack des jeweiligen Redakteurs oder Moderators und einem meist flachen Gequassel ausgeliefert sind. Da ist Stille oft noch besser.

Bei *Stadtfahrten* brauchen Sie Musik mit kürzerer Bogenführung, also engerer, kleinerer, feinerer Struktur und »leichter« Gangart, denn jetzt haben Sie weder die Zeit, sich in größere dramaturgische Zusammenhänge einzuhören, noch die Muße (jede Minute eine Ampel!), den Peripetien eines Themas zu folgen. Darum entweder Softrock und Jazz oder Motorik der Italiener vor und um BACH, also VIVALDI, CORELLI, GEMINIANI, ALBINONI, oder TELEMANN und der ganze BACH und der instrumentale HÄNDEL. Empfehlenswert – je nach persönlichem Gusto – auch alle Arten leichter Früh- bis Nachklassik: der junge ROSSINI (neben den Ouvertüren noch erwähnenswert der geniale Kinderstreich seiner sogenannten *»Streichersinfonien«*), komplett die Bach-Söhne, Haydn, Mozart (da reicht ein Leben fast nicht aus), der frühe bis mittlere Beethoven sowie Mendelssohn und Grieg.

Noch eine spezielle Empfehlung gerade für Seiten- oder Späteinsteiger in den Jazz (außer *Free* und *Cool*): Immer wieder anregend, weil man die relevanten Themen, die sogenannten »Jazz-Standards«, gut wiedererkennen kann, sind Improvisationen über ebendiese in kleiner Besetzung, wie Klavier beziehungsweise Keyboard oder Jazzorgel – Baß oder Baßgitarre – Harmoniegitarre – Schlagzeug – Melodieinstrument (Saxophon, Vibraphon, Geige). Aber auch andere aparte Versionen können angenehm sein: Harfe, Flöte. Ein spezieller Sound verbindet sich mit einem blinden Pianisten, der die Technik der »locked hands« erfand, um sich allein durch den Tastsinn rascher auf der Klaviatur zurechtfinden zu können: George Shearing. Dank der asymmetrischen Anordnung der schwarzen Tasten ist ja Blindspiel auf Klavier, Orgel und Keyboard durchaus möglich und wird von einigen Pädagogen sogar im Unterricht normal sehenden Schülern abverlangt.

Doch Shearing geht noch einen Schritt weiter und beläßt die Hände sozusagen in Tuchfühlung, die Daumen können in Berührung bleiben, so daß sich nur eine orientieren muß. Dabei fehlt allerdings zwangsläufig das harmonische Fundament – das dann von einem Baßinstrument beigesteuert wird. Die zweite Besonderheit an Shearings Satz ist ein pikanter Klangfarben-Einfall: Er läßt den Klavierpart nämlich von einem Vibraphon mehr oder weniger mitspielen.

Bei Oscar Peterson ist der besondere Reiz der Verzicht auf Schlagzeug, und bei Errol Garner fasziniert (außer dem Mitbrummen, was man aber auch aus der Klassik kennt, man lausche Glenn Gould), daß er die beiden Hände quasi unabhängig voneinander führt (rechts weiß hörbar nicht, was links geschieht) und ganz konkret die Linke metrisch nachhinken und rasche Akkorde wiederholen läßt, die jeweils an den Schwerpunkten des Taktes mit einem tiefen Baßton »untermauert« werden, von dem er dann sofort (das muß man ordentlich üben) wieder in seine Akkordebene hochspringt. Hier hat die Linke doppelte Arbeit zu leisten.

Prickelnd auch die atemberaubende Fingervirtuosität des Jazzorganisten JIMMY SMITH. Wer bis dahin die Orgel nur in sakralen Zusammenhängen kannte, wird hier eines Besseren belehrt. Und wenn Sie nicht wissen, wem Sie sich bei Ihren möglicherweise noch zaghaften Exkursionen ins Reich des Jazz anvertrauen sollen: Niemals schiefgehen kann etwas mit GEORGE GERSHWIN und DUKE ELLINGTON. Der erstere, musikalisch immerhin doppelt begnadet als russischstämmiger Jude, bürgt für eine heute jedem eingehende Melodik und Harmonik; der andere, farbiger Amerikaner und hochachtungsvoll »Herzog« genannt, ist sozusagen *more sophisticated* (*Sophisticated Lady* heißt einer seiner unsterblichen Standards) und um so reizvoller gerade auch für den harmonisch fortgeschrittenen Hörer. Und Feinschmeckern sei die breite Palette lateinamerikanisch eingefärbter Jazz- und jazzverwandter Musik empfohlen – von dem Brasilianer JOBIM bis zum Argentinier PIAZOLLA (siehe das »Windrose«-Kapitel »Westwärts«).

Für längere und einsame Fahrten eignen sich hervorragend auch gewissermaßen enzyklopädische Werke und Zyklen wie J. S. BACHS *Wohltemperiertes Klavier, Goldberg-Variationen, Kunst der Fuge* und *Musikalisches Opfer,* LUDWIG VAN BEETHOVENS *Diabelli-Variationen,* sämtliche Variationen (für Orchester oder Klavier) von JOHANNES BRAHMS und MAX REGER. Und, wie gesagt, nur für den »Kenner und Liebhaber«: Opern-Gesamtaufnahmen. Dramatische Stoffe und hochexpressive Klangsprache höchstens bei Nachtfahrten – aber da können die härteren STRAUSS-Opern oder PUCCINIS späte Meisterwerke beachtlich für Munterkeit sorgen und für Spannung! Allerdings darf man sich dabei nicht unterhalten, sonst stauen sich nur Aggressionen auf.

Bei Nachtfahrten sollten Sie sich um Himmels willen keine einschläfernden oder auch nur Schmuseklänge zuführen, das kann in großen Dosen direkt lebensgefährlich werden! Lieber klaren Jazz, nicht zu soft, oder Concerti grossi. Gut sind auch Variationen und Fugen, weil sie aufmerksames Hören direkt erzwingen. Geeignet sind ebenso Paraphrasen über bekannte Melodien: so LISZTS Opern- und Liedtranskriptionen für Klavier, ferner alle Arten von

Liedern (außer natürlich Schlaflieder und allzu lyrische Liebesgesänge), weil da das Wort noch Aufmerksamkeit fordert, oder Volkslied-Bearbeitungen wie *Greensleeves* von RALPH VAUGHAN WILLIAMS. Solange Sie Ihr Ohr schärfen, schlafen Sie nicht ein.

Und was ist mit dem jüngsten Zivilisationsübel? »Heute schon gestaut?« »Wünsche, wohl gestaut zu haben!« Solche Sprüche zeigen, daß die moderne Form der Verstopfung inzwischen zum Alltag gehört. Längst haben wir versucht, gegen den Strom zu fahren, also nachts oder mittags oder samstags oder ... – und mußten feststellen, daß andere auch nicht dümmer waren als wir. Der Stau ereilt doch jeden von uns dann und wann. Wenn man nicht von vornherein sein Vehikel an den Nagel hängt und aufs öffentliche Netz umsteigt, muß man mit dem Stau leben wie mit dem Lärm und all den schönen Sachen, die uns die zivilisatorischen Ballungsräume bescheren. Wirksame Stau-Musik sollte kompliziert sein, vom »stop and go« ablenken und Ihren Geist beschäftigen. Wie nachts sind Variationen gut geeignet, etwa die *Goldberg-Variationen* von J. S. BACH, aber sicher kein überbordender Spätromantiker, weil es passieren kann, daß Sie bei einer MAHLERschen Eruption unwillkürlich aufs Gas gehen und dem Vordermann aufs Heck. Berechenbare Klänge, aber möglichst interessante! Auch CHOPINS *Préludes, Etüden, Walzer, Mazurken* sind zu empfehlen, weil sie erstens aufgrund ihrer Kürze keine zu großen Bogen schlagen (es geht ja alle zwei Minuten wieder zwei Meter weiter), noch dynamisch extrem angelegt sind (es spielt ja nur ein Pianist) und außerdem den Hörenden lehren, die Einheit in der Vielfalt zu erkennen ...

Horrorvision: Sie müssen von Berlin nach München fahren, aber unterwegs in Leipzig ein Treffen absolvieren. Im Klartext heißt das wenig ermutigend: durch die Ex-DDR auf zweispuriger, überfüllter Autobahn, die derzeit Europas baustellenintensivste ist. Und zu allem Überfluß haben Sie auch noch Ihren achtjährigen Buben mit, und natürlich haben Sie sich wieder mal von »ihr« breitschlagen lassen (aber wenn sie nicht so eloquent wäre und nicht so verführerisch betteln könnte, hätten Sie sie ja auch nicht geheiratet) und Ihrer Frau zugesagt, die zwölfjährige Tochter ihrer besten Freundin gleich mitzunehmen, denn die will in den Alpen die Omi besuchen. Und da die bewußte Freundin eine Katzennärrin ist – mit Katzen. Nun sind Sie also unterwegs: fünf lebendige Wesen, davon zwei Kinder, miteinander nicht verwandt und in zickigem Alter, zwei Katzen, die kraft Spezies nicht unbedingt Autofahrer sind, und Sie ... Was fängt man unter solchen Umständen mit der holden Tonkunst an?

Hier muß unter anderem Hörkost her, die alle unterhält und keinen unterdrückt. Dann kann man auch mal was dazwischenschieben, das die Kids noch nicht fassen, und die lange Zeit nutzen, sie gleich an die nächsten Stufen der musikalischen Erkenntnis heranzuführen. Aber als Bonbon geeignet wäre natürlich jede Art mehr oder weniger spannender oder heiterer Programmusik. Also da wären: CAMILLE SAINT-SAËNS mit *Karneval der Tiere,* PAUL DUKAS mit *Der Zauberlehrling* (schauen Sie sich vorher sicherheitshalber noch mal Ihren GOETHE an, es könnte sein, daß man Sie um die Ballade bittet – die Kinder selbst lernen ja derlei an deutschen Schulen nur noch in Ausnahmefällen), MODEST MUSSORGSKI mit *Bilder einer Ausstellung* (im Musikerspott »Schilder einer Baustelle«), hieraus *»Tanz der Küken in ihren Eierschalen«,* die spielenden Kinder *»Im Tuilerien-Park«,* die keifenden Fischweiber im *»Markt zu Limoges«,* die durch die Lüfte reitende Waldhexe *»Baba Yaga«,* ANATOLI LJADOW mit derselben Dame *Baba Yaga,* ihrer Kollegin *Kikimora* und dem verwunschenen Klanggemälde *Der verzauberte See* und natürlich MAURICE RAVEL mit seiner direkt für ein kleines Geschwisterpärchen komponierten und von Kindern auch uraufgeführten vierhändigen Klaviersuite *Ma mère l'oye* (Mutter Gans erzählt), in der man Däumelinchen trippeln und die Vögel seine Brotkrumen aufpikken oder zuletzt das Tier im Dialog mit der (selbiges schließlich erhörenden und erlösenden) Schönen brummen und grunzen hört. Die Kinder werden Sie vielleicht fragen, ob sie das nächste Mal wieder mitfahren dürfen ...

Luft

Das letzte Element, dem wir uns zuwenden wollen, ist per se zugleich das primäre. Denn Luft ist im Verständnis der Alten Äther, und der ist unstofflich, ist Geist, Spiritus, Pneuma – und damit der Materie noch voranzustellen. »Und der Geist Gottes schwebte über den Wassern«, heißt es in der *Genesis*. Sogar noch vor dem Wasser war der Geist, das unsichtbar Wirkende, das Schaffende und Erhaltende, im *Neuen Testament* von JOHANNES später als *logos* eingegrenzt. So ist es nur verständlich, daß sich der Mensch erst nach langer Zeit seinen schier unerfüllbaren Traum verwirklichen durfte, in diese scheinbar imaginäre Welt über uns aufzusteigen – wenngleich höchstens bescheiden, ja fast lächerlich im Verhältnis zur unermeßlichen Weite zu unseren Häuptern, die dazu noch unentwegt nach außen strebt. Aber genießen wir das, was mit diesem flüchtigsten und erstaunlichsten der Elemente zusammenhängt.

Luft spüren wir erst, wenn sie sich bewegt. Oder wenn sie uns Gerüche und Düfte mitteilt. Während wir den Schall direkt dem Erzeuger zuordnen und ebenso wie beim Licht die Wellen vergessen, sondern eben sagen: »Ich sehe den Stern da« oder »Ich höre die Nachtigall«, so sagen wir zwar auch »Der Flieder duftet«. Aber wir entnehmen den Duft weder seinem Anblick noch vielleicht seinem Wiegen im lauen Sommerwind. Sondern wir wissen, daß sich der Duft in der Luft verteilt, ja sie erfüllt.

Betrachten wir zuerst den Wind als bewegte Luft, dann den Duft als von Materiepartikeln erfüllte und sie verteilende Luft, ferner den Flug von Insekten und Vögeln und schließlich das Fliegen als Menschheitstraum und seine Erfüllung.

Im ersten, 1910 entstandenen Heft der epochalen *Klavierpréludes* von CLAUDE DEBUSSY beschäftigen sich zwei Stücke mit dem Wind. Dem dritten Stück, *»Le vent dans la plaine«* (Der Wind in der Ebene), ist ein interessantes Motto nachgestellt – und nicht vorgesetzt (wie immer beim bescheidenen Komponisten, der das Hören seiner Hörer nicht dominieren wollte). Es stammt von Debussys Lieblingsdichter PAUL VERLAINE: »Der Wind über der Ebene hält seinen Atem an ...« Der Pianist ALFRED CORTOT vermutete, es müsse sich um einen Morgenwind, eine frische Brise zum Tagesauftakt handeln. Hier geht es buchstäblich neutönerisch zu: unablässig wirbelt ein Sechzehntelmotiv (und das nicht mal geradzahlig, sondern als Quintolen, was den Eindruck von Lautmalerei noch verstärkt), und eine Tonart gibt es nicht, statt dessen hört man archaische (kirchentonartige) Anflüge. Immer wieder fahren harte Akkordschläge, heftigen Böen gleich, zwischen das Klanggewebe. Einst hatte den Studenten, der sich damals noch »de Bussy« schrieb, sein Kompositionsprofessor GUIRAUD relativ entsetzt gefragt, was eigentlich seine Regel sei, und die provokante (freilich tiefstapelnde) Antwort erhalten: »Mein Vergnügen.«

Gegenüber dieser unverfänglichen, wenngleich spannenden morgendlichen Impression geht es im siebten Prélude direkt tumultarisch zu: *»Ce qu'a vu le vent d'ouest«* (Was der Westwind gesehen). Nun, westlich von Frankreich befindet sich der Atlantik, speziell die Biskaya. Und die hat es in sich. Denn *dieser* Westwind muß Schreckliches gesehen haben. Der Sturm heult auf, es scheinen Schiffstrümmer aufzuragen, aus der Ferne, »plaintif et lointain« (klagend und fern), erreichen uns unheimliche Signale. Diese alptraumartige Komposition wirkt wie das schwarze Gegenstück zur lichten, besonnten Orchesterdichtung *La mer.* Der Klaviersatz, LISZT hätte ihn nicht virtuoser gestalten können, ist atemberaubend!

Für das harte Geschehen kann die Sinfonische Dichtung *Les éolides* (Die Luftgeister) von DEBUSSYS älterem Landsmann CÉSAR FRANCK entschädigen (sie entstand 1876 und markiert den Beginn seiner späten Reifezeit). Denn die Musik dieses gebürtigen Flamendeutschen und Wahlparisers ist allenfalls dramatisch, aber niemals tragisch bewegt. Der lyrische Tenor seines Schaffens, seine persönliche Freundlichkeit gegenüber jedermann, seine väterliche Güte gegenüber den zahlreichen Schülern (zu denen neben DEBUSSY unter anderen noch CHAUSSON und DUPARC zählten), dazu seine weiße Mähne und sein hingebungsvolles Orgelspiel über Jahrzehnte hinweg an Saint-Clotilde hatten dem großen alten Mann der französischen Musik des neunzehnten Jahrhunderts den ehrenvollen, auf GOETHES *Faust* (Teil II) verweisenden Beinamen »Pater seraphicus« eingebracht. Mit seinen *Luftgeistern* wollte er ein gleichnamiges Gedicht seines Landsmannes CHARLES MARIE LECOMTE DE LISLE in Klänge umsetzen. Das geschah mit deutlichem Bezug zur damals hochmodernen *Tristan*-Harmonik. Meisterhaft die Zeichnung der Sylphen und Elfen. Alle Motive sind im Kern miteinander verwandt, verfließen ineinander und erzeugen so einen schwebenden Eindruck. Der Text spricht von »kühlen Boten, die an der Wiege der Götter singen«, der Komponist macht den »Herzschlag der Tauben« hörbar, folgt aber – und das unterscheidet ihn von dem Begründer der Sinfonischen Dichtung, FRANZ LISZT – nicht dem Ablauf der Vorlage, sondern wählt sich seine Bilder, die ihn offenbar zur Umsetzung einladen.

Beim Originaltitel dieser Partitur stand der antike Gott der Lüfte Pate: *Aeolus*. Ebenfalls nach ihm benannt ist im Deutschen ein nostalgisches Instrument, das man den Alten zuschrieb – die Äolsharfe. *An eine Äolsharfe* richtete auch der Schwabe EDUARD MÖRIKE ein von zwei (höchst gegensätzlichen) Großmeistern des Liedes vertontes Gedicht. HUGO WOLF komponierte seines im rauschhaften Liederjahr 1888 (da entstanden fünfzig dieser geschliffenen Miniaturen). Das von JOHANNES BRAHMS datiert schon von 1859, drei Jahre nach seines Freundes ROBERT SCHUMANNS Tod in der Nervenheilanstalt Endenich bei Bonn. Im anakreontischen Stil klagt der Dichter um einen schönen Jüngling und läßt dazu den Wind auf seiner Äolsharfe spielen.

Angelehnt an die Efeuwand
dieser alten Terrasse,
du, einer luftgebornen Muse
geheimnisvolles Saitenspiel,
fang an,
fang wieder an
deine melodische Klage.

Der Wind kommt vom Grabhügel des Knaben; und da bewirkt er etwas Unwahrscheinliches:

> ... Frühlingsblüten unterwegs streifend,
> übersättigt mit Wohlgerüchen,
> wie süß bedrängt ihr das Herz!

Und ein noch stärkerer Windstoß, ein »holder Schrei der Harfe« – und ein endlicher Trost dem Trauernden:

> Und hier – die volle Rose streut, geschüttelt,
> all ihre Blätter vor meine Füße!

Bei den großen Pianisten des neunzehnten Jahrhunderts gehörten Sturmbilder zum Vorzugsrepertoire, oft auch improvisiert. Von Frédéric Chopin gibt es drei Kompositionen (natürlich für sein Instrument), die in unseren Kontext passen. Es war Anton Rubinstein, der sich das Recht zu derlei Kommentaren wohl erspielt haben dürfte, der das in rund zwei Minuten im Triolen-Unisono beider Hände vorbeifegende rätselhafte Finale der *b-Moll-Sonate op. 35* als *»Nachtwind über Gräbern«* empfand. Weniger gespenstisch, vielmehr kraftvoll aufbegehrend, nimmt sich die wild pfeifende durchgehende Sechzehntelfigur in der von revolutionärem Pathos getragenen *a-Moll-Etüde, op. 25 Nr. 11,* aus; sie trägt den Beinamen *»Winterwind«,* der sich freilich nur auf erwähnte Figur (meist in der Rechten) beziehen kann. *Nr. 12 in c-Moll* soll unter dem Eindruck der russischen Eroberung Warschaus entstanden sein (wie die ebenfalls 12. Etüde aus dem ersten Heft, op. 10, die berühmte *»Revolutionsetüde«*) und wird gelegentlich auch als *»Sturmetüde«* bezeichnet.

Chopins Generationsgenosse und Tastenkollege Franz Liszt hat in seinem überbordenden Klavierwerk Wind und Sturm als Naturphänomene nicht nur einmal nachgestaltet. Ausgewählt seien zwei Beispiele, eine Originalkomposition und eine Transkription. *»Chasse neige«* – Nr. 12 der *Études d'exécution transcendante* (Etüden von außerordentlicher Schwierigkeit) von 1851 – gilt tanzenden Flocken im Wind und wird darum mit »Schneegestöber« übersetzt; die 32stel-Tremoli in der Mittelebene (der Tastenmagier braucht wie so oft wieder die gesamte Klaviatur) erzeugten die Wirkung stehender Wellen. Was die Jahreszeit betrifft, deutet sich in den einsam klagenden Melodiewendungen der Winter an.

Stürmisch hingegen geht es zu in der fünf Jahre zuvor entstandenen Transkription des Liedes *Mädchens Klage* von FRANZ SCHUBERT. Es ist durchaus von Belang, sich den Text des Originals anzusehen, weil er den Zugang zur Musik erschließen kann. Denn es muß die Anfangszeile des Gedichtes (aus Klassikerfeder: FRIEDRICH VON SCHILLER) gewesen sein, die Komponist wie Bearbeiter sofort in ihren Bann geschlagen hat, so daß sie die Melodie auf einen Klanggrund betteten, der an ächzende Baumstämme und wild schwankende Wipfel erinnert:

Der Eichwald brauset,
die Wolken ziehn . . .

Der Geliebte ist tot; das düstere Naturgeschehen fördert trotzige Entschlossenheit, nun auch das eigene Leben zu enden. Sie ruft die Gottesmutter an:

Die Welt ist gestorben,
die Welt ist leer,
und weiter gibt sie
dem Wunsche nichts mehr.
Du Heilige, rufe dein Kind zurück,
ich habe genossen das irdische Glück,
ich habe gelebt und geliebet.

Zweimal hat auch PJOTR TSCHAIKOWSKY sich des Sturmes angenommen, und zweimal wurden Sinfonische Dichtungen daraus. Der erste Fall sollte sogar über seine weitere Biographie entscheiden. Denn es geschah in einem Moskauer Konzert (Silvester 1873), wo sein *Sturm* nach WILLIAM SHAKESPEARE zur Uraufführung kam, daß eine der reichsten Witwen Rußlands auf den Komponisten aufmerksam wurde und fast die Besinnung verlor vor Begeisterung. Sie hat ihn daraufhin über vierzehn Jahre lang aufs großzügigste unterstützt: NADESHDA VON MECK, von der in Zusammenhang mit der Eisenbahn schon die Rede war.

Ursprünglich wollte sich TSCHAIKOWSKY, ähnlich wie dann später bei *Francesca da Rimini,* auf die Liebesbeziehung zwischen Miranda und Ferdinand beschränken. Doch Freund WLADIMIR STASSOW, literarischer Berater der »Russischen Fünf«, konnte ihn dazu überreden, sich mehr oder weniger von der Handlung des Shakespeare-Dramas leiten zu lassen. So folgen einander die Schilderungen einzelner Stationen: das Meer in seiner Ruhe und Weite – der vom Luftgeist Ariel auf Gebot des Zauberers Prospero entfachte Sturm – das Zerschellen des Schiffes von Prinz Ferdinand – seine Errettung und Begegnung auf der Zauberinsel mit Prosperos Tochter Miranda – beider Liebesbekenntnis. Die weiteren Episoden wirken dramaturgisch eher als Beilage – bis auf das Mensch-Tier-Mischwesen Caliban, Diener des Prospero, das aber anders als der Vogelmensch Papageno in MOZARTS *Zauberflöte* dumpf und brutal gezeichnet wird. Zuletzt gibt es ein komplettes Happy-End, in dessen Ergebnis die Liebenden einander in die Arme sinken, Caliban Prügel bezieht und Prospero sogar freiwillig seiner Zauberkraft entsagt, als ihm der König das einst entrissene Herzogtum zurückgibt. Und über allem schließen sich begütigend die Wogen des Meeres, mit denen die Tondichtung begann.

Im Sommer 1876 reiste TSCHAIKOWSKY von Lyon nach Bayreuth, um in seiner (zeitweiligen) Eigenschaft als Moskauer Musikkritiker der Welturaufführung von WAGNERS *Ring des Nibelungen* beizuwohnen. In der Bahn las er DANTES epochales Epos *Divina Commedia.* Im fünften Höllenkreis fesselte ihn besonders das Schicksal der Francesca, Gemahlin des Tyrannen von Rimini, das er anfangs sogar zu einer Oper verarbeiten wollte (was später dann sein Protegé SERGEJ RACHMANINOW tat). Konkret waren es die Illustrationen von GUSTAVE DORÉ gewesen, die seine Phantasie hinsichtlich des Höllensturmes in Bewegung setzten. Als ihm das Libretto eines gewissen ZWANZOW nicht zusagte, beschloß er, aus dem Stoff eine Sinfonische Dichtung zu machen: *Francesca da Rimini.* Großartig die unheimlich brütende Höllenschilderung in der langsamen Einleitung (unüberhörbar klingt das *Ring*-Erlebnis durch), doch die Außensätze der dreiteiligen Partitur sind dem infernalischen Sturm vorbehalten, in dem sie schmachten müssen – die Seelen, die »im Leben der Sinnenlust ergeben waren und deren Strafe nun darin besteht, im ewigen Dunkel für immer den furchtbarsten Stürmen ausgesetzt zu sein, wie sie sich im Leben den Stürmen der Leidenschaften überließen«. Der grandiose Mittelsatz handelt dann vom Schicksal Francescas, die dem verhaßten Tyrannen vermählt wird, sich dann aber in dessen Bruder verliebt, mit ihm vom Ehemann überrascht und getötet wird. Wiederum im Zentrum dieses Mittelteils berückt den Hörer das Liebesthema, das er sich durch all die vorangegangenen Schrecken denn auch redlich verdient hat – eine der schwelgerischsten Melodien, die TSCHAIKOWSKY gelungen sind, und doch von rettungsloser Trauer überschattet. Denn an dieser Stelle fragt der erschütterte Dichter, den VERGIL in die Unterwelt einführte, die klagende Schöne nach ihrem Schicksal, ihrer Schuld. Und da heißt es bei DANTE:

Kein Schmerz ist größer,
als sich der Zeit des Glückes zu erinnern,
wenn man im Elend ist.

Es entspricht der Natur der Musik, sich aufs engste mit dem Wort zu verbinden. Längst auch haben bildnerische Vorlagen Einzug ins kompositorische Schaffen gehalten; inzwischen finden selbst Trivialbereiche wie Industrie und Produktion ihre klingende Widerspiegelung. Doch ganz selbstverständlich bezieht die Tonkunst die meisten Anregungen aus der den Menschen umgebenden Natur und aus seiner inneren, seiner Gefühlswelt. In der Umwelt sind es in erster Linie akustische Phänomene, die zur Nachahmung schon seit der Renaissance geradezu einluden: Vogelgesang, Rauschen des Wassers, Plätschern der Quelle, Pfeifen des Windes, Krachen des Donners, Trappeln der Pferde, Schlagen des Mühlrades.

Doch Düfte klingend umzusetzen, liegt keineswegs auf der Hand, sondern gehört zu den kompliziertesten aller klangmalerischen Aufgaben. Dazu brauchte es mutige Neuerer. Zumindest erwähnt sei, daß der ohnehin verwegene Komponist und Denker ALEXANDER SKRJABIN über den Einbezug von wechselndem farbigen Licht in *Prometheus* hinaus für sein (fiktives) »Mysterium« noch eine Art Vario-Architektur per Lichtkegel (man denke an Lyonel Feiningers musikalischen Kubismus) ebenso plante wie happeningähnliche Interaktionen zwischen Publikum und Interpreten sowie den Einsatz von – Düften! Diesen konkreten Weg haben die anderen Komponisten um und nach ihm nicht beschritten. Doch uns interessiert hier die Übertragung des einen Sinnes mit Hilfe eines anderen und *auf* einen anderen.

Zu der kleinen Gruppe von Meistern, die sich dieser interessanten synästhetischen Aufgabe zuwandten, gehörte Claude Debussy. Daß es hier einer Art somnambulen Kreativität neben profundem Handwerk bedurfte, belegt sein Biograph Werner Danckert, wenn er bei Debussy vom »Genie des unbewußten Traumschaffens« spricht.

Im Heft I seiner *Préludes* findet sich an vierter Stelle die multimediale Impression *»Les sons et les parfums tournent dans l'air du soir«* (Die Klänge und Düfte drehen sich in der Abendluft). Dieses (wie stets nachgestellte) Motto stammt von Charles Baudelaire aus *Les fleurs du mal* (Die Blumen des Bösen) und wurde von Stefan George in dessen typischer Kleinschreibung einfühlsam nachempfunden.

Die stunde erscheint wo auf ihren stengeln sich biegen
die blumen. Die schalen auf denen ein weihrauch verpufft.
Im abendwinde drehen sich klang und duft;
schwermütiger walzer und schmerzliches sichwiegen.

Von den Jahreszeiten sind die des Übergangs die künstlerisch interessantesten. Das gilt, zumal unter olfaktorischem Aspekt, besonders für den Herbst, wo die Gerüche der leise verwesenden Natur ähnlich intensiv werden wie die Farben des scheidenden Tages, während der blauen Stunde. Das zweite Heft der Debussy-*Préludes* enthält als zweites *»Feuilles mortes«* (Welke Blätter) – ein weiches Klangbild, das der Komponist mit Hilfe dreier Notationssysteme über die gesamte Tastatur verteilt. Diesem Gemisch aus Farbe, Ermattung, leiser Trauer und feiner Fäulnis gab er nicht zufällig die Anweisung »Langsam und melancholisch« bei.

Drei Lieder von SERGEJ RACHMANINOW sind buchstäblich duftende Musik. Hier werden die Farb- und Formträume eines MARC CHAGALL klanglich vorweggenommen. Es ist nur verständlich, daß eines von ihnen – *Der Flieder* – zu den beiden einzigen Klavierbearbeitungen gehört, die der Komponist von eigenen Liedern angefertigt (und häufig in seine Programme aufgenommen) hat. Mit den 1902 entstandenen zwölf *Liedern op. 21* hat es eine besondere biographische Bewandtnis. RACHMANINOW erhielt für sie das horrende Honorar von 3 000 Rubeln! Davon konnte er die Hochzeit bezahlen; er heiratete seine Cousine NATALJA SATINA. *Der Flieder* wurde später in den USA sein beliebtestes Zugabestück. Den hochpoetischen Text schrieb eine Frau, EKATERINA BEKETOVA:

Am Morgen, in aller Frühe,
über das taubedeckte Gras,
will ich losgehen, in den frischen Morgen,
und im wohlriechenden Schatten,
wo sich der Flieder drängt,
mein Glück suchen . . .

Derselbe russische Meister, der von 1917 bis zu seinem Tod 1943 die eigene Heimat nicht wieder betreten hatte und erst in den letzten Lebensmonaten die amerikanische Staatsbürgerschaft annahm, erhielt von einem kunstsinnigen Moskauer Ehepaar den Auftrag, fünfzehn *Romanzen* auf vorgegebene Texte zu komponieren, von denen RACHMANINOW klagte: »Alle verlangen Moll«. Doch eine schöne Ausnahme in dieser Sammlung, *op. 26*, wurde das Dur-Lied voller Duft, ein Höhepunkt in dem reichen Vokalschaffen des Komponisten: *Vor meinem Fenster,* wieder von einer Poetin gedichtet (G. GALINA). Es geht um einen blühenden Kirschbaum:

Den heiteren Atem seiner schwankenden, luftigen Blütenblätter
erhasche ich froh, ihr süßer Wohlgeruch umnebelt mir das Bewußtsein,
und wortlos singen sie Lieder von der Liebe . . .

Generell muß RACHMANINOW ein Faible für luftige, duftige Effekte gehabt haben – ähnlich DEBUSSY. Auf Worte des russischen Symbolisten KONSTANTIN BALMONT (den auch der frühe STRAWINSKY vertonte) komponierte er das Lied *Der Wind, der über mich hinwegwehte.* Es ist der meisterhafte Klaviersatz, der denn auch tatsächlich diesen Effekt erzielt – ohne jede andere instrumentale Klangfarbe! Bestimmte Harmonien und harmonische Folgen kann man mitunter am besten mit dem Attribut »duftend« belegen (ebenso wie es stechende, beißende Dissonanzen gibt). Hierzu zähle ich die langsamen Sätze der ersten drei *Klavierkonzerte* von RACHMANINOW (vor allem ihre Einleitungen)!

In puncto »Flieder« hat Rachmaninow einen nicht minder populären Vorgänger – in Person seines Förderers PJOTR TSCHAIKOWSKY. In seinem dritten und letzten Ballett, *Dornröschen,* das eine unglaublich üppige Petersburger Inszenierung erhielt, wird die gute, schöne »Fliederfee« der bösen Fee mit ihren zufahrenden, stechenden Dissonanzen schon in der Ouvertüre gegenübergestellt und mit schwelgerischen Klängen ausgestattet. Auf weichem harmonischem Grund entfaltet sich eine einladende, schwebende (sie muß ja duften) und liebkosende Melodie.

Beim Stichwort »Flieder« wird dem Opernfreund natürlich Hans Sachs aus WAGNERS *Meistersinger von Nürnberg* einfallen. Doch ein Blick auf die Jahreszeit, in welcher er seinen beliebten »Flieder-Monolog« singt, und das Befragen eines botanischen Standardwerkes (oder auch nur der Blick in die nächste Blumenhandlung) zeigt die Unvereinbarkeit. Flieder blüht niemals zur Johannisnacht, der kürzesten des Jahres. Und dahin gehört laut Libretto der Monolog, in dem sich der »Schumacher und Poet dazu« kopfschüttelnd und nachsichtig lächelnd seine Gedanken über die ameisengleich hin und her rennenden, sich in Unsinnigkeiten steigernden und mit Unnötigem herumschlagenden Menschlein macht. Des Rätsels Lösung: »Flieder« sagt man regional, zumal in Süddeutschland, auch für »Holunder«. Und der darf in der Johannisnacht blühen und – duften.

Weniger schwer macht es uns derselbe WAGNER in seinem *Lohengrin,* in dem freilich schon im Vorspiel derart ätherische Wirkungen durch die hohen Streicher und Bläser erzielt werden, daß man hier von der ersten »Duftmusik« in der Musikgeschichte sprechen möchte. Dennoch weiß der Schwanenritter um die verführerische Wirkung der natürlichen Parfüms – wenn Lenz oder Wonnemond, wie man ja bei Wagner sagen muß, ihre Flacons öffnen und Liebende um ihren Verstand bringen: »Atmest du nicht mit mir die holden Düfte.« Und diesen Verstand haben die beiden Protagonisten der Handlung dann beide auf ihre Weise zumindest zeitweilig ja nicht mehr entscheiden lassen.

Was bei WAGNER »hold« war und bewußt nicht festgelegt hinsichtlich seiner Herkunft, hat der aus Schweinfurt gebürtige Feingeist FRIEDRICH RÜCKERT für GUSTAV MAHLER in ein kleines Wortspiel gekeidet:

Ich atmet' einen linden Duft.
Im Zimmer stand
ein Angebinde
von lieber Hand,
ein Zweig der Linde:
Wie lieblich war der Lindenduft!

Bei GIACOMO PUCCINI und seinen *Chrysanthemen* für Streichquartett oder -orchester drängt sich freilich eher der Eindruck von Blumen auf, die man einem geliebten Toten mit ins Grab gibt oder aufs Grab legt. Das ist auch kein Wunder, handelt es sich doch um die kammermusikalische Version eines Orchester-Zwischenspiels aus seiner hochdramatisch, tragisch endenden frühen Oper *Manon Lescaut.* Die Liebenden, die deportierte Prostituierte und der ihr verfallene und freiwillig folgende Marquis sind unterwegs zu den Teufelsinseln und ahnen, daß sie diese nie mehr verlassen werden.

Vögel bevölkern den Himmel, aber auch die Konzertsäle. Es gibt schmackhafte und minder flugfähige Exemplare wie die *»Henne«* in sinfonischer Ausgabe bei JOSEPH HAYDN; es gibt umgekehrt minder schmackhafte und durchaus flugfähige wie *»Die Krähe«* in FRANZ SCHUBERTS *Winterreise,* die Störche in der *»Storchenbotschaft«,* mit der EDUARD MÖRIKE und HUGO WOLF die Geburt eines kleinen Erdenbürgers ankündigen lassen, oder den nervenden *»Papagei«* in CARL LOEWES Ballade. Und es gibt den Grenzfall des zu Lande, zu Wasser und in der Luft mobilen *»Schwans«*, dem freilich die höchste Schönheit schwimmend zugebilligt wird – nachzuhören im *Karneval der Tiere* von CAMILLE SAINT-SAËNS. Doch es brauchen nicht einmal Vögel zu sein; wer glaubt, Kerbtiere wären den Komponisten zu unerheblich, wird eines Besseren belehrt durch RIMSKI-KORSAKOW und den *»Hummelflug«* aus seiner Oper *Das Märchen vom Zaren Saltan,* ein Stück, dessen atemberaubende Geschwindigkeit die Virtuosen aller Instrumente geradezu herausgefordert hat, bis hin zu Tuba und Kontrabaß (!).

Nähere Erwähnung finden sollten zumindest fünf Werke, die sich eingehend mit den gefiederten Sängern beschäftigen. OTTORINO RESPIGHI fertigte von Kompositionen alter Meister moderne Orchesterbearbeitungen an und stellte sie zu einer Suite *Gli ucelli* (Die Vögel) zusammen; STRAWINSKY gestaltete HANS CHRISTIAN ANDERSENS Märchen *Vom Kaiser und der Nachtigall* zu einem *Chant du rossignol* (Gesang der Nachtigall); RAVEL nahm in seine *Miroirs* (Spiegelbilder) als zweites Stück *»Oiseaux tristes«* (Trauernde Vögel) auf (hier scheint die Zeit stehengeblieben). Wenn von RAVEL bekannt ist, daß er gut Vogelstimmen nachahmen konnte, muß man einem jüngeren Landsmann doch die absolute ornithologische Kennerschaft und die Palme zugestehen, wenn es um die kompositorische Imitation von Vogelrufen geht: OLIVIER MESSIAEN mit seinem mehrstündigen, geradezu enzyklopädischen *Catalogue des oiseaux* (Katalog der Vögel).

Geflogen sind auch schon vor OTTO LILIENTHAL einige Menschen: Im *Alten Testament* war es der Prophet ELIAS, für den ERICH VON DÄNIKEN eine Art extraterrestrischen Panoramaflug vermutet. Gen Himmel gefahren sind dem *Neuen Testament* nach JESUS von Nazareth und der katholischen Legende nach seine Mutter MARIA. Früher noch flogen laut griechischer Mythologie Vater Daidalos und Sohn Ikaros mit vogelgleichen Riesenschwingen, doch bekanntermaßen konnte sich der Filius trotz Ermahnung des Vaters nicht zügeln, bekam den Höhenkoller und flog zu hoch, bis die Sonne seine wächsernen Flügel schmolz und er jämmerlich abstürzte. (Ich halte es für eine mutige, wenn auch etwas verwunderliche Entscheidung eines maßgeblichen ungarischen Bus-Herstellers, seine Produkte ausgerechnet nach diesem Unfallkandidaten zu nennen ...) Dann kam eine lange Pause. Erst die (vermeintliche Wieder-)Geburt der heutigen Oper nach zumindest klanglich rein fiktivem Vorbild der Antike brachte die Notwendigkeit »fliegender Rollen« mit sich. Die damals tonangebende »opera seria« (noch MOZARTS letzter Beitrag für die Musikbühne, *Titus,* ist eine solche), in der das zunehmend dröge Rollenspiel – wie die Gesichtszüge in der orthodoxen Ikonographie – genau festgelegt war, sah neben edlen Herrschern, durchtriebenen Höflingen, todesmutigen Feldherren und weitherzigen Prinzessinnen sowie absolut treuen Landesmüttern nämlich auch diverse kunstvolle »Flug«-Apparate vor, mit denen in völlig verfahrenen und dramaturgisch anders nicht mehr lösbaren Situationen der Handlung die jeweils benötigten antiken Gottheiten einzuschweben pflegten – als »Deus ex machina«. Später entsprach dem »des Königs reitender Bote«, der natürlich erst in letzter Sekunde auftauchen durfte.

Diesem Pseudo-Fluggeschehen folgten die ersten ehrlichen Versuche, die Lüfte zu bezwingen, mit oder ohne Erfolg – in Gestalt der Brüder MONGOLFIER und eines aller Ehren werten schwäbischen Schneiders. Und letzterer ist erstmals auch vertont worden. BERTOLT BRECHT textete, HANNS EISLER komponierte: *Der Schneider von Ulm.*

Man muß heute diesem armen Mann zugute halten, daß er ausgesprochenes Pech hatte. Soundso viele Male hatte es funktioniert: sein Schwebeflug vom heutigen Münsterufer gen heutiges Neu-Ulm; aber ausgerechnet an jenem Sonntag, als Mitglieder des preußischen Königshauses zuschauten, von denen er sich finanzielle Unterstützung seiner bislang vom Taschengeld betriebenen Experimente versprach, fiel er unter großem Gelächter der (wohl immer schon etwas mißgünstigen) Ulmer glatt ins Wasser. Und, das war wohl noch bitterer: Er ertrank keineswegs, stürzte sich auch nicht zu Tode, sondern mußte es noch runde zwanzig Jahre in Ulm aushalten.

Nur am Rande erwähnt sei WAGNERS angeblich fliegendes Personal. Dahingestellt bleibe, ob Lohengrins Reittier, an sich flugfähig, auch mit dem Ritter (samt Panzer) in die Luft ging. Aber der *Fliegende Holländer* war eindeutig ein schwimmender, und die wehrhaften *Ring*-Walküren sind pure Kavallerie und werden künstlich aufgehängt, wie die Bühnengötter zwei Jahrhunderte zuvor. Der ganze *»Walkürenritt«* basiert tatsächlich auf dem typischen punktierten Reiterrhythmus, womit jeder Zweifel beseitigt sein dürfte: Geflogen wird da nicht.

Erst Otto Lilienthal hatte Glück. Bei einem weiteren Pionier, dem ersten Atlantik-Überflieger, griff wiederum Bertolt Brecht zu; sein Lehrstück *Der Lindbergh-Flug* wurde berühmt mit der Musik von Paul Hindemith.

Der nächste in der Musikgeschichte eingegangene Flieger ist der Lyriker Antoine de Saint-Exupéry, der bereits Absturzerfahrungen hatte und stets glimpflich davongekommen war, bevor er unter noch immer ungeklärten Umständen von einem Aufklärungsflug über der Sahara nicht wieder zurückkehrte. Zum Glück hatte er schon seinen *Kleinen Prinzen* geschrieben – den schönsten philosophischen Traktat, der zeigt, wie leicht und lustvoll Erkenntnis gemacht werden kann –, und auch den Roman *Flug nach Arras,* auf den Luigi Dallapiccola seine Oper *Nachtflug* komponierte.

Doch Komponisten brauchen überhaupt nicht zu fliegen; dort findet der Höhenflug in anderen Dimensionen statt. Schon Alexander Skrjabin, der sinnende, flammende Enthusiast, träumte von der Überwindung der Schwerkraft und war als etwas verstiegener Metaphysiker sogar bereit, die Überlegenheit des menschlichen Willens vor der Physis am eigenen Leib zu beweisen. Plechanow, ein russischer Marxist, traf den Komponisten in Genf, wo dieser einen Kongreß der im neunzehnten Jahrhundert flügge gewordenen Theosophen besuchte, und konnte ihn gerade noch zurückhalten, als er sich von einer Brücke stürzen wollte – fest davon überzeugt, daß er kraft seines Willens verhindern werde, unten aufzuschlagen. Weniger gefährlich, dafür aber schon kosmisch geht es in seiner *Vierten Klaviersonate* her, hat er doch den Anflug auf ein fernes Gestirn komponiert.

Die beiden Sätze dieser Klaviersonate schildern nach eigenen Worten des Komponisten die fast körperliche Sehnsucht nach einem fernen Gestirn und dann den rasenden Flug ihm entgegen. Darüber hinaus gibt es in seinem umfangreichen Klavierwerk mehrere Themen mit der Vortragsbezeichnung *volando* (fliegend), und selbst ganze Stücke tragen entsprechende Titel: *Poème ailé* (Geflügeltes Poem). Besonders versteht er sich auf bebende, vibrationsähnliche Effekte, die uns durchaus vertraut vorkommen, da wir inzwischen wissen, wie sich ein Flugzeug »anfühlt«, das sich der Schwerkraft mit den berühmten 220 Stundenkilometern entreißt und zuvor all seine Kräfte sammelt . . .

Bei Zielen außerhalb unseres Sonnensystems handelt es sich ja schon um futuristische Sujets oder um utopische Vorstellungen, die noch durch keine Erfahrungen gedeckt sind. Hier sehe ich ein legitimes Betätigungsfeld für einen Zweig der heutigen Tonkunst, von dem ich außer in »angewandten« Fällen, auf Leinwand und Bühnen, nicht sonderlich viel halte: Klänge aus der Retorte, aus dem Computer. Denn das »weiße Rauschen« da draußen muß vielleicht fremd bleiben . . .

Haben Sie schon einmal darüber nachgedacht, daß das Flugzeug unter den Verkehrsmitteln etwa die gleiche Sonderstellung einnimmt wie die Musik unter den Künsten? Höchste Entfernung von der Erdenschwere bei gleichzeitiger extremer Rationalität. Höhenflug der Seele bei gnadenlosem Kalkül. Diese Doppelnatur entspricht genau der Tonkunst, die dem Anfänger einen Schlaraffenberg von Logistik in den Weg stellt, durch den der sich erst mühevoll durchknabbern muß, bevor er dann »flugtauglich« wird und seine inneren Klangbilder zu klingender Wirklichkeit werden läßt und damit auch anderen Menschen zugänglich machen darf . . .

Während aufgrund der stürmischen Entwicklung des Reiseverkehrs zumindest in der Alten Welt Kurzflüge kaum mehr sinnvoll erscheinen, kann ein Mittel- und gar ein Langstreckenflug durchaus Vergnügen machen. Man muß sich nur richtig auf ihn vorbereiten. Und dazu gehört neben einer leichtgewichtigen Lektüre (das meine ich nicht inhaltlich, sondern in Gramm) auch geeignete Hörkost, obgleich man bei guten Linien auch gut und gern in den verschiedenen Bordprogrammen »spazierhören« kann. Wenn man tags zuvor nicht eben mit den Hühnern ins Bett gegangen ist, wird man auch durchaus schlafen können. Falls es damit Schwierigkeiten gibt, empfehle ich CD 8 der *»Musikalischen Hausapotheke«* (»Einschlafhilfen – gute Träume«), und die können Sie ohne weiteres mehrmals hören; die Repeat-Funktion Ihres portablen CD-Players richtet das schon. Überhaupt ist ein solches Gerät der beste Begleiter für unterwegs, denn der Trend zu CDs ist unumkehrbar. Die meisten interessanten Sachen unterwegs gibt's ohnehin nicht mehr auf MC. Und wie schön reist es sich durch Südamerika mit Tangos von ASTOR PIAZOLLA, nach denen man bei uns vergeblich suchen würde ...

DIE WINDROSE

Reisen in vier Himmelsrichtungen

Südwärts

Von allen Himmelsrichtungen ist für die europäische Kultur der Süden die wichtigste. Das Mittelmeer als Schmelztiegel der Kontinente, Völker und Traditionen ist zugleich die Wiege der späteren Kulturen seiner direkten oder indirekten Anrainer. Dabei kann es durchaus billardmäßig zugehen, sozusagen »über die Bande«. Frühe Christen unter den römischen Legionären missionierten Schottland; und iroschottische Mönche christianisierten später Zentraleuropa und gründeten beispielsweise St. Gallen. Auch und gerade im Reich der Musik ergibt sich vom Mittelmeer aus ein ungemein farbenreiches Panorama.

Unsere Umrundung des *Mare mediterraneum* erfolgt in umgekehrtem Uhrzeigersinn und beginnt in Judäa und Hellas, woher wir die Fundamente der abendländischen Zivilisation und Kultur beziehen: Glaube und Metaphysik, Logik und Sinnenfreude. Das mittelalterliche Rom faßt beide Geisteshaltungen zusammen im (allmählich globalen) Auf- und Ausbau der *Ecclesia catholica* (was wörtlich bis LUTHER nichts anderes bedeutete als »allgemeine Kirche«), die zugleich die Mutter der *Musica sacra* und damit der abendländischen Tonkunst überhaupt wurde. Italien durchmessen wir sodann nord-südlich; über Mallorca erreichen wir die iberische Halbinsel. Die nordafrikanische Küste schließlich hält in Casablanca, Karthago und Kairo einige klingende Überraschungen bereit. Am Suezkanal schließt sich dann der Kreis ...

Judäa

Begeben wir uns zuerst an die Wiege der abendländischen Geistesgeschichte: nach Judäa und Hellas. Dem *Alten Testament* verdankt Europa den Monotheismus, und den »biblischen Geschichten« beider Testamente samt Psalter, Apostelgeschichte und Apokalypse verdankt die Musik gleich ihren Schwestern Literatur und bildende Kunst eine unüberschaubare Anzahl von Sujets, die nur noch von der griechischen Antike erreicht wird.

Heute die biblischen Stätten aufzusuchen, wird jeden Menschen, der in der Kultur des christlichen Abendlandes aufgewachsen ist, tief berühren. Die Klagemauer, die Grabeskirche mit ihrer abenteuerlichen, archaisch heterogenen Architektur, die Geburtskapelle in Betlehem wirken als Symbole der inkarnierten Hoffnung, die ja schon die Verehrung des Jesus von Nazareth hervorgebracht hat. Doch die Wurzeln liegen noch tiefer – im Leiden und Leben des »auserwählten Volkes«, dem das Nichtanerkennen des Jesus als Messias gleichsam lebenslängliche Verfolgung beschert hat.

Freilich hat Europa die Bibel in starkem Maße »ent-orientalisiert«, ja sogar ihres jüdischen Ursprungs weitgehend entledigt. Das geht in der bildenden Kunst bis zum heftigen Schneetreiben in der Heiligen Nacht. Und dennoch wirken die originalen Gegebenheiten in den Metaphern der Heiligen Schrift nach und haben sich uns eingeprägt. Die Welt der armen Schafhirten und Fischer, die Karawane der Weisen aus dem Morgenlande, die Steinwüste, in welcher der Versucher Jesus gegenübertritt, der Gang der Kinder Israels durch das Rote Meer, die vierzig Jahre Wüste mit Manna und aus dem Felsen springendem Quell blieb den Künstlern von Kindheit an durch Kirchenbesuch und Katechese innerlich stets präsent. Lassen Sie mich nur einige Hauptstränge der Inspiration skizzieren.

Die »*Genesis*«, das erste Buch MOSE, hat als genialer, unübertroffen bildhafter und komprimierter Bericht von der Erschaffung der Welt ihr schönstes klingendes Pendant in HAYDNS Oratorium *Die Schöpfung* gefunden, wo der kindhafte Glaube des alten Meisters eine völlig unprätentiöse Größe erreicht. Gänzlich unkonventionell hingegen gibt sich das von urwüchsigem afroamerikanischem Drive getragene Jazzballett *Le création du monde* (Die Erschaffung der Welt) des französischen Juden DARIUS MILHAUD.

Die ägyptische Gefangenschaft, die sieben Plagen, der Wortbruch des Pharao und der Untergang seiner Armee haben in HÄNDELS Oratorium *Israel in Ägypten* höchst bildhafte Schilderung gefunden. Packende Einzelschicksale wie das eines eifersüchtigen, intriganten Herrschers, von dem sich Gott abgewandt hat, oder eines vom oberflächlichen Kraftprotz zum Büßer und endlich Rächer sich Wandelnden, oder eines babylonischen Herrschers, der die heiligen Tempelgefäße der Juden beim Gelage entweiht und diesen Frevel mit dem Leben und dem Zusammenbruch seines Weltreichs bezahlen muß, oder eines, dem Gott alles gegeben hat: Weisheit, Reichtum, Glück – und der das auch zu schätzen, zu nutzen und weiterzugeben versteht –, erfüllen seine Oratorien mit prallem Leben um SAUL, SAMSON, BELSAZAR, SALOMO.

Zumal die Gestalt des David erfreute sich zu allen Zeiten großer Beliebtheit, darf er doch nicht nur als Schöpfer des Psalters, sondern auch als Begründer der Kirchenmusik gelten, die später schönste, vielfältige Blüten treiben sollte. Der dichtende, komponierende, singende, harfende und tanzende König der Juden wird später sogar von weltlichen Musikanten als Schirmherr angerufen – RICHARD WAGNERS *Meistersinger von Nürnberg* haben ihr Banner »geschmückt mit König Davids Stern«. Einer der ernsthaftesten und verantwortungsvollsten Komponisten des 20. Jahrhunderts, ARTHUR HONEGGER, schrieb ein abendfüllendes Oratorium *Le Roi David;* das Beispielhafte an der Titelgestalt ist auch ihre menschliche Schwäche, die Anlaß zu Verzweiflung, Scham und Buße bietet. Der Schweizer, Gründungsmitglied der Pariser Komponistengruppe der »Six« von 1920, hat die Bühnenmusik für ein gleichnamiges Schauspiel zu einem sinfonischen Psalm in drei Teilen umgearbeitet: Sie beschreiben die Heldentaten des jungen

David, die Siegesfeier mit dem Tanz des Königs vor der Bundeslade und schließlich die fatale Verstrickung in Sinnlichkeit und Verbrechen, besiegelt mit dem Tod Davids.

Daß die insgesamt 150 Psalmen ein nie versiegender Born der Anregung für Komponisten darstellen, soll nur an einigen wenigen Beispielen belegt werden. Wenn man eine Vorstellung von der Rauschhaftigkeit bekommen will, die diese kultischen Orgien des Alten Testaments auszeichnete, höre man den grandiosen *Psalm 47* von FLORENT SCHMITT – es ist ein frenetisch-ekstatischer Taumel im ständig Stau und Entladung provozierenden Fünfertakt und in üppigster Klangsinnlichkeit: vertonter Jugendstil! Oder die stellenweise fast jazzige *Psalmen-Sinfonie* des 48jährigen IGOR STRAWINSKY, damals noch in Frankreich, die (lateinische) Worte aus den Psalmen 38, 39 und 150 (diesen komplett) verwendet und die zu den gültigsten Partituren des Russen zählt. Die Schlußworte des drittgenannten Psalms, mit dem ja der Psalter des Königs David schließt, sind dem Musikfreund aus JOHANN SEBASTIAN BACHS Motette *Singet dem Herrn ein neues Lied* als Schlußfuge wohlvertraut: »Alles, was Odem hat, lobe den Herrn. Hallelujah!« Denselben *150. Psalm* hat der alte ANTON BRUCKNER vier Jahre vor seinem Tod ebenfalls vertont: ausladend, eine Art Synthese aus Bach und Wagner.

Verweilen wir noch ein wenig bei der kultischen Ekstase. Wenn man heute das Katharinenkloster aus dem sechsten Jahrhundert im unwegsamen, felsigen Sinaigebirge aufsucht, bekommt man eine Vorstellung, wie es bei der Übergabe der Gesetzestafeln an MOSES ausgesehen hat, denn der (nicht eindeutig lokalisierte) Berg Horeb befand sich auf der Sinaihalbinsel. In dem Talkessel unterhalb der Zweieinhalbtausender wartete der Überlieferung nach das Volk Israel auf seinen Führer Moses, der von Jehova auf den Horeb befohlen worden war. Als er dann lange Zeit nicht wiederkam, schufen sich die Juden ihren Ersatzkult und formten ein goldenes Kalb, das sie orgiastisch umtanzten. ARNOLD SCHÖNBERG hat in seiner Oper *Moses und Aron* eine Massenpsychose von furchterregendem Sog auf die Bühne gestellt, die man als Gegenstück zu STRAWINSKYS Ballett *Sacre du printemps* bezeichnen darf.

Ein letztes, zentrales Sujet der Heiligen Schrift sei nicht übergangen: das Leben JESU mit seinen ungewöhnlichen Eckpunkten – der Geburt in Dürftigkeit und Gefahr und dem schuldlosen Ende am Galgen der Juden. Höhepunkt des HÄNDELschen Schaffens und durchaus eigenständiges Pendant zu BACHS *Weihnachtsoratorium* ist *Der Messias,* sein bekanntes und volkstümlichstes Oratorium mit der unvergänglichen Sopranarie *»Er weidet seine Herde«.* Die letzten 24 Stunden im Leben des Jesus von Nazareth, deren Tat- und Handlungsorte man teilweise noch heute aufsuchen kann (wie den Ölberg mit seinen uralten Bäumen), läßt BACH in seiner klangüppigen *Matthäus-Passion* oder der herberen *Johannes-Passion* an uns vorüberziehen. Wenn damals etliche Zeitgenossen diese Oratorien als allzu plastisch, ja als Opern in der Kirche tadelten, so bieten die drei *Passionen* des genau ein Jahrhundert älteren HEINRICH SCHÜTZ dann den fast schmucklosen, man möchte sagen »romanischen« Prototyp.

Das Los der Juden nach der Kreuzigung Jesu war von Demütigung und Gefahren geprägt. Der Zerstörung des salomonischen Tempels durch die Römer folgten die Installation des römischen Katholizismus und später die Inquisition. In Ghettos gehalten und von »ehrbaren« Berufen ausgeschlossen, blieben ihnen namentlich der Geldhandel und – die Musik. Dieser traurige Zusammenhang hat allerdings die Weltkultur um einzigartige Ausdrucksnuancen und um zahllose Begabungen bereichert. Ein Volk läßt sein kollektives und individuelles Leid sowie seine Hoffnung auf Erlösung zu Klang werden. Die Beispiele sind breit gefächert: hier ARNOLD SCHÖNBERG mit *Ein Überlebender in Warschau,* dort JERRY BOCK mit *The Fiddler on the Roof* (bei uns als *Anatevka* geläufig).

Speziell hinweisen möchte ich auf die textlose Version eines inbrünstigen jüdischen Gebetes, des *Kol Nidrei,* durch den Kölner MAX BRUCH, der zu Lebzeiten weitaus bekannter war und dessen Werke damals öfter gespielt wurden als dann im 20. Jahrhundert, in dem man von ihm fast nur noch sein g-Moll-Violinkonzert von 1868 aufführt. Dreizehn Jahre später war diese konzertante *Fantasie für Violoncello und Orchester* entstanden. Das Soloinstrument kommt dank seines sonoren Timbres der menschlichen Stimme am nächsten und kann deshalb die Intensität des Gebetes optimal wiedergeben. Vom Erfolg dieses knapp zehnminütigen Werkes war der Komponist selbst überzeugt, und das zu Recht, »da alle Juden in der Welt eo ipso dafür sind«. Genaugenommen handelt es sich bei *Kol Nidrei* um zwei rituelle Weisen, einen alten Bußpsalm und einen Gesang auf die Kinder Israel, die als Gefangene »an Babylons Flüssen« saßen und weinten.

Ähnlich, aber beträchtlich kürzer ist das *Gebet* von Ernest Bloch angelegt; eine innige Kantilene, wiederum dem Violoncello anvertraut, singt von Wehmut und Hoffnung zugleich. Das Gesamtwerk dieses amerikanischen Juden (1880–1959) ist in den europäischen Konzertsälen noch längst nicht gebührend repräsentiert. Der gebürtige Schweizer studierte unter anderem in Brüssel Violine bei Ysaye und ging schon bald in die USA, wo er in einigen Partituren eine ausgeprägte jüdische Klangsprache entwikkelte. »Die jüdische Seele interessiert mich, die rätselhafte, glühende, bewegte Seele, die ich durch die Bibel hindurchschwingen fühle . . .«, kommentierte er sein Konzertstück *Schelomo* für Violoncello und Orchester (1916). Fünfunddreißig Jahre später ließ er ihm eine *Hebräische Suite,* diesmal für Violine und Orchester, folgen.

Von hoher Klangschönheit und ergreifendem Ausdruck geprägt ist die Sinfonie *Asrael* des tschechischen Juden Josef Suk. Unter dem Eindruck der Nachricht vom plötzlichen Ableben seines verehrten Lehrers und geliebten Schwiegervaters Antonín Dvořák am 1. Mai 1904 beschloß er, eine fünfsätzige Sinfonie auf den Todesengel des *Alten Testaments* zu komponieren, deren erste drei Sätze als Trauergesang und die beiden übrigen als eine Apotheose auf das Lebenswerk des Meisters geplant waren. Im Frühjahr 1905 hatte Suk die ersten Sätze beendet; doch am 5. Juli traf ihn ein weiterer Schicksalsschlag – es starb seine Frau Otilie, Dvořáks Tochter. Suk änderte die Konzeption und schuf mit den letzten Sätzen einen zu Herzen gehenden Nachruf auf die Geliebte. Die am 4. Oktober 1906 beendete Partitur widmete er »Dem hehren Gedenken Dvořáks und Otilkas«. Auch wenn es sich hier um eine individuelle Heimsuchung handelt, so schwingt in der grandiosen Klage doch die Erfahrung eines leidgeprüften Volkes mit, das die Prüfungen als von seinem Gott gesandt annimmt.

Hellas

Doch lebt der Mensch, zumal der des heutigen Europa, nicht nur aus und für Glauben und Geist allein – er ist ein psychosomatisches Mischwesen. Den anderen Pol unserer zivilisatorischen Geschichte markiert die lebensbejahende, körperbetonte Sinnlichkeit der antiken Griechen. Ihr Repräsentant war der bockbeinige und spitzohrige Pan, und sein Instrument war die Flöte – genauer der Aulos, eine Art Oboe mit Doppelrohrblatt, deren Klang etwas Aufreizendes hatte und am ehesten dem heutigen Saxophon auch in seiner musiksoziologischen Bedeutung vergleichbar ist. Aulosbläser vermochten die Hörer in bacchantischen Taumel zu versetzen.

CLAUDE DEBUSSYS *Syrinx* für Flöte solo (1913) entführt uns in diese Klangwelt. Der ursprüngliche Titel lautete *Flûte de Pan* (Panflöte), mußte bei der Veröffentlichung aber geändert werden, weil bereits ein gleichnamiges Lied vom selben Komponisten existierte. Die nur 35 Takte sollen das letzte Lied des sterbenden Pan wiedergeben; entfernt klingt das zwanzig Jahre früher entstandene *Prélude à l'après-midi d'un faune* an, in dem sich der Aulosbläser freilich noch auf der Höhe seiner Vitalität befand.

Einen Höhepunkt der antik-heidnischen Sinnenlust im internationalen Musikrepertoire geben zweifellos die hier schwelgerischen, da aufpeitschenden Partituren der französischen Impressionisten wieder. Debussys Orchesterdichtung *Prélude à l'après-midi d'un faune* (Vorspiel zum Nachmittag eines Fauns) kommt, trotz raffiniertester Klangmixturen, »aus dem Unterleib« und zielt auf ihn: Die handelnde Person ist schließlich ein von der Sonnenglut aufgeheizter Faun, der – natürlich mit dem hierfür »vorgesehenen« Instrument, der (Pan-)Flöte – lüstern die Nymphen umwirbt, bis sie seine Begierde stillen, woraufhin er in glücklichgelösten Schlaf verfällt.

Doch auch die »alten Griechen« hatten ihre sakrale Musik: Das war die Klangwelt des – wie weiland König David – harfenden Apoll (von dem noch zu sprechen sein wird). Aber selbst Sterbliche durften sich des Saitenspieles befleißigen, einer namens Orpheus brachte es sogar zu solcher Virtuosität, daß er den Herrscher der Unterwelt bezwang und veranlaßte, ihm seine Frau wieder herauszugeben. FRANZ LISZT komponierte auf diesen mutigen Musiker eine Sinfonische Dichtung, deren sanfte Färbung daran erinnert, daß die frühe Kirche ihr Christusbild zuweilen an Orpheus anlehnte. Noch in der italienischen Renaissance finden sich Darstellungen Christi – etwa auf Cembalodeckeln –, die ihn als harfenden Sieger über den Tod zeigen! Diese sanfte präraffaelitische Sicht (vergleichbar dem Bild des Guten Hirten à la THORWALDSEN) prägt auch Liszts Musik. Man vernimmt wahrhaft betörende Harfenklänge, weich und mild wie Kirchenfenster, von den langen Strahlen der Abendsonne durchglüht; man vernimmt das Nebeneinander von Dur und Moll – die Musik als Vermittlerin zwischen Leben und Tod. Später grollt der Hades, aber »das Weiche besiegt das Harte«, um mit LAOTSE zu sprechen.

Ähnlich sanfte, wenngleich betont würdige und etwas eingedunkelte Farben zeichnen die fast hundert Jahre später entstandene Ballettpartitur eines Russen aus: *Orpheus* von IGOR STRAWINSKY (1947), mit dem er seine neoklassizistische Periode abschloß. Hier wird auch das dramatische und erhöhende Finale der Sage gezeigt: Berauschte Bacchantinnen zerfleischen den trauernden Sänger. Doch die Götter heften sein Instrument, die Lyra, als Sternzeichen ans Firmament: eine wahre Apotheose.

Natürlich hat die packende und zugleich rührende Geschichte des göttlichen Musikanten auch schon bald die Bühne erobert. Die beiden wichtigsten Theatralisierungen stammen von zwei deutschen Meistern, sind aber höchst gegensätzlicher Natur. CHRISTOPH WILLIBALD GLUCK nahm die Sache in *Orpheus und Eurydike* ebenso erfolgreich ernst *(»Reigen seliger Geister«),* wie JACQUES OFFENBACH sie mit *Orpheus in der Unterwelt* geistreich auf die Schippe nahm. Und doch gelingt dem Kölner eine ähnlich geniale Bandbreite von Ausdruck und Inhalt wie wenig später dem Sinfoniker GUSTAV MAHLER: nämlich zwischen der Symbolik des

Todes mit seinem sanften Werben und dem kreischenden, durchaus lasziv gemeinten Cancan. Am Rande erwähnt sei die für die antike Mythologie schmeichelhafte Tatsache, daß über ein Dutzend Bühnenvertonungen dieses Sujet aufgreifen, darunter – um nur die wichtigsten zu nennen – die von CLAUDIO MONTEVERDI, dem Meister des Madrigals, von dem Hamburger REINHART KEISER (Mitarbeiter HÄNDELS) und vom einstigen preußischen Hofkapellmeister JOHANN FRIEDRICH REICHARDT.

Es wäre ungerecht, neben Orpheus, der wilde Tiere zu besänftigen wußte, einen anderen mit Wunderkräften ausgestatteten Musiker der Antike völlig unerwähnt zu lassen: *Amphion*, dem nachgesagt wird, daß sich auf sein Lyraspiel hin die Steine bewegten und zur Mauer um Theben zusammenfügten. ARTHUR HONEGGER hat auf ihn eine interessante Partitur geschaffen: ein Melodram nach Texten von PAUL VALÉRY. Die Geschichte ist nicht ganz appetitlich, im Unterschied zu der von Orpheus. Amphion und Zethos waren (natürlich natürliche) Söhne des Zeus und der Antiope, die vom thebanischen König Lykos zur Sklavin seiner Ehefrau Dirke gemacht wurde. Die Zwillinge wurden ausgesetzt, von Hirten aufgezogen. Zurückgekehrt, rächten sie ihre Mutter, indem sie Lykos töteten und Dirke an die Hörner eines Stieres banden und zu Tode schleifen ließen. Es ist der reinste Filmstoff.

Bezogen wir vom »auserwählten Volk« den Monotheismus, die Theologie und die irrationale Zuversicht in einen lenkenden, strafenden (und laut *Neuem Testament*: auch liebenden) Gott, so gaben uns die Griechen die Logik und ihre höchste Ausprägung, die Dialektik, ferner den ironischen Umgang mit menschlichen Tugenden und Schwächen, die man einfachheitshalber als Gottheiten und Halbgötter personifizierte und so stellvertretend oder maßstabsetzend für die Menschen selbst agieren ließ. Hinzu traten die Heiterkeit einer Landschaft, deren sanfte Erhebungen und allgegenwärtiges Meer mit seinen Farbzaubern die Menschen gar nicht anders werden ließ als heiter und freundlich im Sinne der »serenitas«, wie es der Lateiner später mit leisem Neid ausdrückte ...

Hier wurzelt statt der Theologie die Philosophie, gilt statt des Vertrauens in Propheten und Gottes Wort der Glaube an die Eigenverantwortung in sittlichen Fragen, das Ausagieren von Leidenschaften und das Akzeptieren selbst furchtbarer Strafen. Der Mensch ist mündig und denkt über sich nach.

Man besteige den Burgberg von Mykene, wo noch heute das Löwentor erhalten ist und das große Gräberrund in der Unterburg, lasse den Blick schweifen über die umgebenden weiten Täler und halte inne – eingedenk dessen, daß dieser Boden von Blut getränkt ist, das gräßlichen Verbrechen wie Gatten- und Muttermord entstammt ... Und lasse dann den Blick schweifen über die Orangenhaine und – während der kurzen Frühlingszeit – das helle bis saftige Grün ...

Das Grab des Agamemnon, wuchtig in seinen noch phönizischen Urproportionen und seiner schmucklosen Größe, sei stellvertretend genannt für das monumental-archaisch-zeitlos Gültige, das den altgriechischen Epen von Schuld und Gewissen eigen ist – umgesetzt von IGOR STRAWINSKY im szenischen Oratorium *Oedipus Rex* (und da nicht zufällig unter Hinzuziehen des Lateinischen), vom Rumänen GEORGE ENESCU in *Oedipe* (wo sogar die Folklore seiner Heimat Eingang findet), von RICHARD STRAUSS in *Elektra* – einer gigantischen, partiell geradezu monströsen Partitur auf die rachesinnende Schwester des Orest, der den Mord am gemeinsamen Vater rächen soll. An besagtem Löwentor wurde sie, des Palastes verwiesen, der Sage nach zusammen mit den Hunden abgespeist.

Den Besuch dieser Brutstätte der Orestie kann man durchaus mit der Musik von RICHARD STRAUSS kombinieren. Dabei wird man staunen, wie sinnlich die Klangsprache der *Elektra* trotz ihrer extremen Dissonantik wirkt; kann man erleben, wie geradezu unverschämt gesund dieser Münchener musizierte – und das in einer so avantgardistischen Harmonik, daß ein anderer sich überhaupt nicht daran gewagt hätte. Die Musik zu *Elektra* ist neben der zu *Salome* die gelungenste Vertonung des Unterbewußten: Gier, Gewissen, Rache – so hat ja auch HOFFMANNSTHAL sein Libretto entworfen. Höhepunkte sind die Arie der Klytämnestra *»Ich habe keine guten Nächte«* und die Erkennungsszene zwischen Bruder und Schwester.

Nach Mykene begeben wir uns vielleicht zur Siesta nach Nauplia – hier sitzen Sie buchstäblich zwischen den Zeiten. Und am besten paßt hierher tatsächlich die Klangsprache von Strauss' *Elektra.* Wieso? Nun, wenn Sie am pittoresken Hafen Platz nehmen, vor sich im Wasser eine Art »Pfalz zu Kaub« als venezianischen Vorposten, hinter sich auf halber Höhe die noch antike Akropolis und über sich auf steilem Burgberg die Festung der Venezianer gegen die Türken, dann braucht es nur wenig Schritte stadteinwärts, und Sie landen am Hotel »König Otto«. Noch heute erinnern drei Details an dieses Wittelsbacher-Intermezzo in der griechischen Geschichte: die von Bayern geerbten Landesfarben, die Omnipräsenz des Münchener Bieres und eine generelle Freundlichkeit gegenüber den Deutschen (und nicht nur Bayern). Dabei hatte es der Sohn LUDWIGS I. seinen »Untertanen« nicht eben einfach gemacht, sondern durch Ungeschick geglänzt. Hatte er doch allen Ernstes den Abriß der Akropolis zu Athen erwogen, um dort seinen Regierungspalast hinzusetzen!

Apropos Akropolis. Einer, nein *der* Wiener Klassiker nahm in einem Werk direkt Bezug auf die »Hochburg« von Athen – LUDWIG VAN BEETHOVEN. Im Jahre 1811 komponierte er während eines Kuraufenthaltes in Bad Teplitz im Auftrag des Habsburger-Kaiserhauses zwei Ouvertüren, die zur Eröffnung eines neuen Theaters in der ungarischen Teilstadt Pest aufgeführt werden sollten. Die dazugehörigen Stücke des Weimarer Dramatikers AUGUST KOTZEBUE sollten den Freiheitskampf der Ungarn und der Griechen darstellen – in *König Stephan* und *Die Ruinen von Athen.* Die letztgenannte Partitur schildert, wie die antike Göttin Athene ein griechisches Liebespaar vor dem Hintergrund der Akropolis der griechischen Kapitale ermuntert, sich von der türkischen Fremdherrschaft zu befreien (natürlich mit Hilfe und zugunsten Wiens).

Wer auf dem Peleponnes weilt, versäume auch nicht den Besuch von Epidauros, der Geburtsstätte der Psychosomatik und speziell der Musiktherapie. Ihr Begründer, ASKLEPIOS, wichtigster griechischer, allerdings dann göttlicher, Mediziner nach HIPPOKRATES, hat selbst eine fast schon kriminelle Vorgeschichte (aber an derlei Überraschungen muß man sich im Stammland der Dialektik gewöhnen). Der schillerndste aller Griechengötter, weil für gegensätzliche Bereiche zuständig, war sein Stiefvater. Der ebenso vielseitige wie eitle und damit skrupellose Apoll hatte ja schon einmal einem armen Satyrn namens Marsyas die Haut bei lebendigem Leibe abziehen lassen, nur weil dieser und nicht er selbst die Massen verhext hatte (mit seinem Aulos, dem Saxophon der Antike), während der harfende Gott mühsam unterdrücktes Gähnen auslöste (von der bildenden Kunst ist mehrfach die »Schindung des Marsyas« dargestellt worden). Aber auch der Schiedsrichter, der seines Reichtums und Kunstsinnes wegen renommierte König Midas, bekam die Rache des beleidigten Gottes zu spüren: Ihm wuchsen Eselsohren, damit er fürderhin besser hinhöre und richtig urteile. Und dieser Apoll war es auch, der gleich anderen olympischen Gottheiten einmal eine Griechendame heimsuchte (wehe, wen die Götter lieben!), die er dann allerdings wiederholt für längere Zeit geschäftehalber allein lassen mußte. Die junge Hellenin, vom Gott entfacht (»en-thusiasmiert«), wußte nicht wohin mit ihrer Leidenschaft und erhörte demzufolge fast zwangsläufig einen unbedarften Landsmann. Als die Folgen dieser irdisch-irdischen Beziehung sichtbar wurden und der Göttergatte, wieder mal von einer Dienstreise zurück, hinter die Zusammenhänge kam, war er nicht zimperlich und zog seine Konsequenzen. Zuerst brachte er seine untreue Geliebte um, wollte aber sozusagen mit dem Bade nicht zugleich auch das Kind ausschütten, entnahm es der Toten (es war wohl der erste Kaiser-, um nicht zu sagen: Götterschnitt) und ließ es in allen Wissenschaften und Künsten unterweisen, auf daß er sich seines unfreiwilligen Stiefsohnes namens Asklepios (römisch: Äskulap) nicht zu schämen bräuchte. Die noble Haltung nach verruchter Tat war typisch Apoll.

Asklepios richtete nun an heiliger Stelle und Quelle zu Epidauros eine Großklinik ein, in die Bedürftige an Leib und Seele einrückten, um an beidem therapiert zu werden. Also sollte die Anwendung nicht nur der Naturheilkräfte – dazu gehörte schon damals Wasser (zweieinhalb Jahrtausende vor Pfarrer KNEIPP) –, sondern auch der Künste, wie Schauspiel und Musik, zur Heilung führen, ein erstes Beispiel für ganzheitliche Behandlung. Und damit war die Psychosomatik geboren.

Apropos Apoll: STRAWINSKY zeigt ihn in seinem Ballett *Apollon Musagète* (Apoll, Führer der Musen) freilich nur in seinem positiven Wirken als Symbol von Wohlklang und Ausgewogenheit, vertont in den ebenmäßigen Proportionen und umschmeichelnden Konsonanzen des Neoklassizismus.

Wir, verehrte Leserinnen und Leser, könnten jetzt ein regelrechtes »Insel-Hopping« veranstalten. Ich beschränke mich auf drei der für die Musik wichtigsten.

Auf Samos lebte PYTHAGORAS (ehe er nach Unteritalien zog), dem wir die phsikalisch-akustischen Grundlagen der abendländischen Musik verdanken und der als erster die Proportionen der musikalischen Intervalle in Gleichzeitigkeit (Harmonie, Akkord) und im Nacheinander (Melodie) festlegte. Erst um 1700 gelang akustisch die Beseitigung des sogenannten »pythagoreischen Kommas«, einer durch reine Stimmung bedingten Differenz zwischen fünfter Oktave und zwölfter Quinte. Dadurch wurde die heute gültige »wohltemperierte« Stimmung möglich, das Bilden von Dur- und Moll-Leitern von jedem Ton der zwölfgeteilten Oktave aus und dementsprechend das Musizieren in allen dadurch geschaffenen Tonarten, ohne daß es »ver-stimmt« klingt.

Auf Patmos schrieb der Legende nach der Evangelist JOHANNES seine *Offenbarung* (die Apokalypse), die der Österreicher FRANZ SCHMIDT (Jahrgang 1874) als Oratorium *Das Buch mit sieben Siegeln* gestaltete. Das ausladende Werk (1936) zählt zu Recht zu den Höhepunkten der Sakralmusik unseres Jahrhunderts, zumal sich der Komponist (bekannt durch die Oper *Notre Dame,* genauer: durch das populäre *»Zwischenspiel«* aus ihr) einer keineswegs modernen, sondern eher konservativen Klangsprache bedient.

Und ohne Kreta fehlten dem Bühnenrepertoire ähnlich viele Opern wie ohne die Orpheus-Sage. WOLFGANG AMADEUS MOZARTS bedeutendster Beitrag zur italienischen Opera seria, *Idomeneo,* gilt dem legendären König der Insel, der einem Schwur zufolge eigentlich seinen eigenen Sohn opfern sollte und durch sein Zögern den Zorn Poseidons auslöst, der zur Strafe ein (prachtvoll vertontes) Meeresungeheuer schickt. Hier begegnen wir überraschend auch Elektra wieder, die nach der Ermordung ihrer Mutter in Mykene Zuflucht auf Kreta sucht, hier aber wegen ihrer Eifersucht nicht sehr vorteilhaft wirkt.

Doch der attraktivste Kretastoff ist das Labyrinth mit dem Minotauros sowie der Liebe zwischen der Königstochter Ariadne und Theseus, der das Untier schließlich besiegt und dank des »Ariadnefadens« wieder aus den Irrgängen herausfindet.

Eine *Arianna* findet sich schon bei CLAUDIO MONTEVERDI, *Ariadne auf Kreta* heißt es bei HÄNDEL, der darüber hinaus einen *Theseus* auf die Bühne gebracht hat (wie auch der Hofkapellmeister des Sonnenkönigs, JEAN-BAPTISTE LULLY). Beide Gestalten kombiniert erscheinen in *Arianna e Teseo* von HAYDNS Lehrer NICOLA ANTONIO PORPORA, und noch JULES MASSENET und BOHUSLAV MARTINU schreiben eine *Ariane* beziehungsweise *Ariadne* – und das im 20. Jahrhundert (1906 und 1958). Man sieht, die Antike hat ihre Attraktivität durchaus nicht eingebüßt. Strenggenommen hätten wir ohne die kretische Prinzessin auch keine *Ariadne auf Naxos* – immerhin ein kammermusikalisches Juwel mit der kunstvollsten Musik, die RICHARD STRAUSS je schrieb.

Wenn es um expressive Umsetzung antikisierender Lyrik geht, wird der Musikfreund überraschend fündig bei FRANZ SCHUBERT. Gerade auch düstere Sujets fesselten den Zwanzigjährigen – wie SCHILLERS *Gruppe aus dem Tartarus:*

Fragen einander ängstlich leise,
ob noch nicht Vollendung sei?
Ewigkeit schwingt über ihnen Kreise,
bricht die Sense des Saturns entzwei.

Oder GOETHE in *Grenzen der Menschheit*:

Was unterscheidet Götter von Menschen?
Daß viele Wellen vor jenen wandeln, ein ewiger Strom:
Uns hebt die Welle, verschlingt die Welle, und wir verwirken.

Ein kleiner Ring begrenzt unser Leben,
und viele Geschlechter reihen sich dauernd
an ihres Daseins unendliche Kette.

Die Begegnung mit der Antike und ihren stummen Zeugen hilft zu relativieren, verleiht aber auch Format und Entschlußkraft. So formuliert es Schuberts Freund JOHANN MAYRHOFER in seinem von ersterem überaus temperamentvoll vertonten Gedicht *Aus Heliopolis II,* bei dem man zeilenweise an SCHILLERS *Ode an die Freude* denken mag:

> Atme du den heil'gen Äther,
> schling die Arme um die Welt.
> Nur dem Würdigen, dem Großen
> bleibe mutig zugesellt.
> Laß die Leidenschaften sausen
> im metallenen Akkord,
> wenn die starken Stürme brausen,
> findest du das rechte Wort.

Aber Hellas hat nicht nur düstere und dramatische Stoffe, sondern auch ganze arkadische Landschaften und Stimmungen, die von den Dichtern zumeist nur imaginiert, zumindest aber idealisiert wurden. Nach dem legendären ANAKREON (durch HUGO WOLFS GOETHE-Lied *Anakreons Grab* verklärt) benannte sich ein ganzer deutscher Dichterkreis! So kommt es zum Phänomen der Nostalgie, der wehmütig-sehnsüchtigen Erinnerung an eine Welt, die man gar nicht kannte und die es so nie gegeben haben dürfte. Diese Idealisierung des alten Griechenland aus der Ferne nimmt etwas von KARL MAY voraus, der »seinen« Wilden Westen auch nie betreten hatte. Sehnsucht nach einer unwiederbringlich verlorenen Harmonie zwischen Mensch, Natur und Gottheit durchtränkt die Verse eines SCHILLER und NOVALIS, um nur die wichtigsten Stimmführer dieser Haltung zu nennen. Im Jahre 1819 vertonte FRANZ SCHUBERT ein Fragment aus SCHILLERS Gedicht *Die Götter Griechenlands:*

> Schöne Welt, wo bist du? Kehre wieder,
> Holdes Blütenalter der Natur!
> Ach, nur in dem Feenland der Lieder
> Lebt noch deine fabelhafte Spur,

Ausgestorben trauert das Gefilde,
Keine Gottheit zeigt sich meinem Blick,
Ach, vor jenem lebenswarmen Bilde
Blieb der Schatten nur zurück.

Roma eterna

Ausgerüstet mit biblischer Geschichte und antiker Mythologie, mit Gottesglauben und Götterhimmel, mit Theologie und Philosophie, mit Gut-und-Böse-Ethik und der köstlichen Dialektik der Zwischentöne, genannt »Ironie«, war nun die Menschheit reif für Rom. Doch zuvor mußte erst Ostrom untergehen, mußten seine Diplomaten und Gelehrten scharenweise über Venedig nach Italien fliehen, um an der »Geburt der Wiedergeburt«, am Morgenrot der Renaissance mitzuwirken. Diese war viel mehr als ein Neuaufguß der griechischen Gedankenwelt, sie war eine Synthese aus Antike, Christentum und künstlerischem Raffinement. Ihren genialen diplomatischen Ausdruck fand diese Mixtur im Wirken der Renaissance-Päpste und ihren nicht minder genialen künstlerischen Ausdruck in der Geburt der Oper, die man damals für eine verbesserte Auflage der antiken Tragödie hielt.

Wenn man bedenkt, daß die Pyramiden der Pharaonen und die schier zahllosen »Versailles« aller großen und kleinen Verfechter des Absolutismus nur auf dem Rücken ihrer Untertanen und durch (zuweilen tödlichen) Zwang erbaut werden konnten, stehen diese Päpste ungeachtet ihrer partiellen Unzulänglichkeiten als Menschen und Priester geradezu leuchtend da – als die ersten Virtuosen der psychologischen Massenkampagne. Ein Weltwunder wie den Petersdom aufzurichten, ohne eine Peitsche zu schwingen oder Frondienste zu verlangen – das ist der Triumph der Psychologie, auch wenn dazu manch fragwürdige Methode angewandt wurde, die dem Heiligen Stuhl letztlich nicht bekommen sollte (der Ablaßhandel führte zur Reformation).

Nicht Karl V. war, territorial gesprochen, der erfolgreichste Herrscher aller Zeiten – dank der »westindischen« Eroberungen ging ja in seinem Reich die Sonne nie unter –, sondern die Päpste seit der Renaissance. Ihre Methoden der Zusammenführung aller

Gläubigen verdienen Bewunderung: Beibehaltung der *lingua universalis,* des mittelalterlichen Latein, das jeder philippinische Katholik noch in Kanada versteht und als Symbol der Geborgenheit und weltweiten Gemeinsamkeit der »una ecclesia catholica« dankend annimmt (inzwischen ist es abgeschafft – nicht zu begreifen), und Pflege einer anderen *lingua universalis* (gottlob nicht abgeschafft), der Musik. Das war seinerzeit noch der unbegleitete einstimmige liturgische Gesang, den Papst GREGOR XIII. unifizieren ließ (durch GIOVANNI PIERLUIGI PALESTRINA), den LUTHER durch deutsche Übertragung und, konkret gesprochen, Einfügung von Taktstrichen metrisierte und der dadurch erstmals mehrstimmig bearbeitet werden konnte – bis hin zu den meisterhaften Choralsätzen eines JOHANN SEBASTIAN BACH.

Unsere Ohren heute wissen die schwebende Metrik des gregorianischen Gesanges wieder zu schätzen. Zu ihr gehört freilich auch das Ausschwingen im riesigen Sakralraum. Gregorianik ist schmucklos und wuchtig wie die funktionsbetonten Gotteshäuser der Romanik, der auch der Prunk der Renaissance nichts anhaben kann – trotz seiner doppelten Funktion: als Machtzeugnis der Kirche und als Symbol des himmlischen Jerusalem.

Solchen Gedanken darf man sich angesichts der Gipfelleistungen menschlicher Baukunst hingeben, ob Kölner Dom, Münster zu Straßburg oder Ulm – oder eben, und da sind wir wieder in der »urbs aeterna«, der Ewigen Stadt: Sankt Peter oder die noch römisch wirkenden Laterankirchen zu Rom. Direkt im Vatikan und im Petersdom spielt *Palestrina*, die einzige Oper des deutschen Spätromantikers HANS PFITZNER, die selbst wieder von einem Komponisten handelt – von jenem, der den liturgischen Gesang reformieren (und endgültig von arabischen Verzierungen, sogenannten »Melismen«, reinigen) sollte und dessen eigener Vokalstil vom Tridentiner Konzil (bis 1563) als mustergültig befunden wurde.

Auch MOZART widmete sich Rom mit seiner letzten Oper, die er in der Rekordzeit von achtzehn Tagen aufs Papier warf, dabei bereits schwer krank. Aber das Honorar wurde dringend gebraucht. *La Clemenza di Tito* oder kurz *Titus* ist seine letzte Opera seria, bleibt aber aufgrund der hastigen Kompositionsarbeit erheblich hinter ihrer Vorgängerin *Idomeneo* zurück. Diese komponierte Mozart im Jahr seiner Ankunft in Wien; *Titus* entsteht drei Monate vor seinem Tod und wird noch von ihm selbst in Prag uraufgeführt.

Der nächste Komponist, den ich als klingenden Rom-Chronisten heranziehen möchte, hat Mozart um sechzig Jahre überlebt. Man mag über NAPOLEONS einstigen Hofkapellmeister GASPARO SPONTINI denken, wie man will – schließlich hat er in seiner Eigenschaft als (ziemlich intriganter) Berliner Generalmusikdirektor (für den dieser Titel erst geprägt wurde) und im Verein mit dem musisch minderbegabten Preußenkönig FRIEDRICH WILHELM III. verhindert, daß der musikalische Fortschritt in Person CARL MARIA VON WEBERS in Berlin Fuß faßte –, aber trotz seines relativ konservativen Stils sind ihm in sechzehn Opern einige Würfe gelungen, die seinen Ruhm zu Lebzeiten begründeten. Allen voran ist es die Musik zu einer spannenden Handlung aus dem antiken Rom: *Die Vestalin.* Die bekannte Geschichte läßt sich anhand dreier Arien der tragischen Heldin Giulia gut verfolgen. Der im Kampf gegen die Gallier erfolgreiche Licinius soll im Tempel der Vesta mit dem Siegeskranz ausgezeichnet werden: Bestimmt dazu wird Giulia, die sich in den Helden verliebt. Per Zufall wird sie auch mit der nächtlichen Bewachung des vestalischen Feuers betraut. Jetzt hat sie Gelegenheit, sich ihrer Situation bewußt zu werden: entweder sich zu ihrer Liebe zu bekennen und danach in den Tod zu gehen, oder, mit der verbotenen Leidenschaft im Herzen verborgen, qualvoll weiterzuleben. Wenig später bekennt sie ihre tödliche Liebe zuerst der Vesta-Göttin *(»O Göttin, Schützerin der Unglücklichen . . .«)* und dann dem Pontifex maximus, dem höchsten Priester Roms. Damit hat sie selbst ihr Los entschieden: Mit der Arie *»Geliebtes Wesen«* steigt sie, die auch Licinius mit seinem Freund Cinna nicht retten konnte, unter den Augen der Priester in ihr Grab.

Gar so antiquiert ist der Handlungsrahmen gar nicht: Aus dem Keuschheitsgelübde der Vestalinnen wurde später der Zölibat des römisch-katholischen Klerus, aus der göttlichen Flamme das Ewige Licht auf christlichen Altären und Gräbern, und selbst der Name für den Oberhirten blieb derselbe und schlug tatsächlich die

»Brücke« zwischen Antike und Mittelalter – als Pontifex maximus oder, im amerikanischen Slang, »Pontiff«.

Man darf vermuten, daß es sich um einen heroischen Stoff handelt, wenn LUDWIG VAN BEETHOVEN zu einem römischen Werk ausholt. Und mit seiner Ouvertüre zu *Coriolan* schuf er ein dramatisches Meisterwerk von singulärem Rang, weil es nämlich – eine Ausnahme in der Reihe seiner Orchesterouvertüren – tragisch endet. Der Österreicher HEINRICH JOSEPH VON COLLIN hatte sich frei an SHAKESPEARES Vorlage gehalten und sich auf den unlösbaren Konflikt konzentriert, der dem Helden zum Verhängnis wird. Dieser schlägt die Warnungen seiner Mutter, einer aufrechten Römerin, in den Wind, wird zum Verräter an der Stadt und findet schließlich den Tod durch die Hand der Gegner.

In seinen neun Jahren am Tiber hat FRANZ LISZT auch im Kloster gewohnt – in Santa Maria del Rosario. Später fuhr er manchmal, schon mit der Straßenbahn, hinaus nach Tivoli, um den Kardinal HOHENLOHE zu besuchen, mit dem er befreundet war. Und zwar verdankt er diese Bekanntschaft seiner zweiten Lebensgefährtin und, das verlangt die Gerechtigkeit, Beförderin seiner Komponistenlaufbahn zumindest als Orchesterdichter: der Fürstin SAYN-WITTGENSTEIN. Denn deren Tochter hatte den Haushofmeister des österreichischen Kaisers geheiratet – und dessen Bruder wiederum, Kardinal von Hohenlohe-Schillingsfürst, war von Amts wegen Großalmosenier des Vatikans. Und er residierte in der literaturhistorisch renommierten »Villa d'Este« in Tivoli vor Rom (man vergleiche *Torquato Tasso* bei GOETHE), die aber auch in der bildenden Kunst schon Berücksichtigung fand – unter anderem bei dem deutschen Maler KARL BLECHEN, den besonders die riesigen Zypressen daselbst beeindruckten. Hier hielt sich Liszt gern und häufig auf und setzte im *»Italien«* überschriebenen *Dritten Jahrgang* seines klingenden Reisetagebuches *Années de pèlerinage* (Pilgerschaftsjahre) nicht nur die mystische Wirkung dieser hochaufragenden schlanken Bäume in Klänge um, sondern auch die (be)rauschenden, einfalls- und kunstreichen Wasserspiele, die später nur noch in Peterhof, dem Sommersitz der russischen Zaren, ein Pendant erhalten sollten.

Vom Vatikan bewußt gelenkt wurde der Ausbau der Legenden

um heilig- oder seliggesprochene Apostel, Kirchenväter, Fürsten und Kleriker; auf solche Weise wurden aus historischen Gestalten gleichsam Menschen »zum Anfassen«. Franz Liszt komponierte auf seine beiden Namenspaten, den heiligen FRANZISKUS VON ASSISI und jenen VON PAULA, klangvolle *Legenden (Franziskus-Legenden Nr. 1 und 2)* betreffend zwei überaus unglaubwürdige Wunder: Der eine predigte den Fischen, der andere tat es dem Heiland nach und wandelte über das Wasser. Noch eine dritte Legende, diesmal aber für gigantische Besetzung und abendfüllend, entstand im Kloster: Liszts erstes großes Oratorium *Die Legende von der hl. Elisabeth,* deren dritte Aufführung direkt an Elisabeths wichtigster Lebensstation, auf der Wartburg bei Eisenach, stattfand. Die dort zu besichtigenden Fresken sind das malerische Pendant zu Liszts Musik. Nachdem er in Weimar die sinfonische Dichtung als neue Form der Programmusik ausgearbeitet hatte, erklärte er nun im Hinblick auf die *Legende von der hl. Elisabeth:* »Nachdem ich die mir gestellte sinfonische Aufgabe in Deutschland, so gut ich es vermochte, zum größeren Teil gelöst habe, will ich nunmehr die oratorische erfüllen.« Es ist ihm gelungen: Die Partitur geht weit über MENDELSSOHN hinaus und erreicht HÄNDELsche Farb- und Durchschlagskraft, freilich mit den erweiterten Mitteln des 19. Jahrhunderts.

Nicht sogleich hat Liszt nach seiner Ankunft in Rom im Kloster gewohnt. Zuerst hatte man ihn sehr komfortabel untergebracht: directement im Vatikan! Immerhin war er mit dem Hochklerus sozusagen verwandt! Die vatikanischen Sammlungen mit Meisterwerken von MICHELANGELO und RAFFAEL hatten ihn schon bei seinen früheren Romaufenthalten inspiriert. So vertonte er im Rahmen des zweiten (ebenfalls Italien gewidmeten) Jahrgangs seiner *Pilgerschaftsjahre* Raffaels Gemälde *Sposalizio* (Die Vermählung Mariä) als Klangbild der Keuschheit und stillen Anmut, während er den Sinnenden, *Il pensieroso,* vom Grabmal des JULIUS MEDICI düster, ja lastend nachgestaltet.

Apropos: Wenn der Name Michelangelo fällt, assoziiert der Musikfreund nicht nur die Sixtinische Kapelle und die epochalen Skulpturen damit, sondern auch die kunstvollen Sonette und Gedichte aus der Feder dieses erstaunlichen Mannes. Drei wurden von Hugo Wolf vertont – als Klavierlieder; sie erhielten auch Orchesterbegleitung (durch Kim Borg). Besonders eindrucksvoll in einem dunklen Fatalismus, der etwas von Schuberts *Winterreise* an sich hat, ist Nr. 2:

Alles endet, was entstehet.
Alles, alles rings vergehet.
Denn die Zeit flieht,
und die Sonne sieht,
daß alles rings vergehet,
Denken, Reden, Schmerz und Wonne.

Der römische Karneval ist sprichwörtlich. Zwei Nichtitaliener haben sich ihm in bekannten Werken gewidmet. Pjotr Tschaikowsky, der sich nach Aufgabe seiner Professur alljährlich im Ausland, vorzugsweise in Italien und Frankreich, aufhielt, komponierte eines seiner populärsten Werke, das *Capriccio Italien,* nach dem Erlebnis der Ewigen Stadt zur Faschingszeit 1880. Hinter dem Titel verbirgt sich ein Suite, deren fünf Teile allerdings attacca ineinander übergehen. Das erste Thema ist ein Kavalleriesignal, das letzte eine dahinjagende Tarantella. Am populärsten wurde das wiegende Duett der Holzbläser in parallelen Terzen, das neapolitanischen Ursprungs ist. Tschaikowsky hatte so viel Vergnügen bei der Komposition, daß er für die Skizzen nur eine Woche benötigte.

Die andere Impression vom römischen Karneval stammt von Hector Berlioz, der ja seinen Rompreis in der Villa Medici »absitzen« mußte, während ihm daheim die Verlobte durchbrannte.

Er nannte seine Orchesterouvertüre vom Jahre 1844 direkt *»Carnaval romain«;* sie gehörte zu seiner Oper *Benvenuto Cellini,* die er sechs Jahre zuvor abgeschlossen hatte, und diente als Einleitung zum zweiten Akt. Der populäre römische Goldschmied der Renaissance war ein Vorläufer des romantischen Künstlertyps voller Leidenschaftlichkeit; Berlioz scheint sich mit ihm identifiziert zu haben. Die kaum gespielte Oper überlebte in zwei Orchesterstücken: der *Ouvertüre* und eben der Karnevalsmusik, die zu den beliebtesten Partituren des Komponisten gehört und sich im Konzertsaal behaupten konnte.

Er war stets Meister der Empathie, der Einfühlung in fremde Ambiente: GIACOMO PUCCINI. Dabei bediente er sich, und das macht seine Opern so kinematographisch realistisch, auf geradezu extreme Weise der existentiellen Dialektik als der Einheit der Gegensätze und arbeitete am liebsten mit grellen Kontrasten und krassen Umschwüngen von Stimmungen und Situationen. Seine *Tosca* zeigt dies schon im ersten Akt. Noch vor dem packenden *»Te deum«* mit großartigem Unisoni der Gläubigen, gesungen in der Kirche Sant'Andrea della valle, entfaltet das Böse seine Facetten: Geheimdienstchef Scarpia versucht, von der schönen Sängerin Liebe zu erpressen – indem er ihren Freund verhaften läßt. Und dazu die erhabenen Klänge zu Gottes Lob in der Stadt von Petri Nachfolger. Das Finale spielt auf der Plattform der Engelsburg, von der aus man einen grandiosen Rundblick über die Urbs aeterna hat, der natürlich vom Bühnenbild gern genutzt wird, zumal das Libretto die Erschießung des Malers Cavaradossi im Morgengrauen vorsieht. So hat Puccini Gelegenheit zu einem sträflich schönen Sonnenaufgang auch in der Musik – und nimmt sie wahr: Rom erwacht mit vielen, vielen Glocken. Das wirkt um so schöner, als man das fatale Ende wenn nicht kennt, so doch ahnt: Dialektik in Meisterhand!

Noch heute gehören die Brunnen der Ewigen Stadt zu ihren schönsten Zierden. Die Päpste, um die Gunst der Römer buhlend, hatten sie ihnen zum Geschenk gemacht und das reine Gebirgswasser über die meist noch aus der Antike stammenden imposanten Aquädukte bis zu hundert Kilometer weit aus dem Apennin eingeleitet. Und damit komme ich zu Roms eigenem »musikalischen Stadtschreiber«, obgleich der aus Bologna stammt – OTTORINO RESPIGHI. Und es waren diese römischen Brunnen, die ihn auf die Idee zu seinem ersten Programmzyklus gebracht hatten, der sich dann zu einer kompletten zwölfteiligen Trilogie ausweiten sollte: *Fontane di Roma* (Römische Brunnen), von 1914 bis 1916 komponiert.

Jeder Brunnen wird zu einer anderen Tageszeit vorgeführt. Nahe der Villa Borghese eröffnet der *»Brunnen von Valle Guila in* *der Morgendämmerung«* den erfrischenden Reigen; Klangnebel steigen auf und symbolisieren den Morgendunst, der dem Tal entsteigt. Hornrufe verweisen auf Gian Lorenzo Berninis *»Tritonsbrunnen im Morgen«,* wo ein gigantisches Fabelwesen in einer ebenso riesigen Muschel thront. Der *»Trevi-Brunnen«* wird im Glanze der Mittagssonne vorgeführt und der *»Brunnen der Villa Medici«* bei Sonnenuntergang. Bei letzterer handelte es sich ja um das im Besitz des französischen Staates befindliche Institut, das den Pariser Rom-Preisträgern zu postgradualem Studium offenstand – es ist in der Tat eine inspirierende Lokalität mit interessanter Hanglage, einem überraschenden Park auf der oberen Ebene der Rückfront und einem grandiosen Ausblick hinüber nach Sankt Peter von der Vorderfassade aus.

Sieben Jahre später läßt Respighi einen neuen Zyklus folgen: Diesmal sind es die *Pini di Roma* (Pinien von Rom). Nunmehr werden auch Menschengruppen mitporträtiert. Mit ausgefallenem Klanggerät beginnen die *»Pinien der Villa Borghese«;* zu ausgelassenem Spiel der Kinder setzt der Komponist Orgel, Klavier, Bühnenmusik und einen Vogelgesang ein! Den düsteren Kontrast besorgen die *»Pinien bei einer Katakombe«;* den Eindruck der bedrückenden Feierlichkeit verstärkt ein Gesang aus der Tiefe, den die Orgel unterstützt. Ein nächtliches Idyll mit Nachtigallengesang aus bekannter Quelle gilt den *Pinien* eines der sieben Hügel Roms, *des Janiculum* südlich von Sankt Peter. Dann ist der Hörer präpariert für das schwerlastende, lärmende Finale, das uns zu den *»Pinien der Via Appia«* führt, jener alten Heeresstraße, die dreihundert Jahre vor Christus angelegt wurde und auf der jetzt »das Heer des Konsuls vorwärtszieht, um im Triumph zum Kapitol zu gelangen« (wie der Komponist selbst kommentiert).

Der Erfolg auch dieses Zyklus bewog Respighi, fünf Jahre später einen weiteren zu verfassen, mit dem sich die sogenannte »Römische Trilogie« rundet. Diesmal geht es um *Feste Romane* (Römische Feste) und sogleich mit aller Härte los: *»Circenses«* (Spiele). Rom zur Zeit Neros. Im Circus maximus werden Löwen auf Christen losgelassen, die mit frommen Weisen in den Tod gehen. *»Il Jubilea«* (Das Jubelfest) versöhnt durch sein sanftes Kolorit: Ein Pilgerzug nähert sich der Ewigen Stadt und wird mit Geläut empfangen. Herbstlich geht es zu im *»Oktoberfest«* in und um die »castelli«, die Weindörfer im Weichbild Roms; man vernimmt Jagdrufe und in der Abendstimmung das Ständchen einer Mandoline. Wieder mitten in die Altstadt, auf die Piazza Navona, führt das Finale, wo die Römer auf geradezu schrille Weise ihr Dreikönigsfest *(»La Befana«)* feiern. Lustig die hörbar angetrunkenen Posaunenspieler . . .

In allen Fällen handelt es sich um eine regelmäßige vierteilige Struktur, die selbständige Sätze meist ineinander übergehen läßt; das ist ein wesentlicher Unterschied zu den einsätzig durchkomponierten Prototypen der Sinfonischen Dichtung bei LISZT und STRAUSS.

Ein Dreivierteljahrhundert vor Respighis Militärmarsch und Pilgerzug nach Rom enstand schon einmal ein noch heute weltberühmter Pilgerzug, allerdings bemerkenswerterweise im Dreiertakt: in WAGNERS *Tannhäuser.* Hier bewies sich der Meister des Musiktheaters bereits erheblich vor *Tristan und Isolde* als genialer Harmoniker und geschickter Dramaturg: Man kann das Näherkommen des Zuges geradezu physisch spüren! Bei der Wiederholung des Chores, wenn die Büßer begnadigt zurückkehren, schließt der Frevler, dem nicht vergeben wurde, seine erschütternde *»Romerzählung«* an: »Schweigt mir von Rom!«

Italia bellissima

Bei zahlreichen Komponisten genügte schon das Stichwort »Italia«, um sie in Schwingung zu versetzen.

Zwei *Ouvertüren »im italienischen Stil«* komponierte Franz Schubert – zweifellos Musik ungestillter Sehnsucht, denn der arme Schlucker hat bis auf einige Sommeraufenthalte auf den ungarischen Besitzungen der Grafen Esterházy Wien nie verlassen ... Beide entstanden sie Ende 1817 während der Arbeit an der sechsten Sinfonie, zwischen deren ersten und übrigen Sätzen ein inspiratives Grunderlebnis fiel, das Schubert nachhaltig beeinflussen und sich zumal in den genannten Ouvertüren sowie fünf Jahre später in der Musik zu *Rosamunde* niederschlagen wird: die Begegnung mit der Musik Rossinis, der sieben Jahre vor dem Wiener geboren wurde, ihn aber um vier Jahrzehnte überleben sollte. Die Ouvertüren fanden sofort das höchste Lob der Presse, gehören sie doch zum Geistreichsten und Lebendigsten aus der Orchesterwerkstatt ihres Schöpfers. Gegenüber Musikern, die in eine regelrechte Rossini-Hysterie verfallen waren, hatte Schubert behauptet, derlei Ouvertüren könne er »jederzeit aus dem Ärmel schütteln«. Und er schüttelte, zitierte sogar in der D-Dur-Ouvertüre aus Rossinis *Tancred* und legte mit der C-Dur ein Paradebeispiel für die Entwicklung eines kompletten Allegros aus einem einzigen gleichsam elektrisierenden Gedanken vor (die Einleitung ausgenommen).

Daß ein ausgeglichener Künstler und hochkultivierter Mensch wie Felix Mendelssohn Bartholdy recht eigentlich nach Italien gehört und nicht nach Deutschland, liegt auf der Hand. Darum klingt seine Musik viel südlicher als die eines Schumann, Wagner oder Brahms. Und wenn er dann 1833 als seine vierte eine *Italienische Sinfonie* schreibt, so wundert man sich, daß das nicht schon eher geschah – für einen Komponisten seiner Bildung und Imagination hätte es sicherlich nicht erst der Italienreise von 1830/31 bedurft, um Licht, Landschaft und Leben des Südens überzeugend zum Klingen zu bringen. Hier fanden sich jedenfalls Sujet und Künstler: »Die ›italienische Sinfonie‹ macht große Fortschritte; es wird das lustigste Stück, das ich gemacht habe.« In der Tat sind Leichtigkeit und Daseinsfreude der gemeinsame Nenner der vier Sätze, die allerdings nicht sämtlich »vor Ort« entstanden. Denn Mendelssohn konnte durchaus Pragmatiker sein; so wartete er erst einen Auftrag ab, um die Partitur dann in Berlin zu beenden. Und der kam von der Londoner Philharmonischen Gesellschaft. Noch in Italien verfaßt – von einer Prozession in Neapel angeregt – ist der zweite, langsame Satz: Ihr gilt das zentrale Thema, das nicht zufällig an die bekannteste Liedmelodie von Mendelssohns Lehrer ZELTER erinnert, der zugleich GOETHES Musikberater und liebster Vertoner war: *Es war ein König in Thule.*

Und literarisch geht es auch weiter – mit Texten des ersten Deutschen, der für seine Dichtungen, oder genauer: Nachdichtungen, den Nobelpreis erhalten hat: PAUL HEYSE, ein gebürtiger Berliner des Jahres 1830, der nach München übersiedelte und dort hoch geehrt wurde (unter anderem bezog er ein Jahresgehalt von König MAXIMILIAN II., und vier Jahre vor seinem Tod erhob man ihn in den Adelsstand). Er hatte 1860 aus italienischen Vorlagen eine farbenreiche Anthologie übertragen, die auf den Liederschöpfer HUGO WOLF eine ähnliche Faszination ausübte wie später die Nachdichtungen aus dem Chinesischen durch HANS BETHGE auf GUSTAV MAHLER *(Das Lied von der Erde).* Schon in den ersten vier der insgesamt 46 Nummern des *Italienischen Liederbuches* wird die inhaltliche Bandbreite deutlich: Sie reicht von der geschliffenen Miniatur, deren Klavierpart ein eigenes Stück abgeben könnte (»Auch kleine Dinge können uns entzücken«), bis zu der erhaben-pathetischen Lobpreisung des Schöpfers, dem der Sänger letztlich auch das Antlitz der Geliebten verdankt.

Gesegnet sei, durch den die Welt entstund;
wie trefflich schuf er sie nach allen Seiten!
Er schuf das Meer mit endlos tiefem Grund,

er schuf die Schiffe, die hinübergleiten,
er schuf das Paradies mit ewgem Licht,
er schuf die Schönheit und dein Angesicht.

In direkter Nachbarschaft und innerer Beziehung zu den beiden ersten Heften dieses Liederbuches entstand die *Italienische Serenade* desselben Komponisten. Es handelt sich bei diesem spritzigen, knapp achtminütigen Werk für Streichquartett um sein drittes für diese Besetzung. Fünf Jahre später arbeitete er es für Streichorchester um. Leider kam es nicht zur geplanten Erweiterung der Form zu einer kleinen Suite; erhalten sind nur noch Skizzen. Die südliche Heiterkeit dieser Musik spricht wie bei SCHUBERT von einer Sehnsucht, deren Unstillbarkeit beide Komponisten wohl geahnt haben werden. Der eine stirbt viel zu früh, der andere wird in Umnachtung enden.

Der jüngste international relevante Beitrag des Auslands zur Ruhmesgalerie der Apenninenhalbinsel stammt von dem zweiundzwanzigjährigen RICHARD STRAUSS. Soeben war er als hoffnungsvoller Nachwuchsdirigent von Meiningen nach München gewechselt; doch vor Antritt der neuen Stelle gönnt er sich einen lang schon sehnlichst gehegten Wunsch: Er bereist Italien. Sein Brief an die Mama ist zweispaltig gehalten und zeigt, daß der Filius Natur und Umgebung klingend wahrnimmt. Das Ergebnis wird nicht lang auf sich warten lassen: die sinfonische Suite *Aus Italien*.

»Ich komponiere auch viel in C-Dur	Habe heute einen sehr schönen Tag in Rom verlebt, das noble, stolze, in seinen antiken Teilen melancholische
in A-Dur	Rom berührt mich doch sympathischer als wie das Rom an Naturschönheit weit überlegene Neapel. Man wird des Treibens in Neapel müde. – Nachdem ich heute Lenbach besucht habe . . ., ging ich ins Pantheon (zum fünften Male), in die Galerie Colonna und machte Nachmittag eine herrliche Fahrt weit in die

in G-Dur

Campagna hinein auf der Via Appia (der antiken Gräberstraße), dann bummelte ich auf dem Forum Romanum herum, bestieg das Colosseum, kurzum bin kreuzvergnügt. Morgen werde ich, wenn das Wetter gut bleibt, nach Tivoli fahren. Adieu, herzliche Grüße an Dich, Papa usw. – R.«

in c-Moll natürlich auch ein bißchen

In den Tonarten, hier nur grob skizziert, deuten sich schon die vier sämtlich klangschönen Sätze an: *»Auf der Campagna«, »In Roms Ruinen«* (gemeint sind die Thermen des Caracalla, wo Strauss tatsächlich einige Themen notierte), *»Am Strande von Sorrent«, »Neapolitanisches Volksleben«* (Zusatz des Komponisten: »Mit dem Lied ›Funiculi‹ auf die Vesuv-Dampfbahn«). Die Partitur war derart gelungen, daß sogar der höchst kritische DEBUSSY nicht mit Lob sparte!

Allein mit Italien könnte man eine ganze *Musikalische Reiseapotheke* füllen, steht hier doch die Wiege für unsere heutige abendländische Musikkultur – Oper als (Wieder-)Geburt der griechischen Antike, Oratorium, Konzert, Sonate.

Darum hier nur kurze Notizen zu weiteren wichtigen Orten des vielfältigen Landes, dem ja historisch das System der Stadtstaaten eine ähnliche Buntscheckigkeit verlieh wie in Deutschland, doch der Bevölkerung andererseits ein Maximum an Kreativität, Anpassung und Leistung abverlangte. Resultat dieser dezentralen Entwicklung ist eine außerordentliche kulturelle Vielfalt, über das ganze heutige Land verstreut. Lassen Sie mich an seinen Küsten im Norden beginnen, von dem ja die Einigung ausging und der einstige Großmächte zur See beherbergte.

Es ist schwer, ja unmöglich, sich für eine der beiden Städte zu entscheiden. Sie bedingen einander: das historisch gesättigte, imposante und laute Rom auf der einen Seite, das homogene, vom Orient gefärbte, durch seine Kanäle romantische und leise Venedig auf der anderen.

Venedig ist spätestens durch THOMAS MANN zum Symbol für wohlige Morbidität geworden – zusätzlich transportiert freilich durch das berückende Adagietto aus GUSTAV MAHLERS *Fünfter Sinfonie.* Der Regisseur des Filmes *Tod in Venedig* hat den Verfasser der Novelle wohl verstanden, hatte dieser doch der Hauptfigur Aschenbach durchaus Züge des ihm persönlich bekannten Komponisten gegeben . . .

Und ganz vom Gedanken an das bevorstehende eigene Ende geprägt ist das Verhältnis, das ein anderer großer Komponist nach Mahler zur Dogenstadt hegte. IGOR STRAWINSKY sagte einmal, daß nebst Petersburg, das für ihn durch die Roten unerreichbar geworden war, Venedig die »wichtigste Stadt meines Lebens« geworden sei. Hierher vergab der Weltenbürger die Uraufführung der neobarocken Oper *The Rake's Progress* (Das Leben eines Wüstlings – nach Stichen des Engländers HOGARTH), und zwar an das legendäre Opernhaus »La Fenice« (benannt nach dem aus den Flammen wiedererstehenden Phönix – war doch das Gebäude nach einem Brand unverzüglich wiederaufgebaut worden). In Venedig faszinierte den Sohn des »Venedigs des Nordens«, wie Sankt Petersburg wegen seiner vielen Brücken und Kanäle ja auch genannt wird, der Markusdom, nach dessen Kuppelbau er mehrere geistliche Spätwerke konstruierte, und hier ließ er sich auf der Toteninsel San Michele beisetzen – unter Beteiligung der internationalen Hautevolee und mit Einsatz eines Filmteams. Daß man diesem Überlebenskünstler und PICASSO der Musik dort ein randständiges Grab einräumte, fern von den großen Familien der Serenissima, lag nicht an etwaiger Geringschätzung, sondern an seiner Konfession: Der Russe, spätere Franzose und noch spätere US-Amerikaner war stets orthodoxer Christ geblieben und kam so in die Nähe von DIAGHILEW auf die entsprechende Spezialabteilung des »camposanto«.

Einer der ganz Großen des vorausgegangenen Jahrhunderts wurde in Venedig zwar nicht beigesetzt, ist aber immerhin hier gestorben – anläßlich eines Winteraufenthaltes im riesigen Palazzo Vendramin (noch heute zu besichtigen). Auf den Tod seines Freundes RICHARD WAGNER schrieb FRANZ LISZT ein kurzes, tieftrauriges Klavierstück, *R. W. Venezia*; es fügen sich *Trauergon-*

deln an, die die noch heute obligatorische schwarze Achtfachlakkierung der seit Jahrhunderten genormten Gondeln Klang werden lassen. Und Klingsohrs Zaubergarten in *Parsifal* wurde von Wagner nach einer venezianischen Villa mit romantischem Park entworfen, die es dem Meister von Bayreuth angetan hatte. Und im Palazzo Giustinian, ebenfalls am Canale Grande, einem schönen Beispiel der venezianischen (von Byzanz beeinflußten) Gotik des 15. Jahrhunderts, schrieb Wagner den revolutionierenden, klangschwelgerischen zweiten Akt seines *Tristan,* der Liebe und Todessehnsucht miteinander verschmelzen läßt. Auf solche Ideen kann man kommen, wenn draußen ständig Gondeln »Trauer tragen« . . .

Apropos Gondeln: Die meisten Opernfreunde assoziieren Jacques Offenbachs schönste Schöpfung, seine einzige Oper *Hoffmanns Erzählungen,* deren Finale in der Lagunenstadt spielt, wohl unwillkürlich mit der unverwüstlichen *Barkarole,* die in ihr Repertoire aufzunehmen sich die größten Dirigenten nicht zu schade sind.

Auch Verdi wurde in Venedig fündig: für seine vorletzte Oper, *Othello.* Wir begegneten den streitbaren und seetüchtigen Venezianern schon mehrmals im Mittelmeerraum. Sie hatten an den griechischen Küsten befestigte Plätze und behaupteten sich vor allem auf Zypern, wo der schwarze Admiral (damals sprach man von »Mohren«) die Dogenrepublik repräsentierte, dann jählings aus seiner Höhe niederstürzte und zum Mörder an der eigenen, unschuldigen Frau wurde – nichts macht einen Menschen blinder als Eifersucht. Mit dieser späten Partitur gelang Verdi ein musikpsychologisches Meisterwerk mit Höhepunkten wie dem Finale, die ganze Kläglichkeit des seinen blinden Leidenschaften ausgelieferten Menschen hörbar wird und das wohl keinen Hörer ohne tiefe Erschütterung entläßt.

Doch die Musikgeschichte nennt und kennt Venedig schon viel früher. Der gebürtige Venezianer Giovanni Gabrieli (Jahrgang 1557) liegt in San Stefano. Er war Organist am Markusdom und gilt als Schöpfer der Mehrchörigkeit, die sich aufgrund der zahlreichen Emporen dieses ungewöhnlichen Bauwerkes anbot. Wenn Johann Sebastian Bach im Eingangschor seiner *Matthäus-Pas-*

sion zwei Chöre sowie einen Cantus-firmus-Chor (der einstimmig singt) gleichzeitig einsetzt, ist das eine Art »Spätfolge«.

Antonio Vivaldi hat hier gewirkt – als Musiklehrer und Dirigent des hauseigenen Orchesters am »Ospedale de la Pietà«, einem Waisenhaus für »höhere Töchter«. Sein Hauptaugenmerk galt der Form des Konzertes, er selbst war ein fulminanter Geiger, und noch Bach hat ganze Konzerte von ihm für unterschiedliche Besetzungen und eigene Zwecke umgeschrieben. Nun, das hielt man damals nicht etwa für ehrenrührig, der Begriff des geistigen oder gar künstlerischen Eigentums existierte noch nicht. Und ganz allgemein hieß es zu jener Zeit: Abschreiben ist erlaubt, wenn man das Original übertrifft. Und da dürfte bei aller Wertschätzung für den geigenden »pretre rosso« im Falle Bach wohl kein Zweifel bestehen.

Die Kirche, zu welcher das berühmte »Ospedale« gleichen Namens gehörte, wo Vivaldi jenen anmutigen Klangkörper (wörtlich zu nehmen) fast vierzig Jahre leitete, steht heute noch – allerdings in einer Neuausgabe. Zuvor hatte der »rothaarige Priester« bereits seinen Dienst ebendort quittiert, um sich auf langjährige Konzertreisen zu begeben. Die Akustik des heutigen Gotteshauses ist so vorzüglich, daß hier regelmäßig Konzerte veranstaltet werden. Der Blick geht vom Portal übrigens unmittelbar auf San Giorgio mit seinem gewaltigen Kuppelbau des Andrea Palladio über, des bedeutendsten Architekten der venezianischen Renaissance römischer Prägung.

Es ist nicht wenig signifikant, daß sich Strawinsky als Strukturmodell für seine eigene Totenmesse den orientalisierenden (byzantinisch beeinflußten) Markusdom und nicht die (auf der Insel Giudecca immerhin gleich dreifach vorhandenen) imposanten Palladio-Bauten wählte, die ja im Auftrag der Benediktiner bewußt an die Ewige Stadt und nicht an das einstige Ostrom erinnern sollen. Schließlich war Strawinsky bis zuletzt, wie schon gesagt, orthodoxer und nicht katholischer Christ. Zur erwähnten »Markus-Konstruktion« bei diesem Komponisten: Tatsächlich hat er dessen fünf Kuppeln, davon eine zentrale mit 43 Meter Höhe, 1955 klingend nachgebaut in seinem *Canticum sacrum – ad Honorem S. Marci Nominis,* einer Kantate für Tenor, Bariton, Chor und

Orchester auf lateinische Bibeltexte (aus der Vulgata). Der Slawe sieht Venedig als Schnittpunkt zwischen Orient und Okzident und bedient sich auf dieser Ebene bewußt eines global gültigen Idioms, des Lateinischen. Die Kongruenz zwischen Architektur und Partitur ist frappierend und beruht auf der Kegelform, hier sogar auf einer doppelten. Die äußeren der fünf Sätze sind gespiegelt identisch, also Original und Krebs (rückläufig); die jeweils nächstinneren sind im Gegensatz zu den übrigen Solonummern; die Mitte schließlich wird durch einen in sich dreiteiligen Satz von zentraler inhaltlicher Bedeutung gebildet und gilt den drei Tugenden Liebe, Hoffnung, Glaube; der Mittelteil dieses Satzes zerfällt wiederum in fünf Abschnitte mit einem zentralen Binnensegment.

Und bevor er sich in Venedig begraben läßt, schreibt Strawinsky, gleichsam für sich selbst, fünf Jahre vor seinem Tod 1971 ein *Requiem.* Es ist wie die vorausgehenden vier geistlichen Werke ebenfalls der Kuppel- und Kegelform und damit San Marco und Venedig verpflichtet und bezeichnend für einen Musiker, der von sich sagte: »Ich liebe das Komponieren viel mehr als die Musik selbst.«

Bologna: An der ehrwürdigen Musikakademie (»Accademia dei Filarmonici«) der Stadt hatte sich einst der vierzehnjährige Mozart beim zweiten Aufenthalt der härtesten Prüfung bei Padre Martini unterzogen und wurde trotz seiner Jugend ordentliches Mitglied (unmittelbar vorher hatte ihn der Papst bereits zum Ritter vom Goldenen Sporn ernannt). Die Prüfungsarbeit, die unter strengster Abschirmung (zumal vom eigenen Vater) geschrieben werden mußte, ist in der Bibliothek noch aufbewahrt, die im übrigen unschätzbare Sammlungen besitzt...

Daß eine Stadt wie Bologna, mit dem Beinamen »la grassa« (die Fette) ob ihres Wohllebens, einen Gourmet wie Gioacchino Rossini einem Magnet gleich wieder in ihre Mitte gezogen hat, kann man verstehen. Der »Schwan von Pésaro« (Betonung laut Akzent) hatte hier bereits studiert, dieser Stadt später eine Jugendsünde (die aber bei ihm stets wohlklingt) gewidmet: eine *Sinfonia da Bologna,* und war nach seiner Weltkarriere wieder hierher zurückgekehrt, um im Zentrum eine rotgestrichene Villa an schattiger Kreuzung zu bewohnen, wo er weitaus mehr Soßen als Partituren komponierte und einen begehrten Salon hielt, zu dessen Gästen unter anderem FRANZ LISZT mit Gräfin MARIE D'AGOULT zählte.

An der ehrwürdigen Accademia hatte nicht nur MOZART als Wunderkind seinen künstlerischen »Ritterschlag« erhalten, sondern späterhin unter anderen auch der fünfzehnjährige Deutschitaliener FERRUCCIO BUSONI, den der Salzburger damit um nur ein Jahr »unterboten« hatte. Busoni sollte später einer der großen Vermittler zwischen romanischem Geist und deutschem Kontrapunkt werden und vornehmlich als Pianist hervortreten; er gehörte zu den glühendsten Verehrern JOHANN SEBASTIAN BACHS und war – kurioserweise – Lehrer von KURT WEILL, dem Schöpfer der *Dreigroschenoper.*

Mailand sollten Sie nicht bereisen, ohne VERDIS Altersheim und Grab in ebendiesem einen Besuch abzustatten. Und hören Sie dabei das Finale von *Falstaff, »Alles ist Spaß auf Erden«.* Der dicke Möchtegernverführer beweist immerhin so viel Format, daß er sich auch gutmütig verspotten läßt; er hatte ja selbst auch seinen Spaß getrieben und gehabt. Und Güte war die Devise dieses Meisters, dem im übrigen eine Spätreife vergönnt war wie nur wenigen Komponisten – es findet sich kaum ein größerer Gegensatz als zwischen seinen frühen und letzten Opern!

Die Stadt ist aber bereits bedeutsam gewesen durch das Wirken des jüngsten Bach-Sohnes, JOHANN CHRISTIAN BACH, der hier seine Karriere begann, nachdem er zum Landesglauben übergetreten war und so hier nicht nur das begehrte Amt eines Organisten am schönen weißen Marmordom erhielt, sondern auch die Hand einer berühmten Primadonna (Vater hatte schließlich in zweiter Ehe ebenfalls eine Sängerin geheiratet). Bachs Junior wäre nicht zu einem führenden Opernkomponisten seiner Zeit und zum führenden Sinfoniker der Vorklassik aufgerückt ohne seinen Mailänder Aufenthalt. In London wird er dann seine wichtigste musikhistorische Funktion wahrnehmen: als Mentor des achtjährigen MOZART. Und was nach wie vor Musikfreunde aus aller Welt anzieht, ist die vielrängige »Scala« mit ihrer superben Akustik. Eine rührende Zusatzbestimmung der VERDI-Stiftung sieht vor, daß den Senioren Gratiskarten zur Verfügung gehalten werden . . .

Bewegen wir uns noch ein wenig im Norden des »Stiefels«, und begeben wir uns zuerst nach *Florenz.* TSCHAIKOWSKY, dem die großzügige Unterstützung durch seine platonische Verehrerin NADESHDA VON MECK über anderthalb Jahrzehnte alljährliche Europareisen ermöglichte, schwärmte besonders für die Stadt am Arno. Das klingende Ergebnis dieses Faibles – das *Sextett für Streicher* (»Souvenir de Florence« – Erinnerung an Florenz) für je zwei Violinen, Violen und Violoncelli, schrieb er erst ein Jahr vor seinem Tod. Die häufigen Aufenthalte in der Stadt der Uffizien werfen freilich ein bezeichnendes Licht auf seine Beziehung zu Frau von Meck. Man wohnte getrennt und teilte einander per Kurier mit, wann man das Haus verlasse, auf daß zufällige Begegnungen ausgeschlossen blieben. Denn es war seine Bedingung, daß man einander niemals sehe (was bis auf wenige Ausnahmen, die ihn dann jedesmal in Depressionen versetzten, tatsächlich auch funktionierte).

Ein ganz Großer der italienischen Literatur, ja ihr Begründer, war bewußter Florentiner seit Geburt und hat zusammen mit der Stadt Rimini gleich zwei Komponisten zu Werken auf ein und dasselbe Sujet inspiriert: DANTE ALIGHIERI. Seine *Göttliche Komödie* enthält in der Abteilung »Inferno« die Geschichte der Francesca da Rimini, die wegen nur andeutungsweiser Untreue von ihrem verhaßten Ehegemahl zusammen mit dem Geliebten getötet wurde und nun mit ihrem Paolo im Höllensturm ruhelos umhertreibt. Wiederum Tschaikowsky schuf daraus eine packende Sinfonische Dichtung, und sein Protegé SERGEJ RACHMANINOW eine ganze Oper (siehe Kapitel »Luft«).

Aber Dante hat zudem einen überragenden Pianisten und Klavierkomponisten zu einer Meisterschöpfung angeregt – FRANZ LISZT zu seiner ausgedehnten Impression *Nach einer Dante-Lektüre,* die wegen ihres Untertitels *»Fantasia quasi Sonata«* und einer Länge von rund zwanzig Minuten auch als *Dante-Sonate* geführt wird und den finalen Höhepunkt des zweiten Jahrgangs der *Pilgerschaftsjahre* darstellt.

Ich lade Sie nun zu einem Abstecher in die lieblichen Gefilde um Bergamo ein, wo die Commedia dell'arte, die italienische Stegreifkomödie, zu Hause ist. Hierauf bezieht sich die *Suite Bergamasque* von CLAUDE DEBUSSY, deren langsamer Satz *»Clair de lune«* (Mondlicht) als klassischer Dauerbrenner in den unterschiedlichsten Versionen im Umlauf ist und in der Tat durch seine plastische Umsetzung von weißem Licht, das durchs Blattwerk sikkert, und durch schwebende Wirkungen à la *Liebespaar im Flieder* von CHAGALL Hörer und Spieler betört.

Hier ebenfalls angesiedelt ist IGOR STRAWINSKYS neoklassizistisches Ballett nach Melodien des mit 26 Jahren verstorbenen GIOVANNI BATTISTA PERGOLESI –, ein Werk (mit Vokalanteil), das seine russische Periode beendete und eine Art südliches Pendant zu *Petruschka* darstellte: *Pulcinella.* Klingende Commedia dell'arte aus der Hand eines Petersburgers.

Genua. Die einst mächtige Seefahrerrepublik, in ständiger Rivalität mit dem mehr nach Osten hin orientierten Venedig, ist stolz zumindest auf zwei Söhne: mit etwas angezweifelter Legitimität auf CRISTOBAL COLÓN, wie ihn die Portugiesen nennen, oder CHRISTOPH KOLUMBUS, wie die Humanisten latinisieren, dessen Name sich aus »Christusträger« und »Taube« zusammensetzt, welch letztere laut Sintflutreport Künder des Friedens zwischen Gott und seinen ungehorsamen Geschöpfen war. Der mutige Mann hat für die Alte Welt, letztlich aber auch für das päpstliche Rom Amerika in Besitz genommen. CHRISTUS war per Kreuz und Klerus zwar dabei, doch Profitgier und Gewalt der Konquistadoren machten aus Colóns Wappentier, der Friedenstaube, einen Geier.

Genannt seien zwei Komponisten, die sich mit dieser spannenden Figur der Weltgeschichte befaßt haben. *Christophe Colomb* heißt eine zweiteilige Oper, die DARIUS MILHAUD auf ein Libretto von PAUL CLAUDEL schuf und die bemerkenswerterweise ihre Uraufführung 1930 an der Staatsoper Berlin erlebte. Die Zusammenarbeit war ebensowenig wie die Themenwahl ein Zufall, hatten sie doch rund zehn Jahre zuvor in Rio de Janeiro beruflich miteinander zu tun gehabt (siehe »Windrose«-Kapitel »Westwärts«). Das maßstabsetzende Werk, von Milhaud polytonal angelegt, arbeitet mit modernsten dramaturgischen Mitteln: Spiel auf mehreren Bühnen, Verschränkung von Realität, Phantastik und Mystik, rhythmischer Sprachgesang, kommentierender Chor als Handlungsträger sowie Einbezug des neuen Mediums Film. – Nur am Rande erwähnt sei der Umstand, daß ein wichtiges Sakralwerk des späten 19. Jahrhunderts, das *Te Deum* von DVOŘÁK, seine Entstehung letzlich dem tapferen Manne aus Genua verdankt (siehe »Windrosen«-Kapitel »Ostwärts«).

Der andere Mann gehört unbestritten zu Genua: der Erfinder des Showbusineß noch vor FRANZ LISZT, der sich ihn denn auch zum Vorbild nahm – NICCOLÒ PAGANINI. Wie die Schiffe von Genua aus in alle Welt liefen, so verhexte er auf Konzertreisen quer durch Europa das Publikum – man höre seine hochvirtuosen und dennoch keineswegs billig klingenden Konzerte und speziell seine *Capricen für Violine solo.* Die 24. und letzte von ihnen steht in a-Moll und eignet sich vorzüglich zu Variationen – der Komponist selbst wandelte sie gleich zwölfmal ab, und eben dieses Thema hat dann einen eigenen Siegeszug um die Welt angetreten: würdiger Einfall eines Genuesen. Diese unsterbliche Melodie begegnet uns bei JOHANNES BRAHMS, SERGEJ RACHMANINOW und WITOLD LUTOSLAWSKI wieder – um nur die wichtigsten zu nennen.

Noch heute kann man die legendäre Geige jenes Mannes bewundern, der mit diesem winzigen Instrument ganze Säle zur Raserei brachte. Sie trägt den bezeichnenden Namen »Kanone«.

Von Genua bitte ich nun auf dem Seeweg nach *Süden*, den man auch eine Zeitlang als Königreich beider Sizilien bezeichnete (das bis in die Abruzzenstädte hinaufreichte).

Neapel, als die Stadt der Tenöre, kommt heute noch mit Tenören aus aller Welt zum Klingen, beherbergte aber auch einen goldenen Vertreter des Faches – ENRICO CARUSO, der hier unter kärglichsten Bedingungen studierte und parallel dazu Geld für sich und seine Angehörigen verdienen mußte.

Dramaturgisch freilich ergiebiger ist die Insel *Sizilien*. Nicht nur der feurige Rote (*Cavalleria rusticana*) wird MASCAGNIS armen

Turridu um seinen Verstand und letztlich um sein Leben gebracht haben, sondern auch die unvergleichliche Sonnenglut, die hier schon afrikanische Dimensionen erreicht. Gewalt und Gegengewalt, gewaltsame Lösungen von Problemen haben auf Sizilien ihre lange Tradition. Schon bald nach der harmonisierenden Regierung des großen Stauferkaisers FRIEDRICH II. schlug das Pendel um. Im 13. Jahrhundert bereits verzeichnet die Geschichte die sogenannte »sizilianische Vesper«: als nämlich in einer einzigartigen Blutaktion die Insulaner ihre französischen Besatzer umbrachten – eine Art italienische Bartholomäusnacht. GIUSEPPE VERDI hat seiner frühen Oper *Die sizilianische Vesper* gleichsam als lichten Kontrast die Arie der österreichischen Prinzessin Elena eingefügt, mit der sie sich bei Gratulanten anläßlich ihrer Hochzeit bedankt. Da heißt es in schönem Optimismus:

O ihr Gefilde Siziliens,
es leuchtet ein heiterer Tag:
so viele grausame Rachetaten
verwundeten dir die Brust!
Erfüllt von Hoffnung und vergessend alles,
unter dem das Herz seufzte,
sei der Tag meines Jubels
auch der Tag deiner Glorie.

Freilich, seit dem 13. Jahrhundert haben Vendetta und seit hundert Jahren die Mafia diesen Traum immer wieder in Frage gestellt, ja zerstört ...

Iberia

Auf der Überfahrt von Sizilien nach Spanien sollten wir auf der Insel Mallorca Station machen, die zu den für unseren Zusammenhang relevanten Zeiten noch als eine wahre Entdeckung galt. Eine gewiß nicht anspruchslose Dame, selbst literarisch tätig, schrieb gar: »Es war der gewaltigste Eindruck, den mir die Natur jemals vermittelt hat, und ich bin höchstens drei- oder viermal in meinem Leben ähnlich ergriffen gewesen.« Auch heute noch hat die Insel ihre ungebrochenen Reize fernab der Betonburgen (sicherlich mehr Reize als das kleinere, stillere, ziemlich britische Menorca). Die soeben zitierte Dame war laut HEINRICH HEINE die »bedeutendste Schriftstellerin seit der Revolution« (gemeint ist die Französische), verfügte über einen bunten Stammbaum aus »Feldherren, Königen, Straßenhändlern und Tänzerinnen«, trug Männerkleidung, rauchte Zigarren, hieß Baronin DUDEVANT und schrieb unter männlichem Pseudonym – GEORGE SAND. Darüber hinaus war sie viele Jahre Gefährtin und Inspiratrice des Halbpolen FRÉDÉRIC CHOPIN, damals schon lungenkrank, mit dem sie sich im November 1838 nach Mallorca begab, um in der Kartause Valldemossa einen wohltemperierten Winter fern vom ungastlichen Paris zu verbringen. Der Ausgang ist bekannt: Es kann auch auf Mallorca durchaus unwirtlich sein, vor allem bei anhaltendem Regenwetter und in nichtbeheizten Klosterzellen.

Den Vorteil haben wir, die Nachgeborenen. Zu besichtigen sind die Wohn- und Arbeitsräume samt dem prächtigen Kreuzgang, wo den fiebrigen Komponisten gespenstische Ritter in Rüstungen bedrohten, sowie der liebevoll angelegte Klostergarten mit weitem Blick. Eine Idylle fürwahr, aber nicht in jenem Winter. Hier kann der Musikfreund dank ausführlicher Kommentare (es lohnt sich immer, eine Schriftstellerin mitzunehmen) die Entstehungsgeschichte einiger konkret benannter Werke nachvollziehen. Dazu zählen die zweite der insgesamt vier *Balladen*, die bei Chopin immer etwas Heimweh nach seinem verlorenen, von den Russen annektierten Polen an sich haben und von Gedichten seines Landsmannes MICKIEWICZ inspiriert wurden, und vor allem die meisten seiner *24 Préludes op. 28*, die er in Nachfolge von BACHS *Wohltemperiertem Klavier* im Laufe der Jahre 1836 bis 1839 schrieb.

Am bekanntesten wurde das bereits erwähnte *»Regentropfen-Prélude«,* dessen Bezeichnung (wie zu vermuten) von der poetischen Sand stammte, aber gleichwohl an die äußeren Gegebenheiten jenes Aufenthaltes anknüpft. Doch was macht Chopin aus dem Naturgeschehen! Idylle der Geborgenheit bei Schlechtwetter draußen scheinen die beiden Außenteile auszustrahlen. Doch der Mittelteil zieht andere Saiten auf. Aus dem Tropfen wird Pochen – zuerst zaghaft, dann immer unbeirrter, immer unabweislicher –, bis man gewahr wird: Es ist (seit BEETHOVENS *Fünfter Sinfonie*) das Schicksal, es ist der Tod, der an die Pforte klopft. Dann aber kehrt – als sei nichts gewesen, als habe nur der Komponist eine plötzliche Eintrübung erlebt, von der die Umstehenden nichts bemerkt haben – der idyllische Anfang wieder. Doch der Kundige weiß, was es mit dem ständig wiederkehrenden Ton auf sich hat.

Das spanische Festland betreten wir bei Málaga an der Costa del Sol. Die verwinkelten, engen Gassen der Altstadt führen zum Geburtshaus des »STRAWINSKY der Malerei«, um meine Formel mal umzudrehen: PABLO PICASSO. Tatsächlich verbinden diese beiden Exponenten ihrer Künste in unserem Jahrhundert der Mut und die Fähigkeit zur Polystilistik; noch immer hatten sie ihre (lebensabschnittbegleitenden) Verehrer und Jünger düpiert und hinter sich gelassen. Merkmal solcher Pioniere: Sie haben sich zu keiner Zeit einer Schule angeschlossen, aber mehr als eine Schule hat sich an ihre Fersen geheftet. Einmal kam es sogar zur Zusammenarbeit. Der Spanier hatte für den Russen die Figurinen zu *Pulcinella* entworfen, was aber anfangs heftige Auseinandersetzungen auslöste, denn es zeigte sich, daß Picasso keinerlei Beziehung zur Commedia dell'arte besaß, sondern mit Backenbartgestalten à la JACQUES OFFENBACH aufwartete . . .

Doch mich zieht es in die gewaltige Kathedrale. Dieses fast einschüchternde Bauwerk sei Anlaß, über die Spezifik der spanischen Geschichte, Mentalität und Kunst zu reflektieren. Anders als das extrem aufgesplitterte Italien war die Iberische Halbinsel stets in größeren Dimensionen unterteilt, an Stelle von Stadtstaaten bestanden mehrere Königreiche. Eines von ihnen hat sich seit 1139 bis heute als selbständiger Staat erhalten und eine völlig eigene Entwicklung genommen – Portugal. Die übrigen schlossen sich im Lauf der Zeit zusammen, zuletzt (1479) Aragonien und Kastilien. Mit der Eroberung Granadas und der Vertreibung der Araber war dann 1492 die staatliche Einheit Spaniens vollendet.

Kulturell unterscheiden sich die einzelnen Regionen durch den Umstand, ob sie einst von den Mauren besetzt waren oder nicht. – Die geographische Besonderheit der Iberischen Halbinsel brachte eine fast komplette Abschottung vom übrigen Europa mit sich, denn die Pyrenäen waren ein natürliches Hindernis, das erst im 19. Jahrhundert, zumal von Musikern, gern überwunden wurde. Diese Abriegelung führte zu einer Stabilität des katholischen Glaubens, der seinen Ausdruck nicht zuletzt in den riesigen Kathedralen fand – wie der zu Santiago de Compostela, dem Zielpunkt des bis nach Rußland reichenden Jakobsweges, und der düsteren Kathedrale von Sevilla, wo vier überdimensionale Edelleute den Sarg des Christoph Kolumbus schultern. Trutzburgen des Glaubens, Kampfpositionen der himmlischen Heerscharen – einerseits gegen die Mauren, andererseits aber gegen die Häretiker. Denn das isolierte Spanien, wo kein Transitgeschehen die fest eingefahrenen Strukturen irritieren konnte, blieb stets das Land der Allerchristlichsten oder -katholischsten Majestäten und hielt im Zuge der Gegenreformation den Rekord an Ketzerverbrennungen, für die – traurig genug – sogar ein spanisches Wort international üblich wurde: Autodafé. So rühmte sich Philipp II., in seiner Regierungszeit mehr Autodafés veranstaltet zu haben als seine Vorgänger zusammengenommen – nachzuhören in Giuseppe Verdis Oper *Don Carlos*. Auch wenn dort die historische Wahrheit dank des Jenenser Geschichtsprofessors Friedrich Schiller ziemlich auf den Kopf gestellt wurde, was den Thronfolger betrifft: Die finstere Macht der spanischen Inquisition ist vorzüglich umgesetzt. Ebenso der fast verzweifelte Ernst, die gespenstische Beflissenheit des Monarchen, dem rechten Glauben alles und jeden zu opfern.

Aus diesen harten Randbedingungen erklärt sich in der spanischen Folklore zu einem gewissen Teil die Härte des Rhythmus und die perkussive, schlagzeugähnliche Behandlung *des* spanischen Instruments, der Gitarre, sowie die zackig-exakte Schroffheit der Tanzbewegungen (bis hin zum südamerikanischen Ableger, dem Tango) mit Unterstützung durch Stampfen und Kastagnetten. Das genau gegensätzliche Moment ist maurischer Herkunft und beschränkt sich auf die ehemals besetzten Gebiete. Dort ist es noch heute zu sehen und zu hören: ob in Architektur, Gartenbau oder Folklore in Ton und Bewegung – die »Arabesken« sind allgegenwärtig. Und es ist nur bezeichnend, daß gerade Andalusien auf in- und ausländische Musiker die größte Anziehungskraft ausübte. In dieser Hinsicht hat sich die Randlage der Iberischen Halbinsel günstig ausgewirkt: Hier konnte sich eine spezielle Klangwelt über Jahrhunderte entwickeln und halten, ohne von außen aufgeweicht zu werden.

Das spanische Pasticcio, das ich Ihnen im folgenden anbieten möchte, hat zwei Abteilungen. Zuerst geht es um Nichtspanier, die Spanien zum Klingen gebracht haben, fasziniert von dieser »Exotik innerhalb Europas« oder gar »vor der Haustür«. Denn die zündendste spanische Musik stammt aus russischen und französischen Federn. Danach zeigen Spanier, wie sie musikalisch-kulturelles Erbe mit südlicher Sonne und Temperament verbinden.

Nichtspanier komponieren Spanien

Das Verdienst, iberische Klänge erstmals in den europäischen Konzertsaal getragen zu haben, gebührt ausgerechnet einem Russen (obgleich man einem Petersburger die Sehnsucht nach dem Süden gern zugesteht): Michail Glinka. Er bereiste Spanien in den Jahren 1845 bis 1847 und näherte sich der iberischen Kultur auf vielfältige Weise, las Calderón im Original, besichtigte den Prado und den Escorial, spielte in der Kathedrale von Toledo Orgel und besuchte Stierkämpfe, die damals noch nichts Anrüchiges hatten. Und – wichtig für den Volksmusikinteressenten – er pflegte näheren Kontakt mit den Menschen. »Einige einfache Spanier kommen zu mir, um zu singen, Gitarre zu spielen und zu tanzen. Die Melodien, die durch ihre Originalität überraschen, schreibe ich auf... Ich kenne schon viele Sänger und Gitarrenspieler aus dem Volk.«

Noch in Madrid komponierte er nach solchen Notaten eine *»Jota aragonesa«* nach Motiven eines der populärsten Tänze Spaniens. Bei der Verarbeitung der Melodie ging er betont behutsam vor und wahrte ihren einfachen Aufbau sowie den spezifischen Gitarrensatz. Wie häufig in der spanischen Folklore, so geht auch dieser temperamentvollen Melodie eine langsame, pathetische Einleitung voraus.

Dieser erste Beitrag eines russischen Komponisten zum spanischen Thema wurde 1848 unter Glinkas Leitung in Warschau uraufgeführt; auf Anraten des BEETHOVEN-Forschers und Mäzens Fürst ODOJEWSKI nannte er das zehnminütige Werk *Spanische Ouvertüre.*

Eine zweite Ouvertüre ließ Glinka dann fünf Jahre später folgen – unter dem Titel *»Erinnerung an eine Sommernacht in Madrid«.* »Zu mir kam ein Maultiertreiber bei der Post und sang Volkslieder, die aufzufangen und in Noten festzuhalten ich mich bemühte.« Diese zweite *Spanische Ouvertüre* ist kleingliedriger und abwechslungsreicher als ihre Vorgängerin. Nach einer eleganten, leichtfüßigen Jota erklingen Motive einer leidenschaftlichen, ja heftigen Seguidilla.

Ebenfalls aus Petersburg stammt der zweite namhafte Beitrag unserer Galerie »Nichtspanier komponieren Spanien«. Zu den inspiriertesten und damit erfolgreichsten »Süd-Partituren« russischer Komponisten zählt ein Werk, das nicht nur im Titel an TSCHAIKOWSKYS *Capriccio Italien* erinnert: NIKOLAI RIMSKI-KORSAKOW schrieb sein fünfsätziges *Capriccio Espagnol* 1887, sieben Jahre später. Anfangs sollte es eine »virtuose Geigenfantasie nach spanischen Themen« werden. Der Komponist, der als subtiler Kenner der Orchesterklangfarben galt und sogar eine Instrumentationslehre verfaßt hatte, setzt hier ganz auf den Abwechslungsreichtum des Kolorits. Hervorzuheben sind der erste Satz, eine temperamentvolle *»Alborada«* (Ständchen), und der vierte *(»Szene und Lied der Zigeuner«)*. Den Beschluß bildet ein *»Fandango«* – wie die Malagueña ursprünglich ein gesungener Tanz in raschem Dreier, von Rufen und improvisierten Einschüben des Vorsängers (Copla) unterbrochen. Die Geschlossenheit der Partitur wird im letzten Satz durch Reminiszenzen an die vorausgegangenen Themen sowie die abrundende Wiederkehr der Alborada unterstrichen.

Der erste Franzose von Rang, der sich zum Thema »Spanien« meldete, war EDOUARD LALÓ (1832–1892). Seine *Symphonie espagnole* (op. 21) ist allerdings die einzige seiner vier großen Orchesterpartituren, denen der Durchbruch ins eiserne und unerbittliche Repertoire der internationalen Konzertsäle gelang. Den Anlaß zur Entstehung gab der komponierende Violinvirtuose PABLO DE SARASATE, dem Laló schon im selben Jahr ein *Violinkonzert in F-Dur* (op. 20) geliefert hatte. Daß Laló mühelos mit der iberischen Folklore umgeht, hat einen einfachen Grund: Seine Familie war einige Generationen früher aus Spanien eingewandert. So verbindet er in den fünf Sätzen geschickt eine wahre Vielfalt spanischer Rhythmen und Melodien zwanglos miteinander, wandelt sie ab und schmilzt sie um. An den lockeren Aufbau einer Suite erinnert nicht nur die Fünfsätzigkeit, sondern ebenso die stark folkloristische Einfärbung des zweiten und dritten Satzes: eines *Scherzos*, das man auch als »Seguidilla« bezeichnen könnte, und eines *Intermezzos*, das mehrere Tänze vereint und das in der Vergangenheit (trotz seines Temperaments) bei Aufführungen häufig einem Strich zum Opfer fiel und einfach weggelassen wurde. Sinfonisch, wie der Eingangssatz, hingegen wirkt das abschließende Satzpaar: ein kantables *Andante* – der konventionelle langsame Mittelsatz eines Konzerts – mit rhapsodischer Geste und starkem, inbrünstigem Gefühl (das stellenweise an MAX BRUCHS *Violinkonzert Nr. 1* erinnert) sowie ein effektvolles *Rondo*-Finale. Wer Spanien klingen hören möchte, kommt an diesem Konzert nicht vorbei!

ALEXIS EMANUEL CHABRIER, ein französischer Wagnerianer, gehört zu den Komponisten, die heute fast völlig vergessen wären, gäbe es nicht wenigstens ein Opus aus ihrem meist recht umfangreichen Œuvre, das sich gehalten hat. Und das Seltsame: Ausgerechnet dieses einzige Orchesterwerk des 1841 geborenen Franzosen gehört zu den populärsten Kompositionen im »spanischen Repertoire«. Er schrieb seine Orchester-Rhapsodie *España* 1882 unter dem Eindruck einer Spanienreise, die er gemeinsam mit seinem Freund und Kollegen HENRI DUPARC unternommen hatte. Wie zu erwarten, waren es die andalusischen Melodien und Rhythmen, die ihn begeisterten und dann das internationale Publikum an seiner Partitur faszinierten. Hinzu kamen, und das unterscheidet seine Klangsprache von der anderer »Salon-Spanier«, Wendungen aus seiner französischen Heimatregion, der Auvergne, die für eine gewisse Herbheit sorgten und eine »Überzukkerung« verhinderten. Es sei erwähnt, daß Chabrier bei keinem Geringeren als RAVEL überaus hoch im Kurs stand. Er habe, so der Jüngere, von keinem so viel gelernt – obgleich er gar nicht sein Schüler war. Vielleicht liegt das an beider Vorliebe für klare Strukturen und beider Abneigung gegen Klangnebel.

Chronologisch der nächste »Wahlspanier« aus Frankreich ist CLAUDE DEBUSSY, Jahrgang 1862. Fünf Klavierwerken steht hier eine dreiteilige Orchestersuite gegenüber. *»Iberia«* formt den zentralen Block der insgesamt drei *Images pour Orchestre* (Bilder für Orchester), die der Komponist 1906 bis 1912 schrieb und die jeweils einem Land gewidmet sind (nicht zu verwechseln mit den sechs *Images pour Piano,* den »Bildern für Klavier« von 1905 und von 1907): *»Nr. 1 Giguen«* (altenglische Tänze) England, *»Nr. 2 Iberia«* Spanien, *»Nr. 3 Rondes de printemps«* (Frühlingsrondos) Frankreich. Während es sich bei den äußeren Nummern um Einzelsätze handelt, umfaßt die zentrale *»Iberia«* ihrerseits drei Sätze. Ein buntes Bild von spanischer Landschaft und spanischem Alltag entwirft das einleitende Allegro: *»Par les rues et les chemins«* (Auf Straßen und Wegen). Nach und nach bildet sich eine melancholische Melodie heraus, die später in der Ferne verhallt (Englischhorn). Einer Thematik, die auch und gerade im Klavierschaffen des Komponisten häufig begegnet, gilt der zentrale langsame Satz *»Parfums de la nuit«,* in dem Debussy es tatsächlich fertigbringt, »Düfte der Nacht« aufsteigen zu lassen – ein Wunderwerk der Synästhesie! In den hellen Tag lockt dann das ausgelassene Finale *»Le matin d'un jour de fête«* (Der Morgen eines Festtages). Verschiedene Bewegungsmotive schildern das bunte Treiben eines spanischen Tanzfestes. Auch die sehnsüchtige Kantilene vom Anfang kehrt wieder und wird effektvoll gesteigert.

DEBUSSY hat weitaus mehr für Klavier als für Orchester komponiert. In dem Jahrzehnt zwischen 1903 und 1913 entstand ein knappes halbes Hundert an Klavierwerken, darunter die drei *Estampes* (Stiche) von 1903. Sie erscheinen dem Betrachter wie ein ästhetisches Kredo, denn sie gelten wichtigen Inspirationsquellen des Komponisten: Fernost, Spanien und dem Toccaten-Element der alten französischen Cembalomeister (Clavecinisten). Es ist bezeichnend, daß ausgerechnet der iberischen Klangwelt, und da wieder der maurisch beeinflußten, der zentrale Platz innerhalb dieser (Kupfer-)Stiche eingeräumt wurde. Das schöne Wort vom »Reisen im Geiste«, das zugleich Debussys Fernweh als kompositorische Triebkraft vorstellt, hat er übrigens auf die *Estampes* gemünzt: »Wenn man nicht das Geld hat, sich wirkliche Reisen zu leisten, muß man sie im Geiste machen.« So findet sich an zweiter Stelle eine geradezu plastische Impression *»La soirée dans Grenade«* (Abend in Granada) im Stile einer Habanera. Man vernimmt eine andalusische Melodie (Flamenco mit orientalischem Einschlag), Gitarrenklänge mit Akkordrückungen und sogar Tangowendungen vor dem Klanggrund des unablässigen Habanera-Rhythmus. Für dieses Stück hat ein echter Spanier den Komponisten hoch gelobt. MANUEL DE FALLA schrieb über Debussy: »Die Kraft der Beschwörung ... grenzt ans Wunderbare, wenn man bedenkt, daß diese Musik von einem Fremden geschrieben wurde, den allein die Vision seines Genies leitete: Wahrheit ohne Authentizität.« Tatsächlich hat der Franzose ähnlich traumwandlerisch geschaffen wie in Rußland einst ALEXANDER BORODIN, der ebenfalls ohne jedes Folklorezitat auskam und uns prächtige Orientalismen hinterlassen hat.

Unter den zweimal zwölf *Préludes,* die DEBUSSY in zwei Heften

1910 und 1913 herausbrachte, finden sich zwei mit spanischem Kolorit. In Heft I ist es ein Kabinettstückchen klingender Komik: *»La Sérénade interrompu«* (Das unterbrochene Ständchen). Ein zaghafter Jüngling scheint ein Ständchen zu bringen, sein Spiel – »quasi guitarra« – gewinnt an Mut, sein Werben wird heftiger, da schreckt ihn ein Mißton auf. Er setzt erneut an und wird geradezu leidenschaftlich, bis ihn Fremdklänge von fern (Ähnlichkeit mit der eben erwähnten *»Iberia«*-Suite) wieder aus der Fassung bringen, er schließlich aufgibt und sich sein Spiel in der Ferne verliert. Für die exotischen Effekte sorgen neben der gitarrenähnlichen Behandlung des Klaviers die übermäßigen Sekundschritte der Zigeunertonleiter und der durchgehende Rhythmus der spanischen Jota im Dreiachteltakt.

Musikhistorisches Gewicht hat das dritte Prélude von Heft II, *»La Puerta del vino«* (Die Weinpforte). Hier suggeriert schon die Tempoanweisung »Mouvement de Habanera« südspanische Assoziationen. Vom harmonischen Gerüst her ein Vorbild für RAVELS fünfzehn Jahre später geschaffenen *Boléro,* in dem wie hier nach suggestivem Gleichlauf das bisher unentwegt strapazierte Harmoniefundament gegen Ende jäh umschlägt!

Abschließend seien zwei frühe Einzelstücke gleichen Namens des wohl interessantesten »Klavier-Spaniers« aus dem Ausland erwähnt, weil sie schon vom Titel her auf maurische Anregungen hindeuten: *Deux Arabesques* (Zwei Arabesken), die Debussy 1888 schrieb, also noch vor seiner Begegnung mit fernöstlicher Musik. Es sind zugleich die ersten gültigen Klavierschöpfungen des jungen Komponisten: Klingendes Rankenwerk, schön geschwungene Linien erinnern an maurische Ornamente und zugleich an bestimmte geschmeidige Ballettposen, die ja nicht zufällig als Arabesken bezeichnet werden.

Daß MAURICE RAVEL eine ganz besondere Affinität zur spanischen Musik hat, liegt auf der Hand: Seine Mutter war Baskin. Er hat sich auch gezielt zu Spanien geäußert, aber bewußt verunsichernd – wie er seine Gesprächs- und Briefpartner allzu gern mit Paradoxa in Verlegenheit brachte. Der überzeugte Freigeist empfand dennoch den Zauber von Welten, die ihm nicht zugänglich waren. Im Jahr 1920 schrieb er an eine Mademoiselle MARNOLD aus Lamastre: »Ich denke manchmal an ein wunderbares Kloster in Spanien, aber ohne den Glauben wäre das vollkommen idiotisch. Und würde nur dazu führen, dort Wiener Walzer und andere Foxtrotts zu komponieren.«

Um 1906 entstehen als erste Anzeichen exotischer Neigungen drei »spanische« Kompositionen: die *Vocalise en forme d'Habanera* (Vocalise in Form einer Habanera) mit einer schwermütigen andalusischen Melodie, die auch in unterschiedlichsten Bearbeitungen kursiert, die Buffo-Oper *L'Heure espagnole* (Die spanische Stunde) und die *Rhapsodie espagnole.*

Als Sohn eines Schweizer Ingenieurs und Feinmechanikers war Ravel zeitlebens ein Bewunderer und Sammler von Automaten, speziell von automatischem Spielzeug. *Die spanische Stunde* ist die reizvolle Geschichte von einem Uhrmacher und seiner lebenslustigen Frau. Hatte der Meister seine Freude an gut geölten, regelmäßig tickenden und schlagenden Werken, so hatte die solcherart etwas vernachlässigte Dame des Hauses andere Ambitionen und wußte sich auf temperamentvolle Weise Erleichterung und Abwechslung zu verschaffen. Denn die Honoratioren des Städtchens machten ihr Zug um Zug, Mann für Mann den Hof. Unglückseligerweise treffen sie eines Vormittags alle nacheinander ein, der Neuankömmling überrascht den Vorgänger um ein Haar beim Stelldichein mit der schönen Meisterin. Doch die weiß Rat: Wozu hat ihr Ehemann so viele mannshohe Standuhren gesammelt! So sind zuletzt alle tickenden, schlagenden Behältnisse funktionsfremd gefüllt und sämtliche schutzsuchenden Galane untergebracht. Freilich, was sich in deren Köpfen abspielt, wenn sie mitanhören müssen, was jeweils *nach* ihnen noch geschieht, bleibt unserer Phantasie überlassen. Ein spritziges, freches Bühnenstück, dessen Gelingen freilich von der Hauptdarstellerin abhängt. Aber mit *Carmen* war es ja auch nicht anders . . .

Ganz spanisch gefärbt durch seine pianistische Gitarrenimitation ist Nr. 4 der fünf *Miroirs* (Spiegelbilder) mit dem (in seiner Extravaganz für Ravel typischen) Titel *»Alborada del gracioso«* (Morgenständchen des Narren). Eigentlich handelt es sich um das die Morgendämmerung besingende Taglied des Troubadours, der zu früher Stunde die Geliebte verläßt. Doch wer hier singt, ist der wissende Narr eines spanischen Granden, der die virtuose Harlekinade mit diabolischem Gaukelspiel zu einer unheimlichen Synthese bringt und so schon eine Vorstufe zum Höllenzwerg *»Scarbo«* aus dem späteren Zyklus *Gaspard de la nuit* (Schatzmeister der Nacht) darstellt. Ravel hat das Stück so gemocht, daß er eine brillante Orchesterfassung von ihm anfertigte.

Sein klangsinnlichstes »iberisches« Produkt aber ist zweifellos die zuvor erwähnte *Rhapsodie espagnole* (Spanische Rhapsodie). Ein *»Prélude à la nuit«* (Vorspiel zur Nacht) eröffnet das viersätzige Werk mit einer ostinat wiederholten fallenden Viertonfloskel, die wohlige Ermattung und träge Sinnlichkeit vermittelt. Instrumentatorisch wird Duft erzeugt! Aus Málaga stammt die *»Malagueña«* im Dreiertakt, die hier gleichsam den Scherzo-Satz des Zyklus verkörpert. Dessen langsamer Binnensatz folgt als delikate *»Habanera«*, die ihrerseits auf ein Klavierstück zu vier Händen zurückgeht, das Ravel zwölf Jahre zuvor komponierte. Hinreißend und doch klar konturiert, ja stets auch kontrolliert wirkt die abschließende *»Feria«* mit insgesamt fünf verschiedenen Motiven, die scheinbar bunt, aber durchaus planmäßig einander abwechseln. Man darf mit Fug und Recht sagen, daß Ravel hier die Summe aus sämtlichen »Spanien-Partituren« seiner Landsleute, DEBUSSY eingeschlossen, gezogen hat!

Zu den erstaunlichsten Werken des neueren Konzertsaalrepertoires aber gehört sein *Boléro.* Man nehme ein unablässig wiederholtes Rhythmusmodell in der Art von Polonaise oder Seguidilla, zwei tänzerische Melodien von jeweils 16 Takten, wiederhole auch diese insgesamt 32 Takte unablässig, forme ein einziges riesiges Crescendo über 17 Minuten, beginnend mit dem bloßen Rhythmus in mehrfachem Piano und endend in einem regelrechten Kollaps des Tuttiorchesters, nicht ohne zuvor die manische Gleichförmigkeit des melodischen Ablaufs durch eine grelle Rückung in eine andere Tonart jäh unterbrochen zu haben – und man hat das merkwürdigste Stück des Konzertrepertoires überhaupt vor sich: Ravels *Boléro.* Er selbst sagte von dieser Komposition, sie enthalte »leider keine Musik«. In der Tat bietet die Partitur außer dem beschriebenen monomanischen Rhythmus und der gleichgearteten

Doppelmelodie »nur noch« Instrumentationseffekte. Dafür aber greift der Komponist zu einer gigantischen Besetzung, in der auch seine Favoriten, die Saxophone, nicht fehlen dürfen: vier Flöten (davon zwei Pikkolos), drei Oboen (davon eine Oboe d'amore), Englischhorn, drei Klarinetten (eine in Es), Baßklarinette, zwei Fagotte, Kontrafagott, je vier Hörner und Trompeten, drei Posaunen, Tuba, Sopranino, Sopran- und Tenorsaxophon, Pauken, Schlagzeug, Celesta, Harfe, Streicher.

Kurios wie das Opus selbst ist seine Entstehungsgeschichte, die mit einer exzentrischen Ballerina, original spanischer Klaviermusik und Urheberrechtsfragen zusammenhängt. Die Tänzerin IDA RUBINSTEIN (Glanzrolle: der sterbende Schwan) hatte es auf die Klaviersuite *Iberia* von ISAAC ALBÉNIZ abgesehen und beauftragte 1928 Ravel, der als vorzüglicher Kenner des Orchesterapparats galt, sie zu instrumentieren. Der Termin für die Premiere ihres Ballettabends war auch schon angesetzt: 20. November desselben Jahres. Der Komponist wohnte damals in Montfort, seiner en miniature eingerichteten und umgebauten Villa fünfzig Kilometer vor Paris, und hatte sich Zeit gelassen, als er im Sommer plötzlich herausfand, daß die Bearbeitungsrechte für Albéniz exklusiv an den Dirigenten ARBÓS vergeben waren. Es gelang zwar, von diesem eine Ausnahmegenehmigung zu erhalten, aber inzwischen war weitere wertvolle Zeit vergangen, und unter dem Druck der Umstände entschloß sich Ravel, lieber ein eigenes Werk zu instrumentieren. Es kam die rettende, weil zeitsparende Idee: das Phänomen der Klangfarbenveränderung anhand eines gleichbleibenden Themas vorzuführen und das Ganze – der Spannung wegen – als ein einziges großes Crescendo anzulegen. Insofern ist die Bemerkung des Komponisten, der *Boléro* sei ohne Musik, zutreffend – wenn man darunter thematische Arbeit versteht. Als bei der Pariser Uraufführung in GARNIERS »Grand Opéra« (zu obigem Datum) eine Dame aus dem Publikum völlig irritiert rief: »Ins Irrenhaus!«, meinte der Komponist: »Die hat's verstanden.« Schon 1905 hatte ein Mitglied des Rom-Preis-Komitees geäußert: »Herr Ravel mag uns wohl als rückständig ansehen, aber er darf uns nicht ungestraft für schwachsinnig halten.« Zum Wettbewerb war er damals gar nicht erst zugelassen worden.

Die spanische Oper schlechthin ist nach wie vor das Werk eines waschechten Parisers, geboren und gestorben an der Seine – *Carmen* von GEORGE BIZET. Spannend im Sujet, getreu in der Milieuzeichnung, hinreißend in der Umschmelzung spanischer Volksweisen und -tänze, konnte sie in diesem Rang bis heute von keinem anderen Komponisten entthront werden. Wenn die Titelrolle zwischen unverstellter Leidenschaft und Schicksalsahnung spielt und von unbändigem Freiheitswillen getragen ist, so pendelt die Arie des Escamillo kurz vor der Ermordung Carmens zwischen betonter Männlichkeit und zärtlichem Werben:

Auf in den Kampf, Torero! Stolz in der Brust,
siegesbewußt.
Wenn auch Gefahren drohn, sei wohl bedacht,
daß ein Aug' dich bewacht
und süße Liebe lacht...

Womit die zwei Pole spanischer Musik treffend umschrieben wären.

Von der spanischen Bühne zur spanischen Literatur. HUGO WOLF schuf in dem Jahrzehnt von 1888 bis 1897 in geradezu manischer Intensität sein imposantes Liedwerk, das gleichberechtigt neben dem von SCHUBERT, SCHUMANN und BRAHMS steht. Es sind ganze Bündel von Stücken, nach einzelnen Dichtern geschaffen: MÖRIKE, GOETHE, EICHENDORFF, KELLER, HEINE und MICHELANGELO. An vorletzter Stelle im Liedschaffen stehen die beiden »Liederbücher« nach Vorlagen aus dem Spanischen und Italienischen. Während die italienischen Texte ausschließlich von PAUL HEYSE übertragen wurden, war am *Spanischen Liederbuch* auch der Poet EMANUEL GEIBEL (1815–1884) beteiligt, ein Lübecker Pfarrerssohn mit farbiger Vita und widersprüchlichen Positionen. Auch er ging nach München, wurde da Professor und für seine Verdienste geadelt. Von ihm stammen sowohl zu Volksliedern gewordene Texte (etwa *Der Mai ist gekommen*) sowie nationalistische, später mißbrauchte Verse (»Und es soll am deutschen Wesen / Einmal noch die Welt genesen!«). Unbestritten aber sind die

Meisterschaft und Einfühlung seiner Nachdichtungen, was einen subtilen Komponisten wie Wolf natürlich inspirieren mußte. Der 44teilige Zyklus enthält einige geistliche, in der Hauptsache aber weltliche Lieder – beide Abteilungen voller Inbrunst und Hingabe, darunter die bekannten *»Der heilige Joseph singt«* (*»Nun wandre, Maria«*) und *»Die ihr schwebet um diese Palmen«* sowie die bezaubernden Liebeslieder *»In dem Schatten meiner Locken«* oder *»Wenn du zu den Blumen gehst«*:

> Wenn du zu den Blumen gehst,
> pflücke die schönsten, dich zu schmücken.
> Ach, wenn du in dem Gärtlein stehst,
> müßtest du dich selber pflücken.

Spanier komponieren selbst

Die These, daß die erfolgreichste spanische Musik aus dem Ausland komme und vornehmlich von Franzosen stamme, ist freilich nur für das 19. Jahrhundert aufrechtzuerhalten. Denn schon um die Jahrhundertwende treten zwei durchaus eigenständige Pianisten und Komponisten mit unverwechselbarem musikalischem Idiom in Erscheinung – ENRIQUE GRANADOS und ISAAC ALBÉNIZ.

Beide zog es nach Andalusien, obgleich sie selbst Katalanen waren, also Bewohner der spanischen Pyrenäen, die jenseits des Passes in die »Hautes Pyrenées« Frankreichs übergehen.

ISAAC ALBÉNIZ hat eine spannende Vita. Als blinder Passagier in die Vereinigten Staaten gereist, entfaltet er dort selbständig eine Karriere als pianistisches Wunderkind, studiert später – wie EDWARD GRIEG und LEOŠ JANÁČEK – unter anderem in Leipzig und beim alten LISZT in Budapest, als der seine letzten fünfzehn Lebensjahre zwischen der ungarischen Metropole, Rom und dem verschlafenen Weimar aufteilt. Wie bei Wunderkindern häufig der Fall, verhinderte der frühe Erfolg eine Vertiefung in inhaltlicher

Hinsicht. Albéniz blieb vielmehr zeitlebens dem Salon verhaftet und bemühte sich, spanische Folklore so gefällig und effektvoll wie möglich umzusetzen, wobei natürlich die orientalisierenden Klänge breit vertreten sind. Auch für Amateurpianisten gut spielbar sind seine zwölf Klavierstücke, benannt nach einzelnen spanischen Regionen – *Iberia,* die von fremder Hand (Arbós) auch für Orchester eingerichtet wurden. Hervorzuheben sind die Nr. 6, *»Triana«* (eine Vorstadt von Sevilla), auf den Rhythmus des Pasodoble mit imposantem Klaviersatz (häufiges Übergreifen der Hände – »... damit man deine kleinen, süßen Hände sieht«, bemerkte der Komponist zu der 23jährigen Erstinterpretin), und Nr. 11 *»Jerez«* (eine südspanische Stadt) – ein Stück im Typus der »Solea« (von »soledad«, »Einsamkeit«) mit suggestiv beschwörender Wiederholung einzelner Wendungen oder auch nur Töne.

Das wohl bekannteste Stück von Albéniz ist freilich der *»Tango D-Dur«* aus den sechs »Albumstücken« *España,* op. 165; der Ursprung dieses Tanzes ist der Flamenco, nach Lateinamerika exportiert und von dort (speziell aus Argentinien) bereichert wieder in die Alte Welt zurückgekehrt. Hier handelt es sich freilich um eine sinnlich-sanfte und keineswegs fordernde oder gar aggressive Ausgabe. Die Beliebtheit des Stückes führte zu zahlreichen Bearbeitungen, am häufigsten hört man die Violinfassung von Fritz Kreisler und die virtuos gesteigerte Klavierversion von Leopold Godowsky.

Dem sieben Jahre jüngeren Enrique Granados fehlt die frühe Leichtigkeit des Spiels und der Erfindung – ein Umstand, der nur scheinbar nachteilig ist, zumindest was den Komponisten anbelangt. Denn so kann er auch zu kreativer Verdichtung gelangen und etwa die Grafiken seines Landsmannes Goya kompositorisch umsetzen. Allerdings – und das ist für die unverbindliche Kunst der Jahrhundertwende bezeichnend – entschied er sich dabei nicht für dessen düstere zeitkritische *Capriccios*, sondern für die amourösen Zeichnungen. Aus den Klavierstücken hat er dann eine Oper *Goyescas* zusammengestellt, deren Uraufführung an der Metropolitan ihn das Leben kosten sollte. Durch einen fatalen Zufall – eine hochgestellte Persönlichkeit wollte ihn am Tag nach der Premiere noch treffen – verzögerte er die Rückreise und nahm ein späteres Schiff als geplant. Und gerade dieses wurde von einem deutschen Torpedo getroffen. Beim Versuch, seine Frau aus dem Wasser zu retten, ging der Komponist selbst über Bord und ertrank.

Die *Goyescas* umfassen ursprünglich sechs, teilweise ausgedehnte Klavierstücke; Höhepunkte sind Nr. 2, *»Duo de amor«* (Liebesduett), mit gewaltiger leidenschaftlicher Steigerung sowie Nr. 4, *»Quejas ou La Maya y el Ruiseñor«* (Das Mädchen und die Nachtigall), ein »Klagelied« mit edlem Sentiment. Insgesamt zwölf Nummern umfassen die 1892 bis 1900 komponierten *Danzas Españolas* (Spanischen Tänze); Zugstück ist hier der 5. Tanz in e-Moll im Rhythmus der andalusischen, orientalisch gefärbten Malagueña.

Im Unterschied zu diesen beiden Nordspaniern war MANUEL DE FALLA ein echter Andalusier (1876 in Cádiz geboren). Er hat gleich ein ganzes Bündel stilistischer Einflüsse verarbeitet. Am Anfang stand CHOPIN, der selbst noch de Fallas Lehrer unterrichtet hatte; auf Chopin-Themen wird de Falla später sogar eine Oper schreiben. Den nationalen Aspekt vermittelte ihm FELIPE PEDRELL, den man getrost als den Vater der neueren spanischen Musik bezeichnen darf (in dieser Funktion vergleichbar dem Russen GLINKA) und bei dem außer de Falla auch schon ALBÉNIZ und GRANADOS studiert hatten. Im Jahre 1905 erhielt de Falla zwei Preise – als Pianist und als Komponist: für seine veristische Oper *La vida breve* (Ein kurzes Leben), die gleichwohl nicht aufgeführt wurde (gehalten hat sich einzig der *»Spanische Tanz Nr. 1«*). Frustriert wandte sich de Falla nach Paris, was für seine weitere Entwicklung entscheidend sein sollte, denn hier befreundete er sich mit PAUL DUKAS *(Der Zauberlehrling)* und DEBUSSY. Die sieben Jahre an der Seine brachten seiner Klangsprache impressionistische Elemente. Im Jahr 1919 ließ sich de Falla in Granada nieder, wo er einen Künstlersalon führte, in dem unter anderen GARCÍA LORCA verkehrte. Dessen Ermordung trieb den Komponisten 1939 nach Argentinien, wo er sieben Jahre später in Depression starb.

Deutlich lassen sich zwei Stilepochen unterscheiden. Ohne daß de Falla jemals in den eingängigen Salonstil von Albéniz und Granados verfallen wäre, sorgte dann der Pariser Einfluß für eine klangsinnliche Orchestersprache, deren schönster Ausdruck die drei »sinfonischen Impressionen« mit dem Titel *Noches en los jardines de España* (Nächte in spanischen Gärten) wurden – eine formale Mischung aus verkapptem Klavierkonzert und sinfonischer Dichtung. Der Eingangssatz entführt uns in den »Generalife«, die alte Residenz der maurischen Könige bei Granada; die anderen Sätze leiten sich thematisch vom ersten ab – *»Ferner Tanz«* und *»In den Gärten der Sierra de Córdoba«* –, was den Eindruck eines in sich geschlossenen Klangbildes verstärkt.

In jene Jahre gehören auch die beiden bekanntesten Werke des Komponisten, seine Ballette: *El amor brujo* (Der Liebeszauber) und *El sombrero de tres picos* (Der Dreispitz), die freilich weniger dem weichen Kolorit impressionistischer Prägung huldigen. Hier zeigt sich de Fallas besondere Stärke, ohne Zitate auszukommen und doch den Extrakt der spanischen Folklore auszukomponieren; kein Landsmann hat das Phänomen zumal des Flamenco so packend und authentisch umgesetzt. Namentlich der *Liebeszauber* hat sich auf Bühne und – per Suite – im Konzertsaal gehalten; besonders populär wurde der *»Feuertanz«*.

Die zweite Stilphase ist herb und steht in ihrer linearen Transparenz eher RAVEL nahe, der de Fallas Hauptwerk der zwanziger Jahre denn auch als »das vollendetste Dokument zeitgenössischer Kammermusik« würdigt – das *Konzert für Cembalo und fünf Soloinstrumente*.

Ich möchte Ihnen nun an dieser Stelle einen gebürtigen Sevillaner und sein interessantes, bei uns kaum bekanntes Orchesterwerk vorstellen – JOAQUÍN TURINA (1882–1949): Er ist neben ENRIQUE GRANADOS, ISAAC ALBÉNIZ und MANUEL DE FALLA der populärste Vertreter spanischer Musik aus spanischer Feder, der noch im 19. Jahrhundert wurzelt. Und wie etwa de Falla erhielt auch er entscheidende Impulse aus Paris, wo er bei VINCENT D'INDY studierte, der eine gemäßigte Moderne vertrat. Zwar stammte de Falla aus Andalusien, wurde stilistisch aber mehr zum europäischen Kosmopoliten, während sich Turina nicht nur physisch fast lebenslang in der Heimat (namentlich Madrid) aufhielt, sondern auch ihren folkloristischen Quellen treu blieb. Umfangreich ist sein Werk für Klavier und Kammerensembles, doch hat er nur fünf Partituren für Orchester hinterlassen.

Für seine Vaterstadt komponierte Turina 1920 eine *Sinfonia sevillana.* Sie stieß sogleich auf großes öffentliches Interesse und wurde sogar mit einem ersten Preis versehen. Gewidmet hat Turina sie dem Romancier José Mas, auf dessen Roman *La orgia* (Die Orgie) er zwei Jahre zuvor schon drei *Danzas fantasticas* geschrieben hatte. Für Turinas Verhältnisse, der meist in kleinen Formen arbeitete, bedeutet die Sevilla-Sinfonie ein Unikat. Die drei Sätze lauten *»Panorama«, »Por el Río Guadalquivir«* (Für den Fluß Guadalquivir; er fließt, bis hierher schiffbar, durch Sevilla) und *»Fiesta en San Juan de Aznalfarache«* (Fest in San Juan de Aznalfarache – der ehemals maurischen Vorstadt). Die erwähnten *Fantasietänze* hatte der Komponist seiner Frau gewidmet; sie weisen denn auch das Flair sublimer Erotik auf. Zitate aus dem genannten Roman von José Mas stehen als Motti über den einzelnen Stücken, und musikalisch Pate stand je ein spanischer Volkstanz. Über dem Kopfsatz, der von einer aragonesischen *Jota* inspiriert wurde, steht: »Die Figuren in diesem unvergleichlichen Bild schienen sich im Kelch einer Blume zu bewegen.« Aus dem Baskenland stammt der kantable *Zortziko* mit seinem charakteristisch ungeraden Taktmaß von fünf Achteln: »Die Saiten der Gitarre stimmten die Klage einer vor Bitterkeit ratlosen Seele an.« Der letzte Tanz ist eine andalusische, als maurisch geprägte *Farruca*: »Der Duft der Blumen vermischte sich mit dem Geruch von Manzanilla, und aus den erhobenen Gläsern, gefüllt mit köstlichstem Wein, stieg Freude auf.« Hier gelangen dem Komponisten wie einst Debussy wahrhaft duftige Wirkungen im Bereich von Instrumentation und Harmonik ...

Das als letztes entstandene Orchesterwerk steht mit einer prominenten Ballerina in Zusammenhang. Das 20. Jahrhundert hatte schon einmal eine einfluß- und auch ansonsten reiche Tänzerin, die führende Komponisten ihrer Zeit mit Aufträgen versah: Ida Rubinstein in Verbindung mit Maurice Ravel, Igor Strawinsky und anderen. In unserem Fall handelt es sich um Antonia

Mercé, bekannt als »La Argentina«. Sie bestellte bei Turina eine *»Fantasia coreografica«*, die der Komponist mit dem Titel *Ritmos* und der Opuszahl 43 versah. Doch es kam nie zu einer Aufführung durch die Dame, und es war mittlerweile auch etwas entstanden, das weit über eine reine Ballettmusik hinausging: ein Zyklus von sechs ineinander übergehenden Teilen. Die Klangsprache ist die eines gereiften Komponisten: Turina ist 46 Jahre. Er zitiert nicht mehr wie früher Originalmelodien, er schafft aus sich heraus, aber durchaus »im Volkston« (wie es schon bei Robert Schumann hieß); so atmet die gesamte Partitur durchaus sevillianisches Flair.

Das in Spanien bekannteste Werk Turinas gilt seiner Vaterstadt: *La Procesión del Rocio,* gewidmet dem Dirigenten Enrique Fernandez Arbós, der die Uraufführung 1912 in Madrid zu einem durchschlagenden Erfolg machte – das Werk mußte sogleich wiederholt werden. Die knapp zehnminütige Partitur ist zweiteilig. Teil I – *»Triana en fiestas«* – wird aus vier Volkstänzen, darunter Seguidilla und Flamenco, gespeist; Teil II – *»Procesión«* – beginnt mit einer Art sakralem Marsch, in den Turina dann allmählich die Volksthemen des ersten Satzes mit einbezieht, und mündet in die Hymne auf das spanische Königshaus als glanzvollem Abschluß des Werkes.

Wenig später macht Joaquín Rodrigo (geboren 1901) von sich reden. Wer sein *Concierto de Aranjuez* gehört hat, wird die wehmütige Weise des *»Adagios«* mit ihren andalusisch-arabischen Verzierungen und leidenschaftlichen Ausbrüchen nie wieder vergessen können. Sofort mit seiner Uraufführung 1940 in Paris, wo es auch entstanden war, begann sein Siegeszug durch die Kontinente. Der königliche Sommersitz vor Madrid, an der Ausfallstraße nach Andalusien, ist durch das geflügelte Wort bekannt geworden, das Schiller 1787 seinem *Don Carlos* im gleichnamigen Drama in den Mund legt: »Die schönen Tage von Aranjuez sind nun zu Ende.« Mit Turina und Rodrigo kommt tatsächlich eine neue stilistische Generation zu Wort im Vergleich zu den Salon-Spaniern Granados und Albéniz. Rodrigo sorgt für ausgefeilte Instrumentation, Konfrontation des Solisten und des begleitenden

Orchesters. Höhepunkt des Konzertes ist zweifellos das erwähnte *»Adagio«* mit dem Zwiegespräch zwischen Gitarre und wechselnden Solisten. Der rhythmische Reiz des Finales liegt in der Verbindung aus geradem und ungeradem Taktmaß.

Wenn sich Aranjuez auf der Strecke nach Andalusien befindet, so wurzelt das *Concierto Andaluz,* wie schon der Name sagt, direkt im maurischen Spanien. Es handelt sich um eine Auftragskomposition für Los Romeros, die auch den Titel vorschlugen. Geschrieben 1967, erlebte dieses dreisätzige »andalusische Konzert« seine Uraufführung ein Jahr später in Texas. An bekannteren Tänzen begegnen als Kopfthemen des ersten Satzes ein Boléro und statt des Finales eine Sevillana. Delikat ist die Besetzung: Vier Gitarren stehen ebenso vielen Hörnern und zwei Holzbläsern gegenüber. Los Romeros – bestehend aus Vater Celedonio und den drei Söhnen Pepe, Celi und Angel – bestellten sogleich ein weiteres Konzert, diesmal für zwei Gitarren und Orchester, das Pepe und Angel Romero 1970 aus der Taufe hoben. Der Name *Concierto Madrigal* erklärt sich aus der Herkunft des Hauptthemas, des Madrigals *»Meine glücklichen Augen«* eines unbekannten spanischen Renaissance-Komponisten. Es handelt sich im Grunde genommen um eine Suite aus zehn meist sehr kurzen Sätzen, deren zweiter die Melodie des Madrigals vorstellt, welche in den folgenden acht Sätzen in der Art von Charaktervariationen abgewandelt wird.

Einem sympathischen Anlaß verdankt das *Concierto para una fiesta* (Konzert für ein Fest) seine Entstehung. Die texanischen Brüder William und Carl McKay, hochverdient um Kunstförderung, wollten 1982 den ersten Ball ihrer Töchter festlich ausgestalten und bestellten bei Rodrigo ein neues Opus, das – wie der Komponist selbst betonte – aufgrund dieser Umstände besonders heiter ausgefallen ist, abgesehen von der melancholischen Weise des Englischhorns im langsamen Mittelsatz (Adagio).

Ein wahrhaft »nobles« Konzert ist die *Fantasia para un gentilhombre.* Denn diese »Fantasie für einen Edelmann« schrieb Rodrigo 1954 für einen buchstäblichen Grandseigneur der Gitarre, Andrés Segovia, der sie vier Jahre später in San Francisco uraufführte. Die Themen gehen auf den legendären Hofgitarristen

PHILIPPS IV. zurück – GASPAR SANZ (1640–1710), der nicht nur als Virtuose, sondern auch als Komponist und Verfasser einer der wichtigsten Gitarrenschulen seiner Zeit geschätzt wurde. Jedem der fünf Sätze liegt ein von dem alten Meister geschriebener Tanz zugrunde, der dann nicht zuletzt mit Hilfe reizvoller Klangfarbenkombinationen abwechslungsreich bearbeitet wird (von einem kleinen Orchester mit Pikkoloflöte, Flöte, Oboe, Klarinette, Fagott, Trompete und Streichern).

Nachdem schon Komponisten aus mindestens fünf Generationen iberische Volksweisen und -tänze konzertant bearbeitet haben, sind inzwischen erfreulicherweise auch die entsprechenden Vorlagen zu hören (und – übrigens leicht – zu spielen). Für das imposante Unterfangen, zweimal 24 Klavierstücke auf unterschiedlichste Themen sämtlicher spanischer Provinzen zu schreiben, was fünf Jahre in Anspruch nahm, steht eine kosmopolitische Künstlerpersönlichkeit, wie man ihr nicht oft begegnet. JOAQUÍN MARIA NIN-CULMELL ist überraschenderweise gebürtiger Berliner, Jahrgang 1908. Sein Vater JOAQUÍN NIN Y CASTALLANOS, namhafter kubanischer Komponist und Pianist, verließ schon bald seine damalige Ehefrau ROSA CULMELL, um anderweitig ein Vermögen zu erheiraten. Um die familiäre Katastrophe abzurunden: Unser Komponist und Folkloreforscher hatte auch zwei Geschwister, darunter ANAÏS NIN, die bald als Schriftstellerin hervortrat, mit HENRY MILLER befreundet war und in ihren mittlerweile veröffentlichten Tagebüchern über das fatale Beziehungsgeflecht ihres Elternhauses Aufschluß gibt.

Nin-Culmell, der sich bewußt nach seiner Mutter nennt, erhielt seinen ersten Unterricht vom Vater und trat wie dieser in die Pariser Schola cantorum ein, wo er bei PAUL DUKAS Komposition lernte. Später ging er nach Granada zu MANUEL DE FALLA. Doch auch als Virtuose konnte er sich noch vervollkommnen: bei ALFRED CORTOT und RICARDO VIÑES – letzterer nicht nur RAVELS Freund, sondern auch anerkannter Pianist der kompositorischen Avantgarde.

Die vier Bände dieser *Tonadas* genannten Volksweisen entstanden zwischen 1956 und 1961 und zeichnen sich durch äußerste

Zurückhaltung gegenüber den authentischen folkloristischen Vorlagen aus. Im Unterschied zu seinem Lehrer de Falla und den beiden Nestoren der neueren spanischen Musik, ALBÉNIZ und GRANADOS, verzichtet Nin-Culmell nahezu vollständig auf pianistischen »Eigennutz« und hält sich sogar im Format zurück, denn die Stücke sind sämtlich nicht länger als knapp drei Minuten. So kann man mit den stets doppelt kommentierten 48 Klavierstücken eine imposante, abwechslungsreiche, ja abenteuerliche Reise durch die Iberische Halbinsel und sogar zu den Balearen und den Kanarischen Inseln unternehmen. So heißt es etwa: *37. Ball de vanbo i del ram 1.22* (Tanz mit Fächer und Strauß; Katalonien).

Folgende Landschaften finden klingende Berücksichtigung als Tanzweise oder Lied: Alicante – Asturien – Balearen – Baskenland – Burgos – Extremadura – Galicien – Katalonien – Kastilien – León – Mallorca – Murcia – Salamanca – Santo Domingo (Kanarische Inseln) – Valencia – Vascongadas.

Afrikanische Mittelmeerküste: Casablanca – Karthago – Kairo

Ich darf Sie jetzt in das Jahr 1943 entführen – an die nordafrikanische Küste, genauer: nach Casablanca.

Die Entstehungsgeschichte eines der erfolgreichsten Hollywoodstreifen überhaupt ist so kunterbunt und widersprüchlich, daß einer der Textbuchautoren, HOWARD KOCH, sagte: »Es war vielleicht gerade diese Mischung, die dem Film seinen speziellen Reiz verlieh.« Aus den Highlights der Filmmusik zu *Casablanca* hat ihr Komponist MAX STEINER – übrigens höchst seriös ausgebildet, unter anderem bei GUSTAV MAHLER – eine knapp zehnminütige Suite zusammengestellt, in der er vier bekannte Melodien zitiert: die Marseillaise als Symbol der Alliierten, drohende Fetzen des *»Deutschlandliedes«* sowie der *»Wacht am Rhein«* und den schon damals im Umlauf befindlichen Schlager *»As Time Goes By«* von HERMAN HUPFELD, den dieser zwölf Jahre zuvor für seine Broadway-Revue *Everybody's Welcome* komponiert hatte.

Innerhalb des Films handelt es sich bei dem Vortrag dieser Nummer um eine bewußte Reminiszenz zweier einstiger Liebender an ihre gemeinsame Zeit in Paris: *»Play It Again, Sam!«* Seit dem Siegeszug des Streifens rückte die Melodie zu einem der beliebtesten Jazz-Standards der fünfziger Jahre und zum heutigen Evergreen wie Ohrwurm auf. Es liegt wohl daran, daß hier die Stimmung von wehmütiger Erinnerung, gelebtem Verzicht und bevorstehendem Abschied so schön in unvergeßliche Harmonien auf schlenderndem Rhythmus gefaßt wurde, daß man ihn immer wieder geistreich abgewandelt hört: *»As Time Goes By«*. Noch heute besteht in Casablanca jenes aus dem Film bekannte »Rick's Café«, wenngleich nunmehr als »Remake« in einem mehrsternigen mondänen Hotel neben der Medina, der herrlich verwinkelten Altstadt mit ihren zweischulterbreiten Gäßchen, den endlosen Läden mit

Werkstatt hinter der Auslage, mit den abenteuerlichsten Raublizenzen großer Marken aller Handelsbereiche, mit dem unerläßlichen Pfefferminztee und den schönen, kühlenden Kaftanen, die sogar gestandene Mitteleuropäer und Pragmatiker beinahe wie Weise aussehen lassen.

Nach dieser Atmosphäre kann man tatsächlich Sehnsucht empfinden wie nach einem geliebten Menschen. Aber, wie gesagt oder gesungen: »As time goes by . . .« Oder auf gut deutsch: »Kinder, wie die Zeit vergeht!«

Von Casablanca nun nach Karthago. Ausgerechnet ein »kühler« Petersburger vertont den bestialisch-wollüstig-sadistisch-symbolistischen Roman *Salambo* des so sensiblen (*Lehrjahre des Herzens, Madame Bovary*) GUSTAVE FLAUBERT. Man betrachte das Gemälde des GUSTAVE MOREAU, des französischen »Vor-KLIMT«, in dem die gleichnamige Priesterin des Baal, dessen glühender Moloch in außenpolitischen Krisenzeiten mit Wagenladungen nackter Kinder von den eigenen, in Ekstase geratenen Eltern gefüttert wird, einen riesigen Python »fleischlich« umarmt. Der Komponist ist freilich keine »kühle« Natur – der 24jährige MODEST MUSSORGSKI mit seinem gärenden Blut und noch nicht in den Klauen des paralysierenden Alkohols. Es gehört auch zum Verständnis dieses randständigen und vielleicht gerade deshalb zu extremen Lösungen gedrängten und befähigten Russen, daß er sich in seiner Oper *Salambo* gerade diesem erschreckenden und ebenso pakkenden Sujet zuwandte – übrigens (nach drei nur skizzierten Opern) seiner ersten, die allerdings Fragment geblieben ist. Er wird nicht der einzige sein, den dieser Stoff mitreißt. Nach ihm ist einer der bekanntesten der als Meister des Exotismus ausgewiesene ERNEST REYER (1823–1909), der als junger Mann neun Jahre in Algier (Constantine) in der Kolonialverwaltung arbeitete und sich seitdem für den Orient begeisterte. Nach der Revolution von 1848 kehrte er in die Heimat zurück und begann Musik zu studieren. Schon damals lernte er Flaubert und rund fünfzehn Jahre später dessen berühmt-berüchtigtsten Roman kennen (erschienen 1862). Die Lektüre ließ ihn noch nach einem Vierteljahrhundert nicht los. Seine Oper *Salambo* sah der nunmehr fast 70jährige erstmals 1890 in Brüssel; es folgten weitere bedeutende Inszenierungen in Paris, New Orleans, Kairo und New York (alle bis 1901!).

Eine dritte musikalische Bearbeitung des Karthago-Stoffes stammt von FLORENT SCHMITT (1870–1958), Schüler von MASSENET und FAURÉ und berühmt für seine pompöse Jugendstil-Vertonung des *Psalm 47*, die ihm bei der Uraufführung 1906 den Beinamen »Champion im Psalmen-Derby« eintrug. Im Jahr 1925 schrieb er dann die Musik – in bewährter Klangsinnlichkeit – für einen frühen Film *Salambo*. Es verwundert nicht, daß es von ihm auch noch eine Kantate *Semiramis* sowie ein Ballett *La Tragédie de Salomé* gibt. (Den Ausgleich für all die Schwüle bildet dann sein durchaus bemerkenswertes Kammermusikschaffen.)

Ägypten rückte ins Bewußtsein der Europäer so recht erst durch NAPOLEONS Feldzug, den er als General BUONAPARTE (noch mit dem italo-korsischen »u« vor dem »o«) unternommen hatte. Militärisch war dieses Unternehmen zwar als Flop beendet, aber für die Kulturgeschichte von höchster Bedeutung gewesen. Noch heute zeugt eine Gasse an der Sorbonne vom Ruhm des Sprachforschers CHAMPOLLION, dem es sozusagen im historischen Nachgang dieses Feldzuges vergönnt war, das scheinbar ewige Rätsel der Hieroglyphen zu lüften. Denn der ebenso weit- wie umsichtige kleine General hatte nicht versäumt, in sein Gefolge auch Gelehrte und Künstler sowie Journalisten und Historiographen mit aufzunehmen. Und die Folgen zeigten sich bald. Schon in den Stil des Directoire fanden ägyptische Formen Einlaß, die alsbald zu tragenden Komponenten des Empire aufrücken sollten – so kam es zu einer neuen funktionsorientierten Schlichtheit, noch vor WINCKELMANNS Definition der griechischen Antike: »Edle Einfalt, stille Größe.« Das hatte man am Nil schon vor viertausend Jahren gekannt. Und nun waren schlichte, edle Formen geradezu »in«, soweit der Einfluß des Korsen reichte. Und diese Formen sollten ihn um Generationen überleben, ebenso das Normmeter, dessen sich seine Feinde auch noch nach Waterloo bedienten, vom Erzfeind England einmal abgesehen, der ihn dann zum Glück und im Namen der Zivilisation dingfest und unschädlich gemacht hat – übrigens auf Sankt Helena, wo man selbst heute nur per Schiff hingelangen kann, und das dauert eine Zeit und läßt/ließ sich unmöglich unbemerkt veranstalten.

Stoisch, mit Ewigkeitsanspruch, so präsentiert sich die altägyptische Kunst – da ja hier das künftige Leben schon zu Zeiten des irdischen sinnstiftend war. Wenn in der bildenden Kunst, etwa bei GAUGUIN, gewisse Stilprinzipien dieser ehrwürdigen Schichten wiederkehren, so liegt das daran, daß uns Bilddokumente schönster Art überkommen sind. Anders im klingenden Bereich. Darum kann das internationale Musikrepertoire ebensowenig wie in den Fällen des alttestamentlichen Psalters oder der griechischen Tragödie mit Authentischem aufwarten, sondern allenfalls mit mehr oder weniger gelungenen Imaginationen – entweder für geschlossene Augen und ohne Worte oder für geschlossene Augen ad libitum mit Text oder für offene Augen mit Text und Bühne. Beginnen wir mit dem Phänomen der Zeitlosigkeit, gestaltet als Klaviermusiken von fast rätselhaftem Zuschnitt.

An drittletzter Stelle der *Préludes II* von DEBUSSY steht ein Stück mit dem nachgestalteten Untertitel *»Canope«*. Die Musik gleicht einer tiefgründigen Reflexion über Leben und Tod. Kanopen sind altägyptische Graburnen. Der Komponist besaß zwei von ihnen: Ihr Anblick stimmte ihn nachdenklich. Schattenhaft steigen Akkorde auf, rituelle Tänze werden angedeutet, melancholische Wendungen und klangliche Exotik beschwören einen imaginären antiken Orient herauf.

Das andere ägyptische Klavierstück ist zu vier Händen gesetzt und gehört als Nr. 5 zu den späten *Six épigraphes antiques* (Sechs antike Grabinschriften). Nach dem Gedicht *Die ägyptischen Buhlerinnen* seines engen literarischen Freundes PIERRE LOUŸS (der ihn, damals tuberkulös und vermeintlich todgeweiht, durch die Bohèmeszene begleitete und auf dessen Texte er schon die *Chansons de Bilitis* komponiert hatte, entstand ein Stück von dunklem, fast laszivem Zauber, in seiner statischen Bewegung kreisenden Hüften ähnlich. Hier bleibt auf fremdartige Weise die Zeit stehen. Die Zifferblätter haben keine Zeiger mehr angesichts der Pyramiden ... Das thematische Material geht übrigens auf einen aus Geldnot übernommenen Auftrag vom Jahre 1900 zurück: Damals hatte Debussy eine mimisch-deklamierte Version der genannten Chansons angefertigt, die im Théâtre des Variétés aufgeführt wurde. Vierzehn Jahre später, also vier Jahre vor seinem Tod, schrieb er nach dieser Bühnenmusik die vierhändigen »épigraphes«.

Nach dieser etwas abstrakten Einstimmung nun zur ägyptischen »Antike«, hier vertreten durch vier Bühnensujets. Allem voran eine frühe Idealverbindung aus Kunst und Kommerz. Die Eröffnung des Suezkanals im Jahre 1869, der noch zig Generationen die unglaubliche Zeit- und Kostenersparnis der Umschiffung des Kaps der Guten Hoffnung (die genau dort genügend getrogen hatte) bieten wird und die Strecke von 10 000 (um 9835) auf 165 Kilometer verkürzte, verdiente nichts mehr und nichts weniger als die Oper eines Meisters. Und der mußte für einen solchen globalen Anlaß, deren sich wenig genug in der Menschheitsgeschichte finden, schon einen gewissen Nimbus besitzen. Der damalige Vizekönig von Ägypten, ISMAIL PASCHA, hatte nicht nur Stil, sondern auch das richtige Gespür. CHARLES GOUNOD wäre zu süßlich gewesen, RICHARD WAGNER zu finster – die Wahl fiel auf den damals 56jährigen GIUSEPPE VERDI, dessen Person schon im Heimatland einst als Symbol eines menschheitlichen Fortschritts gedient hatte, nämlich der ersehnten und längst überfälligen politischen Einigung desselben (V-E-R-D-I: Vittorio Emmanuele Re D'Italia). Also wurde der Meister von Sant'Agata schon wieder eine politische, diesmal sogar weltpolitische Figur! Und er hat sich als dieser Aufgabe durchaus würdig erwiesen. Mehr als jeder Komponist vor ihm, ob GLUCK oder MOZART, hatte er es vermocht, in *Aida* einer längst nicht nur entschwundenen, sondern leider auch buchstäblich verklungenen Zeit wieder Klänge zu verleihen, wobei er freilich völlig auf seine Vorstellungskraft und musikalische Phantasie angewiesen war (das akustische KARL-MAY-Syndrom). Doch eine Oper, die durchschlagen soll, braucht vor allem ein tragfähiges Libretto. Verdi entschied sich für einfühlsame Fiktion: »Das Wirkliche nachzubilden, kann eine gute Sache sein, aber das Wirkliche zu erfinden, ist besser, viel besser.«

Und das von vier Autoren in diesem Sinne geschmiedete Textbuch läßt in der Tat nichts zu wünschen übrig. Auch Völkerschicksale sind am überzeugendsten an Einzelschicksalen vorzuführen; nur so wird Geschichte lebendig.

Auf 1550 v. Chr. fixiert, wirkt die Handlung durchaus wahrscheinlich, da sich damals die Ägypter mit Nubiern und Äthiopiern herumschlugen. Der Komponist fühlte sich durch die historische Tiefendimension so inspiriert, daß ihm nun auch eine überzeugend glaubhafte Klangsprache für das damalige Reich der Pharaonen gelang, eine Klangsprache, die ihrerseits an nichts erinnerte, das er zuvor geschrieben hatte – man höre die Priesterchöre, gegen die sich MOZARTS entsprechende Passagen in der *Zauberflöte* fast kindhaft ausnehmen. Überaus gelungen und keineswegs nur »Abkupferung« arabischer Tänze die Ballettmusik, ähnlich originell und originär wie die *Polowetzer Tänze* des rund zwanzig Jahre jüngeren BORODIN!

Zwei Anmerkungen zur Aufführungsgeschichte von Verdis drittletzter Oper seien hinzugefügt. Der eigentliche Anlaß, die geplante feierliche Einweihung des Kanals, war schon ein dreiviertel Jahr Geschichte, bevor der Komponist überhaupt davon sprach, eine *Aida* schreiben zu wollen oder zu sollen. Und die zweite Anmerkung gilt einem bedauerlichen, aber auch alarmierenden Umstand, weil die Maßstäbe der Verantwortung vor eigenem und fremdem Kulturerbe dazulande noch vor wenigen Jahren sträflich rudimentär waren, daß nämlich beides – das kostbare, holzgebaute Opernhaus zu Kairo und das dort aufbewahrte Autograph von Verdis *Aida* – verbrannt sind, in einem Zeitalter, da Menschen den Mond betreten ...

Nach diesem Welterfolg auf der Opernbühne jetzt ein ziemlicher Kontrast. Erwähnt sei hier *Die Ägyptische Helena* schon deshalb, weil sie zu den wenigen Bühnenwerken des Routiniers RICHARD STRAUSS gehört, die sich nicht durchzusetzen vermochten, und demnach kaum bekannt sein dürfte (sie fehlt in neunzehn von zwanzig Opernführern ganz). In der Tat hat sie die Dresdener Uraufführung 1928 bis auf wenige, von tapferen Intendanten und Regisseuren riskierten, Ausnahmen nicht überstanden. Es handelt sich – wie schon in der *Frau ohne Schatten* – um eine weitere »zauberhafte« Verbrämung eines antiken Sujets, von HUGO VON HOFFMANNSTHAL hoffnungslos symbolüberfrachtet und in der

Handlung so verworren, daß es bei der Premiere zu einer kuriosen Ausnahmesituation kam: Nicht allein der Textdichter (was man verstehen könnte), sondern auch der Komponist (was noch nie da war) legte Wert darauf, daß im Zuschauerraum das Licht nur gedimmt, aber nicht ausgeschaltet wurde, damit das Publikum während der Aufführung im Halbdunkel noch im Programmheft nachlesen konnte, was sich auf der Bühne abspielte.

Hier der abenteuerliche, allenfalls zu einem Viertel historische Plot. Nach dem Sieg über die Trojaner befindet sich Menelas (hier für Menelaos) mit der zurückeroberten Helena auf der Heimfahrt und will sie auf hoher See – noch nachträglich eifersüchtig – ebenso umbringen wie zuvor ihren Geliebten Paris. Die ägyptische Zauberin Aithra aber sucht das zu verhindern, entfesselt mit Hilfe Poseidons einen Sturm, der das Schiff versenkt und das Paar an ihre Insel vor Ägyptens Küste bringt. Hier empfängt sie die Schiffbrüchigen und reicht ihnen einen Vergessenstrank. Menelas glaubt nun, die trojanische Helena sei nur ein Wahngebilde gewesen – die echte in seinen Armen aber vor zehn Jahren von den Göttern auf diese Zauberinsel entführt worden, um ihn da unberührt zu erwarten. Helena, bei der offenbar präzisere Erinnerungen nachwirken, bittet Aithra, sie samt Menelas in ein Land zu bringen, wo keiner etwas von Troja wisse. Und schon sind beide entschlummert und in einem sagenhaften Palmenhain gelandet, wo sie zu neuer, rauschhafter Liebe erwachen.

Dennoch ist der Wiedervereinte nicht glücklich; er sehnt sich nach der trojanischen Schönen, um die er schließlich jahrelang gekämpft hat. Das ägyptische »Double« erwägt, ihm einen Gegentrank zu reichen, der seine Amnesie beendet, und ist bereit, lieber durch seine Hand zu sterben, als ohne seine Liebe zu leben. Inzwischen naht Besuch: ein »Fürst der Berge« samt Sohn, den Menelas allerdings ersticht, weil er ihn im Wahn für Paris hält.

Jetzt wird der geplante Rückführungstrank gereicht, den Helena (sterbensbereit) mit ihrem Gatten teilt. Der holt, jäh entzaubert, zum Todesstoß aus, bricht aber plötzlich reumütig vor ihren Füßen zusammen. Auftritt des Bergfürsten mit Gefolge: Er will seinen Sohn rächen. Das verhindert Poseidon; so kann das wieder in Wahrheit vereinte Paar nach Sparta zurückkehren, nicht ohne zuvor auf inzwischen vertraut-wunderbare Weise von Aithra ihre Tochter Hermione zurückerhalten zu haben, so daß man nun zu dritt nach Hause segelt. – Wie sich bei Strauss aber vermuten läßt, überragt die Musik die Handlung in schönster Weise – was ja durchaus möglich ist, da sie keiner Logik und Schlüssigkeit bedarf, wohl aber der Sinnlichkeit und Wunder, die das Libretto nun wiederum in reichem Maße bereithielt!

Auch SERGEJ PROKOFJEW hatte mit der kompletten Schauspielmusik zu einem Sujet der ägyptischen Geschichte wenig Glück, obgleich er ähnlich VERDI durchaus eigentümliche, interessante Klänge für das Reich der Ptolemäer zur Zeit der nebst NOFRETETE berühmtesten und schönsten Pharaonin – CLEOPATRA – gefunden hatte. Das dürfte aber auch an den ungünstigen Vorbedingungen für das Stück selbst gelegen haben, das aus verschiedenen Quellen kompiliert war: SHAKESPEARE (*Antonius und Cleopatra*) gesellte sich zu GEORGE BERNARD SHAW (*Cäsar und Cleopatra*) – und das mit einseitigem Ausgang, wie der Komponist selbst einschätzte: »Der alte Shakespeare erwürgte Bernard Shaw.« Doch das genügte dem Intendanten und Regisseur des Moskauer Kammertheaters, ALEXANDER TAIROW, nicht; er mixte noch eine russische Vorlage dazu, die dem Ganzen dann auch den Namen lieh: das Versfragment *Ägyptische Nächte* von ALEXANDER PUSCHKIN. Dabei beschränkte sich Puschkins Beitrag auf einen Monolog, der zwischen die beiden Hauptabteilungen montiert war, die der Jugend der Pharaonin (Shakespeare) und ihrer Reife (Shaw) gewidmet waren. Was Tairow indirekt anstrebte, schien dann seinem Komponisten viel besser gelungen: die plastische Zeichnung der weiblichen Hauptfigur einerseits, der unversöhnliche Kontrast zwischen dem militant-pragmatischen Rom und dem mystischsinnlichen Ägypten andererseits.

Anderthalb Jahre arbeitete Prokofjew – damals in seiner Übergangsphase vom *Fünften Klavierkonzert* mit dessen stählerner Härte zum Ballett *Romeo und Julia* mit seiner neuromantischen, gefühlswahren Klassizität – an der Schauspielmusik, bis sie im April 1935 über die Bühne ging. Die musikalische Leitung hatte ALEXANDER MEDTNER, ein Bruder des inzwischen zum Engländer gewordenen Pianisten und Komponisten NIKOLAUS MEDT-

NER. Auch wenn das Stück selbst keinen besonderen Erfolg hatte – für den Komponisten war es in zweierlei Sicht bedeutsam. Erstmals war er mit SHAKESPEARE in Berührung gekommen; nur ein Jahr wird vergehen, und er setzt sich an die schönste Liebesgeschichte und -tragödie der Weltliteratur, an *Romeo und Julia*. Zweitens stellte er nach guter alter Gewohnheit (»man soll nichts verkommen lassen« war nicht nur *seine* Devise; schon der Thomaskantor BACH wußte, wie man musikalische Gedanken oder ganze Sätze bis Kantaten »recycelt«) eine sinfonische Suite *Ägyptische Nächte* her (op. 61). Das Besondere in diesem Fall war, daß er (vielleicht gab er dem Schauspiel keine große Chance) die Suite bereits vor der Premiere des Stückes fertig hatte! Sie enthält folgende kontraststarke, farbintensive und durchaus gestische sieben Nummern, deren historische Plazierung durch bewußt herbe, archaische Wendungen und zuweilen schroffe Instrumentation angedeutet wird: *»Nacht in Ägypten«, »Cäsar, die Sphinx und Cleopatra«, »Unruhe«, »Tänze«, »Antonius«, »Das Ende Cleopatras«, »Roma militaris«* (Militärmacht Rom). Der Erfolg von Prokofjews Suiten nach Ballett- und Schauspielmusiken erklärt sich wohl auch aus seiner klaren Position, nur solche Musik zu schreiben, die gewissermaßen »etwas zu sagen hat«: »Wenn in einer bestimmten Szene das Vorhandensein von Musik deren dramatische Wirkung verstärkt, dann ist sie richtig. Wenn dieselbe Szene ohne Musik keine geringere Wirkung hat, dann ist die Musik erfolglos – oder diese Szene braucht keine Musik.« Die Zusammenarbeit mit dem zweifellos originellen TAIROW bereitete dem Komponisten spürbar Vergnügen: Zuerst entstand das Leitmotiv der Pharaonin, auf ein Stückchen Notenpapier während des Gesprächs gekritzelt, gerade mal anderthalb Zeilen lang ...

Der vierte ägyptische Bühnenbeitrag datiert aus noch »jüngerer« Zeit. JULES MASSENET lebte von 1842 bis 1912 und war im Bereich der Oper eine Art zeitverschobenes lyrisches Pendant zu WAGNER, was seine Produktivität und Akzeptanz (nicht nur im eigenen Lande) betrifft. Von seinen Dutzenden Bühnenwerken (darunter auch einige Ballette) schrieb CLAUDE DEBUSSY als Musikkritiker, sie seien »Dokumente zur Geschichte der weiblichen Seele ... Sie sind fast alle da, die Frauengestalten, die schon so viele Träume beschäftigten«. Das gilt nicht zuletzt von einer »Comédie lyrique« namens *Thais* – komponiert 1892/93, im Folgejahr in Paris uraufgeführt und seitdem erfreulich gelaufen.

Das ungemein fruchtbare Bühnenschaffen des Komponisten fällt zusammen mit den Eckdaten der sogenannten »Belle Époque«, als sich Frankreich vom Krieg 1870/71 erholte und die neue Republik erstarkte: Der erste große Wurf *Le Roi de Lahore* (Der König von Lahore) datiert von 1877, und Massenet schreibt bis zuletzt, bis 1912 (*Cléopâtra,* postum aufgeführt: Monte Carlo 1914). Das üppige, wollüstige Lebensgefühl jener Zeit fand tatsächlich seinen sinnfälligen Ausdruck in den einschmeichelnden Klängen dieses Komponisten und dem doppelten Kredo seiner Libretti: Kunst und Liebe sind reichlich zu haben, gut und gern auch für Geld. Es war in Frankreich die Epoche des »Néogrec«, der nostalgischen Verklärung der Antike – in der Literatur vor allem durch ANATOLE FRANCE, dessen 1890 erschienene Novelle *Thais* die Vorlage für das Libretto von Massenets Oper wurde.

Woraus erklärt sich der auch internationale Erfolg dieses Mannes? Er verstand es, das Erbe WAGNERS und LISZTS, die er beide hochschätzte, mit französischer Leichtigkeit und Sinnlichkeit zu verbinden: also Bühnendramatik und Programmusik, aber ohne die in Deutschland obligate Schwerblütigkeit, dafür aber stets mit harmonischer Würze und tragfähiger, einprägsamer und meist sentimental-lyrischer Melodik. Letzteres verwundert nicht, da der hervorragende Pianist lange Zeit als Korrepetitor und Begleiter namhafter Sänger sich ähnlich wie RACHMANINOW und DELIBES Kenntnis von sanglicher Melodieführung verschaffte – für einen Opernkomponisten unerläßlich.

Die Handlung von *Thais* spielt im vierten Jahrhundert nach CHRISTUS im offiziell noch heidnischen Ägypten zur Zeit des heiligen ANTONIUS und der berühmten Eremiten und Kirchenväter. Der noch junge Mönch Paphnuce steht im Ruf großer Frömmigkeit. Nach ausschweifenden Jahren hat er sich in die Wüste zurückgezogen, umgeben von einer Jüngerschar. Der Gegenpol ist das lasterhafte Alexandria, wo das Heidentum sein sündiges Abendrot feiert. Hier war der schüchterne Eremit einmal der schönen Sängerin und Tänzerin Thais (sozusagen einer von LOUŸS

Buhlerinnen) begegnet, ohne ihr freilich seine Gefühle zu gestehen. Mehr und mehr verfolgt ihn in der Einsamkeit ihr Bild. Unbezwingbar wird das Bedürfnis, sie wiederzusehen, dem Laster zu entreißen und zu bekehren. Er sucht sie tatsächlich auf, verflucht das Sündenbabel und verspricht ihr die wahre Freude, wenn sie ihrem bisherigen Leben abschwört. Es gelingt ihm – Thais, angewidert von den Ausschweifungen im Hause des römischen Admirals, läßt sich taufen. Der Mönch hat sein Ziel erreicht und geht in die Wüste zurück; doch sein Friede ist dahin, er kann Thais nicht vergessen. Er unterzieht sich härtesten Kasteiungen, um seine fleischliche Lust abzutöten. – Als er erfährt, daß die völlig veränderte, zur Heiligen gewandelte Schöne im Sterben liegt, eilt er zu ihr. Pikant ist die Reziprozität der Verfassungen: Der Friedensbringer verflucht sich selbst, doch die Bekehrte stirbt in Frieden.

Ein Musterbeispiel für die melodische Meisterschaft Massenets ist die weltbekannte, längst selbständige *»Meditation«* aus *Thais*. Eigentlich besteht sie »nur« aus Melodie und harfender Begleitung; aber hinter letzterer verbergen sich pikante Harmonien mit einigen Überraschungen, die einem nicht mehr aus dem Ohr gehen. Dafür verzichtet der Komponist nahezu völlig auf kontrapunktische oder auch nur thematische Arbeit. Es regiert der schöngeschwungene melodische Bogen mit einer dramatischen Steigerung im goldenen Schnitt (Beginn des letzten Drittels). Genial einfach, einfach genial!

Während der ersten dreißig Jahre (dazu noch während des Ersten Weltkrieges) erreichte *Thais* in Paris bereits dreihundert Aufführungen. Zwischen 1896 und 1912 folgten Brüssel, Genf, Mailand, Lissabon, Barcelona, Petersburg, New York, Buenos Aires, Warschau, Helsinki, London und Stockholm. Später kamen noch Budapest, Sofia und selbst Kairo hinzu (dort ging Massenets »ägyptischste Oper« allerdings erst 1939 über die Bühne).

Betrachten wir abrundend zwei vokalsinfonische Partituren französischer Meister, die beide als Exponenten des sogenannten »Exotismus« gelten. Was bei ihnen aus ägyptischen Regionen kam, ausgelöst durch den Feldzug des ehrgeizigen Generals BUONAPARTE, konnte freilich nur Wiedergabe dessen sein, was man im ausgehenden 18. Jahrhundert dazulande hörte: arabische Klänge, denn längst war das jahrtausendealte Reich Bestandteil des osmanischen und von den Eroberern zum Islam bekehrt worden, wenn man einmal von den wenigen koptischen Urchristen absieht. Doch das störte FÉLICIEN DAVID (1810–1876) wenig, der mit seiner sinfonischen Kantate *Le Désert* (Die Wüste) zum Begründer des musikalischen Exotismus wurde!

Seine Biographie ist auf spannende Weise mit der Entstehung dieser epochalen Partitur verbunden. Der Komponist, einst noch von CHERUBINI gefördert, war Mitglied des 1832 staatlich verbotenen Ordens des Sozialutopisten SAINT-SIMON. Im Jahr darauf setzte sich eine Gruppe von zwei Dutzend Anhängern in Richtung Orient in Bewegung: nach Istanbul, Smyrna, Jaffa, Jerusalem, Ägypten. Als David 1835 nach Paris zurückkam, hatte er schon reiches Material für seine Kantate im Gepäck. Anfangs waren es noch 18 Klavierstücke, die er in den Pariser Salons erfolgreich vortrug und 1845 als Zyklus *Les Brises d'Orient* herausbrachte.

Schon im Jahr zuvor hatte er die Partitur der sinfonischen Kantate niedergeschrieben. In drei Teilen (17 Nummern) schildern Komponist und Textautor AUGUST COLIN (ebenfalls Saint-Simonist und Expeditionsteilnehmer) die Ergebenheit der Moslems in ihren Glauben und bringen so erstmals eine ausgedehnte Huldigung Allahs in den europäischen Konzertsaal. Dann preisen sie die Majestät der Wüste und die Schönheit der unverhofft auftauchenden Oase. Höhepunkte sind eine wilde Tanzfantasie auf eine originale ägyptische Melodie an zentraler Stelle, eingerahmt von lyrischen Episoden – *»Hymne an die Nacht«* und *»Traum in der Dämmerung«* –, sowie der gesamte dritte Teil, der mit einem Sonnenaufgang in der Wüste beginnt, den Muezzin seinen Gebetsruf erklingen und schließlich die Karawane frohgemut am Horizont verschwinden läßt. – Die Pariser Uraufführung im Dezember 1844 »schlug« förmlich »ein«. Ähnlich wie SCHUMANN den jungen BRAHMS etwa um die gleiche Zeit ankündigte, schrieb der Komponist und einflußreiche Kritiker HECTOR BERLIOZ: »Ein großer Komponist ist erschienen!«

Er wird nicht lange der einzige »Exotist« bleiben. Nur fünf Jahre später erklingt an dieser Stelle und mit nicht minderem Erfolg eine deutlich von David inspirierte Vokalsinfonie oder sinfonische Kantate *Le Sélam* des 13 Jahre jüngeren Louis Étienne Ernest Reyer, der uns schon als Komponist zu *Salambo* begegnet war. Auch hier war Berlioz des Lobes voll und schrieb: »Sein Orchester ist süß, schwärmerisch, raffiniert und einfach zugleich.«

Fünf Klangbilder entsprechen leuchtkräftigen orientalischen Szenen: Nach einer einleitenden Schilderung der endlosen Wüste erscheinen stolze Krieger; als Kontrast erklingt das Ständchen eines Liebenden. Es folgen einander hart gegenübergestellt Hirtenidylle und räuberischer Überfall. Eine Art arabischen Exorzismus, der mit Hilfe ekstatischer Frauentänze böse Geister bannen soll, beschreibt der dritte Satz. Von besonderer Schönheit ist dann der *»Chant du soir«*, in dem die Ruhe des Abends besungen wird. Und dem wohl prächtigsten Fest des ägyptischen Brauchtums gilt das Finale: Die aus Mekka heimkehrenden Pilger und Derwische steigern sich in ihrer Ekstase bis zur Schmerzunempfindlichkeit und erdulden reglos, daß der Emir sein Pferd über ihre Körper führen kann . . .

Wenn ich Ihnen abschließend zur Himmelsrichtung »Süd« zwei dem Islam gewidmete Musiken abendländischer Komponisten offerierte, verband sich damit meine Hoffnung, daß beide – Anfang und Ende dieses Kapitels: Judentum und Allah-Glaube – sich zur Brüderlichkeit zusammenfinden werden, stets gemäß dem Bekenntnis Lessings, dessen beide Vornamen nicht zufällig auch einst verfeindete und versöhnungsbedürftige Konfessionen vereint: Gotthold und Ephraim. Wenn Musik einen menschheitlichen Aspekt hat, dann besteht er in Erziehung zu Sensibilität und Toleranz, zur Versöhnung zwischen und Einladung an Andersdenkende. Halten wir es mit der Polyphonie: Jeder ist willkommen, der seine eigene Stimme singt, denn er ermöglicht erst das phänomenale Erlebnis der Mehrstimmigkeit, der seelischen Dreidimensionalität!

Ostwärts

Franz Liszt brachte es auf die schöne (neulateinische) Formel »Lux ex oriente«, denn er schätzte die frische Begabung zumal der russischen und böhmischen Musiker, die er – wie etwa die Petersburger »Fünf« und Smetana – denn auch tatkräftig ermunterte. Seit alters her sind die christlichen Kirchen »ge-ostet«, weil diese Himmelsrichtung Synonym für Licht, Morgen, Zukunft und Auferstehung ist. Abgesehen von dem Umstand, daß die jüngsten Mitwirkenden im Völkerkonzert noch die meiste Vitalität besitzen und der europäische Osten erst mit erheblicher Verspätung christianisiert worden ist, haben zumal die deutschsprachigen Länder von ihm eine Fülle von Anregungen und Auffrischung empfangen: begonnen mit den böhmischen Musikern über die uns wesensverwandten russischen Romanciers und Komponisten, ganz zu schweigen von der Legion russisch-jüdischer Virtuosen. Der Grund liegt nahe: Wo die Zivilisation erst zögernd ihre teilweise fragwürdigen Segnungen entfaltet, dort halten sich Volkslied und -tanz noch lebendig; und genau in diesem Umstand liegt das Faszinosum der erst im Verlauf des 19. Jahrhunderts sich herausbildenden nationalen Musikschulen, vornehmlich im habsburgischen Vielvölkerstaat, dessen Mitglieder sich allmählich von der Zentrale distanzierten und voneinander differenzierten.

Aber auch für die wichtigste Musiknation der Jahrhundertwende, Frankreich, ist der Osten als Inspirationsquelle von höchster Bedeutung gewesen: Hier reichen die Bezüge sogar bis Fernost! Man denke etwa an Claude Debussy, der nicht nur auf dem russischen Lande die Musik eines Modest Mussorgski kennenlernte, sondern auch die Musik des Fernen Orients durch Gastspiele von Gamelanorchestern noch im Paris des 19. Jahrhunderts.

Praha – Bohemia

Im Jahre 1344 wird das Erzbistum, vier Jahre darauf die erste mitteleuropäische Universität in Prag (Alma mater antiquissima Carolina) gegründet, der die Inthronisation KARLS (eigentlich WENZELS) vorausgeht, der wiederum ab 1355 als KARL IV. Kaiser des Heiligen Römischen Reiches ist und als Vater des Goldenen Zeitalters der nunmehrigen Reichshauptstadt gilt. »Graue Eminenz« bei diesen Vorgängen war der Vormund des Kronprinzen, der ihn in Paris erzog, zum Studium an die Sorbonne brachte und später als Papst CLEMENS VI. sein mächtigster Protektor und Verbündeter wurde.

Die einzigartige Ausstrahlung des hunderttürmigen Prag mit seiner historischen Dichte und kulturellen Vielschichtigkeit bewährte sich noch im 20. Jahrhundert. Mit Prag verbunden sind Leben und Werk der Literaten FRANZ KAFKA, MAX BROD, EGON ERWIN KISCH, RAINER MARIA RILKE, BERTHA VON SUTTNER und FRANZ WERFEL.

KAFKA lebte als Kind im Haus zwischen Teynkirche und Zeltnergasse und konnte aus einem noch heute sichtbaren Fensterchen hoch oben das Zeremoniell im dunklen, mysteriösen Kirchenschiff beobachten, das ihn tief beeindruckte und seine phantastische Imagination nährte. Ebenfalls jüdischer Herkunft waren BROD, Kafkas Herausgeber und Schöpfer des Romans *Jugend im Nebel*, der »rasende Reporter« KISCH sowie der dritte Ehemann der ALMA SCHINDLER, verwitwete MAHLER, Verfasser eines VERDI-Romans (1924) und Übersetzer der Libretti zu dessen Opern *Die Macht des Schicksals, Simone Boccanegra* und *Don Carlos*: FRANZ WERFEL. Die Schriftstellerin und Frauenrechtlerin VON SUTTNER entstammt dem gräflichen Hause KINSKY (das sich in Wien mehrfach um die Klassiker der Tonkunst verdient gemacht hatte) und regte ALFRED NOBEL zur

Stiftung des Friedensnobelpreises an; 1905 erhielt sie diesen Preis selbst.

Ein ausführliches Wort zu RILKE. Seine phantastisch-mystische Kontemplation im 15teiligen Zyklus *Marienleben* hat ausgerechnet den jungen PAUL HINDEMITH mit seiner damals (1923) kompromißlos herben Klangsprache herausgefordert – sicherlich des Kontrastes wegen, der dann beide Pole wiederum vermittelnd entschärft. Gerade erst hatte er seine *Suite op. 26* (1922) für Klavier komponiert, wo der Pianist aufgefordert wird, das Instrument als eine »interessante Art Schlagzeug« zu behandeln. Nun reizt ihn die innere Dynamik der poetischen Vorlage. Interessant ist unter anderem Nr. 5, *»Argwohn Josephs«*, in der die Begleitung durch ihre sturen, fast holzschnittartigen Ostinati die störrische Haltung des mißtrauischen Verlobten andeutet.

Und der Engel sprach und gab sich Müh
an dem Mann, der seine Fäuste ballte:
Aber siehst du nicht an jeder Falte,
daß sie kühl ist wie die Gottesfrüh?

Doch der andre sah ihn finster an,
murmelnd nur: Was hat sie so verwandelt?
Doch da schrie der Engel: Zimmermann,
merkst du's noch nicht, daß der Herrgott handelt?

Weil du Bretter machst, in deinem Stolze,
willst du wirklich den zur Rede stelln,
der bescheiden aus dem gleichen Holze
Blätter treiben macht und Knospen schwelln?

Er begriff. Und wie er jetzt die Blicke,
recht erschrocken, zu dem Engel hob,
war der fort. Da schob er seine dicke
Mütze langsam ab. Dann sang er lob.

Ein anderer Komponist, vor seiner Zwölftonphase (ebenso wie der Begründer der Dodekaphonie selbst, ARNOLD SCHÖNBERG) ein ausgeprägter Hochromantiker, greift die Hymnik der Rilkeschen Vorlage gern auf und läßt sie zu Klang werden. Freilich war das noch sieben Jahre vor Ausbruch des Ersten Weltkrieges, als man weder eine »neue Sachlichkeit« noch »Bubikopf« oder »Bauhaus« kannte. In seinen *Liedern* von 1905 und 1907 (*Sieben frühe Lieder für Singstimme und Klavier*) hat ALBAN BERG an vierter Stelle das kurze Gedicht *Traumgekrönt* zu einem Hohelied subtiler Erotik erhoben.

Das war der Tag der weißen Chrysanthemen,
mir bangte fast vor seiner Pracht ...
Und dann, dann kamst du mir die Seele nehmen
tief in der Nacht.
Mir war so bang, und du kamst lieb und leise,
ich hatte grad im Traum an dich gedacht,
du kamst, und leis' wie eine Märchenweise
erklang die Nacht.

»Warum in die Ferne schweifen, sieh das Glück ...« – so mag mancher sich fragen, wenn er erstmals in Prag weilt und zuvor vielleicht schon dreimal auf den Malediven gewesen ist. Böhmen bietet mitsamt seiner Kapitale einen vollmundigen Dreiklang aus Natur, Architektur und Geschichte. Und alles klingt – die Stadt, das Land, die Menschen.

Wenig oberhalb der Karlsbrücke, nach besagtem Schöpfer des mittelalterlichen Prag und Gründer der hiesigen Universität benannt, steht am Ufer der Moldau der Nestor der tschechischen Nationalmusik, BEDŘICH SMETANA. Das Gesicht spricht von einer inneren Last, die er wohl nur mit Hilfe der Musik zu tragen vermochte – und diese Musik war während der entscheidenden Schaffensjahre, der letzten zehn seines Lebens, ausschließlich eine innere gewesen, denn Smetana teilte das Schicksal BEETHOVENS, die Taubheit.

»Die Moldau« ist zwar die bekannteste seiner unter dem Titel *Mein Vaterland* zusammengefaßten sechs Sinfonischen Dichtungen, in denen er sich deutlich an das Vorbild des großen Anregers und Neuerers FRANZ LISZT anlehnt. Doch wie meisterhaft hier auch das Element Wasser umgesetzt sein mag, wie populär diese Klänge auch geworden sind – mehr über Land und Leute erfährt

man etwa im vierten Satz »*Aus Böhmens Hain und Flur*«. Einer breit ausgelegten Einleitung – einer Hymne auf die Schönheiten der heimatlichen Natur – folgt eine nachdenkliche Weise, im slawischen Kulturraum als »Dumka« bezeichnet, die von einem nunmehr in Dur stehenden Liedchen der Holzbläser kontrastiert wird, deren Terzparallelen etwas Rührendes haben: »wie ein naives Mädchen vom Lande« (SMETANA). Wispern der Insekten und Zwitschern der Vögel im Glanz der sommerlichen Sonne werden dann von einem Fugato der Streicher (con sordine) eingefangen; Klarinetten und Hörner, die typischen Instrumente des Waldes, intonieren auf dem Triolengrund der Streicher eine Art Waldweben in wiegendem Dreivierteltakt. Im g-Moll der Einleitung bildet eine zünftige Bauernpolka, das Erntefest andeutend, den Höhepunkt gegen Ausklang der knapp viertelstündigen Sinfonischen Dichtung, die eigentlich die wichtigsten Komponenten der böhmischen Musik zusammenfaßt: leicht eingedunkelte Klangwelt (Moll muß hier nicht negativ oder schmerzlich besetzt sein, sondern kann durchaus wohlig und wärmend wirken), das Nebeneinander von ausschwingenden Kantilenen und deftigen Tanzrhythmen sowie »Bilder« aus Natur und Gemeinschaft.

Von allen europäischen Metropolen würde es die »Stadt der hundert Türme«, das »Goldene Prag«, verdienen, zur Hauptstadt Europas ernannt zu werden. Denn wir müssen uns spätestens um die Jahrtausendwende umstellen. Europa endet nicht länger an der Elbe, sondern am Ural. Und sich einstimmen auf den Besuch und diesen dann nachbereiten können Sie aufs schönste mit den weltbekannten Klangschöpfungen der großen Böhmen ... Die Menschen hier haben eine genuine Musizierfreude und eine begnadete Melodienseligkeit. Es ist nicht das dahinschlendernde Flair der Wiener, es ist nicht die zuweilen strenge bis vergrübelte Klangwelt der Deutschen, es ist nicht die *clarté* und Transparenz der Franzosen oder der strahlende Belcanto der Italiener, noch weniger die Schwermut des Russen oder die erhabene Zeitlosigkeit des Nordens: es ist eine liebenswerte, innige Melodik, eine das Herz erwärmende Harmonik und eine schlichte und dennoch zündende Rhythmik – alles ohne jede übertriebene Raffinesse.

DAVID OISTRACH nannte Prag das »musikalische Herz Europas«. Bereits im 18. Jahrhundert galt: »Wer ein Böhme ist, ist auch ein Musikant.« Die Regierung und die Behörden förderten schon früh die sprichwörtliche Musikalität des Volkes durch vorbildlichen Musikunterricht in den Schulen. Der englische Musikreisende CHARLES BURNEY war von deren Niveau so verblüfft, als er Böhmen 1772 besuchte, daß er das Land als »Konservatorium Europas« bezeichnete. Denn durch die politische Instabilität der damaligen Zeit waren viele Musiker gezwungen, außer Landes zu gehen – so findet man etwa Vater und Söhne STAMITZ und JOHANN CHRISTIAN CANNABICH in Mannheim, FRANZ BENDA bei FRIEDRICH II. oder JOHANN GEORG PISENDEL und JOHANN DISMAS ZELENKA in Dresden. Folglich sprach man europaweit von einer »böhmischen Klassik«.

Böhmen und Prag haben ihren Ruf bis in die Gegenwart hinein verteidigt. Das heutige Prag besitzt zwei Opernhäuser und mehrere Sinfonieorchester sowie ausgezeichnete Kammerensembles, darunter mehrere international bekannte Streichquartett-Vereinigungen. Besonders reizvoll sind hier freilich die unterschiedlichen authentischen Aufführungsplätze, die oft mit dem Leben und Schaffen der Großen im Reiche der Tonkunst verbunden sind. Das hat einen doppelten Reiz: Man hört bestimmte Werke ganz neuartig, und man erlebt die ehrwürdigen Räumlichkeiten sozusagen multimedial oder synästhetisch ...

Zumal in den Kirchen singt und klingt es: Der geradezu verwegen aufgesteilte Sankt-Veits-Dom eignet sich für große Besetzungen von Chor und Orchester. In der karg, bewußt unsinnlich gehaltenen (hussitischen) Bethlehemkapelle (in der unter anderen THOMAS MÜNZER predigte) wirkt Kammermusik hingegen geradezu erwärmend. Sankt Jakob bietet neben der größten Orgel der Hauptstadt und einer exquisiten Akustik noch ein üppiges Barockambiente und regelmäßig Orgelkonzerte. Und auf dem Hradschin ruft die noch romanische Georgsbasilika (hinter dem Veitsdom) buchstäblich nach Mehrstimmigkeit der Renaissance.

Einen Wiener Klassiker hat die »Goldene Stadt« für manche Frustration daheim entschädigt: WOLFGANG AMADEUS MOZART – so durch die Nachricht vom Riesenerfolg seiner Oper *Figaros Hoch-*

zeit, der eine Einladung nach Prag mit sich brachte, welcher er Anfang 1787 folgte. In Prag erhielt er dann den Auftrag für *Don Giovanni* – durch den Impresario des heutigen Tyl-Theaters, einer schon seinerzeit öffentlich zugänglichen Bühne des damaligen Nostitzschen Nationaltheaters, das erst 1783 seine Pforten geöffnet hatte. Mozart nahm gern an und reiste zum zweiten Mal nach Prag – EDUARD MÖRIKE formte daraus eine der schönsten Künstlernovellen der deutschen Literatur: *Mozart auf der Reise nach Prag*. Am genannten Theater hat er dann die Premieren sowohl von *Don Giovanni* als auch seiner letzten Oper *La Clemenza di Tito* dirigiert.

Zarte, wenngleich nicht ganz transparente Bande führten den (stets in irgendwen verliebten) Klassiker zu einer noch heute etwas auswärts gelegenen Villa mit schönem Garten, der sogenannten »Bertramka« (im Vorort Smichow), wo der Komponist und Pianist FRANZ XAVER DUSSEK mit seiner Frau, der ungleich berühmteren und 22 Jahre jüngeren Sängerin JOSEPHA, lebte, die manche Rolle in Mozarts Opern kreiiert hatte und die der Komponist ziemlich unverhohlen umwarb. Wie weit er damit kam, wissen wir nicht. Immerhin waren seine Attacken so heftig, daß ihn die Schöne einmal verwarnte: »Sie sind schlimm, lieber Mozart!«

Gehen wir etwas näher auf die beiden Nestoren der böhmischen Nationalmusik ein. BEDŘICH SMETANA, Sohn eines Bierbrauers, war im Oktober 1843 endgültig nach Prag übergesiedelt, um Musik zu studieren. Doch dann kam der Nationalaufstand von 1848, der ihm die entscheidende Zielrichtung seines Lebens und Schaffens gab: sein Land von der Vorherrschaft der deutschen Musik zu befreien. In seiner Vita erlaubte sich Smetana nur ein fünfjähriges Intermezzo in Göteborg – sonst blieb er für den Rest seines Lebens und Schaffens fest mit der Moldaustadt verbunden. Den entscheidenden Erfolg daheim und seltenen Erfolg des Propheten im eigenen Lande brachte ihm seine zweite Oper (von acht vollendeten Opern) *Die verkaufte Braut* – mehr noch: auch den begehrten Posten des Kapellmeisters an der Tschechischen Oper. Die kompositorische Aktivität verstärkte sich weiter nach seiner fatalen Ertaubung (1874). Als dann die Nationaloper 1881 programmatisch mit Smetanas siebter Oper *Libusa* eröffnet wurde, war dies ein Symbol für den Dank der Nation für sein trotz aller Widrigkeiten unermüdliches Wirken.

Mit einem weißen Violin-Schalloch (»f«) auf blauem Grund wird alljährlich, seit fast einem halben Jahrhundert, der »Prager Frühling« annonciert. Und stets wird er am 12. Mai durch Smetanas Zyklus *Mein Vaterland* eröffnet, denn das ist der Todestag des Nestors der tschechischen Musik. Darüber hinaus werden seine romantischen Opern sämtlich vom Nationaltheater während des ganzen Jahres angeboten. Zusätzlich zur schönen Geste, ihm sozusagen das Nationaltheater zu widmen, hat man dem alten tauben Mann, dem die Böhmen ihre musikalische Identität verdanken, ein überlebensgroßes Denkmal gesetzt – dorthin, wo er gearbeitet und auf den Fluß und die Kleinseite mit der lieblichen Insel Kampa geblickt hatte und wo er sich das Rauschen der Moldau, als er sie unsterblich vertonte, nur noch vorstellen konnte. Dort befindet sich auch das Smetana-Museum.

Der Stadt Prag flußabwärts links vorgelagert ist der Felsen Vyšehrad (»hohe Feste«). Hier oben soll der Sage nach in einem prächtigen Palast die Fürstin Libusa mit ihrem Gemahl, dem Bauern Przemysl residiert und regiert haben, deren Nachkommen – die Przemysliden – immerhin bis 1306 herrschten. Die Vermählung Libusas bedeutete allerdings zugleich die Ablösung des bisherigen Matriarchats. Auf dieser Höhe hatte die Fürstin auch ihre Vision von der einstigen Größe des tschechischen Volkes. Einstmals befestigt, wurde der Vyšehrad im 19. Jahrhundert zu einer Art Weihestätte des nationalen Selbstgefühls gestaltet, und hier wurde in den siebziger Jahren des vergangenen Jahrhunderts speziell ein Ehrenfriedhof geschaffen, der sogenannte »Slavin«, für die »sanften Helden« der Nation – keine Kämpfer, sondern Künstler. Darum wurden hier Smetana und DVOŘÁK oder Musiker wie der Geiger JAN KUBELIK (Vater des Dirigenten RAFAEL KUBELIK) beigesetzt. Ebenso Literaten wie JAN NERUDA, dessen vielfarbige, liebenswerte *Kleinseitener Geschichten* in Böhmen Schullektüre sind, und der Krimiautor KAREL ČAPEK oder der Jugendstilkünstler ALFONS MUCHA.

Diesen Felsen *Vyšehrad* hat Smetana in seiner gleichnamigen

Sinfonischen Dichtung (sie eröffnet den Zyklus *Mein Vaterland*) verewigt; bei ihm ist er noch Sitz der böhmischen Fürsten und Könige. Ein Bardenmotiv eröffnet das Werk und wird zu grandioser Steigerung geführt. Der Hauptteil schildert Kampfgeschehen und Feststimmung, doch im neuerlichen Streit unterliegt die Burg. Ihr Fall wird im Epilog durch eine wehmütige Klarinettenreminiszenz an das Hauptmotiv symbolisiert. Zuletzt erklingt über den Ruinen der Burg sanft und versöhnlich jener Bardengesang vom Anfang. Auch im nächsten Satz des Zyklus *Mein Vaterland*, in der weltberühmten *»Moldau«*, taucht jenes Motiv auf, wenn nämlich der Fluß, dessen Lauf wir ja hörend von der Quelle an begleiten, Vyšehrad passiert...

Ebenfalls an der Moldau befindet sich der Šárka-Felsen, auf dem in früher Zeit die Burg der böhmischen Amazonen, Devin, stand. Eine blutige Sage inspirierte den seit einem Jahr völlig tauben Smetana zur dritten Sinfonischen Dichtung seines genannten Zyklus. Eine böhmische Turandot, will *Šárka*, einst von einem Mann betrogen, sich nun an der ganzen Männerwelt rächen. Als sich ein fremder Ritter nähert, läßt sie sich von ihren Kameradinnen an einen Baum binden und heißt sie, sich zu verstecken. Der Ritter eilt natürlich zu Hilfe, verliebt sich sofort in Šárka, fällt auf ihre List herein, befreit sie und bereitet seinen Mannen ein großzügiges Trinkgelage, bis sie im Vollrausch umsinken. Der Komponist hat sogar das Schnarchen mit dem tiefen C des Fagotts nachgeahmt! Nachdem sie das Signal zum Meuchelmord an den Männern gegeben hat (Hornruf), blickt Šárka in das Gesicht des Ritters und wird ihrerseits von plötzlicher Liebe erfaßt. Doch zu spät: Sie kann ihre Gefährtinnen nicht mehr zurückhalten. Alle Männer werden erschlagen.

Siebzehn Jahre nach Smetana kam in Mühlhausen an der Moldau der zweite Klassiker der böhmischen Musik zur Welt, ANTONÍN DVOŘÁK. Als Sohn eines Metzgers mit Wirtsbetrieb mußte er erst das Handwerk des Vaters erlernen. Über ihn urteilten zwei Kollegen ganz unterschiedlich, wenn auch in puncto Kreativität übereinstimmend. JOHANNES BRAHMS hat den Jüngeren, den er intensiv förderte, direkt beneidet: »Der Kerl hat mehr Ideen als wir alle. Aus seinen Abfällen könnte sich jeder andere die Hauptthemen zusammenklauben.« Sein indirekter Landsmann, der Mähre Leos Janáček, stellte fassungslos fest, daß Dvořák ein geradezu sträflich einfaches Gemüt war, mit nichts als Musik im großen Schädel. Doch besser, darf ich hier anmerken, eine Musik aus dem Herzen und nicht aus dem Kopf, denn diese ist am geeignetsten, auch Uneingeweihte ins Reich der Sinfonik und Klassik zu locken. Dabei kann durchaus Tragik mitschwingen, packend und anrührend in Klänge umgesetzt. Denn auch unprätentiöse Gemüter können leiden und dieses Leid gestalten, vielleicht gerade deshalb um so anrührender, weil ihnen die Gnade (oder die Barriere?) der Abstraktion verwehrt bleibt (»wenn ich darüber schreiben könnte, brauchte ich nicht zu komponieren«, heißt es wohl gelegentlich, wenn Komponisten um verbale Kommentare zu ihren Werken gebeten werden). So schuf Dvořák die ersten unverwechselbaren böhmischen Sakralwerke. Er hatte den Tod gleich dreier Kinder zu verschmerzen. Entstanden ist 1876/1877 sein großartiges *Stabat mater*, dem ich das Attribut geben möchte: die »menschlich wärmste Kirchenmusik«, die jemals geschrieben wurde! Und seinem *Requiem*, dem letzten Chorwerk aus seiner Feder, fehlen die Schrecken, die die analogen Partituren von Berlioz und Verdi verbreiten. Trotz der relativ düsteren Farbgebung *kann* dieser Komponist einfach nicht ohne Wärme schreiben.

Wie eng sein Verhältnis zur Sakralmusik war und wie tragfähig sein unkomplizierter Glaube, erhellt die Entstehungsgeschichte seines *Te Deum*. Im Jahre 1885 hatte die Mäzenatin Jeanette Thurber, Gattin eines vermögenden Großkaufmanns, in New York ein amerikanisches Nationalkonversatorium gestiftet. Dvořák schien ihr aufgrund seiner Erfolge in England und Amerika der geeignete Direktor. Die Konditionen waren verlockend – etwa 60 000 Goldmark im Jahr. Der Komponist trat seinen Dienst im Herbst 1892 an und versah ihn bis zum Frühjahr 1895. Noch in Europa erreichte ihn die Bitte von Mrs. Thurber, er möge zur bevorstehenden 300-Jahr-Feier der Entdeckung Amerikas zu einem bestimmten Text eine Chorkomposition anfertigen. Der Text jedoch befand sich noch nicht in seinen Händen. Er schlug das vor, was ihm am nächsten lag – ein *Te Deum* zum Gedenken an Chri-

STOPH KOLUMBUS! (Aus dem ursprünglichen Auftrag wurde dann *The American Flag* – Die amerikanische Flagge.)

Auch wenn sich von seinen zehn Opern nur einige im Inland und nur die neunte international behaupten konnten: Im Opernrepertoire ist Dvořák für alle Zeiten präsent und lebendig durch seine zu Herzen gehende Volks- und Märchenoper *Rusalka* zu einem böhmischen Libretto frei nach FRIEDRICH DE LA MOTTE FOUQUÉ (*Undine*) und HANS CHRISTIAN ANDERSEN (*Das Märchen von der kleinen Seejungfrau*). Das Vorspiel vereint schlichtes, aufrichtiges Gefühl mit der anheimelnden Geborgenheit des Böhmerwaldes; Rusalkas Lied an den Mond, *»Du lieber Mond, so silberzart«,* ist die gelungene Kombination von Lied und Arie, und das bewegende Finale mit der Bitte an den Herrgott um Erlösung »um der Liebe willen« zeigt auf schönste Weise, daß hier aus dem Herzen komponiert wurde. »Ich bleibe stets nur das, was ich war – ein einfacher tschechischer Musikant« – so hat sich dieser bescheidene Künstler selbst treffend beschrieben.

Der entscheidende Förderer des jungen Dvořák war JOHANNES BRAHMS: Er verschaffte ihm nicht nur ein Stipendium, sondern stellte 1877 auch die Verbindung zu seinem Verleger SIMROCK her. Das war mehr wert als Geld, denn Kompositionen bedürfen noch mehr als Buchmanuskripte relativ hoher Risikobereitschaft der Verleger, weil Notenmaterial herzustellen immer sehr kostspielig ist und war. Den Durchbruch erzielte Dvořák mit Kompositionen im Volkston. Seit FRANZ LISZT war es Mode, Volksweisen für Klavier zu setzen. Dessen *Ungarischen Rhapsodien* entsprachen dann die vierhändigen *Ungarischen Tänze* von BRAHMS. Was lag näher, als daß Dvořák nun auch seinerseits für diese Besetzung komponierte – kleine, auch in der Hausmusikpraxis einsetz- und spielbare Stücke im böhmischen Volkston. Zuerst 1878 ein Heft mit acht *Slawischen Tänzen* – genial der Volksmusik abgehört respektive von ihr angeregt. Ein Jahrzehnt später erscheint das zweite Heft. Dazwischen liegen unter anderem die zehn *Legenden* für Orchester, das Konzertstück *Waldesruhe* für Violoncello und Orchester sowie die Konzertouvertüre *In der Natur*. Aus all diesen Werken, *Rusalka* eingeschlossen, singt und klingt der Böhmerwald. Sechs Charakterstücke für Klavier zu vier Händen heißen sogar *Aus dem Böhmerwald* und enthalten neben besagter »*Waldesruhe*« (hier für Violoncello und Klavier) noch die Sätze »*In den Spinnstuben*«, »*Am Schwarzen See*«, »*Walpurgisnacht*«, »*Auf dem Anstand*« sowie »*Aus stürmischen Zeiten*«.

Dvořák war zweifellos ein Programmkomponist nach LISZTschem Vorbild, und am liebsten hätte er auch seinen berühmten *Slawischen Tänzen* programmatische Überschriften gegeben – aber erstens hätte er damit den Widmungsempfänger, den einflußreichen Kritiker und BRAHMSfreund EDUARD HANSLICK höchlichst verstimmt (der als militanter Gegner jeglicher Programmmusik galt), und zweitens hatte er sich trotz seiner diesbezüglichen Ambitionen schon einmal beklagt, daß ihm keine Überschriften einfielen. Das Wort war halt seine Domäne nicht. Der Verleger wußte im übrigen, in wen er investierte, und ließ sich sein Risiko dennoch gut abgelten. So erhielt der Nachwuchskomponist für die ersten acht *Slawischen Tänze* ein Pauschalhonorar von sage und schreibe nicht mehr als 300 Mark. Für SIMROCK dürften die sich im Handumdrehen amortisiert haben, denn sogleich bestellte er das zweite Heft sowie die komplette Orchesterversion der sechzehn Nummern.

Doch auch für den älteren SMETANA war der Erfolg dieser Tänze nicht ohne Belang. Denn Freunde rieten dem Mittfünfziger nachdrücklich, nun seinerseits eine ebensolche Sammlung vorzulegen. Es wurden insgesamt vierzehn *Tschechische Tänze*, beendet nur ein Jahr nach dem ersten Heft von Dvořáks *Slawischen Tänzen* und im Klaviersatz sogar um einiges virtuoser und harmonisch raffinierter, dafür vielleicht weniger melodienselig. Im Abstand von zwei Jahren erschienen zwei Bände: der zweite eröffnet durch den feurigen *Furiant d-Moll*, der seinen Schöpfer wohl am populärsten werden ließ, und bestehend aus zehn Tänzen mit programmatischen Titeln wie »*Die Henne*«, »*Der Bär*« oder »*Der Ulan*«. Im Jahr 1877 war Band eins vorausgegangen: vier *Polkas* – Sinnbild für ausgelassene, ungezwungene Gemeinschaft und gesunde Vitalität. Land und Leute fließen gleichsam zusammen in diesem Tanz, der zwar robuste Grundhaltung zeigt, dem er aber gern poetische Nuancen verleiht – hier sanft, ja wehmütig, dort aufjauchzend. So gibt es in seinem übrigen Klavierwerk »poetische« und »Salon-Polkas« sowie »Erinnerungen an Böhmen in Polkaform«!

Im Bereich der Sinfonischen Dichtung freilich verlief die Anregung zwischen den beiden Nestoren der böhmischen Musik umgekehrt. Da hatte SMETANA mit *Mein Vaterland* die Meßlatte gesetzt, und erst nach seiner Rückkehr aus den USA (und dem Tod des Älteren) nahm sich DVOŘÁK dann ebenfalls dieser Form an. Als erstes Stück entstand *Der Wassermann* (siehe Kapitel »Wasser«). Auch die zweite der insgesamt fünf Sinfonischen Dichtungen, *Die Mittagshexe,* geht wie alle außer Nr. 5 auf Balladen des Dichters KAREL JAROMIR ERBEN zurück. In deutlicher LISZT-Manier wird die hochdramatische, tragisch ausgehende Haltung klingend erzählt und plastisch umgesetzt. Vier Abschnitte erinnern an den Aufbau einer Sinfonie. Klarinette und (dudelsackähnliches) Fagott zeigen die Mutter im Hause arbeitend, die sich jedoch durch das ständige, immer heftigere Geschrei des Kindes entnervt fühlt, bis sie ihm im Zorn droht, die Mittagshexe werde es holen. Diese erscheint dann tatsächlich (Andante) – in gelungen unheimlichem Klanggewand –, um der Mutter das Kind zu entreißen. Doch die Dorfuhr schlägt zwölf, und da erlischt der Zauber der Mittagshexe. Als endlich der Vater heimkehrt, findet er seine Frau ohnmächtig, in den Armen das gerettete Kind. Doch es ist erstickt.

Auch die weiteren drei Sinfonischen Dichtungen, die Dvořák – sein Orchesterschaffen abrundend – kurz vor Jahrhundertausgang schrieb, beziehen ihre Bilder aus der Romantik der böhmischen Märchen und Wälder. Dabei beweist der Balladendichter Erben teilweise eine recht schwarze Phantasie: Im *Goldenen Spinnrad* werden einer unschuldigen Königsbraut von der neidischen Stiefmutter und deren Tochter Hände und Füße abgehackt und die Augen ausgestochen. Zwar wird später alles wieder durch Güte und Weisheit rückgängig gemacht; doch die Bestrafung der beiden Übeltäterinnen fällt nicht minder grausam aus. Der König läßt sie von Wölfen zerreißen.

Nicht ganz so heftig geht es in dem scheinbar idyllischen Stück *Die Waldtaube* zu. Eine junge Witwe tröstet sich noch auf dem Leichenzug mit einem strammen Burschen, den sie gegen alle

Sitte unverzüglich zum neuen Mann nimmt. Da »erfährt« man, daß sie ihren ersten Mann vergiftet hat. Denn über seinem Grab im Wald gurrt eine Taube und redet der Frau ins Gewissen. Nun erst begreift sie ihre Schuld und geht ins Wasser. Endlich dürfen die Themen des Trauermarsches und das klagende Gurren der Waldtaube sich miteinander versöhnen, denn die Schuld ist gesühnt.

Keine literarische Vorlage hat Dvořáks letzte Sinfonische Dichtung mit dem nicht ganz glücklichen, allgemein gehaltenen Titel *Heldenlied* und der seit BEETHOVENS letzter Klaviersonate mystischen Opuszahl 111. Hier knüpft der Böhme in Haltung und Ausdruck eher an die patriotisch-heldischen Klänge aus SMETANAS maßstabsetzendem Zyklus *Mein Vaterland* an. Die durchaus interessante Partitur wurde Ende 1898 in Wien unter GUSTAV MAHLER erstmals vorgestellt.

Obgleich er sich anfangs zweimal geweigert hatte, eine Professur am Prager Konservatorium zu übernehmen, folgte er dem Ruf denn doch 1891, und im Jahr darauf ebenso nach New York. Von jetzt an unterrichtete er über ein Jahrzehnt hinweg in der Alten und in der Neuen Welt. Er galt als ausgezeichneter, einfühlsamer und geduldiger Lehrer. Einige seiner Schüler bestimmten dann das Musik- und speziell das Hausmusikleben ihrer Heimat im ersten Drittel des 20. Jahrhunderts. Der eine wurde sogar Schwiegersohn des Meisters – JOSEF SUK der Ältere, wie sein Lehrer ursprünglich Geiger (sein Sohn gleichen Namens, JOSEF SUK der Jüngere, wird führender Geiger und Kammermusiker der Tschechoslowakei). Sein Leben (er starb 1935) war bestimmt von der herzlichen Beziehung zu Dvořák und speziell von der Liebe zu dessen Tochter OTILIE, die ihm allerdings schon wenige Jahre nach der Hochzeit durch den Tod entrissen wurde. Damals war Suk erst 31 Jahre, er hat nie wieder geheiratet, und seiner Musik spürt man stets zärtlichen Rückblick und leise Trauer an. Man höre sein sinfonisches *Märchen* op. 16, dessen erster Satz mit betörendem Violinsolo die Geschichte einer »treuen Liebe« schildert, das aber im weiteren auch Schatten und Bedrohung nicht ausschließt. Von verzaubernder Süße – vergleichbar PJOTR TSCHAIKOWSKYS gleichnamiger Partitur oder der Suite *Aus Hol-*

bergs Zeit von EDVARD GRIEG – ist seine *Serenade* für Streicher Es-Dur op. 6.

Einen vergleichbaren Treffer wie SUK mit seinem *Märchen* landete ein anderer Böhme, ausgebildet in Leipzig und Paris: ZDENEK FIBICH (mit den einprägsamen Lebensdaten 1850–1900). *In der Dämmerung* betitelte er sein op. 39; hier beschreibt er autobiographisch die erste Begegnung mit der Liebe seines Lebens, einer jungen Dichterin namens Anehska, an einem frühen Sommerabend. Der Ort ist romantisch: eine der kleinen Moldauinseln in Prag – und romantisch ist die Musik. Im Zentrum des viertelstündigen Werkes erhebt sich eine schwelgerische, leicht melancholische Weise, die später kein Geringerer als JAN KUBELIK für Violine und Klavier einrichtete und so auch zu einem Höhepunkt der Kammermusik gestaltete. Im Orchesteroriginal schlägt sogar die Nachtigall!

Zu einer Hauptstadt gehören aber nicht nur verschwiegene Winkel für Liebespaare, sondern auch handfeste gastronomische Einrichtungen, zumal im Stammland weltbekannter Brauereien! Was hat ein Prager Bierkeller mit BRECHT, und was hat dieser Sohn eines Augsburger Mittelständlers mit der böhmischen Musik zu tun? In der touristischen Publikumsgunst steht zweifellos die Schenke »U Kalich« (Zum Kelch) ganz vorne, denn dort tagte der wohl populärste Held der tschechischen Literatur, der »brave Soldat Schwejk« des JAROSLAV HAŠEK, mit seiner hintergründigen Tiefstapelei und Begriffsstutzigkeit, aber auch mit seinem tückisch vorauseilenden Gehorsam vor allem gegenüber offensichtlich unsinnigen Befehlen. Doch erst dem historischen Update, der Adaptation des Romans unter dem Titel *Schwejk im Zweiten Weltkrieg* durch den Recyclingvirtuosen BERTOLT BRECHT, war es beschieden, vertont zu werden. HANNS EISLER hat sich dabei bewußt einer verständlichen Klangsprache bedient. Aus seiner Bühnenmusik zu Brechts Stück packt Zuschauer wie Hörer immer wieder das *»Lied von der Moldau«*, das auf Hitler gemünzt war, aber später dann den vorübergehenden Sturz der kommunistischen Diktatur im »Prager Frühling« und endlich die friedliche Revolution von 1989 begleiten sollte. Der Komponist greift, was naheliegt, SMETANAS unsterbliche Melodie für den böhmischen Fluß auf und verbindet sie mit den unablässig »murmelnden« raschen Figuren im ursprünglich vierhändigen Klaviersatz mit dem stoischen Gleichmut des fließenden Wassers, das schon viel gesehen hat und noch mehr sehen wird.

Am Grunde der Moldau, da wandern die Steine.
Es liegen drei Kaiser begraben in Prag.
Das Große bleibt groß nicht
und klein nicht das Kleine
Die Nacht hat zwölf Stunden, dann kommt schon der Tag.

Verlassen wir Böhmen in Richtung Osten. Noch vor der inzwischen wieder selbständigen Slowakei liegt Mähren, eine Region, die beachtliche Geistesgrößen hervorgebracht hat – von der schreibenden MARIE Freifrau von EBNER-ESCHENBACH über den Philosophen EDMUND HUSSERL bis hin zum Psychoanalytiker SIGMUND FREUD. Aber auch namhafte Musiker wie die Operettenschöpfer RALPH BENATZKY (*»Warum soll eine Frau kein Verhältnis haben?«, Im Weißen Rössl*) und LEO FALL (*Madame Pompadour*) oder der Heldentenor LEO SLEZAK stammen von hier. Und im Bereich der klassischen Musik ist es LEOŠ JANÁČEK (1854–1928), der schon als Knabe nach Brünn, der mährischen Hauptstadt, kam und dort bis zuletzt tätig war. Ihn kann man leicht an seiner herben Stilistik und einer ausgeprägten Vorliebe für tragische Stoffe erkennen. Janáček hatte in Leipzig studiert, unter anderem Orgel, die auch immer wieder durch seinen Orchestersatz durchklingt. Sein geistliches Hauptwerk, die *Glagolitische Messe* auf einen altslawischen Text, setzt die Orgel denn auch geradezu schroff ein. Überhaupt ist diese Partitur signifikant für ihren Verfasser: Neben dem Bekenntnis zum Slawischen zeigt sie eine an nichts und niemanden erinnernde, völlig eigenständige Klangsprache, eigenwilliges Nebeneinander von Dur und Moll, verblüffende Unisono-Strecken zwischen ganzen Orchestergruppen, durchgehende Ostinato-Figuren!

Janáček darf als einer der ernsthaftesten Komponisten der Jahrhundertwende gelten, in seinem hohen Anspruch an sein Schaffen und der Tiefgründigkeit seiner Werke allenfalls einem BARTÓK oder HONEGGER vergleichbar. Nicht zufällig schrieb er sein *Erstes Streichquartett* zu einer literarischen Vorlage um die Fragen von Schicksal, Schuld und Gewissen – der Novelle *Kreutzersonate* von LEO TOLSTOI, in welcher der schreibende und moralisierende Graf das bekannte Kammermusikwerk BEETHOVENS als Anlaß einer ehebrecherischen Beziehung und damit letztendlich als Auslöser eines Mordes nutzt. Das *Zweite Quartett* bezieht sich auf eine eigene späte Leidenschaft des Komponisten für eine junge Freundin namens Camilla: *Intime Briefe*. Wenn man die ebenfalls dieser späten Reifezeit, von neuer, heftiger Liebe vergoldet, entsprungene *Sinfonietta* hört, will man nicht glauben, daß hier das Herz eines 72jährigen schlägt!

Auch er hat bekannte und prägnante Tänze komponiert, die zum Besten seines Schaffens gehören. Der in einem Dorf der Lachei Geborene schrieb 25jährig sechs *Lachische Tänze* für großes Orchester, die 1925 sogar zu einem Ballett verarbeitet wurden. Angeregt wurde der Komponist durch die *Slawischen Tänze* von DVOŘÁK, die er damals selbst mehrmals in Brünn dirigiert hatte. Damit erhält die Traditionsreihe LISZT – BRAHMS – DVOŘÁK eine weitere Fortsetzung.

Wichtig ist Janáček vor allem als Opernschöpfer, wo der dramatische Duktus seiner Musik bestens zum Tragen kommt. Von zwei frühen ungedruckten Werken abgesehen, hinterließ der Meister aus Brünn sechs interessante Bühnenwerke, darunter die tragischen Opern *Jenufa* – dieser Bühnenerstling des bereits 49jährigen brachte endlich den Durchbruch – und *Katja Kabanova*, letztere nach OSTROWSKIS Drama *Der Sturm* (eigentlich: *Das Gewitter*), das schon TSCHAIKOWSKY zu einer frühen Sinfonischen Dichtung umgeformt hatte. Auch *Das schlaue Füchslein*, eine Art poetisch-philosophischer Vorläufer von ANDREW LLOYD-WEBBERS Musicals *Cats*, geht tragisch aus, während es sich bei den *Ausflügen des Herrn Brouček* um eine Spießersatire handelt. Erschreckend kahl wirkt die (nachgelassene) Umsetzung von DOSTOJEWSKIS *Aufzeichnungen aus einem Totenhaus*. Konzertant verselbständigt hat sich das Vorspiel zu *Jenufa*: Unter der Überschrift

Eifersucht ist es zu einem knappen, beklemmenden Orchesterbild geworden. *Katja Kabanova* entstand sieben Jahre vor dem Tod des Komponisten, der hier die neue Liebe zu Camilla nachgestaltet (die deutsche Übersetzung des Librettos stammt übrigens von MAX BROD: Er verglich das Schicksal der an ihrer außerehelichen Leidenschaft zugrunde gehenden Heldin mit *Madame Bovary* bei GUSTAVE FLAUBERT). Und auf das Widmungsblatt notiert Janáček: »An Camilla ... Ich habe keine größere Liebe kennengelernt als die zu ihr. Ihr weihe ich das Werk.«

Wenn man von den wenigen Jahren absieht, die sich SMETANA in Göteborg und DVOŘÁK in New York aufgehalten haben, waren beide lebenslang ihrer Heimat auch physisch treu geblieben. BOHUSLAV MARTINU ist der erste böhmische Meister seit der Romantik, der sich im Ausland niedergelassen hat. Als Musiker kam er von der Violine (wie Dvořák und SUK) und Orgel (wie auch JANÁČEK) her, studierte Komposition bei Dvořáks Meisterschüler und Schwiegersohn Josef Suk sowie anschließend in Paris bei ALBERT ROUSSEL, dem zweiten komponierenden Seefahrer neben RIMSKI-KORSAKOW. Bis zur Abreise nach Paris hatte er ein volles Jahrzehnt als Geiger bei den Prager Philharmonikern gewirkt. Nach der einjährigen Lehrzeit bei Roussel, die ihm dessen typisch mediterrane Durchsichtigkeit des Orchestersatzes vermittelte und die Form des Concerto grosso nahebrachte – beides wichtige Stilmerkmale für sein späteres Schaffen –, blieb er noch sechs Jahre in Paris, um sich dann 1940 vor den Nazis in die USA zurückzuziehen. Dort lebte und lehrte er (unter anderem in New York und Princeton) bis 1953, um die letzten sechs Jahre in echter Kosmopolitenmanier auf Frankreich, Italien, New York und die Schweiz zu verteilen, wo er dann 1959 in Liestal starb.

Obgleich ursprünglich kein Pianist, hinterließ Martinu doch ein reiches Klavierwerk: Es zählt zweihundert Kompositionen, darunter fünf Konzerte. Das Werkverzeichnis für Klavier solo bestimmen heimisches Lied- und Tanzgut (Polka); originell wirkt der gelegentliche Einbezug von Jazz (hier folgt er seinem »Groß-Lehrer« DVOŘÁK) und gar lateinamerikanischen Rhythmen (wie im *»Tango«* aus seinem *Film en miniature*). Beachtenswert sind speziell seine schwungvollen, vitalen drei *Tschechischen Tänze* von 1926. Gleich den älteren Ravel und Strawinsky hatte Martinu auch ein Faible für Puppen. Im Jahrzehnt nach 1914 entstanden so vierzehn reizvolle Klavierstücke mit dem Sammeltitel *Loutky* (Marionetten).

Martinu erlangte als einziger böhmischer Meister des 20. Jahrhunderts globale Geltung und internationale Akzeptanz. Wahrscheinlich liegt das nicht zuletzt an dem für seine Heimat typischen musikantischen Grundzug, der sein Schaffen prägt und zum Beispiel darin zum Ausdruck kommt, daß er seit den Pariser Jahren die italienische Tradition des *Concerto grosso* weiterführt, bei dem sich mehrere Solisten zu gleichsam geselligem, anscheinend improvisiertem Tun zusammenfinden. Und es zeigte sich alsbald, daß sich diese Praxis durchaus mit dem böhmischen Musiziergeist vertrug und ihn aufs vorteilhafteste unterstützte. So sind Martinus Partituren stets von einer prickelnden Motorik beseelt; hinzu kommen moderne Klangelemente bis zu Jazz und lateinamerikanischer Folklore – das Ganze eine durchaus bekömmliche, interessante Mischung! Im Repertoire der tschechischen Hauptstadt ist er vor allem durch seine Oper *Ariadne* vertreten; inzwischen haben aber auch Schallplattenfirmen die Attraktivität seiner verhaltenen und, wenn ich so sagen darf, »hörerfreundlichen« Moderne entdeckt und bringen ein Concerto nach dem anderen von ihm auf den Markt.

Bratislava (Preßburg)

Bevor wir das Gebiet der einstigen Tschechoslowakei verlassen, sollten wir Bratislava, oder Preßburg, einen kurzen Besuch abstatten. Die Stadt ist seit 1918 nicht mehr ungarisch, sondern Hauptstadt der (inzwischen wieder selbständigen) Slowakei. Nur selten trägt eine Stadt so verschiedene Namen in verschiedenen Sprachen. Die Römer nannten Preßburg Posonium, daraus wurde ungarisch Poszony. Die Slowaken nennen es nach dem mährischen Herzog WRATISLAW »Bratislava«, und aus »Brezalauspurc« wurde Preßburg – denn ursprünglich war es (in der Neuzeit) eine deutsche Ansiedlung. Während der Besetzung weiter Teile Ungarns durch die Türken wurde es zur ungarischen Krönungs- und Hauptstadt. Die mächtige Burg hat von der gotischen Epoche noch das sogenannte »Corvinus-Tor« gerettet, genannt nach König MATTHIAS CORVINUS (der Beiname bezieht sich auf sein Wappentier, den Raben). Er gründete hier die bedeutende »Accademia Istropolitana«, die auch zu einer Pflegestätte der Musik wurde.

Vermutlich hat sich J. S. BACHS Urgroßvater, der lautenspielende und wandernde Müllergeselle VEIT BACH, ebenfalls zeitweilig hier aufgehalten und seine musischen Anlagen ausgebildet, womit die Wiege der Musik innerhalb der weitverzweigten Bach-Familie nicht nur im thüringischen Wechmar bei Gotha zu suchen wäre, sondern auch am Donaustrand zu Preßburg. (Die Gegenreformation hat Veit Bach dann wieder in seine Heimat zurückgetrieben.)

Aufgrund der geographischen Nähe zu Wien dirigierte hier später gelegentlich JOSEPH HAYDN und konzertierte hier der sechsjährige MOZART. FRANZ LISZT trat in Preßburg mit neun Jahren erstmals auf und hat der Stadt diesen Start seiner Laufbahn nie vergessen, sondern sie später wiederholt als Virtuose oder Dirigent besucht. Gebürtige Preßburger waren die Pianisten und Dirigenten HUMMEL und, ein Jahrhundert später, ERNST VON DOHNÁNYI.

JOHANN NEPOMUK HUMMEL (1778–1837) war Sohn eines Preßburger Kapellmeisters, der später nach Wien an SCHIKANEDERS Theater wechselte (wo die *Zauberflöte* uraufgeführt werden wird) und so mit MOZART bekannt wurde, dem er seinen Jungen für zwei Jahre zum Unterricht gab. Ganz in der Tradition seines Lehrers absolvierte der zehn- bis fünfzehnjährige Wunderknabe mit dem Vater dann mehrere Europatourneen, studierte nach Mozarts Tod weiter bei BEETHOVENS Lehrer ALBRECHTSBERGER sowie bei SCHUBERTS Lehrer ANTONIO SALIERI, wurde Nachfolger HAYDNS bei den Fürsten ESZTERHÁZY, ging dann als Hofkapellmeister nach Stuttgart und schließlich 1819 nach Weimar – unter die Intendanz JOHANN WOLFGANG VON GOETHES, dem sein gemäßigter, ausschließlich an Mozart orientierter Kompositionsstil durchaus behagte. Man sieht: Hummel war eine Schlüsselfigur des klassischen Zeitalters. Um ein Haar hätte dieser letzte Schüler Mozarts, selbst ein gesuchter Lehrer, auch den jungen FRANZ LISZT unterwiesen (dessen Vater kannte ihn noch vom gemeinsamen Dienstherrn Eszterházy), verlangte aber ein so hohes Honorar, daß ADAM LISZT seinen Buben lieber nach Wien zum Beethoven-Schüler CARL CZERNY gab – der bildete ihn kostenlos aus. Ironie der Musikgeschichte: In Weimar wird ausgerechnet der von seinen Tourneejahren ermüdete Virtuose als Kapellmeister einer von Hummels Nachfolgern in diesem Amt!

Bevor wir Preßburg verlassen, möchte ich einen heute nicht minder vergessenen und dennoch vorzüglich komponierenden (konzertierenden, dirigierenden und lehrenden) Sohn dieser Stadt vorstellen, der im ersten Drittel des 20. Jahrhunderts zum Dreigestirn des musikalischen Ungarns gehörte: ERNST VON DOHNÁNYI (1877–1960). Es war die Verbindung aus Würde, Charme und Bescheidenheit, welche die ungarische Elite der Monarchie auszeichnete. Dies gilt in besonderem Maße für diesen vielseitigen Künstler. Dem Dirigenten Dohnányi verdanken die beiden berühmtesten Auftragswerke anläßlich des fünfzigjährigen Vereinigungsjubiläums der Hauptstadt ihre epochale Uraufführung 1923 in Budapest: BARTÓKS *Tanzsuite* und KODÁLYS *Psalmus Hungari-*

cus. Er selbst hat zu diesem Konzert eine Orchesterouvertüre beigesteuert. Als Tonschöpfer ist er heute fast nur noch durch ein eher marginales, wenngleich reizvolles Werk bekannt, das ihn als geistreichen Tonsetzer ausweist: *Variationen über ein Kinderlied*, für Klavier und Orchester op. 25 vom Jahre 1914. Die Melodie ist weltbekannt, seit MOZART sie abgewandelt hat. Bei dem Klassiker heißt es *Ah, vous dirai-je, Maman*, im Englischen *Twinkle, Twinkle, Little Star* und in deutschen Haushalten seit Generationen *Morgen kommt der Weihnachtsmann*.

Aber es war und ist bei ihm noch eine Menge zu entdecken. Neben folkloristisch inspirierten Werken wie den *Variationen über ein ungarisches Volkslied* für Klavier op. 29 und den drei Stücken für Violine und Klavier, *Ruralia Hungarica* (etwa: Ungarische Landszenen), stehen an gewichtigen Partituren ein Klavierquintett c-Moll op. 1 (noch von BRAHMS zur Aufführung im Wiener Tonkünstlerverein empfohlen), ein Klavierkonzert op. 5 (mit dem er den BÖSENDORFER-Preis gewann) und – nicht zuletzt – eine hinreißende Persiflage auf den deutschen Spießer samt leiser Parodie (mit STRAUSSschen Mitteln) auf WAGNERS *Meistersinger von Nürnberg*: *Der Tenor,* eine Kammeroper sprühend vor textlichem (ERNST GOTH) und kompositorischem Witz. Die Vorlage des gereimten Librettos war die Komödie *Bürger Schippel* von CARL STERNHEIM. Im Jahre 1928 in Budapest uraufgeführt, schon vierzehn Monate später von der Städtischen Oper Berlin nachgespielt und später von der Deutschen Oper hinreißend wiederbelebt. Wo immer man den *Tenor* von DOHNÁNYI auf dem Programm findet, sollte man hinein – es lohnt! Und auf den sinnlichen Wohlklang bei raffiniertem Tonsatz können Sie sich stets verlassen.

Wir müssen weiter; uns erwartet die ungarische Kapitale. Für knapp 150 Jahre wird die Donau nun zum Grenzfluß zwischen der Slowakei und Ungarn. Auf dem Wege stromabwärts nach Budapest passieren wir die Doppel- und Grenzstadt Komorn. Auf ungarischer Seite – Komarom – wurde hier FRANZ LEHÁR geboren, einer der begnadetsten Meister des »silbernen Zeitalters« der Operette, dessen harmonisch stets pikante, oft exotisch gefärbte Musik die Belanglosigkeiten seiner Textbücher teilweise ausgleichen kann.

Ungarn und Budapest

Schon die Sprache der Ungarn – einer höchst merkwürdigen Familie innerhalb des Indogermanischen angehörig, die noch (um nur die wichtigsten zu nennen) das Finnische und Estnische umfaßt – ist Musik. Das liegt am Vokalreichtum sowie an den (mit Akzenten markierten) gern genutzten Langversionen der Selbstlaute. Als Besonderheit tritt die obligatorische Betonung auf der ersten Silbe hinzu. Es entsteht damit eine gänzlich ungewöhnliche, da auftaktlose Melodik – das hört man besonders plastisch in dem expressionistischen Einakter *Herzog Blaubarts Burg* von BÉLA BARTÓK.

Das einstige römische Aquincum, durch das, anders als in »Vindobona« (Wien), die Donau wirklich hindurchfließt, wurde das heutige Budapest. Unter KARL DEM GROSSEN war es die Grenzmark in Pannonien. Dann ließen sich unter ihrem Führer ÁRPÁD hier die Magyaren nieder; ihr erster König war der heilige STEPHAN, der auch die charakteristische Krone mitbrachte. Die größte Blüte erlebte dieses frühe Ungarnreich unter MATTHIAS CORVINUS, nach dem auf dem Burgberg die Krönungskirche genannt ist. Verheerend sollten sich die anderthalb Jahrhunderte Türkenherrschaft auswirken. Erst mit dem Barock kam wieder Aufschwung. Die endgültige Prosperität im letzten Drittel des 19. Jahrhunderts hatte einen äußerst dialektischen Hintergrund. Im Jahre 1848 brach auch in Ungarn eine Revolte los, geleitet von LAJOS KOSSUTH (dem BARTÓK seine erste Partitur widmen wird); die Wiener Zentralmacht kann sie zwar niederschlagen, beugt dann aber weiteren Krisen auf typisch österreichische Weise vor (nicht zuletzt unter dem Eindruck des Sieges der Preußen bei Königgrätz). Um die Ungarn als zuverlässige Verbündete zu haben und ihnen das Gefühl relativer Autonomie zu geben, wird das Land zu einem Königtum erhoben und HABSBURG zur Doppelmonarchie. Im

Jahre 1867 wird unter den Klängen von LISZTS *Krönungsmesse* die entsprechende Zeremonie vorgenommen. Kleine Feinheit: Der ungarische König ist zugleich der österreichische Kaiser, FRANZ JOSEPH (man möchte ihm ob der Dauer seiner Regierungszeit den Beinamen »der Unsterbliche« verleihen). Seitdem schmückt das Attribut »K. u. k.« (»Kaiserlich und königlich«) die Visitenkarte eines jeden Hoflieferanten, nach 1871 übernahm der Preußenkönig als Führer des neuen deutschen Kaiserreichs diese Doppelbezeichnung, und ROBERT MUSIL schuf aus ihr den Namen »Kakanien« für die habsburgische Doppelmonarchie. Freilich floß jetzt das Geld reichlich, denn eine anständige Hauptstadt braucht auch Repräsentationsbauten und elegante Prospekte. Vor allem aber imposante, schöne und durchaus unterschiedliche Brücken, zumal 1873 die Vereinigung der zwei Städte Buda (Ofen) mit Obuda (Alt-Ofen) und Pest (links) anstand. So schön der breite Fluß das Stadtbild aussehen läßt: Noch im 19. Jahrhundert fanden häufig Überschwemmungen statt. LISZT gab Benefizkonzerte zugunsten der Opfer.

Den schönsten Blick auf die Repräsentationsbauten der Jahrhundertwende hat man von der Margaretenbrücke, die die Margareteninsel überspannt: Stromabwärts rechts liegt die Fischerbastei, wo der heilige STEPHAN zu Pferde steht, mit der gotischen Matthiaskirche, die Burg (wird wiederaufgebaut); links, auf der Pester Seite, Parlament, Nationalgalerie, Akademie der Wissenschaften, Staatsoper.

All diese offiziellen Bauten, mit Geschmack und großem Aufwand ausgeführt und sämtlich in historisierendem Stil, hatten zum Ziel, den gelegentlich gegen Bevormundung durch die oder auch nur Bevorteilung der Wiener aufmurrenden Magyaren eine solide Identifikation und das stolze Gefühl nationaler Eigenständigkeit zu geben.

Vor diesem Hintergrund des erwachenden und sogar zentral ermunterten Nationalgefühls vollzog sich auch der europaweite Siegeszug des FRANZ LISZT, der sich selbst gern als Ungar ausgab und von seinen vermeintlichen Landsleuten nicht nur bejubelt, sondern 1840 auch in den Adelsstand erhoben wurde. Bei dieser Gelegenheit überreichte man dem Künstler, der in ungarischer

Nationaltracht spielte, einen Ehrensäbel. Und viermal (!) mußte er eine seiner *Ungarischen Rhapsodien* spielen, mit der es folgende Bewandtnis hat.

Vor dem Parlament steht das Denkmal Ferenc Rákóczys II., eines Freiheitshelden noch des 18. Jahrhunderts, auf dessen volkstümliches Marschlied Franz Liszt jene hinreißende Klavierparaphrase geschrieben hat und sie übrigens auch einmal vor dem Kaiser persönlich vortrug – zum Entsetzen der Höflinge, denn dieses Lied auch nur zu pfeifen war verboten. Doch was sagten Majestät, als Liszt unverfrorenerweise just seinen *Rákóczy-Marsch* als Zugabe in den Saal geschleudert hatte: »Wie schön, endlich hab' ich dieses Stück auch mal hören dürfen – man hat mir schon so viel davon erzählt...«

Nun, was steht hinter Liszts Ungarntum, und was verdankt ihm die Musikwelt? Der Bezug auf Ungarn, den er nur dem Arbeitsplatz seines Vaters (den ungarischen Besitzungen der Fürsten Esterházy) verdankte, war für den geborenen Österreicher romantische Identifikation und teilweise auch kalkulierte Werbemaßnahme. Wenn sich Paganini, sein großes Vorbild als Bezwinger der europäischen Konzertsäle, mit einem Ruch des Unheimlichen, ja Kriminellen bis Infernalischen umgab, so kokettierte Liszt mit seiner vermeintlich magyarischen Abstammung – und mit seiner romantischen Sympathie zu dem Wandervolk der Zigeuner. Nicht umsonst bezeichnete er sich selbst gern als »Kunstzigeuner«. Und tatsächlich war er zeitlebens mehr oder weniger ein Nomade quer durch Europa (mit Ausnahme von je rund zehn Jahren in Weimar und in Rom).

Abgesehen von diesen bewußten Mystifikationen trifft für die angeblich »ungarischsten« Werke Liszts, seine auch so benannten *Rhapsodien*, der Beiname nicht zu. Denn ungarisch an ihnen ist nur das Ambiente, in denen solche Klänge zu hören waren – die Salons von Adel und Großbürgertum sowie die besseren Restaurationen und Hotels der ungarischen Städte und namentlich der Kapitale. Konkret sind die meisten dieser insgesamt 19 bald schon weltbekannten, rassigen Stücke das Ergebnis mehrjähriger Beschäftigung des Komponisten mit der Zigeunermusik, die auch andere Komponisten als der »Kunstzigeuner«, Virtuoso assoluto und Herzensbrecher mit originaler magyarischer Folklore verwechselten. Schon 1840 hat er zehn Hefte *Ungarische Nationalmelodien* herausgebracht, deren Material dann in den *Ungarischen Rhapsodien für Klavier* wiederkehren wird. Die eigentümliche Tonleiter mit ihren zwei übermäßigen Sekundschritten trägt den kennzeichnenden Namen »Zigeunerleiter« (von »c« aus: *c – d – es – fis – g – as – h – c*). Und was diese Musik so mitreißend macht, ist der von den aufspielenden dunkelhäutigen Musikern abgelauschte schroffe Wechsel der Tempi und Stimmungen. Die populärsten sind die ersten fünfzehn, die Liszt im Jahrfünft nach 1848 schrieb; später ließ er noch vier weitere auf eigene und nicht mehr Zigeunern abgelauschte Melodien folgen, die allerdings weniger temperamentvoll ausfielen.

Die gelungenste und wohl auch bekannteste ist *Nr. 2 in cis-Moll*; einer langsamen Einleitung folgt ein typisch zweiteiliger Csárdás mit den Abschnitten »Lassan« (langsam) und »Friska« (frisch, lebhaft), wobei der erste von den Männern paarweise und der zweite im Kreis getanzt wird. Liszt läßt sich die Gelegenheit nicht entgehen, hier mit allen möglichen und für damalige Gegebenheiten atemberaubenden Sensationen aufzuwarten, zumal mit raschen Tonwiederholungen, kecken Vorschlägen, Doppeloktaven im dreifachen Forte . . .

Nr. 9 gilt dem *»Pester Karneval«*; zwei weitere hat der Komponist Freunden und Kollegen zugeeignet – *Nr. 12*, ebenfalls in cis-Moll, mit den berühmten Dauertrillern über dem Thema, ging an den ungarischen Geiger JOSEPH JOACHIM, der später zu BRAHMS »überlaufen« sollte, und die (neben der Zweiten) bekannteste *Nr. 14* an seinen Meisterschüler und Schwiegersohn HANS VON BÜLOW. Hier kommen die treibenden, überaus raschen Tonwiederholungen zur schönsten Geltung; das Thema mit den übermütigen Trillern »gegen den Taktstrich« hat Liszt so gereizt, daß er es später noch einmal aufgriff und erneut verarbeitete, und zwar in einer *Fantasie über ungarische Volksliedmelodien für Klavier und Orchester*.

Am imposantesten freilich ist *Nr. 15* ausgefallen, der schon erwähnte *Rákóczy-Marsch*, dessen Melodie bereits von HECTOR BERLIOZ verarbeitet wurde (*Fausts Verdammnis*). Die verwegene

Harmonisierung bei Liszt ist einfach genial zu nennen (es sei daran erinnert, daß selbst die *Tristan*-Harmonik WAGNERS, allgemein als originäre Entdeckung gewürdigt, von Liszt vorgegeben war!).

Im Jahre 1853 hatte der Komponist seine ersten fünfzehn *Ungarischen Rhapsodien* in Weimar fertiggestellt. Ein Jahr darauf schließt er ebenda die neunte seiner dreizehn Sinfonischen Dichtungen ab, die wiederum *Hungaria* gilt. Gewidmet ist sie der Fürstin WITTGENSTEIN, seiner zweiten Lebensgefährtin, die sich um die Entstehung zumindest der ersten zwölf dieser programmatischen Partituren große Verdienste erworben hat. Auslöser der Komposition war ein hymnisches Gedicht, das der ungarische Poet MIHÁLY VÖRÖSMARTY auf den von ihm glühend verehrten Liszt verfaßt hatte. Dieser bedankte sich mit der umjubelten Uraufführung seiner *Hungaria* im September 1856 in Budapest (und wird dem Ungarn noch 1885, also ein Jahr vor seinem Tod, eines der *Historischen ungarischen Portraits* widmen). Das reichlich zwanzigminütige Werk basiert vornehmlich auf dem in Ungarn spätestens seit 1800 verbreiteten »verbunkos« (Musik der Soldaten-Anwerber), entspricht im Aufbau etwa einer der *Ungarischen Rhapsodien* und schließt effektvoll mit einem Marsch.

Das ungarische oder, genauer, zigeunerische Element macht bei diesem verwegenen Romantiker auch vor dem Kirchenportal nicht halt. Zumindest in zwei Messen geht es überraschend temperamentvoll zu. Zumal im Fall der *Ungarischen Krönungsmesse* von 1867, in der das Offertorium (die Darbringung von Brot und Wein) von einem Primas-Solo der Violine begleitet wird – mit dem zackigen Rhythmus des »verbunkos«, der das Hackenzusammenschlagen der ungarischen Werbetänze imitieren soll. Den schmeichelhaften Auftrag zu dieser Messe verdankte der Komponist nicht etwa dem Habsburger-Hof, sondern einigen befreundeten ungarischen Magnaten. In Wien hatte man dann sogar vergessen, ihn zur Aufführung 1867 nach Budapest einzuladen. Also wohnte der Komponist dem Ereignis als gewöhnlicher Konzertbesucher bei. Als er dann, um unliebsamen Begegnungen zu entgehen, in seiner Abbésoutane als erster aus der Matthiaskirche trat, jubelte ihm die zum Empfang des Krönungszuges versammelte Menge zu, was er durchaus als Entschädigung empfand.

Bereits elf Jahre zuvor hatte er für eine andere große Kirche Ungarns eine geistliche Partitur geschaffen: die *Graner Festmesse* zur Weihe der riesigen Kuppelkathedrale zu Gran (heute Estzergom) am Donauknie. Auch mit dieser Aufführung verbindet sich eine peinliche Begebenheit: Diesmal befand sich unter den Gästen zwar der Komponist, dafür aber war der damals noch keineswegs betagte Wiener Kaiser FRANZ JOSEPH I. ganz einfach eingenickt. Was an und für sich verzeihlich wäre, gewann dadurch unfreundliche Züge, daß sich der Monarch nach gehabtem Kirchenschlaf abschätzig über die Musik geäußert haben soll.

Noch aus den letzten Lebensjahren datieren etliche Werke mit magyarischen Tangenten, vielleicht ein Zeichen, daß der ruhelose Wanderer sich hier eine imaginäre, abstrakte Heimat geschaffen und bewahrt hatte. Seine Verbundenheit mit einigen einflußreichen Freunden, denen er Adelsbrief und hohe Funktionen verdankte, brachte er im Jahr vor seinem Tod in den schon erwähnten sieben *Historischen ungarischen Portraits* zum Ausdruck. Auch die letzten vier *Ungarischen Rhapsodien*, sämtlich auf eigene Themen, gehören hierher. Und jetzt gibt es drei Totentänze in Form ungarischer Tänze: *Csárdás, Csárdás macabre* (vergleiche *Danse macabre* bei ihm und SAINT-SAËNS) und – als eine Art Prototyp des unbarmherzigen *Allegro barbaro* von BARTÓK – ein ähnlich »besessenes« Stück, *Csárdás obstiné*. Und Abschied nimmt der 75jährige von seiner vermeintlichen Heimat mit *Puszta-Wehmut*, einem Stück, das das Gedenken des Insulaners GAUGUIN an seine bretonische Kindheit vorwegnimmt.

Es war ein ungarischer Geiger, der die beiden miteinander bekannt gemacht hatte. JOSEPH JOACHIM, damals noch Liszts Freund, hatte ihm den jungen BRAHMS geschickt, der allerdings eingeschlafen sein soll, während ihm der Hausherr seine donnernde *h-Moll-Sonate* vorspielte. Auch später hatten die beiden Komponisten wenig gemeinsam – bis auf diesen Freund in frühen Tagen und die Liebe zur Zigeunermusik. Was bei Liszt die *Ungarischen Rhapsodien* sind, sind bei Brahms die *Ungarischen Tänze*, die ihrem Verfasser nicht zufällig den Namen »Zigeuner von der Waterkant« einbrachten. Der Hamburger hatte schon früh Kontakt mit den rassigen Weisen und schmachtenden Harmonien, als er – um seinen Lebensunterhalt zu verdienen – in Bierstuben und Gasthöfen aufspielen mußte. Es war ein Geiger, mit dem er damals, noch vor seiner Bekanntschaft mit Joachim, zusammenarbeitete, EDUARD RÉMENYI, der ihn überredete, etliche sentimentale Piecen »à la zingarese« zu schreiben, wie sie spätestens seit Franz Liszts Triumphen in Buda und Pest beim breiten Publikum hoch im Kurs standen.

Um diese Jugendsünden später wiedergutzumachen, verfaßte Brahms Ende der fünfziger Jahre dann Klavierstücke zu zwei und vor allem zu vier Händen, in denen er einen ausgefeilten Klaviersatz vorführte, der ohne Effekthascherei auskam und die hier schmachtenden, da leidenschaftlich aufbegehrenden Linien der beiden Spieler aufs schönste ineinanderführt und miteinander verwebt (was einen haptischen, also berührungstechnischen Hintergrund hat, denn Brahms widmete die Tänze dem befreundeten Kritiker EDUARD HANSLICK – dem renommiertesten Gegner der Neudeutschen LISZT, WAGNER und BRUCKNER –, damit er sie mit seinen hübschen Schülerinnen spiele . . .)

Das vermeintlich original ungarische Volksmusikgut stammt, wie bei Liszt, maßgeblich von Zigeunern und adligen Amateuren, aber darüber hinaus auch aus der böhmischen Folklore. Brahms wartete noch bis zur Aufwertung Ungarns innerhalb der Habsburger-Doppelmonarchie, bevor er die Tänze seinem Verleger SIMROCK überreichte.

Die beiden ersten von vier Heften mit insgesamt 21 *Ungarischen Tänzen* zu vier Händen erschienen 1869. Sie gehen noch auf vorgegebenes Melodiengut zurück und enthalten unter anderem vier Csárdás sowie je zwei Hochzeits- und Beschwörungstänze. Der *»Rosenstraußtanz«* lebt aus dem heftigen Wechsel des Zeitmaßes (schnell–langsam–schnell).

Im Jahre 1880 folgten dann die beiden letzten Hefte; nicht zufällig erschienen im selben Jahr die *Slawischen Tänze* des 39jährigen ANTONÍN DVOŘÁK, den Brahms ja protegiert und bei Verleger Simrock eingeführt hatte.

Am Rande erwähnt seien weitere Werke, in die Brahms vermeintlich ungarische Wendungen und Elemente einfließen ließ:

die Finalsätze des B-Dur-Klavierkonzerts und des Violinkonzerts (dort mit der berühmten metrischen Verkürzung).

Mit Béla Bartók treten wir gewissermaßen aus der königlich-ungarischen Hotellerie und Edelgastronomie unter berückenden Klängen einer Zigeunerkapelle mit Hackbrett und schnurrbärtigem, flammenäugigem Primas hinaus ins durchaus karge Freie des ungarischen Landes, das zu des Komponisten Geburtszeit allerdings noch ein Mehrfaches seines heutigen Territoriums umfaßte, darunter herrliche Gebirgslandschaften. Diese Rückbesinnung und überhaupt erst Freilegung authentischer Volksmusik ist das eine, das sich mit dem Namen Bartók und dem seines jüngeren Landsmannes und Mitstreiters Kodály verbindet. Das andere ist ein ausgemachtes Weltbürgertum, im Falle des Älteren unfreiwillig, beim anderen erfolgreiches Lebensprogramm.

Geboren auf heute rumänischem Territorium, achtjährig ausgebildet im heute slowakischen Preßburg, endlich studierend an der damals noch Königlichen Musikakademie Budapest, unter anderem Klavier bei dem Liszt-Schüler István Thomán, reiste Bartók später als renommierter Pianist und in Kooperation mit Kodály als Volksmusikforscher durch das Aus- und Inland, um schließlich als Emigrant 1940 in den USA zu landen, wo er allerdings mit Alltag, Gesellschaft und Musikleben nicht zurechtkam und in Einsamkeit, Bedürftigkeit und Krankheit starb.

In seiner einzigartigen, von der seltsam herben Bauernfolklore Ungarns unverwechselbar eingefärbten Klangsprache fand er so etwas wie eine künstlerische Geborgenheit; da dies eine stete schmerzliche Diskrepanz zur existentiellen Wirklichkeit zur Folge hatte, erklärt sich auch eine zunehmend wehmütige, vom Heimweh gezeichnete Komponente, die dann in den amerikanischen Werken (vor allem im *Dritten Klavierkonzert*) gipfeln sollte.

Begonnen hatte der weit vor Bertolt Brecht und Brigitte Bardot mit »BB« monogrammierende Musiker als erklärter Spätromantiker deutscher Provenienz, aber bereits als vaterländischer Tondichter: Sein *Kossuth* von 1903 gilt *dem* ungarischen Freiheitshelden und später führenden Politiker seines Landes und ist eine Sinfonische Dichtung ganz im Geiste Liszts und im

Klanggewand des RICHARD STRAUSS der Jahrhundertwende (speziell *Ein Heldenleben*). Als Kuriosum erwähnt sei die Tatsache, daß der junge Patriot als Symbol der Niederschlagung des von KOSSUTH geführten Aufstandes von 1848 durch die Habsburger-Zentralmacht deren Hymne *Gott erhalte Franz den Kaiser* äußerst wirkungsvoll verzerrt – wie etwa PJOTR TSCHAIKOWSKY die *Marseillaise* (in *Das Jahr 1812*), CLAUDE DEBUSSY LUTHERS *Ein feste Burg* (in der Zwei-Klaviere-Suite *En blanc et noir*) und schließlich MAX STEINER das *»Deutschlandlied«* in der Filmmusik zu *Casablanca*.

Nach diesem noch völlig »lisztigen« Auftakt mit historischer Themenstellung werden in Bartóks Schaffen die vom lokalen Kolorit geprägten Orchesterpartituren nicht mehr abreißen, nur daß sich deren Topographie oder, besser, Soziotypie wandelt und allmählich von der Großstadt (in Ungarn genauer: Hauptstadt) aufs Land verlagert. So begegnen in der ersten *Suite für Orchester* op. 3 noch die beiden populärsten Tänze des ungarischen Musikalltags zu LISZTS und BRAHMS' Zeiten: »csárdás« (sprich: »tschardasch«) und »verbunkos« (sprich: »vérbunkosch«).

Ein spannendes Übergangswerk sind die *Deux Images* (Zwei Bilder) op. 10, die uns mit einer DEBUSSY abgelauschten Harmonik und Orchesterfärbung ins Freie führen, ähnlich den Pleinairisten unter den Malern der Jahrhundertwende. Ein impressionistisches Naturgemälde ist der erste Satz, *»In voller Blüte«*, Umsetzung rumänischer Folklore der zweite, *»Der Dorftanz«*. Da finden sich schon auffällige Neuerungen wie Unisoni und Ostinati (einstimmige und ständig wiederholte Abschnitte), die zwar sehr volksmusikhaft klingen, aber keine Zitate darstellen, sondern Eigengebilde des Komponisten wie entsprechende Passagen etwa bei BORODIN oder CHATSCHATURJAN.

Hingegen liegen einer »absoluten« oder gar »abstrakten« Form wie der *Sonatine* von 1915 fünf authentische Melodien aus der siebenbürgischen Folklore zugrunde; die ersten beiden Sätze heißen sogar *»Dudelsackpfeifer«* und *»Bärentanz«*. Hier wie in den *Rumänischen Volkstänzen* von 1917 stammen die Vorlagen aus einer staatlichen Sammlung von über 1100 Melodien, die der Komponist auf seinen Expeditionen zusammengetragen hat.

Was in Bartók – abgesehen von der Umsetzung seiner heimatlichen Eindrücke und Empfindungen – während des Ersten Weltkrieges arbeitete, ist auf erschreckende Weise seiner einaktigen Pantomime *Der wunderbare Mandarin* abzuhören. Hier werden die Neurasthenie, Brutalität und letztlich Erlösungssehnsucht der modernen Großstadtgesellschaft zu Klang. Die Uraufführung fand 1926 in Köln statt; Höhepunkte der Proteste war die Absetzung des Stückes durch den damaligen Oberbürgermeister KONRAD ADENAUER. – Glücklicherweise hat Bartók von der grandiosen Musik eine *Suite* zusammengestellt, die ihre ungebrochene Weiterexistenz wenigstens im Konzertsaal garantierte. (STRAWINSKY verdankt die Tatsache des Bühnen-Überlebens seines nicht minder harten *Sacre du printemps* einzig dem Umstand, daß die Handlung in ferner Zeit und an fernem Ort spielt: im heidnischen Rußland. Aus gleichem Grund »begnadigt« wurde PROKOFJEW mit seiner »skythischen Suite« *Ala et Lolly*.)

Das Jahr 1922 war ein großes Datum für die ungarische Hauptstadt: Vor fünfzig Jahren waren die Städte Buda (Ofen) mit Burgberg, Fischerbastei, Matthiaskirche und Pest auf dem gegenüberliegenden Flachufer vereinigt worden. Aus diesem Anlaß erhielten drei tonangebende Komponisten Werkaufträge: Bartók, KODÁLY und VON DOHNÁNYI. Letzterer schrieb eine *Festouvertüre*, die anderen jeweils ein Hauptwerk ihres Schaffens – der zweite den *Psalmus Hungaricus* und Bartók seine *Tanzsuite*. Von Dohnányi leitete persönlich die Uraufführung aller drei Partituren.

Mit dieser sechsteiligen *Tanzsuite* (sie besteht aus fünf Tänzen und einem Finale) legte Béla Bartók ein ganz persönliches Zeugnis für die damals allerdings gefährdete »Verbrüderung der Völker« ab; in seiner Vorstellung waren die nun selbständigen Länder Ungarn, Rumänien, Tschechoslowakei, Jugoslawien und (das angrenzende) Rußland durchaus eine zusammengehörige Gemeinschaft, die es nun wenigstens kulturell zu erhalten oder zumindest zu beschwören galt. Hier schwingt ebensoviel Nostalgie und Fernweh nach vergangenen Zeiten mit wie im Verhältnis der Exilrussen zu ihrer einstigen Heimat, dem Zarenreich. Der Komponist hat die Sätze selbst charakterisiert: Der erste und vierte atmen orientalisches, der zweite und dritte ungarisches Kolorit, zu dem im letzten Satz noch rumänische Einflüsse treten. Der fünfte ist von ganz archaischer Art, wie sie Bartók teilweise im ungarischen Bauernland angetroffen hat. Das Besondere: Auch hier zitiert Bartók kein einziges Originalthema, sondern erfindet einfach »im Volkston« (was nachweislich erheblich schwerer ist). – Der Erfolg dieser farben- und kontrastreichen, Südosteuropa sozusagen zusammenfassenden Partitur bewog den Komponisten, Ende der zwanziger Jahre zwei weitere folkloristische Werke folgen zu lassen: die beiden *Rhapsodien* von 1928, gewidmet den ungarischen Geigern Joseph Szigeti und Zoltán Székely (die auch die Uraufführung besorgten). Noch an die namengebenden *Ungarischen Rhapsodien* von Franz Liszt erinnert die kontrastierende Tempofolge beider Kompositionen (für Violine und Klavier oder Orchester): langsam – schnell. In der Orchesterbegleitung von Nr. 1 setzt Bartók sogar (bei ihm ausnahmsweise) ein quasi touristisches Landesinstrument ein: das Zimbal oder Hackbrett. In der zweiten Rhapsodie faßt er dann insgesamt neun authentische Melodien (siebenbürgischer, ungarischer und rumänischer Herkunft) zusammen – wieder programmatisch als Symbol für die Verwandtschaft dieser Kulturen und Mentalitäten.

Ebenfalls eine Folge der enormen Akzeptanz, die die *Tanzsuite* gefunden hatte, waren die *Ungarischen Skizzen,* 1931 für Orchester eingerichtet und fünf Sätze umfassend, die sich deutlich am Alltag des einfachen Volkes orientierten, »Melodie«, »Bärentanz«, »Etwas angeheitert«, »Auf dem Lande« und »Hirtentanz aus Ürög«. Bartók, der im Gespräch und beim Komponieren zeit seines Lebens jegliche Geschwätzigkeit haßte, brauchte für diese kurzweilige Partitur gerade einmal reichlich zehn Minuten.

Der hochgeistige Komponist war zwar Idealist, aber kein Christ. Als er bei seinen Feldforschungen im inzwischen rumänischen Siebenbürgen auf heidnische Jahreswendgesänge, die sogenannten »Colinden«, stieß, begeisterte er sich für diese archaische Schicht, setzte einige Melodien für Klavier und bearbeitete eine dieser Balladen zu einer Kantate mit dem typischen Zusatz »profan« (in bewußt »nichtsakralem« Sinne) und dem Titel *Die Zauberhirsche.* Diese »Cantata profana«, ein klanglich und inhaltlich interessantes Werk von knapp zwanzig Minuten, erzählt die Geschichte von einem Vater, dessen neun Söhne während einer Jagd in Hirsche verwandelt werden, und tendiert zu einer pantheistischen Sicht von Natur und Zivilisation.

Allmählich trat dann in den dreißiger Jahren das folkloristische oder vielleicht sogar »panbalkanische« Thema in Bartóks Schaffen zurück. Erst als ihn mehrere Faktoren – Tod der Mutter, Ausbruch des Zweiten Weltkrieges, HITLERS Einmarsch in Prag – in die Emigration nach New York trieben, brachte ihn das Heimweh diesen bewährten Inspirationsquellen wieder nahe. Zwei seiner Spätwerke tragen auf diese Weise beklemmende, ja erschütternde Züge der alten Heimat. Zu den großen Partituren seines Œuvres zählt das 1943, also zwei Jahre vor seinem Tod, entstandene *Konzert für Orchester*. Den dramaturgischen Kern des fünfsätzigen Werkes bildet die »Elegia«, hierin vergleichbar dem Mittelsatz seines haltungsverwandten *Dritten Klavierkonzerts*. Der Komponist selbst bezeichnete ihn als »herzzerreißendes Klagelied«, das auch Anklänge an die Passagen des Grauens in *Herzog Blaubarts Burg* bereithält. Um dieses Zentrum legt sich – bei Bartók häufiger der Fall – eine doppelte Bogenform. Die gleichlangen Ecksätze sind gewaltige Fresken von Kampf und Sieg, während der innere Bogen aus zwei scherzoähnlichen Sätzen besteht: *»Giuco delle coppie«* (Tanz der Paare) und *»Intermezzo interrotto«* (Unterbrochenes Intermezzo), ein hintergründig mehrschichtiger Satz, der nicht nur in seinem ersten Thema zurückverweist auf DEBUSSYS Spanien-Impression *La sérénade interrompu* (Das unterbrochene Ständchen – siehe den Abschnitt »Südwärts«). Diesem Serenadenthema folgt eine gefühlvolle Weise mit Zigeunerklängen, die einer ans Kitschige grenzenden Operette entlehnt ist und original den Text trägt *»Schön, wunderschön bist du, Ungarnland«*. Was es mit dieser scheinbar anheimelnden Atmosphäre auf sich hat, entlarvt das grobe Zitat einer der bekanntesten Weisen des erfolgreichsten ungarischen Operettenkomponisten (den Bartók übrigens nicht leiden mochte), des in Komarom an der Donau geborenen FRANZ LEHÁR: *»Heut' geh' ich ins Maxim . . .«* Zigeunerseligkeit und leichtfertige Operette münden in eine ausgemacht brutale Episode, in der Bartók-Forscher die Reaktion des Komponisten auf das Schicksal seiner Heimat unter dem Faschismus sehen. Das Finale zieht ein letztes Mal positive Bilanz aus einem alten Traum von der kulturellen Völkergemeinschaft Südosteuropas, über den inzwischen freilich auch schwere Schatten hinziehen.

Manche Werke gelten unter Musikern und Musikfreunden als geradezu »heilig«. Zu ihnen zählt zweifellos Bartóks *Drittes Klavierkonzert*, und das liegt weniger an der Bezeichnung des ergreifenden Mittelsatzes – »Adagio religioso« – als vielmehr an dessen gesamter schon transzendenter Haltung, die eigentümlich an den ebenfalls singulären Streichquartettsatz *»Heiliger Dankgesang eines Genesenen«* bei BEETHOVEN erinnert. Was dort die lydische Kirchentonart ist, bewirken hier seltsam herbe, archaische Wendungen: Zeitlosigkeit, Ewigkeit. Das tänzerische Element prägt die Außensätze. So wird das einleitende *Allegretto* auf bebendem Grund der Streicher vom Solisten mit einer rumänischen Volksweise eröffnet, die leicht und licht wirkt. Dafür lebt das Finale aus der Verve eines energischen Akkordthemas mit rassigen Synkopen. Die Partitur war vom Verleger schon 1940 in Auftrag gegeben worden; doch Krankheit und Depression ließen den Komponisten erst wenige Wochen vor seinem Tod an die Arbeit gehen; er hat es seiner zweiten Frau, einer Pianistin, gewidmet, aber nicht mehr komplett instrumentieren können (das besorgte für die letzten siebzehn Takte sein Schüler und Freund TIBOR SERLY).

Bartók gehört zusammen mit SCHÖNBERG und HONEGGER zu den kompromißlosesten und engagiertesten Komponisten des 20. Jahrhunderts. Ein feiner Beobachter und tiefgründiger Menschenkenner wie THOMAS MANN wußte, was er sagte: »Wo immer ich Béla Bartók sah, mit ihm sprach, ihm lauschte, war ich aufs Tiefste berührt, nicht nur von seiner Liebenswürdigkeit, sondern von seinem hohen und reinen Künstlertum, dessen Wesen sich schon in dem schönen Blick seiner Augen ausdrückte.«

ZOLTÁN KODÁLY ist neben dem ein Jahr älteren Béla Bartók der wichtigste Vertreter der neueren Musikgeschichte seines Landes (1882–1967). Anders als jener war er kein Pianist und als Musiker anfangs sogar Autodidakt. Dafür studierte er später nicht nur an der Budapester Musikhochschule, sondern zugleich Literatur und Linguistik an der dortigen Universität. So verwundert nicht ein geradezu wissenschaftliches Interesse an der authentischen ungarischen Folklore, die 1903 mit einer eifrigen Sammeltätigkeit begann, ihn mit dem gleichgesinnten Bartók zusammenbrachte und später in mannigfachen Funktionen auftauchen ließ. Mehrjährige Reisen führten ihn durch Europa (unter anderem nach Berlin und Paris). Der vielseitige Künstler und Gelehrte wurde 1907 Professor für Komposition, später Kritiker und Dirigent im In- und Ausland und 1946 Präsident der Ungarischen Akademie der Wissenschaften.

Ein Hauptwerk der ungarischen Musica sacra, in seiner Originalität und Bedeutung vergleichbar der *Glagolitischen Messe* von LEOŠ JANÁČEK für die slawische Kirchenmusik, ist sein bereits genannter *Psalmus Hungaricus* op. 13. Die Partitur für Tenorsolo, Chor und Orchester erlebte ihre umjubelte Uraufführung 1923 in Budapest – anläßlich des mehrfach erwähnten fünfzigsten Jahrestages des Zusammenschlusses der Städte Buda und Pest – und wurde sofort als Zeugnis für das neuerwachte Selbstverständnis der Magyaren nach Beendigung des Ersten Weltkrieges und dem Zerfall der habsburgischen Donaumonarchie aufgefaßt.

Schon die Textvorlage ist ungewöhnlich. Der 55. Psalm wurde von einem Volksdichter namens MICHAEL VÉG aus dem noch heute weithin bekannten malerischen Kecskemét (wo auch der Komponist zur Welt kam) um Impressionen aus dem gesellschaftlichen und politischen Leben seines Zeitalters, des 16. Jahrhunderts, bereichert – und das waren keine frohen Zeugnisse, sondern Dokumente von Not und Bedrängnis, denn die Türken beherrschten das Land; unter ihnen hatte der dichtende Prediger selbst zu leiden gehabt. Der Psalmist, König David, wird durch den Solotenor personifiziert, der Chor um bewußt »reine« Knabenstimmen erweitert.

Höhepunkt der etwa zwanzigminütigen Partitur ist der A-cappella-Fluch des Dichters, der zugleich den ersten der beiden Teile, *»Klage«*, abschließt. Es folgt ein *»Gebet«*, das durch einen Rückgriff auf den psalmodierenden Anfang des Werkes abgerundet wird. Dieses versöhnlich stimmende »Nachwort« des Unisono-Chores faßt gleichsam die Entstehungsgeschichte des ungewöhnlichen Werkes zusammen: »So sagts die Bibel, so schrieb es David, so stehts im fünfundfünfzigsten Psalm, daraus ein Frommer, traurig im Herzen, allen zum Troste diesen Gesang erdacht.«

Ein schönes, relativ modernes und klanglich unverbrauchtes (da auf die bis dato unbekannte authentische ungarische Bauernfolklore abgestelltes) Beispiel für das aufrichtende und stärkende Potential selbst eines musikalischen Lamentos. Das Wagnis, leise zu enden, erweist sich als starkes suggestives Mittel.

Konnte KODÁLY mit seinem *»Psalmus«* den Durchbruch in Budapest und Zürich erzielen, so ließ er 1926 ein weiteres Werk von internationalem Rang folgen, das nicht minder originell angelegt ist: das Singspiel *»Háry János*, in dem der Komponist erstmals wagte, ungarische Volkslieder auf die Opernbühne zu bringen. Die Handlung begünstigte den Erfolg des Stückes: eine abenteuerlich-belustigende Geschichte aus der Ära der Napoleonischen Kriege aus dem Munde einer Art ungarischem Soldaten Schwejk. Noch erfolgreicher wurde dann die knapp halbstündige *Suite für großes Orchester*, die unter anderem typisches Instrumentarium einbezieht (neben Klavier, Glockenspiel und Celesta noch das Hackbrett der Zigeuner). Die pittoresken sechs Sätze gelten unterschiedlichsten Szenen. *»Das Märchen beginnt«*: Der Held steigert sich in der Schenke in abenteuerliche Heldentaten – militantes Jägerlatein. Das *»Wiener Glockenspiel«* entführt den Hörer in die Wiener Hofburg. Eine altungarische Weise, anfangs unbegleitet von der Solobratsche vorgestellt, liegt dem *»Lied«* zugrunde, das eigentlich ein Duett zwischen Háry und einem geliebten Mädchen darstellt und ständig das Cymbal (Hackbrett) einbezieht. Martialisch geht es zu in *»Schlacht und Niederlage Napoleons«*, denn Háry läßt nicht mit sich spaßen – um so mehr Spaß hat man beim Hören. Ein Werbetanz (»verbunkos«) um 1800 bot das melodische Material für das ursprünglich als Zwischenaktmusik verwendete *»Intermezzo«*. Steif und prächtig geht es zu beim *»Einzug des kaiserlichen Hofes«*, der zugleich für den effektvollen Ausklang der Suiten sorgt.

Die Praxis, Tänze ihrer Völker in den Konzertsaal und auf die Tasten zu bringen, hatten die Begründer der nationalen Schulen des 19. Jahrhunderts von LISZT und BRAHMS übernommen. Es handelt sich hier nicht nur um DVOŘÁK und SMETANA. Auch der

Wahlbrünner Janáček schrieb 21 *Volkstänze in Mähren* und fünfzehn *Mährische Volkslieder* sowie – für Orchester – *Lachische Tänze* (er stammte aus der Lachei). Und Kodály steuert 1930 und 1933 zwei immer wieder erfolgreiche markige »Tanzdichtungen in Rondoform« unter dem Titel *Maroszéker Tänze* und *Tänze aus Galanta* bei – die erste gilt siebenbürgischen Tänzen und war ursprünglich für Klavier komponiert (die Orchesterfassung wurde unter Fritz Busch 1930 in Dresden aus der Taufe gehoben), die zweite entstand 1933 zum achtzigjährigen Jubiläum der Budapester Philharmonischen Gesellschaft und verwendet Zigeunermusik des 18. Jahrhunderts.

Rumänien

Wir kommen mit der Donau nach Rumänien, das nach 1945 von Stalin um enorme Gebiete erweitert wurde: Die Ungleichbehandlung der Satelliten sollte deren Zerstrittenheit gewährleisten und eine Frontbildung gegen den Diktator verhindern, gemäß dem Wahlspruch der Römer »Divide et impera« (teile und herrsche). Bartók selbst war ja ein Beispiel für die beträchtliche Gebietsverschiebung. Das Land, ein Splitterprodukt Kakaniens und lange Zeit völlig unterentwickelt und unerschlossen, ist die Heimat der Vampire (Transsylvanien), der Legende von römischer Tradition (romanische Sprachinsel zwischen anderen Gebieten) und einiger exzellenter Fußballer und Turnerinnen.

Doch das größte Potential besitzt Rumänien in seinen Musikanten der Roma und Sinti. Darum sei hier der quasi authentischen, nicht als »ungarisch« mißverstandenen oder ausgegebenen »Zigeunermusik« gedacht. Wenn man in Südosteuropa auf dunkelhäutige Menschengruppen mit schwarzlockigen Schönen, Männern mit blitzenden Augen und Kindern in farbenfroher Kleidung trifft, drängt sich dem, der ihn schon einmal gehört hat, der rassige Chorsatz *Zigeunerleben* von Robert Schumann auf. »Im Schatten des Waldes . . .« Hier ist auch die Sehnsucht schön auskomponiert, die Wandervölker letztlich immer wieder weitertreibt. Pikanterweise wird die Klavierbegleitung durch ein Tambourin unterstützt.

Im ohnehin »ungarisch« gefärbten Schaffen seines Protegés JOHANNES BRAHMS wäre es höchst verwunderlich, fände der Musikfreund da nicht auch einige »Zigeunerlieder«. Und genauso betitelt der Norddeutsche insgesamt acht kurze, aber (nicht zuletzt dank der vollgriffigen Klavierbegleitung) ebenso temperamentwie wirkungsvolle *Zigeunerlieder,* aus dem Ungarischen übertragen von HUGO CONRAT. Bekannt zumal das erste:

He, Zigeuner, greife in die Saiten ein!
Spiel das Lied vom ungetreuen Mägdelein!
Laß die Saiten weinen, klagen, traurig bange,
bis die heiße Träne netzet diese Wange!

Oder Nr. 5 mit kecken Punktierungen:

Brauner Bursche führt zum Tanze
sein blauäugig schönes Kind,
schlägt die Sporen keck zusammen,
Csárdásmelodie beginnt . . .

Die Kombination Zigeuner – Geige ist klassisch und soll hier durch zwei virtuose Kompositionen aus romanischer Feder belegt werden. In Spanien kam PABLO SARASATE (das gelegentlich noch anzutreffende, Adel vortäuschende »de« vor dem Familiennamen ist Schwindel) 1844 zur Welt und dank seiner *Zigeunerweisen* op. 20 sehr bald in die internationalen Konzertsäle. – Wenn er dort die Hörerschaft regelmäßig durch eigenen Vortrag förmlich verhexte, so muß man bei dem Franzosen MAURICE RAVEL, der ursprünglich Pianist war, doppelt staunen, daß er 1924 eine atemberaubende Konzertrhapsodie für Violine und Klavier (später Orchester) zu Papier brachte. Er nannte sie *Tzigane* – inzwischen ein Prüfstein für geigerische Virtuosität, dessen Originalfassung allerdings auch dem Pianisten Letztes abverlangt.

Um das mit Südosteuropa verbundene Thema »Zigeuner« abzurunden, soll der Hinweis auf die Fülle der Operetten und sonstigen Bühnenwerke genügen, die sich des romantischen, von Erotik und Freiheit getränkten Klischees der ewigen Wanderer, nichts und niemandem verpflichtet, nur allzugern bedienen. Schließlich sind Gestalten wie Esmeralda aus *Notre Dame* von F. SCHMIDT, Carmencita aus BIZETS *Carmen*, Mignon aus GOETHES mehrfach nachgestaltetem oder vertontem *Wilhelm Meister*, unter anderem bei A. THOMAS und H. WOLF, sämtliche Angehörige dieses geheimnisvollen, zumal den behüteten (und Kultur-)Bürger magisch anziehenden Stammes. Von »Zigeunerbaronen« und »Zigeunerlieben« ganz zu schweigen ...

Soweit zu den Zigeunern Rumäniens. Ist die Zahl der hinreißenden Volksmusiker dieses Landes Legion, so bleibt es doch bei einem einzigen »klassischen« Komponisten von Weltrang, den es hervorgebracht hat. Gleichaltrig mit BARTÓK ist GEORGE ENESCU, der diesen allerdings um zehn Jahre überleben sollte. Bei seiner Geburt war das selbständige Königreich Rumänien ausgerufen worden. Enescu gehört zu den ausgemachten Wunderkindern der Musikgeschichte und wurde schon als Fünfjähriger auf den Besuch des Wiener Konservatoriums vorbereitet, das er mit dreizehn Jahren und Auszeichnung absolvierte. Damals traf er auch den schon betagten BRAHMS und wirkte unter dessen Anwesenheit bei Aufführungen seiner Musik mit. Bis dahin war Enescu als Geiger und Dirigent aufgefallen; in beiden Eigenschaften setzte er sich begeistert für Brahms ein. Mit nur vierzehn Jahren übersiedelte er dann nach Paris, wo er sich auf Drängen seines Vaters zusätzlich als Komponist bei MASSENET und FAURÉ ausbilden ließ – Meister der Kantilene, die seine natürlichen Anlagen noch vertieften und verfeinerten. Unmittelbar vor der Jahrhundertwende begann er ein ausgiebiges Virtuosenleben – als Solist wie Primgeiger eines eigenen Streichquartetts. Es dürfte an diesem zeitaufwendigen und kraftzehrenden Tourneedasein gelegen haben, daß der Hochbegabte relativ wenig Kompositionen hinterlassen hat. Als vorzüglicher und vielseitiger Interpret musizierte er mit den Großen seiner Zeit und Zunft, wie PABLO CASALS, ALFRED CORTOT, YEHUDI MENUHIN, DAVID OISTRACH, ALFRED CASELLA, RICHARD STRAUSS und MAURICE RAVEL.

Es ist bezeichnend, daß Enescu nach vier Schulsinfonien und zwei Ouvertüren (tragisch und triumphal), die nicht nur von Zahl und Titel her auf sein frühes Idol BRAHMS weisen, als erstes gezähltes Werk eine Orchestersuite *Rumänisches Gedicht* herausbrachte: und das noch im letzten Pariser Studienjahr. Bekannter und bodenständiger wurden seine beiden *Rumänischen Rhapsodien* in A-Dur und D-Dur von 1901, beide 1903 in Bukarest uraufgeführt. Die erste war schon 1901 in dem Karpaten-Kurort Sinaia entstanden und vereint in sich mehrere rumänische Tänze und Lieder. Transparenter und eher kammermusikalisch gibt sich die zweite, ein Jahr später komponiert.

Dieser folkloristisch orientierten Frühphase folgte im Schaffen Enescus eine Periode klangüppiger und kosmopolitischer Werke, die der Spätphase bei SKRJABIN (*Prometheus*) oder der impressionistisch-exotischen Periode bei SZYMANOWSKI entsprechen: Exponent ist hier die *Dritte Sinfonie* von 1918 (zum gigantischen Orchester gesellen sich Klavier, Celesta, Orgel und Chor). Viel Zeit kostete ihn dann seine einzige gültige Bühnenarbeit, die lyrische Tragödie *Oedipe* (Ödipus) – siebzehn Jahre. Zuletzt fand er zu einer abstrakt-folkloristisch geprägten, eher herben Klangsprache, die an BARTÓK gemahnt: so vor allem in der *Ouvertüre in A-Dur op. 32*. Nach Annexion seines Landes durch die Kommunisten 1947 blieb Enescu als Emigrant in Paris, wo er acht Jahre später starb.

Mit der Reise zum Donaudelta sind wir am Schwarzen Meer gelandet. Gegenüber liegt der Kaukasus, begeben wir uns in den »russischen Orient« . . .

Russischer Orient – Kaukasus, Vorder- und Mittelasien

Im Kaukasus lebten und leben neben alten Kulturvölkern – wie den frühchristlichen Armeniern und Georgiern – wilde Bergstämme, deren Kampfbereitschaft und Streitbarkeit von den Zaren und später von der roten Diktatur mit List, Geschick und Gewalt zurückgedrängt wurde und die sich nun nach dem Zerfall des Sowjetimperiums traurig wieder in Erinnerung bringen. Hierher wurden unter den Zaren mißliebige Offiziere strafversetzt. Der Inspirator des russischen Musiktheaters, ALEXANDER PUSCHKIN, mußte gleichfalls in den Kaukasus, bis er dann einer Petersburger Hofintrige zum Opfer fiel und sich in ein Duell verwickeln ließ, das er nicht überstand (seltsame Vorwegnahme von TSCHAIKOWSKYS Ende, ebenso unfreiwillig und in derselben Stadt: der Dramatiker und sein erfolgreichster Vertoner).

MICHAIL LERMONTOW allerdings machte aus der Not eine Tugend: Er *liebte* den Kaukasus. Und als er wegen aufrührerischer Verse anläßlich des Endes seines Dichterkollegen Puschkin *Der Tod des Dichters* dorthin verbannt wurde, was – es herrschte Krieg gegen die Bergvölker – einem Himmelfahrtskommando gleichkam, erlebte das Schaffen des »russischen BYRON« einen neuen Auftrieb. Es entstanden bezaubernde Gedichte, eindrucksvolle menschliche Porträts, mitreißende Liebesgeschichten und farbenprächtige Balladen. *Der Dämon* ist ein echtes Produkt der wild zerklüfteten Gebirgswelt zwischen Schwarzem Meer und Kaspisee, ein Rebell gegen Himmel und Erde, den von BYRONS weltschmerzgeplagtem Helden Manfred das aktive Wollen und der Einsatz für die Menschen, vom antiken Prometheus aber der Zynismus einer zunehmenden Ernüchterung und Desillusionierung unterscheidet. Selbst die reine Liebe der schönen Tamara vermag ihn nicht zu retten; sie zerbricht – und er stürzt in den Abgrund. Auf dieses packende Poem hat TSCHAIKOWSKYS Lehrer ANTON RUBINSTEIN eine vielbeachtete Oper komponiert, die aufgrund ihrer konservativen Klangsprache freilich weit hinter den grandiosen symbolistischen Gemälden eines MICHAIL ALEXANDROWITSCH WRUBEL zum selben Thema zurückbleibt.

Ebenfalls *Tamara* heißt eine von der dramatischen Landschaft des Kaukasus, aber auch von seinen alten Sagen inspirierte Sinfonische Dichtung des Führers der »Russischen Fünf«, MILI BALAKIREW. Bei dieser Schönen handelt es sich um eine Art weiblich-finsteres Pendant zu besagtem Dämon: Eine Prinzessin lockt junge Männer auf ihr Schloß und läßt sie nach der ersten Nacht in den reißenden Fluß Terek werfen. Diesen kaukasischen Strom hat übrigens LERMONTOW in einem Poem verewigt – *Die Gaben des Terek* –, ebenso wie der Petersburger SERGEJ LJAPUNOW (ein Schüler Balakirews) mit einer seiner schwierigen Klavieretüden in memoriam FRANZ LISZTS, die uns noch begegnen werden. Der russische Orient fand nicht umsonst bei den patriotisch gesinnten Künstlern besonderes Interesse, symbolisierte er doch auf dreifacher Ebene stolze Unabhängigkeit, unverbrauchte Vitalität und exotische Ferne von jeder Dekadenz und Intrige: ob die Bergvölker, ob die dramatische Landschaft, ob die wegen ihrer »Unbotmäßigkeit« verbannten Offiziere (nicht unerwähnt bleibe der fremdländische Reiz der dunklen Schönen mit ihren Mandelaugen – bis hin zur Kontschakowa in *Fürst Igor* von ALEXANDER BORODIN).

Mit seiner hochvirtuosen »orientalischen Fantasie« *Islamey* hat BALAKIREW 1869 ein Stück von kaum zu überbietender Schwierigkeit geschaffen, das vor allem durch die raschen Tonwiederholungen à la toccata enorme Hürden für den Pianisten bietet. Es arbeitet mit zwei Themen, die der Komponist auf seinen Expeditionen notiert hat.

Das erste lauschte er einem Tscherkessenfürsten ab – es ist der »Islamey« genannte Volkstanz der Kabardiner und Balkaren und steht im raschen Zwölfsechzehnteltakt (hier werden die genannten Tonwiederholungen gefordert). An diesem Thema ist pianistisch ein Späterer gescheitert: Der junge ALEXANDER SKRJABIN hatte sich beim allzu heftigen Üben die rechte Hand verdorben, die daraufhin ein Jahr lang halb gelähmt war. Seitdem spielte er öffentlich nur noch eigene Werke, die er so einrichtete, daß die Rechte geschont und die Linke geradezu unglaublich gefordert wurde.

Vier weitere Klaviermeister wurden von Balakirews »Islamey«-Thema angeregt. Zuerst sein schon erwähnter Schüler SERGEJ LJAPUNOW mit einer weiteren seiner *Zwölf Etüden von außerordentlicher Schwierigkeit,* der *»Lesghinka«* (einem Prototyp von »Islamey«). Es folgten zwei *Toccaten*: die in *d-Moll* op. 11 von SERGEJ PROKOFJEW, eine Art Hymne auf die Maschine (1912), und die zwanzig Jahre später entstandene *es-Moll-Toccata* des Armeniers ARAM CHATSCHATURJAN – einer Naturbegabung für rhythmisch zündende und harmonisch pikante Musik, an der ein FRANZ LISZT wohl ebensoviel Freude gehabt hätte wie einst in Weimar an seinem Gast BORODIN. (Die ungewöhnliche Tonart es-Moll vermag nur Uneingeweihte abzuschrecken, der Pianist hingegen ist dankbar dafür, denn hier können sich die Finger besser zurechtfinden als etwa bei C-Dur, dem Favoriten des Anfängers. Denn je mehr schwarze Tasten einbezogen werden, desto leichter kann man bei Sprüngen treffen und sogar blind spielen.)

Doch auch ein Franzose zollte dem russischen Meisterwerk der Klavierexotik Tribut: MAURICE RAVEL. Mit seinem beklemmenden Klangbild *»Scarbo«* (Höllenzwerg) aus dem Klavierzyklus *Gaspard de la nuit* (Schatzmeister der Nacht) hat er ein Stück geradezu »infernalischer« Virtuosität ausgetüftelt, das BALAKIREWS Vorgabe an Schwierigkeit noch übertreffen sollte. Der Titel des Zyklus und der drei »romantischen Dichtungen«, wie Ravel seine Stücke nannte, stammt von ALOYSIUS BERTRAND, der noch von E. T. A. HOFFMANN inspiriert worden war und seinerseits dann auf BAUDELAIRE hinüberwirkte. Nach seinen Worten ist Scarbo ein grotesker »Zwerg, der um Mitternacht, wenn der Mond am goldenen Sternenhimmel wie ein Silbertaler glänzt, von der Zimmerdecke herunterpurzelt, herumwirbelt wie eine Hexenspindel, zur Riesengröße eines gotischen Kirchenturms anwächst und schließlich gleich einer erlöschenden Wachskerze in sich zusammenfällt«. Das Orientalerlebnis eines Russen veranlaßt einen

Franzosen, die von einem Deutschen inspirierte literarische Vision in Klänge umzusetzen!

Schon des Kontrastes wegen hat Balakirew das zweite Thema bewußt klangsinnlich angelegt; man wird an die weichen Passagen aus BORODINS *»Polowetzer Tänzen«* erinnert. Es geht auf ein Liebeslied der Krimtartaren zurück und wird im Verlauf des Stückes grandios gesteigert, und das sogar mit den beschriebenen Toccaten-Techniken! – Eine Orchesterfassung der *Islamey* erreicht indes nicht ganz die Brillanz des Originals, da das Moment der atemberaubenden pianistischen Virtuosität fehlt.

Noch ein Wort zu ARAM CHATSCHATURJAN. Man darf ihn getrost als den »Sänger des Kaukasus« im globalen Maßstab sehen. Hierzu hatte er die besten Voraussetzungen: 1903 als Sohn eines armenischen Handwerkers im georgischen Tiflis, einem Schmelztiegel der verschiedenen Kaukasusvölker, zur Welt gekommen, ging der relative »Spätstarter« 19jährig nach Moskau, um dort an der Musikfachschule Gnessin Violoncello, Klavier und Komposition zu studieren. Mit 24 Jahren war er dann für das Konservatorium der Hauptstadt präpariert, wo SCHOSTAKOWITSCHS Lehrer NIKOLAI MJASKOWSKI sein kompositorischer Mentor wurde. Der Sowjetstaat nutzte geschickt die aus der Kombination orientalischer Herkunft, westeuropäischer Schule und russischer Pathetik erwachsende Attraktivität der einzigartigen Klangsprache des Armeniers, der freilich lebenslang als »sowjetischer« Komponist geführt wurde. Rassige Höhepunkte seines breitgefächerten, auch Ballett und Filmmusik einbeziehenden Schaffens sind je ein *Klavier-, Violin-* und *Violoncellokonzert* sowie die Suiten nach den Balletten *Spartakus* (siehe Kapitel »Südwärts«) und *Gajaneh.* Es verwundert nicht, daß sich der Armenier auch zweimal mit dem repräsentativen Dichter des Kaukasus auseinandersetzte: in einem Film (daraus auch eine Suite) *Lermontow* und in der Bühnenmusik zu LERMONTOWS Schauspiel *Maskerade*, das der Doppelmoral im Petersburg NIKOLAIS I. die Maske vom Gesicht reißt. Wurde aus letztgenannter Suite vornehmlich der *»Walzer«* populär (der noch an TSCHAIKOWSKY anschließt), so finden sich in den insgesamt drei Suiten nach dem Ballett *Gajaneh* (mit einer recht dümmlichen Kolchosenhandlung und eingebauter Sabotage durch »Feinde der Sowjetmacht«) gleich drei Zugnummern: »*Lesghinka*«, »*Wiegenlied*« und »*Säbeltanz*«.

Bei den Konzerten sind es die elektrisierenden Außen- und die weitausschwingenden Mittelsätze (Violinkonzert) und die stets pikante Harmonik, die das Hören zu einem ungetrübten Genuß werden lassen, während die Bühnenpartituren zuweilen unter einer gewissen Vordergründigkeit leiden.

Der »russische Orient« beschränkt sich freilich nicht auf den Kaukasus. In diesen Vorstellungskreis gehören auch die Turkvölker, die im Mittleren Osten leben. Besuchen wir zuerst eine noch relativ angenehme Spezies, die Polowzer bei BORODIN. Zu dem altrussischen Fürstentum von Sewersk gehörte vor Gründung des von Moskau ausgehenden Russischen Reiches auch die Stadt Putiwl. Die Russen waren damals schon Christen, ihre Feinde jedoch noch Heiden. Das sogenannte *Igor-Lied* von 1185 berichtet von der Niederlage des Fürsten Igor gegen die Polowzer, ein kriegerisches Tartarenvolk, die schließlich die Stadt Putiwl dem Erdboden gleichmachten. Was läge näher, als nun in bewährter Schwarzweißmalerei die Heiden als die Bösewichte schlechthin darzustellen? Doch nicht so Alexander Borodin. Er ist schließlich selbst halber Armenier, nämlich unehelicher Sohn eines von dort stammenden Fürsten. Und so gelingen ihm auch derart rassige Klänge, die später allenfalls noch einem ARAM CHATSCHATURJAN einfallen werden. In seiner einzigen Oper *Fürst Igor* benehmen sich die Sieger denn auch durchaus gentlemanlike; die Tochter des Heerführers Kontschak möchte den gefangenen Prinzen Wladimir am liebsten heiraten, und der Vater lädt seine Gegner gar zu einem Gelage und läßt ihnen am Schluß des zweiten Aktes die Tänze seines Volkes vorführen! Die sind ein Muster an Farbenpracht und Abwechslungsreichtum. Sie können wahlweise mit oder ohne Chor aufgeführt werden (zumal der nur partiell eingesetzt ist). Diese Tänze hat der Komponist selbst instrumentiert, was sein Können auf dem Gebiet der Orchestration deutlich beweist.

Übrigens existiert auch für Borodin hier schon ein Prototyp: MICHAIL GLINKA, den man zu Recht als den Nestor der russischen Musik (im Sinne ihrer Erkennbarkeit) bezeichnet. In seine zweite Bühnenpartitur, die Märchenoper nach PUSCHKINS *Ruslan und Ludmilla*, hatte er bereits Tänze eingefügt, die schon zaghaft mit exotischer Harmonik operierten und damit den Grundstein zum Orientalischen in der russischen Musik schufen.

Doch da waren auch die anderen, die gefürchteten Horden der Hunnen, die Reiter der Goldenen Horde, die einst die alte Moskauer Rus heimsuchten und alles in Schutt und Asche legten, was sie nicht rauben konnten. Diese Schreckensgestalten beschreibt FRANZ LISZT. Im Jahr 1855 schenkte ihm seine Weimarer Lebensgefährtin, die Fürstin WITTGENSTEIN, eine Kopie des Wandgemäldes *Die Hunnenschlacht* des Historienmalers WILHELM VON KAULBACH, das die (hier nun durchaus mörderische) Auseinandersetzung der heidnischen Eindringlinge mit dem Christentum schildert, die im Jahre 451 auf den katalaunischen Feldern (dreißig Kilometer nordöstlich von Reims) getobt hat und später dann vor die Mauern Roms verlegt wurde. Bei dieser Schlacht sollen noch die unzähligen Toten am Himmel als Schatten weitergekämpft haben, was Kaulbachs Phantasie nachhaltig entzündete und was er auch meisterhaft nachgestaltet hat. Exponenten sind ATTILA (Etzel), auf einem Schild thronend, und ein Feldzeichen der Römer mit dem christlichen Kreuz. Wenn bei Kaulbach keine Entscheidung des Kampfgeschehens ablesbar ist, so kann man sie bei Liszt sehr wohl hören: Gegen Schluß gewinnt eine breite, vom Blech vorgetragene Melodie des gregorianischen Chorals immer mehr Raum und läßt keinen Zweifel an der Sieghaftigkeit des christlichen Glaubens. Dies ist freilich eine Zutat des gläubigen Komponisten, der mit seiner Musik »dem solarischen Licht des Christentums mehr Platz einzuräumen« hoffte, »als es in dem Kaulbachschen Bild der Fall sein dürfte«. Ursprünglich war Liszt von Kaulbach so begeistert, daß er ernsthaft erwog, eine »Weltgeschichte in Bildern und Tönen von W. Kaulbach und F. Liszt« zu schaffen, als Zyklus von Sinfonischen Dichtungen zu historischen Themen. Dieser Plan blieb wie so manches in der Idee stecken.

Mit den mittelasiatischen Ureinwohnern des russischen Orients beschäftigte sich SERGEJ PROKOFJEW. In seiner raffiniert brutalen *Skythischen Suite* wollte er diesen wilden Stämmen, die nicht nur für ihre Härte und Verwegenheit, sondern auch für ihre Goldschmiedekunst berühmt waren, ein klingendes Denkmal setzen, das gleichzeitig symbolisch für die schlummernde Kraft des zaristischen Riesenreiches sein und darüber hinaus nach Möglichkeit das Ballett seines Konkurrenten STRAWINSKY, *Le Sacre du Printemps*, ausstechen sollte, mit dem dieser 1913 *den* Theaterskandal des Jahrhunderts ausgelöst hatte. Wenngleich hier wie dort das Leben der slawischen Ureinwohner des zaristischen Rußland auf die Bühne oder zum Klingen gebracht wurde, galten diese doch den Zeitgenossen als »die Hunnen von morgen«, die mit der elementaren Wucht der goldenen Horde einfallen und alles Morsche und Dekadente zermalmen und hinwegfegen würden. Die Suite geht auf ein Ballett um das heidnische Rußland zurück, das SERGEJ DIAGHILEW 1914 bei dem Komponisten bestellt hatte. Das Libretto lieferte der junge Dichter GORODETZKI, der sich als »Akmeist« (oder »Adamist« oder »Klarist)« bekannte – als Vertreter einer absoluten, reinen Kunst um ihrer selbst willen (eine typische Strömung der russischen Szene um den Ersten Weltkrieg). Der Kunstkritiker TSCHUKOWSKI meinte 1922:

»Die Dichter hatten die Kraft verloren, wie Tiere zu schreiben. Der Zug zum Animalischen, zur primitivsten Ursprünglichkeit, wurde zu einem Wesenszug der Zeit.« Und ein gewisser GUMILJOW, Anführer der Akmeisten: »Als Adamisten sind wir ein wenig Tiere der Wildnis. Wir wollen auf keinen Fall das Tierische in uns aufgeben, um dafür die Neurasthenie einzutauschen.«

Der Titel des Balletts vereint zwei Namen aus der Welt der heidnischen Slawen: *Ala et Lolly*. Lolly hießt ein skythischer Held (eine Art slawischer Siegfried), Ala ist das hölzerne Bildnis einer heidnischen Göttin, der Verbündeten des Sonnengottes Weles. Die Suite vereint die vier wichtigsten Nummern der Ballettmusik. Im ersten Satz, *»Die Anbetung von Weles und Ala«*, bringen die Skythen ihren beiden guten Göttern ihre Verehrung dar: ein orgiastisches Treiben, in dem zeitweise acht Hörner und vier Posaunen das Thema hart dissonant gegeneinanderführen. Ein zweiter Abschnitt mit weicher Instrumentation personifiziert dann Ala. Dem Götzen des Bösen namens Tschushbog und seinen sieben höllischen Monstern gilt der zweite Satz, *»Tschushbog und der Tanz der bösen Geister«*, der ein wenig an die harten Passagen der

»Polowetzer Tänze« erinnert. Der Plan, unter dem Schutze der Nacht Alas Bildnis zu stehlen, scheitert an den Strahlen des Mondes, gegen die Tschushbog machtlos ist, denn sein Treiben verlangt Finsternis: Der dritte Satz schildert unter anderem das Herabsteigen der Mondjungfrauen, die Ala zu Hilfe eilen; doch erneut bedroht sie der Böse. Das Finale, in dem ein neuer Helfer auftaucht, der mythische Skythenheld Lolly, mündet in einen grandiosen Sonnenaufgang auf mächtigem Orgelpunkt des riesigen Orchesters. Als Tschushbog im ungleichen Kampf gegen den tapferen Helden zum entscheidenden Schlag ausholt, treffen ihn die ersten Strahlen des allmächtigen Sonnengottes Weles.

Leider hatte Diaghilew von der Ballettpartitur keine hohe Meinung. So entschloß sich der Komponist, aus ihr eine konzertante Suite zusammenzustellen, und eröffnete damit die Reihe seiner rund zwanzig Suiten nach eigenen Bühnenwerken (Oper, Ballett, Schauspiel und Film). – Man kann nachgerade von »skythischen Werken« bei Prokofjew sprechen. Zeitgleich schrieb er an seinem wohl finstersten und brutalsten, dem *Zweiten Klavierkonzert*, dessen skandalumwitterte Uraufführung 1913 die Devise des jungen Aufrührers (und »kommenden Hunnen«) erst so recht in Umlauf setzte: »den Bürger schockieren«.

Ein programmatisches Orchesterstück, eine Apotheose guter Nachbarschaft, die heute wieder überraschende Aktualität gewinnt, mag noch einmal Alexander Borodin zum Thema des russischen Orients beisteuern. Franz Liszt, der sich stets gern für neuartige Begabungen einsetzte, hatte die Aufführung seiner beiden Sinfonien betrieben. Und hier nimmt die Entstehungsgeschichte von Borodins *Steppenskizze aus Mittelasien* ihren Anfang, die kurioserweise mit einer thüringischen Universität zusammenhängt – der Alma mater Jenensis, genauer: deren naturwissenschaftlicher Fakultät. Denn 1877 unternahm der Petersburger in seiner beruflichen Position als Professor der Chemie eine Dienstreise nach Jena, von wo aus er Liszt in Weimar besuchte. Und so kam es zu einer persönlichen Begegnung des Petersburgers (stellvertretend für die »Russischen Fünf«) mit dem von ihnen allen hochverehrten Schöpfer der Sinfonischen Dichtung als musikalischer Form. Der Gast spielte auf Bitten des 22 Jahre Älteren eigene Kompositionen vor und erntete hohes Lob und kräftige Ermunterung. Liszt, damals schon Abbé in der Soutane, entdeckte gar »Cayennepfeffer« in den ungewöhnlichen Harmonien des Russen. – Als graue Eminenz des deutschen Musiklebens sorgte er dann in der Folgezeit dafür, daß BORODINS beide Sinfonien mehrmals aufgeführt wurden. Für diesen Einsatz und für den freundlichen Empfang in Weimar revanchierte sich BORODIN (und das wollte bei dem völlig überlasteten und entsprechend zerstreuten Professor viel heißen) mit einer – wie könnte es anders sein – Sinfonischen Dichtung, die er in der Art des erwähnten Pfeffers orientalisch »würzte« und dem großherzigen Förderer widmete.

So einfach das »Programm« ist, so wirkungsvoll hat es Borodin umgesetzt. Das Ganze ist ein Raumbild. Man hört – fast möchte man sagen: sieht – eine von russischen Soldaten eskortierte Karawane durch die zentralasiatische Steppe ziehen. Aus der unendlichen Weite kommt sie allmählich näher, symbolisiert durch eine russische und eine orientalische Melodie, die zunehmend an Kraft gewinnt und sich auf dem Höhepunkt mit der russischen kontrapunktisch vereint. Borodin wollte damit zeigen, daß sich die östlichen Völker und Stämme auf den russischen Stamm verlassen können – ganz im Sinne der geschickten Psychologie des Zarenreiches im Umgang mit seinen »Anrainern«.

Kleinasien: Syrien – Persien – Assur

Beginnen wir unseren kleinasiatischen Exkurs im heidnischen Altertum, und begeben wir uns zunächst mit Hilfe eines hochkultivierten Franzosen der Wende zum 20. Jahrhundert nach Babylon beziehungsweise Assur. Dort wurde als Göttin des Venussterns, also des Morgen- wie Abendsterns, Istar verehrt (bei den Westsemiten Astarte) – und das mit einem unverhohlen sinnenfreudigen Kult. Denn dazulande mußte sich um 1500 v. Chr. jede Frau mindestens einmal in ihrem Leben in einem Istar-Tempel einem Fremden hingeben. Die Göttin hatte, wie schon aus der Sternenzuordnung erhellt, eine januskopfige Charakteristik. Am Morgen war sie männlich und Ermunterin im Kampf, zu Streit und Tod, am Abend weibliches Sinnbild der Ruhe in den Armen der Liebe.

Das Bindeglied zwischen CÉSAR FRANCK auf der einen, SATIE, ROUSSEL und HONEGGER auf der anderen Seite war VINCENT D'INDY, ein geborener Comte des Jahrgangs 1851 und Haupt der »Schola cantorum«, einer bewußt antiakademischen Musikhochschule. Selbst aber war er alles andere als ein Avantgardist (was in puncto Hörgenuß kein Nachteil ist). Seine sinfonischen Variationen *Istar* stellen im Schaffen des bereits renommierten 45jährigen einen Höhepunkt dar. Die eingangs beschriebene Göttin führte, wie ihr schon von antiken Chronisten bescheinigt wurde, ein reges Liebesleben – schließlich war sie ja nicht nur Patronin des Krieges, sondern auch der Liebe. Einmal hatte sie ihren Geliebten an die Unterwelt verloren. Und dort setzt bei d'Indy die programmatische Handlung ein. Ähnlich wie im Falle Orpheus', nur mit vertauschten Geschlechtern, gelingt ihr das Eindringen in das düstere Reich, doch sie muß sieben Tore passieren und jedesmal etwas opfern, das sie bei sich trägt. Nach dem siebten Tor hat sie dann auch ihre Kleidung abgelegt und blendet die Unterwelt mit ihrer durch nichts mehr verhüllten Schönheit.

Eine originelle und sinnliche Sage, gewiß. Doch wie kann man sie kompositorisch ebenfalls sinnfällig umsetzen? Der Comte, bekannt als planender und klardenkender Komponist, hat sich für diesen dramaturgischen Höhepunkt nach allmählichem Spannungsanstieg etwas durchaus Originelles ausgedacht: Das Thema wird am Anfang nur angedeutet, doch immer mehr zum Klingen gebracht, bis es zuletzt klar und strahlend im Unisono ertönt – als Inkarnat der göttlichen Schönheit und Liebe. Es wundert nicht, daß dieses Sujet in solchem Klanggewand gleich mehrere Choreographen zu Balletten inspiriert hat (unter ihnen SERGE LIFAR).

Lassen Sie sich jetzt zum jüngsten Mitglied der »Russischen Fünf«, das zugleich die Ausnahme von der Regel darstellt, nach Bagdad entführen. Die besagte Ausnahme hat durchaus etwas mit unserem Kontext zu tun. Als einziger der »Fünf« wurde NIKOLAI RIMSKI-KORSAKOW später Konservatoriumsprofessor und war als solcher Lehrer unter anderem von IGOR STRAWINSKY. Und diesen darf man getrost als den universellsten Komponisten der Musikgeschichte in Raum und Zeit sehen. Die Grundlagen hierzu, nicht zuletzt zum musikalischen Exotismus, hatte ihm sein damals schon recht betagter Lehrmeister vermittelt. Doch die Gründe hierfür lagen in dessen Biographie. Noch bevor Rimski-Korsakow sich ernsthaft mit Musik beschäftigte, war er von Beruf Marineoffizier, hatte auf dem Segelschulschiff »Almas« (Diamant) den halben Erdball umsegelt und in dieser Zeit natürlich genügend Impressionen für die exotischen Bilder, Gestalten und Passagen seines künftigen Schaffens gesammelt – darunter für insgesamt fünfzehn Opern, die sinfonische Suite *Scheherazade* nach Motiven aus *1001 Nacht* und die zweite Sinfonie, *Antar*.

Begleiten wir ihn vorerst in das Bagdad des Harun al Raschid – hier die vier Handlungsträger der viersätzigen Suite. Die schöne Sklavin Scheherazade, bekannt als Erfinderin des Fortsetzungsromans, welches Patent ihr Leben um exakt tausend Tage und dann (als Ehefrau) auf Lebenszeit verlängern sollte, sei zuerst vorgestellt: mit ihrer an Bauchtanz oder Schlangenbeschwörung erinnernden geschmeidigen Violinfigur. Eingerahmt wird ihr Thema vom herrischen Unisono-Motto des grausamen Sultans, der – einmal enttäuscht – nun jede Frau nach der ersten Nacht töten läßt, sowie dem von seinem Motto abgeleiteten Thema des Meeres, wie der Sultan allgewaltig und majestätisch, doch als tragendes und trügendes Element in ewiger Dialektik zwischen Wechsel und Gleichförmigkeit oder Imposanz und Tücke, und schließlich Sindbads Schiff am Horizont. Nach zwei Einzelerzählungen aus der Märchensammlung führt den Hörer das Finale anfangs nach Bagdad: Der finstere Herrscher ist domestiziert, erkennt seine (einzige) Chance und heiratet die charmante Erzählerin. In Bagdad wird gefeiert. Doch auch das Meer fordert seinen Tribut; aus dem Festtrubel wird ein veritabler Seesturm – und vor dem fassungslosen Publikum versinkt eindrucksvoll das Schiff des Seefahrers Sindbad.

Ein Beiname der erwähnten babylonisch-assyrischen Istar hieß »Dea Syria« (syrische Göttin); und in die Syrische Wüste, in die Ruinen von Palmyra führt eine frühere sinfonische Suite, ebenfalls von RIMSKI-KORSAKOW. Zwanzig Jahre vor *Scheherazade* hieß die Partitur noch *Sinfonie Nr. 2* und trug nur den Untertitel *»Antar«* und die Opuszahl 9. Nachdem der Komponist selbst erst einmal regulär studiert hatte (seinen Konservatoriumsmitschülern etwa vierzehn Tage im Stoff voraus), arbeitete er fast alle Jugendwerke um: Zehn Jahre später war dann auch die *»Sinfonische Suite« Antar* beendet. Die Vorlage entnahm er der arabischen Märchensammlung eines russischen Autors, SENNKOWSKI. Die Rahmenhandlung hat einen philosophischen Hintergrund: die Wüste als Ort der Reflexion. Antar ist ein Wohltäter, dem die Menschen nie gedankt haben. So zieht er sich in die Einsamkeit zurück. Sein alle Sätze durchziehendes Thema erinnert in seiner etwas resignierten Nachdenklichkeit an das klingende Profil etwa von Hamlet in den entsprechenden Sinfonischen Dichtungen von LISZT oder TSCHAIKOWSKY. Plastisch hörbar tritt eine Gazelle auf, von oben stürzt sich mit grandiosem Flügelschlag ein Greifvogel, den Antar vertreiben kann. Antar entschlummert und erwacht in einem märchenhaften Feenpalast. Die Herrin ist die entzauberte Gazelle und bedankt sich bei ihm durch Gewährung dreier Wünsche. Und ebenso viele Sätze stehen dem Komponisten noch zur Verfügung. Nacheinander werden die Gefühle von Rache, Macht und Liebe zu Klang. Und man wird kaum überrascht sein, daß die Liebe als das »höchste aller Gefühle« denn auch die betörendste Umsetzung erfährt. Eine an Farben reiche Partitur, die das Orchestrationsgeschick des Komponisten vor allem in den Außensätzen souverän demonstriert und allen Freunden des klingenden Orient eine echte Bereicherung sein dürfte!

Aus der zweiten Schaffensperiode des Polen KAROL SZYMANOWSKI, die sich außereuropäischen Kulturen zuwandte, stammt die *Sinfonie Nr. 3* op. 27 mit dem Untertitel *»Das Lied der Nacht«*. Es wurde ein wahrhaft kosmopolitisches Opus. Das koloristische Aufgebot orientiert sich qualitativ und quantitativ deutlich an dem Deutschen RICHARD STRAUSS, den der Komponist damals als Vorbild sah (vier Flöten, drei Oboen, Englischhorn, vier Klarinetten, Baßklarinette, drei Fagotte, Kontrafagott, sechs Hörner, je vier Trompeten und Posaunen, Tuba, Pauken, Schlagzeug, Glocken, zwei Harfen, Klavier, Celesta, Orgel, Streicher, Tenorsolo und gemischter Chor). Die harmonische Exotik und die rhythmische Verästelung wurzeln in der arabischen Musik Nordafrikas, das der Komponist damals mehrmals bereiste; der Text stammt von dem persischen Mystiker des 13. Jahrhunderts, DSCHELÂL ED-DIN RUMI – und das Werk des Polen erlebte seine Uraufführung in den USA (1922 in Boston). Das Ganze wirkt wie ein grandioser Hymnus auf das Leben und unterscheidet sich damit total von der Sehnsucht nach Liebe und Tod bei NOVALIS (*Hymnen an die Nacht*) oder WAGNER (*Tristan und Isolde,* zweiter Akt), auch wenn Szymanowski diese Art lebensbejahende Erotik in die zärtliche, sinnliche Dunkelheit der Nacht bettet!

Wer sich hier klanglich verwöhnt fühlte, höre unbedingt noch das aus ähnlicher Stilistik stammende *Konzert für Violine und Orchester Nr. 1* op. 35 von Karol Szymanowski, ebenfalls im Jahre 1916 beendet. Hier freilich dominieren die duftigen, ätherischen Effekte einer Art »Violinimpressionismus«, der zumal die höchsten Lagen bevorzugt.

Auch dazu bestand eine erotische Vorlage: das Gedicht *Mainacht* des Landsmannes TADEUSZ MICÍNSKI, von dem der Komponist bereits einige Verse als Lieder vertont hatte.

Gehörte SZYMANOWSKI mit CHOPIN und LUTOSLAWSKI zweifellos zu den international geläufigen Meistern ihres Landes, so kann man das bei dem folgenden Franzosen allerdings nicht voraussetzen. Denn trotz seines keineswegs schmalen Werkverzeichnisses (über zweihundert Werke, die aber vorwiegend im Autograph vorliegen oder verschollen sind) ist CHARLES KOECHLIN nur wenigen Musikfreunden ein klingender Begriff, allenfalls ist er bekannt als Lehrer von FRANCIS POULENC und der einzigen Dame unter den »Six«, GERMAINE TAILLEFERRE. Vielleicht war er der Fachwelt damals etwas zu konservativ; doch dem Musikfreund von heute kann diese Dosis Rücksicht auf Hörerwartung nur recht sein. »In Zeiten der Entwicklung brauchen wir einige solide Prinzipien, an die wir uns klammern können. Was mich betrifft, halte ich die gründliche Beherrschung der konsonanten klassischen Harmonik für die unentbehrliche Basis für jedes Kompositionsstudium ... Bevor man sich den freien Umgang mit dem Kontrapunkt erlaubt, Polytonalität und Akkorde aus übereinandergeschichteten Quinten, ist es nicht das schlechteste, ein tragfähiges tonales Fundament zu besitzen.« Und Sie werden hören, daß eine so abgesicherte, solide Ästhetik durchaus spannend und neuartig klingen kann – aber eben, ohne den Hörer zu überfordern.

Koechlin ist 1867, also fünf Jahre nach DEBUSSY, geboren – in Paris, obgleich seine Familie aus dem Elsaß stammte, wo sein Großvater in Mulhouse eine Textilfabrik besaß. So lag es nahe, daß sein Enkel das Polytechnikum besuchte. Das Studium mußte er wegen akuter Tuberkulose abbrechen; er ging zur Kur nach Algier (1889) und war seitdem fasziniert vom Orient. Als er im Jahr darauf nach Paris zurückkehrte, begann er am Konservatorium Musik zu studieren – unter anderem Komposition bei MASSENET und FAURÉ sowie Kontrapunkt bei GEDALGE (sowie IBERT, MILHAUD und HONEGGER). Unmittelbar nach Beginn des neuen Jahrhunderts fanden in Paris heftige Auseinandersetzungen zwischen Establishment und Avantgarde in bildender Kunst und Tonkunst statt. Die von VINCENT D'INDY geführte Nationale Musikgesellschaft war erklärt konservativ, was manche jungen Komponisten veranlaßte, es einigen Malern nachzutun, die die vergleichbare »Gesellschaft Französischer Künstler« verlassen und einen eigenen Salon gegründet hatten. Das Jahr 1909 war dann das Geburtsjahr der Unabhängigen Musikgesellschaft, ins Leben gerufen von CHARLES KOECHLIN, MAURICE RAVEL, GABRIEL FAURÉ, ROGER DUCASSE, FLORENT SCHMITT und vielen anderen.

Beide Gesellschaften kamen einander näher, nachdem VINCENT D'INDY die Leitung der »Nationalen« an GABRIEL FAURÉ abgegeben hatte. Und 1918 warb dann SATIE den inzwischen 51jährigen Koechlin für die Gruppe der »Neuen Jungen« an, denen bald auch ALBERT ROUSSEL und DARIUS MILHAUD angehören sollten. Was auf den ersten Blick wenig belangreich erscheinen mag, hatte wichtige Konsequenzen. Denn aus dieser anfangs noch recht vagen Truppe wurden 1920 »Les Six«.

Die Algierreise von 1889 mußte den jungen Koechlin tief beeindruckt und für das gesamte weitere Leben und Schaffen geprägt haben. Die schicksalhaften Umstände von damals wirkten sich gewissermaßen metaphysisch aus, denn ab da betrachtete er das Leben überhaupt als eine lange Reise und versuchte, diese Analogien klanglich zu belegen. So findet sich in seinem Werkverzeichnis gar ein *Dschungelbuch* oder *La Méditation de Purun Baghat*. Darüber hinaus hatte er sich eingehend mit den Klangfarben des Orchesters beschäftigt und sogar das Ballett *Khamma* von DEBUSSY instrumentiert (1912) sowie für FAURÉ die Suite *Pelléas et Mélisande.*

Im Jahre 1913 war ein Reisebericht von PIERRE LOTI erschienen – *Les Heures persanes* (Die persischen Stunden). Loti war 17 Jahre älter als der Komponist, von Beruf Marineoffizier, hegte ein leicht melancholisches Faible für den Orient und galt mit seinen exotischen Reiseromanen als einer der Exponenten der literarischen Neoromantik. Gleich im Vorwort erklärt er dem Leser: »Wer mit mir zu reisen wünscht, um in Isfahan die Rosenblüte zu sehen, sollte sich gemächlich an meiner Seite bewegen, in Abschnitten, wie im Mittelalter.« Auch Koechlin nimmt sich Zeit: knapp siebzig Minuten. Wir reisen mit den einzelnen Sätzen exakt zwei Tage, dem Lauf der Sonne nach zu urteilen.

Zentralpunkt der klingenden Reise ist der zehnte Satz, *»Rosen in der Mittagssonne«*. Und dann senkt sich der Zauber des Orients auf uns herab: *»Im Schatten, nahe beim Marmorbrunnen«* heißt der sanft instrumentierte elfte Satz. Die nachfolgenden *»Arabesken«* kennt der Musikfreund schon aus dem maurischen Spanien: ein bizarr geformtes, transparent gearbeitetes Klangstück, das anfangs nur die Holzbläser beschäftigt. Die *»Hügel bei Sonnenuntergang«* (Nr. 13) betören durch ihr weiches Klangkolorit; der Komponist erschafft hier seinen eigenen Orient. Entrückt schließlich der *»Abendfrieden, auf einem Friedhof«* (Nr. 15). Völlig eigenständig und fern jeder folkloristischen Anbindung ist das orgiastische Finale *»Derwische in der Nacht – Mondlicht auf einem verlassenen Platz«* ausgefallen; zuletzt mündet es wieder in die fast unwirkliche Stille des Anfangs (Nr. 1, *»Siesta, vor dem Aufbruch«).*

Im Jahr 1889 hatte er den Orient bereist, fast ein Vierteljahrhundert später erst den verklärenden Bericht von Loti gelesen – und beide extrem auseinanderliegenden Impulse genügen, daß 1921 eine äußerst kunstvolle Partitur auf persische Impressionen vollendet war, obgleich Koechlin nur einmal in Algerien und nie in Persien war. Beispiel für die Unberechenbarkeit des künstlerischen Schaffens. Es kommt eben nur auf die Intensität des Impulses an . . .

Indien – Südostasien – Fernost

Die Hinwendung nach Südostasien und Fernost war in unseren Breiten noch im 19. Jahrhundert die Sache einiger weniger Feinschmecker oder Abenteurer. Erstmals stellten sich dortige Klangwelten unserem Kontinent kurz vor 1900 vor; gerade noch pünktlich, um der müde gewordenen, überheizten Spätromantik frische Akzente zu verleihen. Ebenso wie nun der japanische Farbholzschnitt und die chinesische Pinselzeichnung zu sehen waren, konnte man erstmals balinesische Gamelan-Orchester hören. Ort der Handlung: die Hauptstadt des 19. Jahrhunderts, wie EGON FRIEDELL Paris zu Recht nannte. Anlaß war die Weltausstellung von 1889. Ging es damals noch um Farbwerte, so geht es vielen Menschen inzwischen um inhaltliche Werte, denn immer höher stehen fernöstliche Konzentrations- und Heilslehren im Kurs. Je mehr sich die pure Marktorientierung der westlichen Zivilisationen selbst ad absurdum führt, je klarer dem einzelnen wird, daß Besitz als einziger oder auch nur höchster Wertmaßstab ausgespielt hat, desto mehr interessiert man sich für andere Wertskalen und erhofft von ihnen Sinnstiftung des eigenen Lebens und Ermöglichung eines solcherart sinnvollen »Über-Lebens«, möglichst über den Tod hinaus.

Und wieder ist es unser »russischer Sindbad«, ist es der einstige Marineoffizier und spätere Kompositionsprofessor, aber auch Generalinspekteur der russischen Marinemusikkorps – NIKOLAI RIMSKI-KORSAKOW –, der uns nun nach Indien bringen kann. Denn in seiner Oper *Sadko* (beiläufig der sechsten von fünfzehn) sucht und findet (wenngleich nur mit Hilfe einer mythischen, in ihn verliebten Seeprinzessin, deren Tränen einen künstlichen Kanal schaffen) der gleichnamige junge Kaufmann aus der einstigen Hansestadt Nowgorod den erhofften Seeweg nach Südostasien. Angeregt wurde seine Phantasie durch den Besuch eines (auf dem

Landweg nach Rußland gekommenen) Händlers von dort, der von den Schätzen seines Landes erzählte. Diesem »indischen Gast« hat Rimski-Korsakow eine der schönsten, weich geschwungenen Melodien nicht nur aus seiner Feder in den Mund gelegt – das sogenannte *»Lied des indischen Gastes«* oder auch kurz *»Hindu-Lied«* genannt. Daß es inzwischen in allen möglichen und unmöglichen Bearbeitungen zu hören ist, zeugt nur davon, daß diese exotische Kantilene mit der wiegenden Begleitung zu den beliebtesten klassischen Evergreens gehört! Der Text (deutsch von H. Möller) verrät die ganze kaleidoskopartige Buntheit dieses Mischwerkes aus Märchen- und Geschichtsoper, die beides – Libretto und Musik – unter dem Vorzeichen von Fernweh in Raum und Zeit prägt und naiv-rührend wirken läßt.

Die Südsee birgt in tiefen Felsenhöhlen
Demanten schwer und Perlen, nicht zu zählen.
An Indiens Strand,
im Wunderland.
Dort auf warmem Meere gleißt der Demantfelsen;
Auf ihm sitzt der Phönix
mit dem Mädchenantlitz.
Singet hin und wieder
Paradieseslieder
Spreizet sein Gefieder,
schwingt sich auf und nieder.
Wer dem Sange lauschet,
sinkt in Traum berauschet.

Der andere Seefahrer unter den Komponisten, der eine Generation jüngere Franzose Albert Roussel (1869–1937), begann ebenfalls als Marineoffizier und erst 25jährig mit dem Musikstudium. Im Jahre 1908 heiratete er und unternahm im Jahr darauf mit seiner jungen Ehefrau eine ausgedehnte Studienreise nach Indien, Ceylon, Saigon und Angkor. Noch auf der Rückfahrt nach Frankreich verarbeitete er seine Impressionen (nicht nur von der fremdartigen Musik jener Länder) in dem Orchestertriptychon *Évocations* (Anrufungen) für Solisten, Chor und Orchester. Er widmete es den drei Stätten, die bei ihm den nachhaltigsten Eindruck hinterlassen hatten: Ellora, Jaipur und Benares.

Bedeutsamer ist seine Ballettoper *Padmâvatî*. Im Jahre 1912 hatte der Komponist seinen bislang größten Erfolg im In- und Ausland verbuchen können: das Ballett *Le Festin de l'Araignée* (Das Festmahl der Spinne) – und zwar dank eines Auftrags des damaligen Intendanten des Théâtre des Arts, JACQUES ROUCHÉ. Als dieser kurz darauf Direktor der Pariser Oper wurde, war es nur zu verständlich, daß er von Roussel nunmehr eine Oper wünschte. Auf der Suche nach einem geeigneten Stoff kam dem Komponisten jene Indienreise in Erinnerung. Das Ehepaar Roussel war damals recht schockiert gewesen, als sich herausstellte, daß die Bahnstation von Chitoor noch eine gehörige Strecke von den eigentlichen Ruinen entfernt war und man diese unter unbequemsten Umständen und einer unbarmherzigen Sonne zu Fuß zurücklegen mußte. Glücklicherweise erbot sich ein englisches Paar, sie aufsitzen zu lassen, da es über einen Elefanten und zwei Pferde verfügte. Der Komponist denkt zurück: »Wir besichtigten Chitoor und gedachten seiner Vergangenheit, Belagerung und Zerstörung durch die Mogultruppen unter Sultan ALADDIN und speziell der dramatischen Episode um den Tod Padmâvatîs.« (Der hilfreiche Engländer war kein Geringerer als der spätere Premierminister der englischen Krone, RAMSAY MACDONALD.)

Padmâvatî ist die schöne und tugendsame Gemahlin des Königs von Chitoor – so schön, daß sie sogar ein Brahmane (höchste Priesterkaste) umwirbt. Von ihr abgewiesen, begibt sich dieser zum König von Delhi und hetzt ihn auf, gegen Chitoor Krieg zu führen. Verkleidet verschafft er ihm Eingang in den Palast des Rivalen. Doch der Herrscher von Delhi verliebt sich selbst in Padmâvatî und fordert sie als Preis für einen Friedensschluß. Sein Vorschlag wird abgelehnt, der verräterische Brahmane vom Volk getötet, Chitoor belagert, sein König schwer verwundet. Die Belagerer sind im Begriff, die Stadt zu erobern. Da stößt Padmâvatî einen Dolch in das Herz ihres Mannes, läßt ihm den Scheiterhaufen richten und stürzt sich dann auch selbst in die Flammen. Der Sieger findet nur noch bläulichen Rauch, der zum Himmel aufsteigt. – Durch den alten, sonst meist als unbarmherzig qualifizierten Brauch der Witwenverbrennung hat sie sich so der Nachstellung ihres Erpressers entzogen.

Der Orientalist Louis Laloy hat das spannende Libretto nach historischen Berichten vom Untergang Chitoors gestaltet und Roussel damit Gelegenheit zu einer originellen, durchaus eigenständigen Musik gegeben, die auch freien Gebrauch von verschiedenen »Ragas« (indischen Tonleitern und Melodiemodellen) einschließt. Die Partitur ist übrigens das ausgedehnteste Werk aus seiner Hand und markiert die zeitliche Mitte seines vierzigjährigen Schaffens. Vollendet 1918, erlebte es seine Premiere allerdings erst fünf Jahre später an der Grand Opéra zu Paris und wurde seitdem immerhin dreißigmal gespielt. Noch während er an *Padmâvatî* arbeitete, bekannte der Komponist, die Ballettoper werde das »Vollkommenste, das ich bisher geschrieben habe«. Und er sollte Recht behalten.

Drei Jahre jünger als Roussel war Alexander Skrjabin (1872 bis 1915). Er hatte weitaus mehr vor mit und in seinem Komponistenleben und -schaffen, als ihm zu vollenden vergönnt war. Eine tragische Blutvergiftung löschte sein Leben aus, bevor er noch sein 44. Lebensjahr erreicht hatte. Sein Lebenstraum als schaffender und denkender Künstler war mit Indien verbunden. Denn als er eine Art Über-Bayreuth plante, kam für ihn als »Ort der Handlung« nur jene Gegend der Welt in Frage, wo seines Erachtens die Wiege der Menschheit gestanden habe. Dort müßten dann auch seine Kosmogonie, seine Menschheitsrituale stattfinden: in Indien. Hier plante er ein Gesamtkunstwerk von gigantischen Ausmaßen und einer selbst die heutige Vorstellungskraft herausfordernden Komplexität. Sozusagen »Synästhesie total«, denn er wollte das Zusammenwirken möglichst aller primären und sekundären Sinnesorgane, bis hin zum Geruchssinn. Aber er wollte an dieser vermeintlichen Geburtsstätte der Menschheit zugleich ihre höchste Vollendung feiern: den Rausch des kreativen Schaffens zelebrieren. Deshalb sollte aus jedem Zuschauer, jedem Hörer ein aktiver Mitgestalter werden. Auf einer Insel mitten in einem See wollte er eine halbkugelförmige Aufführungshalle errichten lassen, deren Wände durch Vario-Architektur und projizierte Licht-Farb-

Kegel, wie sie uns aus dem bildnerischen Schaffen eines LYONEL FEININGER etwa oder auch aus den jüngeren Bayreuth-Inszenierungen vertraut sind, veränderbar sein müßten und in der binnen einer Festwoche das Entstehen von Kosmos und Menschheit nachgestaltet werden sollte. Dabei würden die Schranken zwischen Künstlern und Rezipienten dank eines alle erfassenden, allumfassenden Happenings fallen, in Steigerung des SCHILLERschen Weltumarmungsgedankens: »Seid umschlungen, Millionen ...«

Nur Fragmente dieses gigantischen Endwerkes sind zum Abschluß gelangt, bevor der tückische Unfall den Komponisten aus dem Leben riß. Dazu gehören die beiden späten Sonaten, die *Schwarze Messe* und die *Weiße Messe* – als Verkörperung der beiden unser Leben bestimmenden Kräfte des Bösen und des Guten. Ganz im Sinne des Hinduismus, der den Gläubigen etwa auf Bali bewußt das sogenannte »gespaltene Tempeltor« durchschreiten läßt, das ebendiese beiden Pole symbolisieren soll. Der Mensch muß hindurch, mit jedem Schritt, mit jeder Entscheidung – durch das Spannungsfeld der beiden Mächte. Und es wäre absurd, wollte man das Reich des Bösen, der Finsternis um, unter, über und in uns leugnen. Aber es ist nicht nur unser Recht, sondern auch unsere Pflicht (im Sinne der individuellen und sozialen Psychohygiene), dieses Reich einzudämmen und in Schach zu halten. Wenn wir es hingegen ignorieren, kann es uns verderben.

Skrjabin war spätestens seit seiner zweiten Ehe Anhänger von RUDOLF STEINER sowie diversen theosophischen Geheim- und okkulten Weltlehren (BLAVATSKAJA, TRUBETZKOI), und damit zwangsläufig auch von fernöstlichem Gedankengut geprägt. Er hatte in eigener Biographie erfahren dürfen, daß der schöpferische Wille und die Fähigkeit zu (natürlich stets begrenzter) Selbstbestimmung jene beiden Kategorien sind, die den Menschen gottähnlich erscheinen lassen. Und so feierte er in den letzten Werken – den beiden genannten Klaviersonaten und den Orchesterpartituren *Le poème divin* (dritte Sinfonie), *Le poème de l'extase* und *Prométheus, »Le poème du feu«* – den Triumph des menschlichen Willens. Um den Willen zu stählen, bedarf es freilich seiner Herausforderung und Feuerprobe. Und für die sorgen

Widerstände, Hindernisse, teuflische Fallen und Verhängnisse. Die *Schwarze Messe* läßt die Heerscharen der Finsternis vor uns aufmarschieren. Eine Parade des Bösen, in deren Verlauf ein keusches (Seiten-)Thema vergiftet, verzerrt und ins Fratzenhaft-Diabolische verkehrt wird. Die *Weiße Messe* hingegen führt uns in das Reich der Klarheit, der Schönheit der Schöpfung: Vogelrufe werden laut, wir fühlen uns geborgen im Ganzen und uns selbst wohl als seine Teile . . .

Als Skrjabin 1915 starb, war er gerade sieben Jahre auf der Welt: jener Franzose, der als Komponist nach seinem Landsmann ROUSSEL erstmals wieder auf fernöstlichem Gebiet Aufsehen erregen sollte: OLIVIER MESSIAEN, der sich sogar systematisch in die exotischen Tonleitern und melodischen Modelle (Ragas) der Inder einhörte und einarbeitete und sie in den Dienst seiner eigenen katholisch-mystischen Metaphysik stellte. Wenn sich heute in Europa neben elektronischem Firlefanz und Budenzauber echte klingende Exotik findet, dann stammt sie von Messiaen, der eben auch eine inhaltliche Dramaturgie mitbringt und bekundet, ähnlich wie man von einem echten Yogakurs auch den Einbezug metaphysischer und philosophischer Aspekte erwarten muß; ansonsten bleibt es Aerobic mit pseudophilosophischem Anstrich.

Messiaen, von dem STUKKENSCHMIDT zutreffend meinte, man wisse nicht, ob seine Wurzeln in Lourdes oder in Delhi lägen, war ja einerseits tiefgläubiger Katholik, der zwei Jahrzehnte lang die Ehe mit einer todgeweihten Partnerin aufrechterhielt und erst nach ihrem Ende seine geliebte »inspirierende, himmlische und einmalige« Freundin zur Frau nahm (die Pianistin YVONNE LORIOD). Eine Scheidung wäre für ihn nicht in Frage gekommen. Andererseits war er Metaphysiker und Mystiker, speziell vernarrt in den Fernen Osten und da vor allem in Indien, seine Philosophie, Poesie und vor allem natürlich auch Musik. Mit mehreren einzigartigen Werken wurde er dann einer der folgenreichsten und ernsthaftesten Erneuerer der Musik im 20. Jahrhundert, fernab von Festivalrummel, Rechenstab-Partituren, aleatorischem Kreativitätsersatz und elektronischen Mogelpackungen.

Den musikalischen Indien-Suchenden verzaubert er zumal mit

seiner alles Gewohnte übertreffenden, wahrhaft »unerhörten« Sinfonie *Turangalîla.* Der Name ist aus zwei Sanskritwörtern zusammengesetzt: dem für »Zeit« und jenem für »Göttliches Spiel«. Bei letzterem wird man an die wesensverwandten philosophischen Partituren von ALEXANDER SKRJABIN erinnert, der seine Dritte Sinfonie *Le Poème divin* nannte und den Zustand seines *Poème del' extase* als »Rausch der menschlichen Schaffenskraft« definierte. Bei MESSIAEN nun geht es um das Phänomen der alles zeugenden Liebe. In den dreißiger Jahren hat er eine Trilogie geplant, die er sein »Tristan-und-Isolde-Triptychon« nannte. *Turangalîla* wurde das Mittelstück. Ökonomisch ermöglicht hat dem Komponisten die Erarbeitung der zehnsätzigen, anderthalbstündigen Partitur der Auftrag eines vermögenden Dirigenten und einstigen Kontrabaß-Virtuosen, des Exilrussen SERGE KUSSEWITZKY, für sein Boston Symphony Orchestra.

Es gibt eine Mehrzahl verbindender Elemente zwischen den einzelnen Sätzen und eine wohldurchdachte Dramaturgie des Ganzen. Hierbei mißt der Komponist den geraden Satzzahlen eine durchweg positive Bedeutung bei (die Zahlen 10 und 5 spielen eine Sonderrolle), die durch eine Reihe gemeinsamer Themen zum Klingen kommt, deren wichtigstes das »Liebesthema« ist (es gelangt im sechsten Satz zu voller Blüte). Die ungeraden Sätze 3, 7 und 9 sind jeder *»Turangalîla«* überschrieben und verkörpern das nach buddhistischer, vor allem hinduistischer Ansicht unvermeidliche Negative – als dialektisch unerläßlichen Gegenpol zum Positiven. Während die »finsteren Mächte« dreimal zu Gehör kommen, erhält die Liebe viermal die Oberhand (Sätze 2, 4, 6 und 8 mit den Überschriften *»Chant d'amour«* I und II, *»Jardin du sommeil d'amour«,* Garten des Liebesschlummers, *»Développement de l'amour«,* Entwicklung der Liebe) und darf dann im Finale (im zehnten Satz) vollends triumphieren. Eine dem Finale dialektisch entgegengesetzte, aber ihm unentbehrliche Funktion hat Satz 5: *»Joie du sang des étoiles«* (Blutfreude der Sterne), ein fast triebhaft-sinnlich-wilder Tanz.

Natürlich kam der Komponist bei derartigen Konzeptionen ebensowenig mit dem bisherigen Instrumentarium aus wie seinerzeit SKRJABIN, der ja für sein *»Poème du feu«* sogar den Einsatz einer Farbenorgel forderte. Für das sogenannte »Thema der Akkorde«, das vor allem die Sätze 5 und 10 durchzieht und mit dem der Franzose vertrackte indische Versmaße umsetzt, braucht er Gamelan-Effekte (Glockenspiel, Celesta, Vibraphon), zu denen sich das als Orchesterinstrument eingereihte Klavier und die das Klanggewerbe glissandoähnlich durchziehenden teils pfeifenden, teils jaulenden »Ondes Martenot« gesellen (Martenot-Wellen: elektronisch erzeugte Klänge, die stufenlos eingesetzt werden können). Daß die Streicher 68 an der Zahl sind und darüber hinaus noch oft geteilt werden, verwundert kaum; ebenso werden die hohen Frequenzen durch fünf Trompeten erheblich begünstigt. – Wer eine klangliche Vorstellung von dem Wogen bewußtseinserweiternder, betörender Sinnlichkeit sucht, gezeugt aus liebevoller Meditation im Zustand der Zeitlosigkeit, wird hier fündig!

Bali – Japan – China

Die wenigsten waren dort – wie etwa PAUL GAUGUIN, der tatsächlich auf Tahiti malte. Komponisten leben meist aus der Klangvorstellung und schaffen weitaus seltener nach natürlichen Vorlagen als etwa der Maler, der nicht so oft »fiction« liefert. Also könnte man sagen, daß diese Art »KARL-MAY-Syndrom« bei Komponisten ohnehin zur Grundausstattung gehört. Muster dafür sind die klingenden Spanienbilder eines DEBUSSY, der gerade mal einen Nachmittag spanischen Boden betrat, und seine großartigen Impressionen vom Fernen Osten, den er nie sah. Besser also sollte man von Fernost-»Imaginationen« sprechen, denn sie erwuchsen tatsächlich aus Vorstellungen, die nur partiell auf Klangeindrücke zurückgehen konnten: nämlich jene, die er beim Pariser Gastspiel balinesischer Gamelan-Orchester anläßlich der Weltausstellung 1889 sammeln konnte. Von Pentatonik wußte er ja schon aus den Lehrbüchern, der Rest aber stammte aus seinem eigenen exotischen Klanglabor. Weshalb diese Stücke von Japanern, Indonesiern und Chinesen keineswegs als *ihre* Musik empfunden werden – ebensowenig wie der chinesische Koch mit seinen kantonesischen Gerichten seitlich vom Berliner Kurfürstendamm mit seinem Kollegen auf der Nathan Road in Hongkong verwechselt werden kann, selbst wenn beide Kantonesen sind und kantonesisch würzen!

Indonesien, ein Vielvölkerstaat mit einem Viertelhundert verschiedener Sprachen, wird heute vorwiegend durch das gelungene Experiment der Kunstsprache Bahasa Indonesia zusammengehalten: der einzige Fall, in dem eine Art Esperanto die Probe der Praxis bestand. Aus seinen zahlreichen Inseln ragt aufgrund ihrer eigenständigen Hindukultur die Insel Bali heraus. Und bei den farbenprächtigen Tempeltänzen, die stets die Balance von Gut und Böse vorführen – wie auch das in beide Kräfte gespaltene Tempeltor, durch das der Besucher hindurchtreten *muß* –, bleibt besonders die Musik der Gamelan-Orchester im Gedächtnis haften: Die Spieler, sämtlich im Schneidersitz, hacken mit kleinen Hämmern und ausschließlich der rechten Hand (wie sie das ohne Sehnenscheidenentzündung überstehen, fragt sich ein Pianist ungläubig bis neidvoll bei diesem Anblick) in zuweilen rasend schnellem Tempo auf Metallblätter ein, die in der Art eines leicht konkaven Xylophons angeordnet sind.

Seit der entscheidenden Kontaktaufnahme zwischen Fernost und Westeuropa 1889 in Paris waren Frankreichs Maler und Musiker wie umgewandelt. Wenn GAUGUIN und VAN GOGH die Faszination des weißen Papiers, des leeren Raumes anstatt der bislang traditionell getönt grundierten Fläche kennenlernten und nun auch die »Pause in der Malerei« für sich entdeckten – vom japanischen Holzschnitt –, so war etwa DEBUSSY hingerissen von den hämmernden Gamelan-Orchestern, die gänzlich ohne das abendländische Streich- und Blasinstrumentarium auskamen und mit der Magie des Ostinato und jener der Tonwiederholung sowie mit rätselhaften Dissonanzen und Klanggebilden operierten, welche nur durch gänzlich ungewöhnliche Tricks mit Hilfe des Dur-Moll-Systems nachvollziehbar waren.

Im Jahre 1903 komponierte DEBUSSY drei *Estampes* (Kupferstiche) für sein Instrument, das Klavier. Die Intention war die Ortsveränderung, konkret der Besuch von Spanien und Fernost. Doch Debussy mußte bestimmte, bei Musikern nicht eben ungewöhnliche finanzielle Einschränkungen berücksichtigen. »Stich« Nr. 1 gilt buddhistischen *»Pagoden«* und ist der chronologisch erste kompositorische Niederschlag des überwältigenden Eindruckes, den die Gäste aus Java damals bei dem Komponisten hinterließen. Auffällig sofort die Fünftonleiter (Pentatonik; leicht nachzubilden mit Hilfe ausschließlich der schwarzen Tasten des Klaviers), die zuletzt sogar gleichzeitig erklingt; Arbeit mit kleinsten, zuweilen dreitönigen Motiven, die hämmernd und stetig rasch wiederholt werden. Doch braucht Debussy gar nicht zu zitieren, um exotische Wirkungen auszulösen. So kommt im zweiten Heft seiner *Préludes* das Stück *»La Terrasse des audiences du clair de* lune« (Terrasse für Mondscheinempfänge) ohne Pentatonik und Gamelan-Klänge aus, obgleich der Komponist hier an einen Reisebericht anknüpft; deutlich wird so die latente Verwandtschaft zwischen Impressionismus und Fernost.

Genau umgekehrt verhält es sich bei manchen Klangbildern, die auf den ersten Blick nichts mit Exotik gemeinsam haben. Da vernimmt man das ostinate Hämmern des Gamelan selbst bei einer Genrestudie wie der herbstlich getönten ersten Pièce der *Images pour Piano,* Heft II, unter der Überschrift *»Cloches à travers les feuilles«* (Glocken, durchs Laub klingend). Hier ist mehr zu hören als das leise Rauschen der fallenden oder das Rascheln der am Boden liegenden Blätter und das Läuten aus der Ferne, nämlich auch die eingetrübte, gedämpfte Stimmung des Herbstes und die schwebende Lockung der Weite. Und alles eingehüllt in exotische Klänge!

Sein jüngerer Landsmann MAURICE RAVEL widmet den vierten Satz seiner Suite für Klavier zu vier Händen, *Ma mère l'oye* (Mutter Gans erzählt), einer ganz besonderen Person: *»Laideronnette, impératrice des pagodes«.* Der Name dieser »Kaiserin der Pagoden« läßt sich am ehesten mit »Die kleine Häßliche« oder »Das häßliche Kleinchen« übersetzen, ein Beispiel für Ravels kapriziöse Titelformulierung (eine Tradition, die er von ERIC SATIE übernommen hat, dem wir ja etwa »Vertrocknete Embryos«, *Embryons desséchés,* für Klavier, allerdings zu zwei Händen, verdanken). Bei diesem chinesischen Marsch läßt der Komponist (wie soeben empfohlen) nur auf den schwarzen Tasten spielen, wodurch das Stück durchgängig pentatonisch klingt. Eine würdige Tempelmelodie wird sogar fugiert!

Japan ist bekanntlich ein kultureller Ableger von China und steht etwa in der Erbfolge wie die römische zur griechischen Kultur. Es ist ja bezeichnend, daß in der Schrift immer mehr chinesische Zeichen auftauchen und der Anteil der einfacheren japanischen Silbenschrift sichtbar abnimmt, je höher das sprachliche Niveau eines Textes ist. (Ähnliches kann man im Englischen beobachten, in das nach der Schlacht bei Hastings im Jahre 1066 das romanische Sprachgut aus dem Französischen verstärkt eindrang und nunmehr das Vokabular für abstrakte Begriffe oder die jeweils höhere Bedeutungsebene bereitstellte: etwa »value« für den ideellen, »worth« für den materiellen »Wert«.)

Giacomo Puccini blieb es vorbehalten, ziemlich genau in der Mitte seines Opernschaffens (zwischen 1884 und 1926) mit der sechsten seiner zwölf Opern den Konflikt zwischen zwei Kulturen – Amerika und Asien – am überzeugendsten und damit auch populärsten auf die europäische Opernbühne zu bringen. Mit seinem kinematographischen Gespür für packende Gegenwartsthemen gestaltet er den Zusammenprall japanischer Traditionen, wurzelnd in Jahrtausenden, mit einem US-amerikanischen Pragmatismus gleichsam geschichtsloser (und damit auch gesichtsloser) Unbedenklichkeit in *Madame Butterfly.* Highlights dieser geschickt gebauten und harmonisch-originellen Oper sind die düsteren Szenen mit den Verwandten der Heldin sowie das Harakiri-Finale, dem man seine Grellheit nicht verübeln darf. Vor Erfindung des Tonfilms war die Oper das Kino!

Auf ungleich höherer Ebene bewegt sich das Libretto von Puccinis letzter Oper, *Turandot,* die er nicht mehr selbst vollenden konnte (das besorgte mit großer Einfühlung, so daß man keinerlei Bruch bemerkt, der Leipzig-Absolvent Franco Alfano). Gerade weil es noch heute Kritiker und Musikologen gibt, die über Puccinis Kassenerfolge und Publikumsnähe die Nase rümpfen (aus derselben Nische kommt auch gelegentlich engherzige Kritik an Tschaikowsky und Rachmaninow!), stehe ich nicht an, hier zu behaupten: Mit der Klangwelt seiner *Turandot* hat sich Puccini als Neuerer, ja als Neutöner im positiven, also nicht arroganten, hörerverächtlichen Sinne erwiesen – vergleichbar Wagner mit *Tristan und Isolde* und vergleichbar mit Debussy insgesamt. Arien wie die der Liu, *»Du von Eis umgürtet«*, oder des Prinzen Kalaf, *»Keiner schlafe«*, bis hin zu der erlösenden, das Eis des eigenen Herzens zum Schmelzen bringenden Arie der Prinzessin gehören zu den Höhepunkten expressiver Opernliteratur. Dramaturgisch geradezu meisterhaft ist die Spannungssteigerung gegen Ende, als die Prinzessin den Namen des unbekannten Prinzen bekanntzugeben droht, was der Vereinbarung gemäß seinen Tod bedeuten muß – und vor dem von allen mit Grauen erwarteten Namen macht sie eine (hier durch Punkte markierte) Kunstpause wie in einem Krimi: »Sein Name ist ... Gemahl!«

Puccinis Umsetzung fernöstlicher Pentatonik ist genial. Das gilt aber auch von der Umsetzung fernöstlicher Mentalität, die wir ja immer nur mit den Augen des Abendländers deuten und empfinden können – von der Unterwürfigkeit der Masse bis zum Zynismus der Minister, von der Hilflosigkeit des zum bloßen Repräsentanten degradierten angeblichen »Himmelssohnes« bis zur Unfähigkeit der Prinzessin, sich – wie im teils aufgeklärten, teils enthemmten Westen – zu ihren Gefühlen zu bekennen. Daß dann aber doch der Opfermut des Kalaf das Eis der krampfhaft ihr Gesicht wahrenden Ersehnten schmelzen läßt, ist eine schöne Abschiedsbotschaft des sterbenden Komponisten. Wenn die letzten Worte VERDIS an seine Hörergemeinde mit SHAKESPEARE lauteten: »Alles ist Spaß auf Erden«, so könnte über Puccinis Schwanengesang das Sprichwort seiner antiken Landsleute stehen: »Omnia vincit amor« (Die Liebe besiegt alles).

Ein koloristisch überaus reizvolles Beispiel für nicht minder gelungene Märchenexotik schuf STRAWINSKY mit seinem *»Lied der Nachtigall«*. Die Handlung ist dem bekannten Märchen *»Der Kaiser und die Nachtigall«* von HANS CHRISTIAN ANDERSEN angelehnt: Der lebendige Vogel besiegt den mechanischen durch die Kraft der Liebe, denn die echte Nachtigall singt auch aus Mitleid und nicht nur aus Eitelkeit.

Im oratorischen oder vokalsinfonischen Bereich sehe ich einen einzigen Komponisten, der fernöstliches Ambiente und Stimmungen ähnlich souverän umzusetzen wußte wie PUCCINI und STRAWINSKY – ob menschenleere Landstriche, kunstvolle Parkanlagen mit zierlichen Pavillons und spielerischen Teichen oder überschäumende Heiterkeit, lachende Jugend und nirwananahe Selbstaufgabe. All das vermochte GUSTAV MAHLER mit dem *Lied von der Erde.* Doch die Klangbilder – ähnlich epochal in ihrer Unerhörtheit und Erstmaligkeit wie die entsprechenden »Funde« DEBUSSYS – wurden auch erst durch chinesische Lyrik ausgelöst, die wiederum zuerst einmal übertragen werden mußte in die Sprache und Empfindungswelt der Europäer. Dieses Verdienst der Einfühlung gebührt dem Dichter und Übersetzer HANS BETHGE und seiner Anthologie *Die chinesische Flöte.* Die einzelnen Sätze dieses *Liedes von der Erde* gelten genial ausgewählten Aspekten des Daseins: Rausch, Jugend, Schönheit, Freundschaft und – Abschied.

China hatte stets eine hohe Wertschätzung für die Tonkunst, ihre Beherrschung und ihre Vertreter bewiesen. »Wenn der Kammerton stimmt, dann stimmt auch die Regierung« – ein solcher Satz erinnert an die alten Griechen, die bestimmten Tonleitern und den aus ihr gebildeten Melodien konkrete Wirkungen auf die Seele der Hörer zuordneten.

Es mag fragwürdig sein, wenn über die Eignung zum Staatsdienst im kaiserlichen China die Fähigkeit zur Kalligraphie und Dichtkunst entschied. Aber eines blieb dabei bestimmt nicht auf der Strecke: Sensibilität und Kultur. Wir hätten heute die Möglichkeit und sollten sie nutzen, *beide* Aspekte miteinander zu verbinden: Pragmatik und Ethik, Kompetenz und Menschlichkeit.

Nordwärts

Die Nordroute unserer Windrose mag auf den ersten Blick etwas überraschen und ist dabei doch die homogenste aller vier Direktionen. Der Norden ist nicht so vielfältig wie der Süden, nicht so kontrastreich wie der Osten und weniger spektakulär als dessen Gegenrichtung. Dafür ist er noch relativ »unerschlossen« und – bis auf den Start unserer Reise – von Weite und dünner Besiedelung geprägt.

Aufgrund der näheren Beziehung der Britischen Inseln zu Skandinavien (vom amtierenden Königshaus abgesehen) beginne ich unsere Tour in England und nutze die Gelegenheit, hier etwas ausführlicher auf einzelne Komponisten in Persönlichkeit und Schaffen einzugehen. Nach einem Besuch Schottlands, eingefangen im Schaffen nichtenglischer Komponisten, führt dann die Reise hinüber nach Dänemark: Fährmann ist WILLIAM SHAKESPEARES *Hamlet.* Unverhofft und ebenfalls mit Sujets, die einige Jahrhunderte zurückliegen, werden uns ARNOLD SCHÖNBERG und JEAN SIBELIUS begegnen, bevor wir uns im weltläufigen Kopenhagen aufhalten – mit GADE und GRIEG, im Biedermeier und im Rokoko.

EDVARD GRIEG begleitet uns dann in seine norwegische Heimat, das Land der Fjorde mit ihrer zweigeschossigen Wunderwelt: die weit ins Land einschneidenden Wasserschluchten, die steil aufragenden, kilometerhohen Felsen, häufig mit wunderbaren, silbrig glitzernden Wasserfällen geschmückt, Spinngeweben oder kunstvollem Filigran ähnlich. Und darüber, wie in Manhattan die ganz eigene Welt der Dächer und Dachaufbauten der Wolkenkratzer, die völlig andere Landschaft der Fjelle, Straßen, Städte, Höfe und Weiden. Wenn sich Grieg mit der Villa »Troldhaugen« bei Bergen seinen Lebenstraum erfüllen konnte, so hat sich der Finne SIBELIUS nicht minder malerisch in der schwermütigen Welt der Schären zu behausen gewußt, für ein halbes Jahrhundert. Er empfängt uns mit düsteren, packenden Klangbildern, die von der Einsamkeit der Landstriche nahe dem Polarkreis erzählen, geprägt vom schicksalhaften Wechsel von Polartag und Polarnacht. In Karelien, halb finnisch, halb russisch, werden wir von PJOTR TSCHAIKOWSKY in »Empfang genommen«, der uns schließlich nach Sankt Petersburg geleitet . . .

Britannia

Auf nach Großbritannien! Hinsichtlich englischer Musik besteht auf unseren Bühnen, in unseren Konzertsälen und Hörfunkprogrammen ein akuter Nachholbedarf. Sicherlich können Sie auf Anhieb fünf französische oder italienische Komponisten nennen – aber wie steht das mit den britischen Kollegen?

Da sind einmal die Tradition und der berechtigte Stolz auf sie, der Stolz einer Nation, die immerhin als erste die Demokratie erprobt und dann in das geschickte Kompromißmodell einer konstitutionellen Monarchie überführt hat, wobei sie sich auf diese Weise das Gemetzel einer Französischen Revolution ersparte. Eine Nation, die aus ihrer insularen Abgeschiedenheit das Zauberwort der »splendid isolation« bezog und deren Sorge vor dem »Chunnel« dennoch etwas Anrührendes hat. Ein echter und ein Wahl-Engländer, die noch heute zum Weltrepertoire gehören, stehen für die Wurzeln dieses (zumindest noch vor Zeiten) stark ausgeprägten Selbstgefühls: HENRY PURCELL und GEORG FRIEDRICH HÄNDEL.

Purcell, geboren ein reichliches Vierteljahrhundert vor JOHANN SEBASTIAN BACH, wurde nur 36 Jahre alt und gehört damit zu den Frühvollendeten – wie nach ihm PERGOLESI, MOZART, BELLINI, SCHUBERT und CHOPIN. Unter den englischen Komponisten ist er der erste, der auf überzeugende Weise Anregungen aus Deutschland, Frankreich und Italien aufnimmt und seinem Stil einschmilzt. Er begann als Sängerknabe am englischen Hof und war zuletzt Organist an der Westminster Abbey, wo genau hundert Jahre nach seinem Tod der zweite berühmte Barockmeister des Landes beigesetzt werden wird: HÄNDEL aus dem anhaltischen Halle an der Saale – Jahrgangskollege des gebürtigen Eisenachers Bach.

Im Vergleich zu diesem war ihm ein geradezu konträrer Lebensweg beschieden. Händel ging über Hamburg ins Ausland, studierte in Italien bei großen Vorbildern und ließ sich dann in England nieder, wo er, wie zuvor in Hannover, Hofkapellmeister wurde. Mit beispielloser Energie warf er eine italienische »Opera seria« nach der anderen aufs Papier und veranstaltete sogenannte »Opern-Akademien«, Abonnements, die dreimal mit Bankrott endeten. Den Garaus machte diesen steifen Bühnenimporten *The Beggar's Opera* (Die Bettleroper) von JOHN GAY mit Musik des aus Berlin stammenden CHRISTOPH PEPUSCH, deren zynisches Libretto später der listige BERTOLT BRECHT zur *Dreigroschenoper* umarbeitete und von KURT WEILL (als gebürtiger Dessauer ebenfalls aus Anhalt) höchst erfolgreich vertonen ließ.

Nach einem totalen, nun auch physischen Zusammenbruch schlug der kluge HÄNDEL einen anderen Weg ein. Er schrieb dem englischen Publikum, überwiegend strammen Protestanten, zumindest allesamt zutiefst nationalbewußt, Oratorien auf den Leib, nunmehr auch in ihrer Sprache: Oratorien auf alttestamentliche Stoffe, in denen sich die Briten als Volk Israel, als Auserwählte des Herrn, wiedererkennen konnten – was mit dem damaligen Hegemonieanspruch des Herkunftslandes von »Rule, Britannia, rule the waves« durchaus konform ging. Höhepunkt des HÄNDELschen Oratorienschaffens ist der *Messias;* die Briten bedankten sich auf ihre Weise, setzten den unverwüstlichen Mann in ihrem Nationalheiligtum bei und führen ihn seitdem unter der Abteilung »englische Komponisten«.

Wenn hier ein Deutscher mit Hilfe seiner Musik zum Nationalhelden seines Gastlandes avancierte, geht es nicht minder heroisch weiter, doch mit einem einheimischen Meister, der seinen Landsleuten so erfolgreich zu klingendem Selbstgefühl verholfen hat, daß er, der keineswegs aus üppigen Verhältnissen kam, dafür sogar geadelt wurde!

Nach PURCELL und HÄNDEL wurde mit Sir EDWARD ELGAR (1857–1934) erstmals wieder ein englischer Komponist über die Landesgrenzen hinaus bekannt. Zwei Aspekte prägten seine Persönlichkeit und seine Klangsprache: Er war – im anglikanischen England – Katholik, und er war, zumal nach seiner Nobilitierung, eine höchst distinguierte Person. Zu den Lieblingsanweisungen in seinen Partituren gehört das Adverb »nobilmente«, das zwischen »edelmütig« und »edelmännisch« spielt.

Das gilt nicht zufällig auch für die ausgedehnten Kopfsätze seiner beiden *Sinfonien.* Den der *Ersten* von 1908 (in As-Dur op. 55) mit einer langsamen Einleitung (Andante – Nobilmente e semplice – Allegro) halte ich für ein vollendetes Porträt des stets eleganten und bescheiden auftretenden Komponisten, der im wesentlichen Autodidakt war. Das Klanggeschehen wird von federndem Optimismus getragen, der zu einem weiteren Charakteristikum der Elgarschen Musizierhaltung werden wird (vor allem in seinen Märschen). Das marschähnliche, vorwärtsdrängende Scherzo ist attacca verbunden mit einem andächtigen Adagio mit vollendeter Kantilenenführung in den Streichern, das neben dem Adagietto aus MAHLERS *Fünfter Sinfonie* und dem *Adagio* von BARBER zu den großen langsamen Sätzen des Fin de siècle gezählt werden darf. Elgar war ein geschickter Dramaturg und wußte, daß man Optimismus, selbst in der viktorianischen Gründerzeit, nicht inflationieren darf. Und daß seine *Erste* triumphal schließen mußte, konnte bei einem Komponisten seines Typus keinem Zweifel unterliegen. Also beginnt das Finale mit einem grüblerischen, ja schmerzlichen Lento. Doch dann setzt sich der Tenor des Menschen und Künstlers Elgar durch. Schon das Hauptthema des Allegro ist auf getupfte, vorwärtsdrängende Bässe gestellt. Ein breit ausschwingender Seitengedanke ergänzt das Geschehen um die sangliche Komponente, die schließlich verbreitert und gesteigert für den krönenden Abschluß sorgt. Und alles mit dem Stolz des »nobilmente«, der bei Elgar freilich nie aufgesetzt wirkt.

Mit der jüngeren englischen Geschichte ist die *Zweite Sinfonie* (in Es-Dur op. 63) verknüpft, zwei Jahre nach der *Ersten* entstanden und dem »Gedächtnis König Edwards VII.« gewidmet. Das Motto aus PERCY B. SHELLEY deutet schon auf ein metaphysisches Programm hin: »Selten nahst du dich, Geist der Seligkeit.« Und so versucht der Komponist denn auch, diese Seligkeit mit allen klanglichen Mitteln heraufzubeschwören, die Seligkeit aktiven Tuns (man vergleiche die schöpferische Ekstase bei SKRJABIN) ebenso wie die Seligkeit der Versenkung oder Entrückung (im ausgedehnten Larghetto). Nach einem rhythmisch originellen Scherzo kehrt die vornehme Haltung vom Anfang zurück, diesmal als »maestoso« formuliert.

Internationalen Ruhm hatte sich der 1904 Geadelte allerdings schon mit zwei anderen originellen Orchesterschöpfungen errungen. Gerade noch im 19. Jahrhundert wurden seine *Enigma*-Variationen, op. 36, in London uraufgeführt. Der vollständige Titel lautet: *Variationen über ein eigenes Thema op. 36 »Enigma«.* Das altgriechische Wort »Enigma« bedeutet »Rätsel«, und lange Zeit hat man herumgerätselt, was es mit der Widmung »to my friends pictured within« (meinen im folgenden abgebildeten Freunden) und den insgesamt vierzehn Überschriften auf sich habe, die meist aus Monogrammen bestehen. Gegen sein Lebensende hat dann der Komponist selbst das Geheimnis gelüftet. Das Thema selbst wirkt feierlich, fast sakral (oder zumindest »nobile«). Natürlich gehört der leidenschaftliche Auftakt der vierzehn Variationen der verehrten Ehefrau ALICE (verdrehte Buchstabenfolge *»C. A. E.«*). Ein vollständiges, exakt notiertes Monogramm hingegen erhält *»H.ew D.avid S.tewart-P.owell«,* der sich als begeisterter Hobbypianist mit bestimmten Fingerübungen einzuspielen pflegte, die Elgar hier aufs Korn nimmt. Hinter dem behäbigen *»R. B. T.«* verbirgt sich ebenfalls ein Freizeitkünstler: Mr. TOWNSHEND, der in Laiengruppen schauspielerte. Ein rechter Choleriker hingegen scheint *»W. M. B.«* (BAKER) gewesen zu sein, der vom Komponisten als »Landjunker, Gentleman und Gelehrter« apostrophiert wurde, welcher die unangenehme Eigenschaft habe, seine Besucher herumzukommandieren. Drei weitere Variationen gelten wieder Amateurmusikern. *»R. P. A.«* (ARNOLD) spielte mäßig, aber mit »echtem Empfinden« Klavier. *»Ysobel«* (ISABEL FILTON) spielte gern Bratsche und erhält als zweite Dame des Zyklus ihren kompletten »nickname« (Spitznamen), während *»Troyte«* der originale Vorname des etwas grobschlächtigen Architekten GRIFFITH ist, der so gern Klavier spielen wollte. *»W. N.«* gilt Miss WINIFRED NORBURY und ihrem »typischen Lachen«. Auf eine falsche Fährte könnte *»Nimrod«* führen: Denn dargestellt wird kein Jagdgeschehen, sondern ein tiefschürfendes, ausgedehntes »Gespräch über die langsamen Sätze bei Beethoven«, und zwar zwischen dem

Komponisten und seinem befreundeten Verleger A. J. JAEGER (das Englische kennt ja keine Umlaute). Die zierlich-anmutige, etwas kapriziöse zehnte Variation scheint einer einstigen Herzensdame zu gelten: *»Dorabella«* hieß eigentlich DORA PENNY. *»G. R. S.«* war der Organist SINCLAIR in Hereford, dem dann auch ein »pompöser Marsch« gewidmet werden wird (Elgar schildert eine ungewöhnliche Episode mit seinem Hund). Daß nun ein Solocello intoniert, hat die einfache Erklärung, daß *»B. G. N.«* oder BASIL G. NEVINSON wieder ein Amateurmusiker war – natürlich Cellist und darüber hinaus (darum die warmen Klänge) »ein seriöser und anhänglicher Freund«. Geradezu innig geht es weiter: Denn die drei Sternchen nach *»Romanza«* stehen für eine Dame (möglicherweise eine frühere Verlobte des Komponisten), die sich damals gerade auf See befand. »Die Pauken deuten das ferne Stampfen der Maschinen eines Ozeandampfers an.« MENDELSSOHN-Kenner werden (in der Klarinette) ein Zitat bemerken, das hier durchaus hinpaßt: aus dessen *Ouvertüre* nach GOETHES *Meeresstille und glückliche Fahrt.*

Im abwechslungsreichen Finale hat sich Sir Edward Elgar (häuslicher Spitzname: »Edoo«) selbst mit Frau ALICE und Verlegerfreund JAEGER zusammen abgebildet (durch Zitate auf *»C. A. E.«* und *»Nimrod«*) – der »harte Kern« ist unter sich.

Das andere, noch populärere Opus sind die fünf Militärmärsche *Pomp and Circumstance,* deren erster in D-Dur mittlerweile zur heimlichen Nationalhymne der Briten avanciert ist. So darf er auf den jährlichen Londoner »Pops Concerts« nicht fehlen, bei denen kein Mensch mit Anstand sitzen bleibt und jeder stehend mitsingt, der über eine Kehle und ein patriotisches Herz verfügt, und Kopfbedeckungen sowie Teddys und andere Stofftiere durch die Luft wirbeln. Die außerordentliche Beliebtheit des ersten Marsches soll nicht zur Unterschätzung der anderen führen: Von melodischer Eleganz ist der dritte, schmissig eingerahmt der vierte mit einem für Elgar typischen weit ausschwingenden Mitsing-Hauptthema, zum Geschwindmarsch beschleunigt der letzte. – Obgleich nicht vor 1930 aufgeführt, entstanden zumindest die ersten vier in den Jahren zwischen 1901 und 1907 und einer Zeit in der Geschichte des Vereinigten Königreiches, als man noch mit Schwung, Stolz und klingendem Spiel ins Feld zu ziehen bereit gewesen war. Die schreckliche Ernüchterung folgte mit dem Ersten Weltkrieg. Heute sind die martialischen Akzente und Attitüden ebenso historisiert wie die Bärenfellmützen der Palastwache, und das Säbelrasseln ist längst durch Volksfeststimmung ersetzt. Unter der veränderten Konstellation läßt sich der eigentümliche Titel heute vielleicht am ehesten mit leiser Ironie als »Pomp und großer Bahnhof« übertragen.

Wenn schon Erinnerungen an große Tage: Der Engländer hatte als Insulaner zu allen Zeiten ein angestammtes Verhältnis zum Wasser; es heißt nicht umsonst »Rule, Britannia, rule the waves ...« Im Kapitel »Wasser« wurde schon die *Sea Symphony* von RALPH VAUGHAN WILLIAMS näher betrachtet. Auch Sir Edward hat einen schönen vokal-sinfonischen Beitrag, wenngleich als Solokantate für Mezzosopran und Orchester, angelegt und unter dem Titel *Sea Pictures* in lockerer Folge fünf Gedichte vertont, darunter Texte von ELIZABETH BARRET BROWNING (*»Sabbath Morning at Sea«,* Samstagmorgen auf See) und von ALICE ELGAR, der Ehefrau des Komponisten.

Eine sanfte, zärtliche Atmosphäre empfängt uns im einleitenden *»Sea Slumber Song«,* einem »Schlaflied der See« (RODEN NOEL). Wer diese Lieder hört, würde sicherlich kaum vermuten, daß Elgar keineswegs ein prädestinierter Liederkomponist war; Erfahrungen hatte er in vokaler Hinsicht einzig mit Oratorien. Doch viel Anteil an der souveränen Wirkung dieser »See-Bilder« hat auch das erweiterte Orchester mit seiner Farben- und Nuancenfülle: jeweils doppeltes Holz (dazu ein Kontrafagott), vier Hörner, zwei Trompeten, drei Posaunen, Tuba, Harfe, Pauken, große Trommel und Gong. Sogar eine Orgel ist ad libitum vorgesehen – für das stolze Finale *»The Swimmer«* (Der Schwimmer; A. LINDSAY GORDON): einen Hymnus auf die Schönheit des Meeres sowie auf die Kraft des Menschen, der sich ihm anvertraut – hin zu »Buchten, wo das Licht sich nicht neigt und Liebe nicht vergeht«.

In Nr. 3, *»Samstagmorgen auf See«*, sind zwei Details erwähnenswert. Wenn der Text von »glory«, von der Glorie dieses Tages spricht, kann der künftige Edelmann Elgar nicht umhin, Noblesse zu zeigen – plötzlich glaubt man, einen seiner Märsche vor sich zu haben. Und in der fünften und letzten Strophe der Dichterin, nach den Worten »an endless sabbath morning«, zitiert sich der Komponist selbst und greift auf den Beginn des ersten »Bildes« zurück: ein endlos geflochtenes Band und durch und durch gelungenes Orchesterlied! Etwas exotisch gibt sich Nr. 4, *»Where Corals Lie«* (Wo Korallen liegen; Richard Garnet), eine anmutige Südseestudie und klingendes Pendant zu den Erzählungen von William Somerset Maugham aus den eleganten Lounges der großen alten »resthouses« der Kolonialzeit.

Wer es »soft« mag, wird bei Elgar auch gut bedient. Seine von warmem Klang gestrichener Saiten getragene *Streicherserenade* hat er 1892 vollendet; heute gehört der Mittelsatz, ein Larghetto, zu den in England meistgespielten Musikstücken. Dabei hatte damals ein Verlag den Druck abgelehnt, weil »derartige Musik praktisch unverkäuflich« sei. Dennoch hat der Komponist diese nicht einmal fünfzehnminütige Partitur besonders gemocht, und die Zukunft gab ihm recht. – Was Streicherklang betrifft, so ist sicher der Umstand nicht ohne Belang, daß Elgar selbst ursprünglich Streicher war; seit seinem 24. Lebensjahr spielte er im Orchester des Worcester-Festivals und hatte so noch mit 27 Jahren unter dem Gastdirigat von Antonín Dvořák in der Kathedrale von Worcester bei der Aufführung von dessen *Stabat mater* mitgewirkt.

Gestattet sei eine biographische Notiz (zur Jugend des Komponisten), die seinen Hang zur »Noblesse« erklären kann. Dazu bitte ich Sie in eine typische englische Mittelstadt; und die hat natürlich eine Geschichte, die sich sehen lassen kann – speziell im Fall von Worcester dank der prächtigen Kathedrale, die bereits 680 n. Chr. gegründet und 1084 um- und ausgebaut wurde. Hier fand ein funktionierendes Musikleben statt, vor allem (seit 1724) das älteste englische Musikfest, das sogenannte »Drei-Chöre-Festival« (dreimal im Jahr gemeinsam mit Gloucester und Hereford), und hier bestand ein »Glee Club« als lockere Kammermusikvereinigung. Beide werden wichtig für den jungen Elgar.

Im Jahre 1841 hatte sich in dieser Stadt am Severn (schiffbar bis zu 80 Tonnen) ein unternehmungslustiger Musiker und Klavierstimmer (im Alter von neunzehn) niedergelassen und dank Empfehlungen seiner Londoner Meister den ehrenvollen Job erhalten, im nahen Witley die Flügel der Queen ADELAIDE zu betreuen (der Witwe WILLIAMS IV.). So erhielt er auch ein Hofpatent, das er sich stolz ans Portal heftete. Im Jahre 1846 wurde er darüber hinaus Organist an der katholischen Georgskirche, obgleich er selbst Protestant war. Aber vierzig Pfund jährlich waren damals eine ordentliche Summe. Es heißt, daß ELGAR senior vor jedem Gottesdienst erst einmal ordentlich Tabak schnupfte, dann den Bälgetreter verfluchte und sich für die Dauer der Predigt regelmäßig in das Pub nebenan zurückzog. Im siebten Jahr seines Aufenthaltes in Worcester heiratete er ANNE GREENING, eine belesene, musikalische junge Frau, die zum Katholizismus konvertiert war (wie später der Komponist), für LONGFELLOW schwärmte und ihrem Mann sieben Kinder zur Welt brachte. Edward, drei Kilometer vor Worcester geboren, war das vierte. Obgleich der Vater, eingedenk der Unsicherheit der eigenen Existenz, zu verhindern suchte, daß seine Kinder Musik als Beruf anstrebten, legte er doch Wert auf eine vielseitige musikalische Ausbildung.

So lernte Edward, der später nie ein reguläres Studium absolvieren wird, die Grundlagen des Spiels auf Klavier, Orgel und Violine. Später hörte man ihn, ohne daß er es erwähntermaßen gelernt hätte, Fagott blasen. Der stets etwas verträumte und nervöse Junge verließ die Schule mit fünfzehn Jahren und ging zu einem Rechtsanwalt in die Lehre, wo er etwas Buchhaltung erlernte, aber häufiger den Fußboden schrubben mußte. Die »Rettung« kam durch die »Musica sacra«, als er im Juli 1872 erstmals seinen Vater an Sankt Georg vertreten mußte. Und Anfang 1873 spielte er erstmals öffentlich Violine – beides kein glanzvoller, aber zumindest ein entscheidender Start einer späteren Weltkarriere. Das Orgelspiel wurde allsonntäglich; und da die Messen in Sankt Georg früher lagen als der Gottesdienst in der Kathedrale, konnte Elgar nach seinem Spiel dort regelmäßig der schönen neuen Orgel lauschen. Die Sonntage hielten noch einen dritten musikalischen Höhepunkt bereit. Der erwähnte »Worcester Glee Club«, dem schon Elgar senior seit 1843 als Geiger und gelegentlicher Klavierbegleiter angehört hatte und dessen Zusammenkünfte in ein ausgiebiges Gelage am Tagungsort, dem Crown Hotel, zu münden pflegten, hatte ein Bläserquintett zusammengestellt, dem »Young Edward«

als Fagottist angehörte. Mehr noch: Von ihm wurde, da er der vielseitigste der »Fünf« war, auch neue Kost erwartet – kein Sonntag ohne ein neues Stück aus seiner Feder. »Die Predigten in unserer Kirche dauerten gewöhnlich mindestens eine halbe Stunde, und ich nutzte diese Zeit, um die Sachen für den Nachmittag zu komponieren.« Man male sich die Szene aus: In der ehrwürdigen Kathedral-Gotik Worcesters, oben auf der Orgelempore, unbeobachtet, in der von Weihrauch geschwängerten Luft, beim altertümelnden, eintönigen Kanzelenglisch, mit Farbenspielen der morgensonnendurchglühten Buntglasfenster – und mit Musik im inneren Ohr – entstanden die ersten Kompositionen des Edward Elgar, der später als entschiedener, mystisch gefärbter Katholik eines der bedeutendsten englischen Oratorien schreiben wird, *Der Traum des Gerontius,* ebenso wie die aristokratischste britische Orchestermusik, die je ersonnen und empfunden wurde und die noch heute jedem Landsmann (und nicht nur ihm) die Brust schwellen läßt.

Fünf Jahre jünger als Elgar ist Frederick Delius (1862 bis 1934, jahrgangsgleich mit Debussy), mit dem ich Sie nun aufs englische Land einladen möchte. Zu den vielen Gesichtern von »countryside« gehört neben der Idylle der kleinen, sauberen Städtchen das saftige Grün der Wiesen und Weiden, das den nostalgischen Hintergrund für das Klangpastell *On Hearing The First Cuckoo In Spring* (Beim Hören des ersten Kuckucks im Frühling) liefert. Man muß allerdings genau hinhorchen, denn bei Delius ruft der berühmte Vogel erst ziemlich spät und ein wenig im akustischen Unterholz! Ebenfalls eine gelungene Naturimpression, allerdings auch schon in der französischen Provinz entstanden, ist das Orchesterstück *Summer Night On The River* (Sommernacht auf dem Fluß), in dem die Komponenten seines Stils wirkungsvoll hervortreten: starke Chromatik, schwelgerische Vorhalte, changierende Harmonien und Modulationen, Dämmereffekte, Nähe zum Volkslied. Der Unterschied zu Debussy fällt »ins Ohr«, statt vagem »Impressionismus« eine neuartige, durchaus konturierte Klangsprache mit deutlichem Gespür für Orchesterfarben, die bei dem aus Deutschland stammenden, in England geborenen Wahl-Franzosen immer schon Bestandteil der musikalischen Phantasie waren und nicht nachträglich aufgetragen wurden.

Delius verfügt über eine der ungewöhnlichsten Biographien unter der Komponistenzunft. Im Grunde genommen war er ebenso Deutscher wie HÄNDEL, denn seine Eltern hatten sich erst wenige Wochen vor seiner Geburt in Bradford, Yorkshire, niedergelassen. Obgleich trefflicher Geiger, versuchten ihn die Eltern von der Musik fernzuhalten, woraufhin sich der Zwanzigjährige als Orangenpflücker in Florida verdingte. Hier lernte er die Folklore der Schwarzen kennen, die sich dann deutlich in der Oper *Koanga* niederschlug. Dieses originelle Opus erlebte seine Uraufführung (wie übrigens die meisten Werke von Delius) in Deutschland (Elberfeld, 1904). Am bekanntesten wurde die Oper *A Village Romeo and Julia* (Romeo und Julia auf dem Dorfe) nach GOTTFRIED KELLER (1907 in Berlin uraufgeführt); nach FRIEDRICH NIETZSCHES *Zarathustra* entstand 1909 die *Mass of Life* (Messe des Lebens), komponiert auf das deutsche Original.

Nach jenem Florida-Aufenthalt ging der unternehmungsfreudige junge Mann nach Leipzig, wo er von 1886 bis 1888 studierte (bei Gewandhaus-Kapellmeister CARL REINECKE) und EDVARD GRIEG kennenlernte, dessen melancholische Stimmungsmalerei ihn nachhaltig beeinflussen sollte. Für Delius' künstlerischen Rang spricht immerhin die Tatsache, daß zu seinen späteren Förderern der Deutschitaliener FERRUCCIO BUSONI zählte (Lehrer von KURT WEILL). Sein eigener kosmopolitischer Grundzug führte dazu, daß er sich nach seinen Studienjahren in Frankreich niederließ – in der Seinemetropole, der er (1899) auch eine farbenreiche Partitur widmete: *Paris, The Song Of A Great City* (Das Lied einer großen Stadt).

Zehn Jahre zuvor hatte er eine französische Malerin geheiratet; doch ihn selbst erwartete ein trauriges Schicksal – das letzte Jahrzehnt seines Lebens verbrachte er in Blindheit. Während sein Schaffen in Frankreich, wo er fast ein halbes Jahrhundert gelebt hatte, nahezu unbekannt geblieben war, besaß Delius in seiner englischen »Heimat« in dem führenden Dirigenten Sir THOMAS BEECHAM einen unermüdlichen Verehrer, der schließlich 1929 ein Festival mit dessen Werken in der Londoner Queen's Hall veranstaltete, bei welcher Gelegenheit der Komponist durch König Georg V. ausgezeichnet wurde. England hatte er seit seiner Jugend nicht mehr betreten.

Der nächste Komponist, der sein Land weltweit (namentlich als Schöpfer von Sinfonien, Oratorien und Filmmusiken) zu repräsentieren wußte, wurde nur zehn Jahre nach Delius geboren, gehört stilistisch freilich bereits der nächsten Generation an: Ralph Vaughan Williams (1872–1958) oder »RVW«, wie er sich gern abkürzen ließ. Nach vorzüglicher und vielfältiger musikalischer Ausbildung in seiner Heimat (bei Sir Charles Stanford) hatte er anschließend noch in Berlin bei Max Bruch studiert und sich später mit Gustav Holst (*Die Planeten*) auch schöpferisch angefreundet. Kurz nach der Jahrhundertwende befaßte er sich (in der Art Béla Bartóks) intensiv mit dem Sammeln von Volksliedern seiner Heimat in Gegenwart und Geschichte, Liedern aus dem 16. und 17. Jahrhundert, von denen er über achthundert zusammengetragen hat. Diese Studien führten unter anderem zu seinem ersten Welterfolg *Fantasie über ein Thema von Thomas Tallis* von 1910. Wer heute die kleinen englischen Städte mit ihren engen, sauberen Gassen, den niedrigen Häusern, den gotischen Kathedralen und den schönen elisabethanischen Bauten klanglich begleiten oder nachempfinden möchte, der findet diese Atmosphäre hier vorzüglich eingefangen, ebenso in *Greensleeves,* jener unverwüstlichen Volksweise, die schon altenglische Meister abgewandelt hatten.

Daß ein sensibler Musiker wie RVW ein genuines Verhältnis zur Poesie hat, dürfte kaum verwundern. Erstmals vertonte er Walt Whitman 1906 mit der Kantate *Toward the Unknown Region* (Der unbekannten Welt entgegen); Whitman wird ihn auch zu seiner Ersten Sinfonie inspirieren, der großangelegten *Sea Symphony* von 1910 (siehe Kapitel »Wasser«). In den Jahren 1907 und 1908 hatte RVW in Paris bei Maurice Ravel noch Unterricht in Instrumentation genommen, was ihm gleich bei seinen ersten beiden Sinfonien erheblich zugute kommen sollte, deren Zweite uns als *London Symphony* dann in die Kapitale führen wird. Sinfonie Nr. 3, *Pastorale*, ist wieder auf dem englischen Land angesiedelt.

Die bekannteste seiner zahlreichen Filmmusiken, eine Reportage über die tragische Südpolexpedition seines Landsmannes ROBERT FALCON SCOTT, arbeitete der Komponist als Siebte Sinfonie zu einer *Antartica* aus (siehe Kapitel »Westwärts«).

VAUGHAN WILLIAMS gehört zu der Gruppe von Komponisten, die wie BEETHOVEN, SCHUBERT, DVOŘÁK und MAHLER ihr sinfonisches Schaffen mit einer Neunten beendeten, doch im Unterschied zu Mahler hegte er keine abergläubische Furcht vor dieser Zahl. Am meisten aber mochte RVW freilich seine Zweite, *A London Symphony.* Und tatsächlich ist sie die abwechslungs- und farbenreichste dieser Partituren, was freilich auch am Thema liegt – denn eine pulsierende Metropole wie London ist nicht mit der metaphysischen Szenerie etwa der Südpolregion vergleichbar.

Der erste Satz wird durch das Klangbild der Morgendämmerung eröffnet – Pendant zu den Themse-Landschaften in der Morgensonne bei TURNER oder WHISTLER. Es schlägt der Big Ben, dann geht es in den »Strand«: Hier vermischen sich Straßenrufe, Schlagerfetzen und Verkehrsgeräusche (Effekte, wie GEORGE GERSHWIN sie für *Ein Amerikaner in Paris* einsetzen wird). Eine schmissige, launige Unisono-Melodie prägt das Geschehen ebenso wie chromatische Akkordrückungen, die sich schockierend ab- und aufwärts schrauben und ANDREW LLOYD WEBBERS Horrorthema für *Das Phantom der Oper* vorwegnehmen. Der langsame zweite Satz (Lento) mit seiner Chamois-Stimmung entführt uns in die verklärte Welt von Bloomsbury. Die Zeit scheint stehengeblieben, wir tauchen ein in die Welt von CHARLES DICKENS und ARTHUR CONAN DOYLE. Soviel Idylle braucht ein Gegengewicht: Das Scherzo lädt ans Südufer der Themse ein. Es ist Samstagabend, es herrscht lebhaftes Treiben mit Mundharmonika und Straßengeräuschen, das zuletzt in der Stille der Nacht versinkt. Daß es RVW weniger um Abbildung von Londoner Details ging – die herangezogenen Erläuterungen hatte er quasi unter vorgehaltener Hand dem Dirigenten ALBERT COATES anvertraut –, sondern eher um die Wiedergabe der Atmosphäre der Themsestadt und ihrer Menschen, zeigt sich namentlich am Finale, in dem sich außer dem nochmaligen Big Ben keinerlei konkrete Anspielungen finden, wohl aber Reminiszenzen an die vorausgegangenen Sätze.

Kontrastierende Stimmungen, also Tragik und Heiterkeit, sorgen dafür, daß die Partitur weit über eine klingende Ansichtskarte hinausgeht. Hierzu der Komponist selbst: »Die Musik soll von sich aus beeindrucken und muß als ›absolute Musik‹ siegen oder sterben. Wenn der Hörer also vermeint, Klänge wie die Glocken von Westminster ... zu vernehmen, ist er gebeten, dies als Zufall, nicht als Wesen der Musik zu verstehen.«

Der mit RVW befreundete, nur zwei Jahre jüngere GUSTAV HOLST (1874–1934) steuerte 1913 zur klingenden Topographie der Hauptstadt eine *St. Paul's Suite* für Streicher bei. Wie EDVARD GRIEG lebenslänglich von Krankheiten bedroht, hatte dieser Komponist ansonsten eine starke Beziehung zu Metaphysik und Astrologie. Davon zeugt sein unbestrittenes Hauptwerk, die Orchestersuite *Die Planeten* (The Planets).

Sein Urgroßvater war Schwede, der Vater wollte ihn zum Pianisten ausbilden lassen, doch der Sohn zog das Komponieren vor. Besonders gern arbeitete er mit Chören, komponierte für sie und leitete darüber hinaus einige Amateurorchester, bevor er 1893 in das Königliche Musikkolleg London eintrat, um bei CHARLES VILLIERS STANFORD regulär Komposition zu studieren. — Sir Stanford (1852 bis 1924), geboren in Dublin, kam aus der Leipziger Schule (unter CARL REINECKE), war in Bayreuth Assistent bei der Uraufführung von WAGNERS *Ring des Nibelungen*, leitete viele Jahre den Londoner BACH-Chor und galt als fruchtbarer Komponist mit deutscher Orientierung: Neben zehn Opern und sieben Sinfonien schrieb er namentlich Sakralmusik, so ein Oratorium *Auferstehung* nach KLOPSTOCK (man vergleiche MAHLERS *Zweite Sinfonie*). Als Lehrer gehörte er zu den prägenden Gestalten seines Landes; er erzog zwei Generationen bedeutender Nachfolger, neben Holst und anderen auch VAUGHAN WILLIAMS. Rund vierzig Jahre lehrte er in London und Cambridge.

Holst war ein vielseitiger Musiker, hatte Klavier, Orgel und Posaune studiert und als Soloposaunist und Korrepetitor an verschiedenen Orchestern gewirkt. Im Jahre 1903 wurde er Professor an seinem ehemaligen Londoner Institut. Seine Begeisterung für PURCELL und die altenglische Musik einerseits, für STRAWINSKY und die jüngeren französischen Komponisten andererseits sowie sein Interesse an der heimatlichen Volksmusik ließen ihn, anders als seinen Lehrer und die meisten seiner Kollegen, nicht in das deutsche Fahrwasser geraten (das gilt besonders für die *Somerset-Rhapsody* und *St. Paul's Suite*). Die Orchestersprache seines op. 32, *Die Planeten,* ist höchst raffiniert und bietet sogar einer Koryphäe wie RICHARD STRAUSS heftige Konkurrenz; er schrieb das Werk während seines Kriegsdienstes zwischen 1914 und 1917 als musikalischer Truppenbetreuer. Sir ADRIAN BOULT, dem das Werk gewidmet ist, stellte es den Londonern in der Queen's Hall vor – mit fulminantem Erfolg.

In der Suite fehlt – auf den ersten Blick überraschend – die Erde; doch scheint dieser Umstand mit dem latenten Skeptizismus des Komponisten sich selbst und seiner »Scholle« gegenüber zusammenzuhängen. Obgleich schon der erste Satz dem Kriegsbringer Mars (*»Mars, der Überbringer des Krieges«*) gewidmet ist, wird klar, wo Gustav Holst steht: auf der Seite derer, die den Krieg als sinnlose Vernichtung von Leben und Wohlstand betrachten. Das wird nach diesem »martialischen«, bedrückend imposanten Entree gleich im zweiten Satz – *»Venus, die Überbringerin des Friedens«* – deutlich, wo schönste Klangsinnlichkeit dominiert. Schwebende Wirkungen, erreicht durch rhythmische Tricks wie Synkopen, kennzeichnet *»Merkur, der geflügelte Bote«*. Weniger der Herr des Olymp oder gar finsterer Gebieter als vielmehr eine »rundliche Frohnatur voller Lebensfreude« (so der Komponist) stand Modell für *»Jupiter, der Überbringer der Freude«,* wo man den älteren Landsmann ELGAR zu hören vermeint. Selbst der astrologisch stets düster gezeichnete *Saturn* weist auch helle Farben auf; Holst liebte diesen Satz besonders wegen seiner Kontraste, denn er interpretiert diesen Planeten als den »Bringer hohen Alters«, und das ist von Gegensätzen gezeichnet – Kälte, Einsamkeit, Angst vor dem Tod, philosophischer Abgeklärtheit und innerem Frieden. *»Uranus, der Zauberer«* ist ein hörbarer Verwandlungskünstler und schillert zwischen Düsternis und Mystik.

Verweilen wir noch in der Hauptstadt. London ist natürlich auch der Drehpunkt des englischen Humors, wie er sich in einzigartigen Formen, etwa den Limericks oder dem göttlichen Nonsens, aber auch in metaphysischen Parabeln wie *Alice in Wonderland* erfrischend, tief- wie hintergründig und stets anregend kundtut. Hier muß einfach ein jüngerer Komponist genannt werden, der seinerseits die Brücke zu BENJAMIN BRITTEN schlagen wird: WILLIAM WALTON (1902–1983). Zum Thema »britischer Humor zwischen Nonsens und Cabaret« lieferte dieser einen höchst originellen Beitrag, der an ästhetischer »Aufmüpfigkeit« den Gemeinschaftsproduktionen von BRECHT und WEILL an die Seite gestellt werden kann. Walton ist neben ELGAR, den BEATLES und LLOYD WEBBER einer jener Vertreter der jüngeren englischen Musikszene, die für ihre Verdienste in den Adelsstand erhoben wurden.

In Oxford ausgebildet, machte er durch ein erstes Streichquartett von sich reden, dem als Welterfolg erwähntes eigentümliches Opus folgte, das unter dem Titel *Façade I* und *Façade II* Nonsensverse der Lyrikerin und Pianistin EDITH SITWELL für Sprecher und sechs Instrumente rasch zu einem Welterfolg wurde. Geistiger Ahne ist ARNOLD SCHÖNBERGS *Pierrot Lunaire,* der ebenfalls einer literarisch-musikalischen Mischgattung angehört und mit des Neuwieners spezifischer Technik des »Sprechgesanges« arbeitet. Bei der Uraufführung saß die Verfasserin der Texte selbst auf der Bühne und sprach die witzigen, assoziationsreichen Strophen durch ein Megaphon. Die Texte selbst schillern zwischen CHRISTIAN MORGENSTERN (*Palmström, Galgenlieder*), Dada und britischem Nonsens und leben außer von verrückten Metaphern stark von Alliterationen, die eine Übertragung in andere Sprachen schier unmöglich machen. Als erstes war die Nr. 2 der *»Hornpipe«* (Seemannstanz) entstanden, nach einer »Fanfare« die erste Nummer mit Text:

Sailors come – to the drum – out of Babylon;
hobby-horses foam, the dumb – sky rhinoceros – glum.

Was (unter Verzicht auf die freilich unverzichtbaren Reime) etwa bedeutet: Matrosen kommen – zu den Trommeln – raus aus Babylon; Steckenpferde schäumen, und der dumpfe Himmel grantelt wie ein Flußpferd.

Es ist immer riskant für den Betreffenden, der dann leicht zum Betroffenen wird, wenn eines seiner Werke einen kometenhaften Aufstieg erlebte und alles andere aus seiner Feder, zumindest aus weiter Entfernung (und die ist, wie dargelegt, im Falle Großbritanniens nicht in Kilometern respektive Meilen zu messen), vergessen läßt. So hat Sir Walton neben seinem genialischen »Fassaden-Wurf« noch ganz andere Seiten anzubieten. In den Augen seiner Landsleute ist sein gelungenstes Werk ein geistliches: *Belshazzar's Feast* (Belsazars Fest) ist im Bereich des englischen Oratoriums seit HÄNDEL und ELGAR (*Der Traum des Gerontius* von 1900) ein weiterer Markstein, wenngleich stark neoklassizistisch gefärbt. Der ansonsten recht kühne Komponist hält sich hier zurück und huldigt einzig dem Inhalt, der alttestamentlichen Geschichte vom Allherrscher, der zum Hohn der gefangenen Israeliten deren geweihte Gefäße zum Lustmahl mißbraucht und dann gemäß dem – an der Wand fixierten – Urteilsspruch Jehovas noch in derselben Nacht von seiner Leibwache ermordet wird. Am Rande: Dieser effektvollen Partitur verdankte Walton nicht nur einen noblen Auftrag zum Krönungsmarsch für GEORGE VI. (1937 war der hierfür ansonsten prädestinierte Elgar schon drei Jahre verstorben), sondern wenig später – indirekt durch diese königliche Würdigung ausgelöst – die Aufträge zu seinen epochalen Filmmusiken *Henry V.*, *Hamlet* und *Richard III.*, sämtlich mit LAURENCE OLIVIER, und schließlich zu einem *Coronation Te Deum* (Krönungs-Tedeum) für Queen ELIZABETH II.

Sir Walton war aber nicht nur mit dem nationalen Leben und speziell mit den »royalties« verbunden, sondern auch mit der zeitgenössischen Musikszene Europas, und kann in dieser Bedeutung etwa den französischen »Six« an die Seite gestellt werden. Sein *Bratschenkonzert* von 1928 wurde von keinem Geringeren als PAUL HINDEMITH uraufgeführt, mit dem er persönlich befreundet war und für den er noch 1963 *Variationen über ein Thema von Hindemith* komponierte. Sein Violinkonzert von 1938 war ein Auftragswerk des führenden amerikanischen Virtuosen JASCHA HEIFETZ, während das *Violoncellokonzert* (1956) dem russisch-amerikanischen Spitzencellisten GREGOR PIATIGORSKY galt.

Der jüngste britische Komponist von internationalem Rang, BENJAMIN BRITTEN (1913–1976), wurde unter einem besonderen »Stern« geboren, nämlich am Tag der heiligen Cäcilie, der Schutzpatronin der Kirchenmusik. Auch wenn er auf dem Gebiet der Musica sacra »nur« zwei Großwerke geschrieben hat – die *Sinfonia da Requiem* (nach dem Verlust der Mutter und dem Ausbruch des Zweiten Weltkrieges) und das packende *War Requiem* als aussöhnende Reflexion des bewußten Pazifisten Britten auf die Schrecken der Kriegsjahre –, so ist doch seinem Gesamtschaffen ein tiefer Ernst nicht abzusprechen. Er komponierte *Sonette* nach MICHELANGELO, wie er auch überhaupt mit führenden Sängern seiner Zeit zusammenarbeitete. Für DIETRICH FISCHER-DIESKAU entstanden *Lieder und Sprüche* von WILLIAM BLAKE, *Phaedra*, op. 93, für JANET BAKER, während er den Tenor PETER PEARS (der übrigens die Titelrolle von Brittens bekanntester Oper *Peter Grimes* kreierte) häufig selbst auf der Bühne begleitete. Für Pears komponierte er unter anderem die populäre *Serenade*, op. 31, mit ihm gemeinsam fertigte er das Libretto zu seinem *Sommernachtstraum* an – neben LEONARD BERNSTEINS *West Side Story* die wohl wichtigste Bühnenvertonung eines SHAKESPEARE-Stoffes der jüngeren Musikgeschichte.

Bei aller Vielfalt seiner Kreativität gilt Britten besonders als Opernschöpfer. Plötzlichen Weltruhm brachte ihm 1945 eine erste Oper *Peter Grimes:* Sie beschreibt das Schicksal eines Außenseiters im puritanischen Milieu der Fischer von Suffolk, der Heimatregion des Komponisten. Vier der sechs Orchesternummern, die das Meer schildern, wurden von Britten später als Konzertsuite *»Four Sea Interludes«* zusammengefaßt (vergleiche die *Sea Pictures* bei EDWARD ELGAR). Ebenfalls dem Seemannsmilieu gehört die freilich beträchtlich brutalere Oper *Billy Budd* (nach dem Roman von HERMAN MELVILLE) an; erwähnenswert noch die psychologisch tieflotende Entwicklungsoper *The Turn Of The Screw* (Die sündigen Engel) und der *Tod in Venedig* nach der Novelle von THOMAS MANN. Ein besonders sympathischer Zug ist Brittens Engagement für junge Musikanten und Hörer: Seine Schuloper *Laßt uns eine Oper machen* gilt als maßstabsetzend auf diesem Gebiet. Britten war bewußt ein *englischer* Komponist und schuf zwei gelungene Neufassungen wichtiger Bühnenwerke seines Landes, die ihn als geschickten Bearbeiter von Fremdvorlagen ausweisen: einmal die in Zusammenhang mit HÄNDEL erwähnte *Bettleroper* des CHRISTOPH PEPUSCH sowie *Dido And Aeneas* von HENRY PURCELL, den der Brite Britten besonders verehrte. Und nun schließt sich der Kreis unserer kleinen Komponisten-Galerie des United Kingdom mit einem Abstecher nach Schottland.

Wenn man vom Londoner Nebel absieht, Londons vielfältigem Musikleben, dem Reiz der kleinen Städte und dem Ehrendoktorat zu Cambridge, so waren die komponierenden Festländer am tiefsten immer wieder von der herben Schönheit des schottischen Hochlandes beeindruckt. Doch vor jeglichen Landschaftsimpressionen hielten von dort stammende Volkstänze Einzug in Europa. »Ecossaisen« oder »Schottische« (in Frankreich »Anglaises«) hießen die um 1600 am schottischen Hofe zum Dudelsack getanzten »country dances« (»ländlichen Tänze«, daraus der deutsche »Konter-Tanz«, der mit der Gegenüberstellung der Tänzer nichts zu tun hat). Diese Tänze standen ursprünglich in mäßigem Dreier-, nach 1800 aber in raschem Zweiertakt und wurden dann von mehreren Komponisten als Form der Klaviermusik aufgegriffen. Am bekanntesten wurden die Ecossaisen von BEETHOVEN, SCHUBERT und CHOPIN. BEETHOVEN schrieb seine sechs Stücke wohl 1806 und eine späte Ecossaise noch 1825 (sämtlich ohne Opuszahl). SCHUBERT neun als op. 18 zwischen 1815 und 1821, acht weitere als op. 49 1822 sowie nochmals je zwei als op. 67 und op. 33 (um 1822 beziehungsweise vor 1824), CHOPIN seine drei Stücke als op. 72 im Jahre 1826. Schottland war also »eingeführt«.

Der erste orchestrale Beitrag kommt von FELIX MENDELSSOHN BARTHOLDY, ihm geht ein Schlüsselwerk desselben Komponisten auf englische Dramatik voraus. Der hochgebildete Musiker hatte sich zeitlebens von Literatur inspirieren lassen. Neben GOETHE, VICTOR HUGO und JEAN PAUL war es SHAKESPEARE, nach dessen *Sommernachtstraum* eine der farbigsten Bühnenmusiken der Romantik und vor allem eine funkelnde Ouvertüre entstanden war: der Geniestreich eines Siebzehnjährigen, der darin schon die ganze Feen- und Märchenwelt des Schauspiels einfing. Kurioserweise war die *Ouvertüre* 1826 als selbständiges Opus konzipiert, wurde aber vom Komponisten wiederum siebzehn Jahre später unverändert übernommen, als er im Auftrag des Preußenkönigs die gesamte Bühnenmusik schreiben mußte (was für den stets selbstkritischen Mendelssohn erstaunlich war und von der Genialität der frühen Partitur zeugt).

Drei Jahre nach Entstehen dieser Ouvertüre reiste der Komponist mit Freund KLINGEMANN ins schottische Hochland; hier kam ihm die Anregung zu seiner Dritten Sinfonie in a-Moll, die sogar einen RICHARD WAGNER veranlaßte, ihren Schöpfer als vollendeten »Landschaftsmaler« zu würdigen. Und doch schwingt hier auch historische Reflexion mit. Die langsame Einleitung verweist auf die tiefen Eindrücke, die ein Besuch von Edinburgh und Schloß Holyrood hinterlassen hatte: »In der tiefen Dämmerung gingen wir heute nach dem Palaste, wo Königin Maria gelebt und geliebt hat. Es ist da ein kleines Zimmer zu sehen, mit einer Wendeltreppe an der Tür. Da stiegen sie hinauf und fanden den Rizzio, zogen ihn heraus, und drei Stuben davon ist eine finstere Ecke, wo sie ihn ermordet haben. Der Kapelle daneben fehlt nun das Dach, Gras und Efeu wachsen viel darin, und am zerbrochenen Altar wurde Maria zur Königin von Schottland gekrönt. Es ist da alles zerbrochen, morsch, und der heitere Himmel scheint hinein.« Der für Mendelssohn ungewöhnlich ausgedehnte Kopfsatz ist eine prächtig-düstere Ballade zwischen wehmütigem Rückblick, Schicksalsklängen und Sturmpassagen, denen Wagner sehr aufmerksam gelauscht haben muß (Vorgriffe auf die *Walküre* und den *Fliegenden Holländer* finden sich darin). Aufhellend der scherzoähnliche zweite Satz mit einem halbtonlosen, pentatonischen Thema, das an die Dudelsackmelodien der Schotten erinnert. Von elegischer Schönheit und wohliger Melancholie ist das Adagio mit seiner innigen Kantilene beseelt; für den markanten Kontrast sorgt eine Marschepisode in Moll. Das Finale hatte Mendelssohn ursprünglich, wohl unter dem Eindruck der blutigen Auseinandersetzungen von einst, »Allegro guerriero« (»Kriegerisches Allegro«) überschrieben, es dann aber bei der bloßen Tempoangabe *»Allegro vivacissimo«* belassen, weil ihm der Satz unter der Hand zu lebensbejahend und vital geriet.

Die *Schottische* hat von allen Sinfonien Mendelssohns die längste Entstehungsgeschichte: Er schrieb an ihr noch auf seiner Italienreise und beendete die Partitur erst nach einer zehnjährigen Pause Anfang 1842 in Berlin, um die Sinfonie im März des Jahres im Leipziger Gewandhaus selbst aus der Taufe zu heben. Drei Monate später stellte er sie auch den Londonern vor, zumal die Widmung an die (damals erst 23jährige) Königin VICTORIA ging. Diese a-Moll-Sinfonie wurde seine erfolgreichste und allein im Gewandhaus bis 1880 ganze 28mal gespielt.

Dieselbe Reise führte die Freunde auch auf die Hebrideninsel Staffa mit der berühmten Fingalshöhle. Von dieser rauhen Szenerie mit den aufbegehrenden Elementen Wind und Wasser und den imposanten, vorzeitlichen Basaltsäulen mußte ein sensibler und selbst bildnerisch befähigter Musiker wie Mendelssohn-Bartholdy zutiefst beeindruckt werden; an Ort und Stelle notierte er die ersten zwölf Takte einer Konzertouvertüre »Die einsame Insel«. Wie die *Schottische Sinfonie* arbeitete er die Partitur in Italien aus, war aber unzufrieden, wie er Schwester FANNY schreibt, weil sie »mehr nach Kontrapunkt, als nach Tran und Möven« schmecke – und »es sollte doch umgekehrt sein«. Erst eine dritte Version, 1833 in Berlin von ihm selbst vorgestellt, genügte seinem strengen Urteil: Das Resultat ist eines der schönsten klingenden »Seestücke« und gehört zu den gelungensten nordischen Landschaftsimpressionen in der Orchestermusik überhaupt!

Auf diese Fingalshöhle spielte ein Späterer an – wie Mendelssohn gebürtiger Hamburger und dadurch sozusagen von Haus aus nordbegeistert, auch wenn er Wien zu seiner Wahlheimat werden ließ: JOHANNES BRAHMS. Er gehört ja nicht nur zu den großen Sinfonikern und Konzertschöpfern, sondern ebenso zu den führenden Klavier- und Liederkomponisten des 19. Jahrhunderts. Aber darüber hinaus hat er zahlreiche klangschöne Chorsätze geschrieben, unter anderem auf Texte, die JOHANN GOTTFRIED HERDER (*»Stimmen der Völker in Liedern«*) von Ossian, einem legendären Barden, übertragen hatte. In diesem Falle aber waren alle Beteiligten einem schottischen Dichter aufgesessen, der sich den Spaß erlaubt hatte, altgälische Gesänge zu imitieren und sie als Übersetzungen jenes blinden irischen Sängers auszugeben.

Diese Stilkopien stießen zumal bei den deutschen Romantikern mit ihrer Verklärung des Mittelalters auf große Resonanz. Brahms versah den *Gesang aus Fingal* für Frauenchor mit der archaisch-nostalgischen Begleitung von zwei Hörnern und Harfe. Der Text klagt um einen gefallenen Helden:

Wein' an den Felsen der brausenden Winde,
weine, o Mädchen von Insitore!
Beug' über die Wogen dein schönes Haupt,
lieblicher du als der Geist der Berge,
wenn er um Mittag an einem Sonnenstrahl
über das Schweigen von Morgen fährt.
Er ist gefallen, dein Jüngling liegt darnieder ...
Seine grauen Hunde heulen daheim,
sie sehn seinen Geist vorüberziehn.
Sein Bogen hängt ungespannt in der Halle,
nichts regt sich auf der Heide der Rehe.

Eine schottische Ballade, diesmal keine Fiktion und wiederum von HERDER übertragen, wurde gleich von vier namhaften Komponisten vertont; alle waren sie von der düsteren Vorlage gepackt. Johannes BRAHMS legte sie der ersten seiner vier Balladen op. 10 zugrunde; FRANZ SCHUBERT vertonte *Edward* 1817, CARL LOEWE folgte im Jahre darauf mit seiner ersten Ballade (op. 1, Nr. 1), und noch 1880 gestaltete PJOTR TSCHAIKOWSKY aus den sieben Strophen eines seiner *Sechs Duette op. 46*. – Es ist die furchtbare Geschichte vom Vatermord, der nach mehrfachen Ausflüchten in immer beklemmenderem, alptraumartigem Dialog zwischen Sohn und Mutter endlich bekannt wird. Doch die Schlußstrophe bringt die grausige ganze Wahrheit zutage. Der Vatermörder will, vom Gewissen verfolgt, Haus und Hof, Weib und Kind verlassen – »die Welt ist groß, laß sie betteln drin«.

Und was willst du lassen deiner Mutter teur?
Edward, Edward!
Und was willst du lassen deiner Mutter teur?
Mein Sohn, sag mir – Oh!

Fluch will ich euch lassen und höllisch Feuer,
Mutter, Mutter!
Fluch will ich euch lassen und höllisch Feuer,
denn Ihr, Ihr rietet's mir! – Oh!

Ein Vergleich der vier Fassungen lohnt. Die Kenntnis der Ballade freilich vorausgesetzt, gebührt die Palme dem Hamburger; die Dramatik des Geschehenen und Geschehens teilt sich in seinem meisterhaften Klaviersatz plastisch und schauerlich genug mit . . .

Der aus Köln gebürtige MAX BRUCH (1838–1920), zu Lebzeiten einer der geachtetsten und meistgespielten Komponisten, ist heute bis auf wenige Werke vergessen. Zu Unrecht, wie das so oft geschieht. Seine *Schottische Fantasie* in Es für Violine mit Orchester und Harfe, unter freier Verwendung schottischer Volkslieder, von 1880 verdankt ihre Entstehung dem Violinvirtuosen PABLO DE SARASATE, für den der Komponist drei Jahre zuvor sein *Zweites Violinkonzert* (in d-Moll) schrieb. Letzteres blieb zwar bis heute beträchtlich hinter seinem Vorgänger, dem *Ersten Violinkonzert* (in g-Moll) zurück, verhalf seinem Schöpfer aber immerhin zu einer seiner volkstümlichsten Kompositionen.

Die Einleitung (Grave) ist als Trauermarsch angelegt; folgt das Adagio cantabile attacca – eine freie Paraphrase über die schottische Volksweise *Auld Rob Morris*. Das Scherzo greift das wohl jedem Musikfreund geläufige Dudelsack-Klischee auf, das ja in Schottland beheimatet ist: mit Variationen über *Hey, the dusty miller*. Wieder eingetrübt der Klagegesang *I'm doun for lack o'Johnnie* (Andante sostenuto), in dem der routinierte Klangzauberer Bruch seine ganze Palette einsetzt, zumal im Zusammenspiel der beiden Solisten. Das »kriegerische« Finale (Allegro guerriero) verbindet Variationen über das originale *Scots wha hae* sowie über eine vom Komponisten im Volkston entworfene Melodie. Daß noch einmal das Adagio-Thema *Auld Rob Morris* anklingt, unterstreicht den zyklischen Charakter des fünfsätzigen Werkes.

Dänemark

Es bieten sich zwei bequeme Möglichkeiten, von Großbritannien nach Skandinavien überzusetzen. Im ersten Fall würden wir nach Norwegen, im zweiten nach Dänemark gelangen. Das erste wäre kein Problem, weil der Exponent der norwegischen Musik, EDVARD GRIEG, zu einer Hälfte von schottischen Vorfahren abstammt (er spricht scherzhaft von seinem »doppelten Kontrapunkt«). Doch ich möchte mich für den zweiten Weg entscheiden, der uns zuerst nach Dänemark entführt. Denn hier schlug für Jahrhunderte der Puls des ganzen Nordens, soweit er nicht russisch-orthodox war und von Moskau dominiert wurde. Ziemlich unbemerkt von den vorwiegend süd- und westeuropäischen Großmächten hatte sich dieses kleine Land ein ungeheures Territorium angeeignet, das nicht nur das gesamte skandinavische Festland, sondern dazu noch Island und (wie heute noch) Grönland einbezog. Es genüge der Hinweis darauf, daß die Hauptstadt Norwegens bis weit ins 19. Jahrhundert hinein noch den Namen des populärsten dänischen Königs trug und Christiania hieß.

Abgesehen von dieser repressiven Funktion hatte das zentrale Dänemark natürlich auch bildungspolitische Anleitung zu geben. Die Standortvorteile lagen auf der Hand: territoriale Anbindung an Europa (Dänemark reichte zuweilen bis vor die Tore Hamburgs und besaß unter anderem Altona!) und eine beträchtlich höhere Bevölkerungsdichte, was wiederum eine verstärkte Entwicklung und Förderung des geistig-künstlerischen Potentials nach sich zog – so daß sich auch nach Verlust Norwegens (1814 als Reaktion auf das Bündnis Dänemarks mit Napoleon) dessen Elite in Kopenhagen versammelte.

Die literarisch-musikalische Brücke, derer wir uns nun bedienen wollen, um von England hierherzugelangen, geht auf keinen Geringeren als WILLIAM SHAKESPEARE zurück, denn der siedelte sein philosophisch überhöhtes Drama *Hamlet* in Dänemark an – er brauchte Nebel und Einsamkeit, düstere Burgmauern und rauhe Brandung nicht nur als nordisches Gegenstück zu Mykene und glaubwürdige Kulisse für Königs- und Gattenmord, Gewissensqualen, vorgetäuschten und echten Wahnsinn, für Freitod und blutige Rache, sondern auch als geeigneten Rahmen für die prinzipiellen Fragen nach Sinn und Wert des Lebens. Der Mann aus Stratford hat die Geschichte zeitlich allerdings erheblich später plaziert – berichtet wird sie schon von SAXO GRAMMATICUS gegen Ausgang des 12. Jahrhunderts. Shakespeares Dänenprinz hat seine philosophischen Ambitionen aber bereits an der jungen Universität zu Wittenberg – berühmt geworden durch MARTIN LUTHER – erworben und war 1602 in das elterliche Schloß nach Helsingör auf Seeland zurückgekehrt.

Die Qualen eines jungen Menschen, der seinen Vater umgebracht und seine Mutter im Bett des Mörders und nunmehrigen Königs vorfindet, der die vom Geist des Toten befohlene Rache unter dem Mantel des Irrsinns vorbereiten muß und auf diesem Weg noch zwei unschuldige Menschen in den Tod reißt, bevor es die Schuldigen trifft – dies war ein Stoff, wie geschaffen für die romantischste aller musikalischen Formen, für die Sinfonische Dichtung. Was Wunder, daß deren Begründer und Hauptvertreter in Deutschland, FRANZ LISZT, an diesem Shakespeare-Stoff nicht vorbeikam und ihn nach seiner Beschäftigung mit der französischen Romantik (VICTOR HUGO) und deutschen Klassik (HERDER, GOETHE, SCHILLER) als eine seiner zwölf Weimarer Programm-Partituren bearbeitete. Im Jahr 1858 hatte er als großherzoglicher Hofkapellmeister ein Vorspiel für eine Aufführung des Dramas komponiert und dieses später durch einen Mittelsatz zu einer selbständigen Komposition ausgeweitet, die allerdings erst 1876, also während seiner zweiten Weimarer Zeit (die er jährlich mit Rom und Budapest teilte), zur Aufführung gelangte – und zwar nicht in der Residenzstadt, sondern in Sondershausen. Drei Teile lassen sich leicht unterscheiden. Der grüblerische, zu Schwermut neigende Prinz (Seufzermotiv) ringt sich dennoch zu Tatkraft und Heldenmut durch (punktiertes Kampfthema in den Bässen). Der Mittelteil soll nach Liszt »wie ein Schattenbild auf

Ophelia hindeuten«. Den Anfang aufgreifend, schließt das Bild in einem Trauermarsch und deutet so den tragischen Ausgang an.

Der russische Schicksalssinfoniker TSCHAIKOWSKY hat den *Hamlet*-Stoff gleich zweimal gestaltet. Zuerst als eine späte (die vorletzte) seiner Sinfonischen Dichtungen unter der Bezeichnung *Fantasie-Ouvertüre* (1888), drei Jahre später als Bühnenmusik zum originalen Schauspiel. Im internationalen Repertoire behauptet hat sich die erstgenannte Partitur. Es war indes nicht die erste Beschäftigung des Russen mit dem englischen Klassiker – vorausgegangen waren *Der Sturm* und *Romeo und Julia.* Doch muß ihn die gespaltene, schwankende und vom Verhängnis getriebene, letztlich zum Untergang verurteilte Titelgestalt besonders gefesselt haben, erkannte er sich hier doch zu Teilen selbst wieder: unfähig, gegen seine »Natur« als Homophiler anzukämpfen, und doch ebensowenig fähig, sich mit ihr abzufinden und zu innerem Frieden zu finden.

Mit LISZTS drei Jahrzehnte älterem Opus teilt Tschaikowskys Partitur die Zeichnung des Helden als introvertiert und zögerlich und die Ophelias als fragil und gefährdet. Neu treten der Geist des Vaters, ein Liebesthema des Paares Hamlet und Ophelia – leidenschaftlich drängend und doch vom Untergang bedroht – sowie die packende Szene des Kampfes zwischen dem Helden und Laertes (dem Bruder Ophelias) hinzu, der Hamlet zum Opfer fällt (nicht ohne seinen Angreifer mit in den Tod gerissen zu haben). Eine düstere Szenerie, prächtig umgesetzt und letztlich inspiriert von nordischer Landschaft! Daß dem Komponisten dieser Zusammenhang bewußt war, steht außer Zweifel. Erstens war er selbst zeitlebens oft genug im russischen Norden, zweitens hat er die Partitur keinem anderen als seinem norwegischen Freund gewidmet – EDVARD GRIEG.

Um einiges früher ist die Story der *Gurre-Lieder* von ARNOLD SCHÖNBERG angesiedelt. Der dänische Dichter JENS PETER JACOBSEN, der neben ANDERSEN und KIERKEGAARD als führender Literat seines Landes galt und vor allem von RILKE geschätzt wurde, schildert in seinen Versen die Liebe des Dänenkönigs WALDEMAR (Sitz: Burg Gurre, Mitte des 14. Jahrhunderts) zur schönen Tova (Taube). Doch seine Frau, Königin HELWIG, läßt ihre Rivalin ermorden. In der Verzweiflung flucht Waldemar sogar seinem Gott, der ihn daraufhin dem Wahnsinn überläßt. Er muß nun – ähnlich dem *Ewigen Juden*, dem *Fliegenden Holländer* oder der *Francesca da Rimini* – ewig ruhe- und rastlos mit Gefolge um seine verrottende Burg Gurre jagen. Rettung kommt dem Frevler – anders als bei WAGNER – nicht mehr durch die Liebe eines Menschen, sondern allein durch die Urkraft der sich erneuernden Natur, doch diese Urkraft muß verdoppelt werden. Es genügt nicht, wie bei Gespenstern, der Sonnenaufgang. Nein: Es muß die Morgensonne des ersten Frühlingstages sein, damit des Königs Wahn geheilt wird. (Auffällig berührt diese Dichtung das erheblich später in Helsinki auf die Bühne gebrachte und durch SIBELIUS vertonte Drama *König Christian II.*, dem allerdings ein historischer Stoff zugrunde lag, der seinerseits den erwähnten JACOBSEN zu seiner symbolistischen Dichtung inspiriert haben könnte.)

Diese Gigantopartitur – nach deren Hören man begreifen kann, warum sich SCHÖNBERG demnächst an ein emotionsloses Skelett wie die Zwölftonreihe klammern müssen wird – vermag ihre Hörer ähnlich zu packen und erschüttern wie das etwa gleichzeitige *Lied von der Erde* von GUSTAV MAHLER, das dieser drei Jahre vor seinem Tod beendete. Die Tatsache, daß Schönberg hier selbst dessen *Sinfonie Nr. 8* (auch *»Sinfonie der Tausend«* genannt) hinsichtlich der Orchesterbesetzung auf Platz zwei verweist, sei aufgrund des grandiosen Klangergebnisses detailliert belegt: fünf Vokalsolisten (davon ein Mezzosopran), drei Männerchöre zu vier Stimmen, ein Chor zu acht Stimmen, je vier Pikkolo- und Querflöten, drei Oboen, zwei Englischhörner, fünf Klarinetten (in A und Es), zwei Baßklarinetten, fünf Fagotte (davon zwei Kontrafagotte), zehn (!) Hörner, sieben Trompeten (davon eine Baßtrompete), sieben Posaunen (eine Alt-, vier Tenor-, eine Baß-, eine Kontrabaßposaune), sechs Pauken, große Rühr-, kleine und große Trommel, Becken, Triangel, Glockenspiel, Xylophon, Tamtam, vier (!) Harfen, Celesta, Streicher (sozusagen »en gros«), von denen mehrere geteilt werden – die Violinen zehnfach, die Bratschen und Violoncelli je achtfach. Der Hinweis auf Mahler ist insofern relevant, als Schönberg seine epochale, gleichsam das Abendrot der abendländischen Romantik zum Klingen bringende Partitur bereits etwa synchron zu dessen *Vierter Sinfonie* schrieb und damit dessen ähnlich raumgreifende *Achte Sinfonie* durchaus vorwegnahm.

Nach einem Orchestervorspiel beginnt als erster großer Satz (von dreien) der neunteilige Bericht der Liebe zwischen König Waldemar und Tove – ein Wechselgesang von Tenor und Sopran. Der dramaturgische und musikalische Höhepunkt ist die Arie der Tove:

> Du sendest mir einen Liebesblick
> und senkst das Auge,
> doch der Blick preßt deine Hand in meine,
> und der Druck erstirbt:
> Aber als liebeweckenden Kuß
> legst du meinen Händedruck mir auf die Lippen.
> Und kannst noch seufzen um des Todes willen,
> wenn ein Blick auflodern kann
> wie ein flammender Kuß?
> Die leuchtenden Sterne am Himmel droben
> bleichen wohl, wenn's graut,
> doch lodern sie neu jede Mitternachtszeit
> in ewiger Pracht. –
> So kurz ist der Tod,
> wie ruhiger Schlummer
> von Dämm'rung zu Dämm'rung.
> Und wenn du erwachst:
> Bei dir auf dem Lager
> in neuer Schönheit
> siehst du strahlen
> die junge Braut.
> So laß uns die goldene
> Schale leeren
> ihm, dem mächtig verschönenden Tod:
> Denn wir gehn zu Grab
> wie ein Lächeln, ersterbend
> im seligen Kuß!

Der Bericht vom Tod des Mädchens ist einer Waldtaube in den Mund gelegt, eingeleitet von einem Orchesterzwischenspiel.

Der zweite Satz ist ganz kurz, dramaturgisch aber von zentraler Bedeutung: König Waldemar hadert mit seinem Los.

Herrgott, weißt du, was du tatest,
als klein Tove mir verstarb? . . .
Herr, du solltest wohl erröten:
Bettlers einz'ges Lamm zu töten! . . .
Herrgott, deine Engelscharen singen stets nur deinen Preis,
doch dir wäre mehr vonnöten
einer, der zu tadeln weiß.
Und wer mag solches wagen?
Laß mich, Herr, die Kappe deines Hofnarr'n tragen!

Aus zehn Nummern setzt sich der dritte, nun wieder ausgedehnte Satz zusammen: *»Die wilde Jagd«,* ein klingendes Pandämonium mit klappernden Sargdeckeln, einer tobenden Horde reitender Toten (»Heute ist Ausfahrt!«), sich bekreuzigenden Bauern, einem Wahnsinnigen (Klaus-Narr) und einem interessanten Beispiel für des Komponisten besondere Technik des einigermaßen tonhöhenfixierten »Sprechgesanges« – in dem Melodram *»Des Sommerwindes wilde Jagd«.*

Von allem Spuk kann man sich dann beim Schlußchor *»Seht die Sonne«* erholen; in WAGNERS (Finale der *Meistersinger*) noch überhöhender Klanggewalt heißt es erlösend und tröstend:

Seht die Sonne farbenfroh am Himmelssaum,
östlich grüßt ihr Morgentraum!
Lächelnd kommt sie aufgestiegen
aus den Fluten der Nacht,
läßt von lichter Stirne fliegen
Strahlenlockenpracht!

Der Hinweis sei erlaubt, daß die Menschen des Nordens zu Nacht und Licht naturgemäß ein weitaus elementareres Verhältnis haben als der Mittel- oder gar Südeuropäer. Dänemark hat ihn noch nicht, wohl aber seine einstigen Provinzen, die schon an den Polarkreis reichen: den jährlich nur *ein*maligen Wechsel von Nacht und Tag. Der Rausch der nicht untergehenden Polarsonne wird mit der Depression und den Ängsten der scheinbar ewigen Finsternis bezahlt. Daß aus der Polarnacht auch Spuk und Gesichte folgen, kann man an der nordischen Literatur beobachten: von *Gösta Berling* der SELMA LAGERLÖF bis zu isländischen Gespenstergeschichten. Auch die nordische Sagenwelt wird von diesem großmaßstäblichen Lichtwechsel geprägt, der letztlich noch bis zu WAGNERS *Ring des Nibelungen* durchwirkt...

Doch nun aus SCHÖNBERGS schaurigem Mittelalter und König Waldemars Spuknacht in äußerst gepflegte und gesittete Verhältnisse, ins schmucke Kopenhagen, das noch wie ein Nordausläufer des Kontinents und fast noch nicht als »mentaler«, kultureller (und eben nicht nur politischer) Bestandteil Skandinaviens wirkt. Eine Anmerkung zuvor: Man sollte aus heutiger Sicht, verwöhnt durch die allerorten aufbrechenden farbenprächtigen Blüten, sprich nationalen Schulen, ab Mitte des 19. Jahrhunderts – SMETANA und DVOŘÁK in Böhmen, JANÁČEK in Mähren, ALBÉNIZ und GRANADOS in Spanien, die »Fünf« und TSCHAIKOWSKY in Rußland, GRIEG in Norwegen, BARTÓK in Ungarn, ENESCU in Rumänien – nicht geringschätzen, wer ihnen jeweils vorausgegangen ist und wer den Grundstein für die Beschäftigung mit der jeweiligen Volksmusik gelegt hat.

Besonders gilt das für den Norden. Hier war ohnehin alles verzögert: erstens durch die gegebene Introvertiertheit, die einem künstlerischen Exhibitionismus a priori entgegensteht, zweitens durch die zwangsläufige Vereinzelung der Bewohner, die sich – von den Haupt- oder überhaupt (wenigen) Städten abgesehen – auf riesige menschenleere Gefilde verteilen mußten. Darum sei gestattet, auch zwei weniger bekannte »Meister« im guten Sinne des Wortes dem Interesse des Musikfreundes zu empfehlen: Der Existenz eines NIELS WILHELM GADE verdanken wir neben anderem den Schauder, den wir bei *»Solvejgs Wiegenlied«* von EDVARD GRIEG empfinden, wenn sie ihren Geliebten in den Tod singt. Schließlich wurden in Leipzig keine Rebellen erzogen, zumindest nicht an dem vom kultivierten, vornehm-ausgewogenen MENDELSSOHN und dem sanft-träumenden SCHUMANN begründeten respektive »be-lehrten« Konservatorium. Das wird bei Edvard Grieg zu vermerken sein, und das gilt in noch stärkerem Maße für seinen postgradualen dänischen Lehrer, den eine Generation jüngeren Komponisten und Dirigenten Niels Wilhelm Gade (1817 bis 1890), den ich als eine Art »musikalischen THORVALDSEN« charakterisieren möchte. BERTEL THORVALDSEN hatten mehrjährige Italienaufenthalte zu einem führenden Vertreter des idealisierenden, harmonisierenden, makellosen Klassizismus werden lassen. (Von ihm stammt der »Norm-Christus«, der letztlich für die Christusstatue auf dem Corcovado vor Rio de Janeiro noch indirekt Modell gestanden hat.)

Gade, Sohn eines Instrumentenbauers (und vorherigen Möbeltischlers), war musikalisch großteils Autodidakt, hatte zuerst Violinunterricht und später von A. P. BERGGREEN erste Unterweisungen in Tonsatz und Komposition erhalten – mit deutlichem Akzent auf HAYDN und MOZART, was seinem gemäßigten Stil eine frühe Richtung gab. Nach Dienst in der dänischen Hofkapelle erhielt er den ersten Preis der Musikgesellschaft Kopenhagen für eine Konzertouvertüre *Nachklänge aus Ossian* (man vergleiche die BRAHMS-Gesänge), die er mit der programmatischen Opuszahl Eins versah, obgleich schon vorher etliche Kompositionen entstanden waren. Bei dieser Preisvergabe wirkten übrigens Kapazitäten wie LOUIS SPOHR mit! Mit dem Preis war ein Stipendium verbunden, das es Gade ermöglichte (wie später GRIEG), nach Leipzig zu gehen, wo er am Konservatorium studierte und mit MENDELSSOHN wie SCHUMANN freundschaftlich verkehrte. In Leipzig fand seine *Erste Sinfonie* enthusiastische Aufnahme, Mendelsssohn war es auch, der beide Werke – Ossian-Ouvertüre und Erste Sinfonie – zur Uraufführung brachte, und das an geheiligtem Ort, im Gewandhaus. Schumann geizte ebensowenig wie im Falle Brahms mit seinem Lob und bescheinigte dem Dänen eine »nordscheingebärende Phantasie«.

Ganz im Geiste der Deutschrömer bereiste auch Gade Italien, um nach seiner Rückkehr am Leipziger Gewandhaus neben Mendelssohn zu dirigieren. Mit dieser Erfahrung ausgestattet, leitete er dann in Kopenhagen die Konzerte des dortigen Musikvereins. Von seinen Sinfonien seien der Sonderfall der *Fünften*, die nämlich einen solistischen Klavierpart beinhaltet, und die beiden letzten – die *Siebte* und *Achte* – mit (für seine Verhältnisse) betont nationalen Zügen erwähnt. (Aber, vergessen Sie bitte nicht: Im absolut europäisierten, längst nicht mehr isolierten Dänemark war eigentlich keine Folklore mehr vorhanden, zumindest nicht in dem Sinne, in dem ein Grieg von ihr hätte zehren und sie umsetzen können.)

Wenn Mendelssohn nicht durch den Nationalfaschismus für (glücklicherweise nicht die infam geplanten tausend) Jahre aus den deutschen Konzertsälen vertrieben worden wäre, könnte man empfehlen: Um ihn im Hinblick auf seine *Lieder ohne Worte* sozusagen zu »entlasten«, greife man zur Klaviermusik seines dänischen Freundes. Da gibt es etwa zehn *Akvareller* (Aquarelle) op. 19 – klingendes Biedermeier im kleinen, gepflegten, von keinem Harm getrübten Ambiente; alles ist behaglich, heil. Die beiden Hefte wurden 1850 in Leipzig gedruckt. Hier stehen auf schöne Weise Reflexionen über Chopin, Schumann, Mendelssohn neben gelegentlich überraschenden Pièccen: Und deren etwas kantige Harmonien und nicht ganz so abgerundete Melodien kommen aus dem Norden. Vorzügliche, subtile Literatur für Haus und Unterricht! Der Begriff »Aquarell« scheint es Gade angetan zu haben. Noch 1881 läßt er fünf neue folgen – als op. 51.

Seine einzige *Klaviersonate*, op. 28 (1839), steht in derselben Tonart wie die 26 Jahre später entstandene, ebenfalls einzige von Edvard Grieg (1865) und kann in gewisser Weise als deren gemäßigte Vorgängerin betrachtet werden. Stellenweise spürt man freilich, daß Gade ursprünglich kein Pianist war – manche Figuren liegen einfach nicht »in der Hand«. Dennoch ein klangschönes Werk, das der Verfasser sich nicht zu scheuen brauchte, Franz Liszt, dem großen Ermunterer neuer Wege und Wagnisse, zuzueignen. Die beiden Mittelsätze sind die originellsten. Das lyrische Intermezzo klingt wie ein nordisches Volkslied; das h-Moll-Scherzo erinnert an Gades *Erste Sinfonie*.

Freilich sind in Gades eigenen Werken noch kaum folkloristische Einschmelzungen festzustellen. Das liegt außer am Studium in Leipzig und dem europäisierten Kopenhagen auch an der einfachen Tatsache seines Jahrgangs: Immerhin war Gade noch zehn Jahre Zeitgenosse von BEETHOVEN! Auch wenn er es nicht als seine Aufgabe sah, eine originäre, unverwechselbare »Nationalmusik« zu schreiben, hat er doch bereits Folklore zusammengetragen. Eine interessante Kollektion stellen die dreißig *Skandinaviske Folkesange* (Skandinavische Volksweisen) aus den drei Ländern Schweden, Dänemark und Norwegen (Finnland gab es politisch noch nicht) dar. Da erklingt, freilich im gebändigten und harmonisch bereinigten Gewand, echtes Liedgut des Nordens. – Etwas resoluter geht es in den drei *Nordiske Tonebilleder* (Nordische Tonbilder) op. 4 zu; das liegt schon an der Besetzung mit zwei Klavieren. Kurios die *Dithyrambe,* »Ms. Capellmeister Johann Kreisler zugeeignet von g.a.d.e.«: Dieses 1840 entstandene, nicht nur stellenweise wie SCHUMANN anmutende Klavierstück bringt die Freundschaft der drei Musiker in jenen Jahren zum Ausdruck: Gade, Schumann, Mendelssohn. E. T. A. HOFFMANN hatte die skurrile Gestalt des Kapellmeisters kreiert, die später Schumann zu seinen *Kreisleriana* amregte – im übrigen erst ein Jahr vor Gade, der natürlich nicht versäumt, dem bacchantischen Opus, dessen programmierte Überdrehtheit den Monsieur Kreisler lebendig werden lassen soll, seinen vertonbaren Namenszug einzuschreiben.

Ein Besucher Kopenhagens, falls er nicht gerade Geschichte studiert hat, wird einen dänischen König namens CHRISTIAN mit der Aufklärung in der einstigen Großmacht des Nordens in Verbindung bringen – es handelt sich dann um den vierten seines Namens, nach dem unter anderem, wie schon angedeutet, auch die norwegische Hauptstadt, das heutige Oslo, »Christiania« benannt wurde; noch zu GRIEGS Lebzeiten hieß sie so.

Doch im Falle der *Suite für König Christian* von JEAN SIBELIUS geht es um den zweiten Christian auf dem Dänenthron, und der war gänzlich anders geartet als jener Humanist und Freund der Künste. Darum erhielt er sogar den Beinamen »der Böse«, was bei dem zu allen Zeiten üblichen Euphemismus gegenüber Herrschern etwas heißen will. Aber für die Kunst ist das Böse gerade gut genug – ebenso wie das Tragische, von dem ein ARTHUR SCHOPENHAUER meinte, daß es noch immer die besten Vorlagen für die Musik liefere. Man kann noch einen Schritt weiter gehen und behaupten: Das Böse fasziniert geradezu in der künstlerischen Wiedergabe. Wer ist die interessanteste Gestalt in GOETHES Faust? Doch nicht etwa das Gretchen, nicht einmal der Doctor universalis selbst – nein, der Verdreher, der von sich sagt, er wolle stets das Böse und schaffe doch das Gute. Wer wollte bestreiten, daß CARDILLAC und BORIS GODUNOW allemal mehr Spannung auf die Bühne bringen als HANS SACHS und PALESTRINA zusammengenommen?

Der 1481 auf Fünen geborene CHRISTIAN von Dänemark hatte noch unter seinem Vater und Vorgänger auf dem Thron einen norwegischen Aufstand mit extremer Brutalität niedergeschlagen – kein gutes Omen für die eigene Regierungszeit. Als König festigte er dann seine Macht durch die Heirat mit einer Schwester Kaiser KARLS V. – jenes HABSBURGERS, in dessen Reich die Sonne nicht unterging. Doch hing er sein Herz – man wird an die Sage erinnert, die SCHÖNBERGS *Gurre-Liedern* zugrunde liegt – an eine Geliebte namens Düveke, zu deutsch »Täubchen«, was ihn weitere Sympathie im Volk kostete: Denn Täubchen war Ausländerin und mischte sich samt ihrer Mutter in die politischen Geschäfte ihres königlichen Liebhabers ein. Es verwundert kaum, daß sie – bis hierher reichen die Parallelen zur Gurre-Sage – schon bald von der Gegenpartei umgebracht wurde, was das negative Charakterpotential Christians II. zwangsläufig verstärken mußte. In der Tat dauerte es nicht lange, bis der König, dem Norwegen nicht genügte, Schweden überfiel und, um jeden Widerstand zu ersticken, sechshundert Honoratioren köpfen ließ. Diesem Blutbad verdankte er seinen Beinamen »der Böse«, zugleich aber auch den Verlust seiner Herrschaft. Die unterdrückten Völker empörten sich, verjagten Christian, der sich nicht einmal nach Kopenhagen zurücktraute und in die Niederlande floh, sich dann aber doch zu einem neuerlichen Besuch seiner einstigen Residenzstadt verlokken ließ, wo er von seinem Nachfolger in harte Haft genommen und zum Abdanken gezwungen wurde.

Der Finne JEAN SIBELIUS stellte seine Suite *König Christian II.*

aus einer Bühnenmusik zusammen, die er drei Jahre vor der Jahrhundertwende für ein gleichnamiges Schauspiel seines Freundes und Kommilitonen Adolf Paul geschrieben hatte.

Die Suite hat fünf Sätze: *»Nocturne«, »Elegie«, »Musette«* (im Original Bühnenmusik mit je zwei Klarinetten und Fagotten), *»Serenade«* und *»Ballade«* (hier klingt der düster-trotzige Sinfoniker durch). Dem klangschönen, leicht elegischen *»Nocturne«* folgt die nur für Streicher komponierte *»Elegie«,* das Herzstück der Partitur, das den innigsten Passagen bei Edvard Grieg (wie dem *»Air«* seiner Suite *Aus Holbergs Zeit*) nicht im mindesten nachsteht und in dem der Hörer zu Recht das Kondensat des ursprünglichen Theaterstücks vermutet: vom Schicksal überschattete Liebe (es war tatsächlich das Vorspiel für die Bühnenaufführung). Auf Drängen des Freundes und Dramatikers schickte Sibelius die Partitur nach Leipzig, zum renommierten Musikverlag Breitkopf & Härtel; es sollte der Beginn einer lebenslangen fruchtbaren Zusammenarbeit werden. Damit gehörte diese Suite zu den ersten Werken, durch die ihr Komponist im Ausland bekannt wurde.

Norge – Norwegen

Doch bevor wir den bedeutendsten finnischen Komponisten in Helsinki oder, besser, auf seinem Landsitz aufsuchen, dem er über ein halbes Jahrhundert die Treue hielt, müssen wir *den* nordischen Meister würdigen, der als erster in überzeugender Weise die Musik seines Volkes als das unverwechselbar skandinavische Idiom in die Konzertsäle der Welt gebracht hat. Und das mit Hilfe deutschen Handwerks und speziell sächsischer Kompromißbereitschaft in Sachen Stilistik: EDVARD GRIEG. Im Pantheon der Komponisten ist er eine grundsympathische Erscheinung. Sympathisch für alle deutschsprachigen Musikfreunde ist schon allein die Tatsache, daß er sein kompositorisches Rüstzeug ausgerechnet an Pleiße und Elster erwarb: in Leipzig, an dem von MENDELSSOHN BARTHOLDY eröffneten Konservatorium, einem Institut, das gerade erst so jung war wie der norwegische Knabe, der fünfzehnjährig – noch angetan mit dem damals modernen Matrosenanzug – mit einem Staatsstipendium in der sächsischen Messestadt eintraf, auf daß er den Ruhm seines Landes mehren solle. Und der Junge tat sein Bestes. Ausgebildet wurde er von einem der Nachfolger J. S. BACHS, dem emeritierten Thomaskantor MORITZ HAUPTMANN, sowie dem Gewandhauskapellmeister CARL REINECKE. Die Leipziger Schule wird dafür sorgen, daß Edvard Grieg auch später, auf dem Zenit seines Ruhms, niemals »abhebt« und seine Hörer im Stich läßt, sondern sich stets »am Adressaten« seiner Musik orientiert. Seine hausmusikträchtigen und fast durchwegs leicht spielbaren *Lyrischen Stücke* sind eine dankbare Resonanz des Nordmenschen auf zwei Vorbilder: die *Lieder ohne Worte* von MENDELSSOHN und die Präludien des *Wohltemperierten Klaviers* von JOHANN SEBASTIAN BACH.

Das Leipziger Studium verläuft nicht ohne Zwischenfälle. Der ohnehin fragile Junge zieht sich eine böse Rippenfellentzündung zu. Sie zwingt ihn zur vorübergehenden Rückkehr in die Heimat. Seitdem lebt er mit nur einer gesunden Lungenhälfte – einer schweren Hypothek, die ihn wahrscheinlich dazu bestimmte, ein Leben ohne Familie und mit doppelter Vorsicht zu führen (später wird er sich nicht einmal mehr auf ein Schiff wagen, weil Seekrankheit für seine Konstitution lebensgefährlich wäre).

Die »nationale Reife« – wir wollen ihn ja nicht als Ableger der deutschen Schule, sondern als norwegischen Künstler schildern – erfährt er ausgerechnet in Kopenhagen, der Kapitale der ehemaligen Fremdbestimmer seiner Heimat: doch weniger bei seinem dortigen Lehrer NIELS W. GADE als vielmehr durch junge patriotische Künstler, wie den Schöpfer der norwegischen Nationalhymne, RICHARD NORDRAAK, sowie den Märchendichter HANS CHRISTIAN ANDERSEN und später durch den Dramatiker HENRIK IBSEN.

Auf den ersten Blick fällt auf, daß Grieg kein Meister der großen Form ist. Keine Oper, kein Ballett, gerade mal *eine* (Jugend-) *Sinfonie*, gerade *ein Klavierkonzert* (stark nach SCHUMANN, sogar in der Tonart). Aber das bedeutet keinen Nachteil. Grieg ist Miniaturist, vorwiegend melancholisch – und hier wage ich zu behaupten, dank der norwegischen Landschaften, in denen er aufgewachsen ist, in und um Bergen. Hinzu tritt eine ausgeprägte Introvertiertheit, für einen Menschen mit »halber Lunge« verständlich – uns aber willkommen, weil aus dieser Reflexion über Tod und Leben gute Klänge erwachsen.

Ich darf Sie nun zu einem knappen Exkurs »um Grieg« einladen. Da ist als erstes sein geniales *Klavierkonzert*, eines der dankbarsten, weil mit wenig Fingerarbeit äußerst effektvoll. Alles ist berücksichtigt: heroischer Auftakt, schwärmerischer Mittelsatz, temperamentvolles Finale – alles, wie es sich gehört, beste Leipziger Schule. Dann aber müssen sofort seine *Lyrischen Stücke*, insgesamt 66, genannt werden. Denn hier offenbart der Norweger die ganze Bandbreite seiner kompositorischen Phantasie und die ganze Tiefe seiner Empfindung und Ausdruckskunst. Diese kurzen, meist nur zwei oder drei Seiten beanspruchenden Stücke sind nicht nur vorzüglich »klingende Topographie des Nordens« und Dokumentation des späten musikalischen Biedermeier, sondern beste Hausmusik. Lassen Sie sich nicht entmutigen. Mitunter führen die programmatischen Titel in die Irre. Wer beim *»Hirtenknaben«* an Nippes in der Vitrine denkt, wird durch die schneidenden Dissonanzen eines anderen belehrt.

Als besonders wirkungsvoll erweist sich gerade an diesem Stück die Fassung als Nr. 1 der sechsteiligen lyrischen *Suite für Orchester* op. 54. Versöhnlich stimmt dann Nr. 4, *»Notturno«*, mit wahrem Klangzauber, der Nachtigallenruf und nächtliche Erotik zu einer Art nordischem Impressionismus verschmilzt. Und stets finden sich einige harmonische Pikanterien, die Griegs Miniaturen aus der Flut gleichnamiger Werke der deutschen Spätromantik herausheben. Zu op. 54 gehören noch zwei Tanzsätze, wie sie für den Komponisten typisch sind. Repräsentativ für etwa zwei Dutzend folkloristischer *Lyrischer Stücke* kann der *»Norwegische Bauerntanz«* mit seinen kräftigen, derben Akzenten gelten, die die melancholischen und sanften Farben willkommen ergänzen. Häufig begegnen uns hier auch kirchentonartige Wendungen, wie sie für frühe Schichten der nordischen Volksmusik typisch sind (ähnlich der lydischen Kirchentonart bei CHOPIN) und die einen gewissen archaischen Anflug bewirken. Op. 54, 3 steht für die Welt der Trolle, die bei Grieg des öfteren auftauchen: *»Zug der Zwerge«*. Wobei »Zwerg« diesen Halbwesen nicht ganz gerecht wird; eher denke man an die Bewohner von WAGNERS Nibelheim. So weisen manche Passagen (hier die Außenteile) fast alptraumartige Stimmungen auf, wie sie dann in der Bühnenmusik zu *Peer Gynt* eine wichtige dramaturgische Funktion gewinnen.

Auf einige weitere *Lyrische Stücke* sei noch besonders hingewiesen. Ein anrührender Kunstgriff besteht darin, daß Grieg für das erste (Nr. 1, *»Arietta«*) und das letzte Stück (Nr. 66, *»Nachklänge«*) dasselbe thematische Material benutzt; zwischen beiden liegen fast vier Jahrzehnte, man hört, wie sich die Klangsprache gewandelt hat. Die luftige Nr. 17, *»Schmetterling«*, ist sogar in einer Walzenaufzeichnung mit dem Komponisten am Flügel überliefert; Nr. 19, *»In der Heimat«*, verbindet patriotische Töne mit der Melancholie der Weite. Neben dem erwähnten *»Notturno«* ist *»An den Frühling«* ebenfalls ein lyrischer Höhepunkt des Zyklus – ätherisches Beben und Flimmern umhüllt die einprägsame, schön geschwungene Melodie – Liszt grüßt herein. Nr. 41, *»Heimweh«*, gilt einer Stimmung, die dem Komponisten seit seiner Leipziger Studienzeit wohlvertraut ist und die sich mit der leisen Trauer seiner Harmonik und vieler Melodien deckt. (Die »Heimat« wird im aufgehellten Mittelteil durch die übermäßige Quarte der lydischen Kirchentonart symbolisiert.) Autobiographische Bezüge prägen die pianistisch anspruchsvolle, ausgedehnte Nr. 53, *»Hochzeitstag auf Troldhaugen«* (mit *Parsifal*-Anklängen im feierlichen Mittelteil): Schon bald hatte die europaweite Akzeptanz seiner Musik dem Komponisten gestattet, sich einen Lebenstraum zu erfüllen und bei Bergen die Villa »Troldhaugen« mit Seeblick und parkähnlichem Garten zu errichten. Hier lebte und komponierte er an der Seite seiner treu geliebten Nina; sie war nicht nur seine Cousine, sondern auch eine bewährte Interpretin seiner Lieder, von denen das bekannteste die innige Beziehung des Paares besingt: *»Jeg elsker deg«* (Ich liebe dich) auf Worte des dänischen Märchendichters Hans Christian Andersen.

Du mein Gedanke, du mein Sein und Werden!
Du meines Herzens erste Seligkeit!
Ich liebe dich, wie nichts auf dieser Erden,
ich liebe dich in Zeit und Ewigkeit!
Ich denke dein, kann stets nur deiner denken,
nur deinem Glück ist dieses Herz geweiht;
ich liebe dich, wie nichts auf dieser Erden,
ich liebe dich in Zeit und Ewigkeit!

Auf Troldhaugen haben sich die beiden auch beisetzen lassen ...

In Fortführung der schon wiederholt benannten Tradition Liszt respektive Brahms – Dvořák – Bartók gebührt Grieg das Verdienst, die Tänze seines Volkes »konzertfähig« gemacht zu haben. So sind für den musikalischen Wanderer seine vier *Sinfonischen Tänze* op. 64 unerläßlich, eröffnet von einem kraftvollen Klangbild mit elegischem Mittelteil, der aufs schönste gesteigert wird. Einschmeichelnd der zweite, burlesk mit launigen und zunehmend derben Synkopen der dritte Tanz. Von sinfonischem Ausmaß und sinfonischer Wucht schließlich ist der vierte mit langsamer Einleitung und harten Kontrasten.

Zwei Bühnenmusiken haben den Komponisten auch als Dramatiker ausgewiesen und in Gestalt von sinfonischen Suiten weltweit populär werden lassen. Während die *»Suite«* op. 56 zu *Sigurd Jorsalfar* (Sigurd, der Jerusalemfahrer) nur durch die zwei Sätze *»Präludium – In der Königshalle«* und den pompösen *»Huldigungsmarsch«* (in einer auf ELGAR verweisenden Noblesse) überlebt hat, war der vielteiligen Partitur zu IBSENS Drama *Peer Gynt* ein glücklicheres Los beschieden. Man kann sogar sagen, daß der einst meistgespielte Dramatiker sich in unsere Zeit vorwiegend dank seines Komponisten hinübergerettet hat. Grieg hat der bunten, kontrastreichen Vorlage von dem recht bedenken- und gedankenlosen Titelhelden, einem Abenteurer, den es bis nach Afrika verschlägt und der schon mal eine Braut entführt, erstaunliche Klänge unterlegt. Die Skala reicht vom schmerzlichen Aufschrei – *»Der Brautraub«* oder *»Ingrids Klage«* – bis zur global beliebten *»Morgenstimmung«* (einer der schönsten Sonnenaufgangsmusiken der Weltliteratur) und bevorzugt, wen wundert es bei diesem Komponisten und seiner Heimat, verhaltene bis dunkle Farben. Wilde Trolle treiben sich *»In der Halle des Bergkönigs«* herum, schneidender Schmerz begleitet Peer Gynts alte Mutter Ase in den Tod *(»Ases Tod«),* und die beiden Lieder der treu auf den untreuen Geliebten wartenden Solvejg gehören zum Innigsten aus Griegs Feder. Neben dem Klavierkonzert wurde die Melodie zu folgendem Ibsen-Text zum Erkennungszeichen des Komponisten:

Der Winter mag scheiden, der Frühling vergehn,
der Sommer mag verwelken, das Jahr verwehn;
Du kehrest mir zurücke, gewiß du wirst mein,
Ich hab es versprochen,
ich harre treulich dein.
Gott helfe dir, wenn du die Sonne noch siehst,
Gott segne dich, wenn du zu Füßen ihm kniest.
Ich will deiner harren, bis du mir nah,
und harrest du dort oben, so treffen wir uns da.

Weniger bekannt, aber dramaturgisch ungemein wirkungsvoll ist das andere, schon erwähnte Lied der Solvejg, *»Solvejgs Wiegenlied«*. Denn hier bettet sie den endlich und ziemlich abgerissen Zurückgekehrten zum ewigen Schlaf.

Grieg kannte seine Grenzen, plazierte sich in aller Bescheidenheit zu den Füßen der Großen und wurde doch in dieser Demut selbst ein Großer: »Meister wie Bach und Beethoven haben auf den Höhen Kirchen und Tempel errichtet; ich wollte in den Tälern Wohnstätten für die Menschen bauen, in denen sie sich heimisch und glücklich fühlen.« (Ein Kuriosum am Rande: Zu den größten Verehrern des kleinen großen Mannes aus dem Norden gehörte Kaiser WILHELM II. mit seinem martialischen Faible für die nordische Sagenwelt. Mehrmals empfing er Grieg und ließ einmal sogar seine Kapelle nur für den Gast und sich selbst spielen, wobei er mitdirigierte und bei *»Anitras Tanz«*, wie der Komponist erheitert berichtet, schlängelnde Bewegungen à la Bauchtanz ausführte.)

Der Geschichte seiner Vaterstadt Bergen gewidmet ist ein meisterhaftes Klangpastell – die ebenfalls bereits genannte Streichersuite *Aus Holbergs Zeit* op. 40, eine Partitur, die sich den berühmten Analogwerken bei TSCHAIKOWSKY *(Serenade für Streicher)* oder JANÁČEK (*Suite für Streicher*) und später BARBER (*»Adagio«*) würdig anreiht. Im Jahre 1884 beging man in Bergen den zweihundertsten Geburtstag eines berühmten Sohnes der Stadt, die bis 1814 wie ganz Norwegen noch zu Dänemark gehörte, weshalb der Jubilar LUDVIG BARON VON HOLBERG denn auch als *dänischer* Historiker, Aufklärer und Komödienschreiber galt. Seine 33 meist geschichtsbezogenen Stücke (unter anderem ein hinreißender *Ulysses von Ithaca*) verbanden die Deftigkeit der Commedia dell'arte mit aufklärerischen Zielsetzungen, was Holberg die Ehrenbezeichnung »Molière des Nordens« einbrachte. Grieg steuerte zu den Feierlichkeiten eine Huldigungskantate für Männerchor sowie eine historisierende Klaviersuite bei, die er anschließend orchestrierte und bewußt im Klanggewand des Rokoko hielt. Die Beschränkung auf den reinen Streichersatz verstärkt den Chamois- oder Plüscheffekt der Suite, die der Komponist selbst in gutmütiger Selbstironie »Perückenmusik« nannte. Um im Bild zu bleiben: Norwegisches »Echthaar« im Sinne von folkloristischem Kolorit trägt dieser Holberg natürlich nicht. Dafür entschädigen vollendete, hier anmutige, dort anrührende Klangbilder, die eine lang entschwundene Zeit heraufbeschwören. Zumal die *»Air«* (Andante religioso) gehört zu den gelungensten, innigsten Stücken der internationalen Streichermusik!

Suomi – Finnland

Von allen heute selbständigen skandinavischen Staaten hatte Finnland das schwerste Los. »Wir haben 600 Jahre für unsere Freiheit gekämpft, und ich durfte der Generation angehören, die sie errungen hat. Freiheit! Meine ›Finlandia‹ erzählt davon, sie war unser Kampflied, das zur Siegeshymne wurde.« In der Tat wurde diese Musik gleich als heimliche Nationalhymne verstanden und verbreitete sich sofort. Ihr Komponist, JOHAN JULIUS CHRISTIAN SIBELIUS (später benutzte er nur seinen ersten Vornamen und übertrug ihn ins Französische), hatte acht Jahre zuvor in Wien BEETHOVENS *Egmont*-Ouvertüre gehört. Nun schuf er eine bündige Tondichtung, die sein Volk in das globale Konzert aller Menschen guten Willens einreihen sollte (weshalb hier auch keinerlei folkloristische Passagen zu hören sind): eine Vorwegnahme der späteren historischen Rolle, die Helsinki im kalten Krieg als Konferenzort der verhärteten Parteien übernehmen sollte.

Die jahrhundertelange Fremdbestimmung seiner Heimat bis 1917 (!) hatte sogar in Sibelius' eigener Biographie Bedeutung: Finnisch mußte er erst später lernen, denn er wuchs in einer schwedischsprechenden Familie auf. Seine nationale Haltung wurde dann maßgeblich von der Lektüre des finnischen Nationalepos *Kalevala* beeinflußt, das der Arzt ELIAS LÖNNROT bereits 1835, also dreißig Jahre vor Geburt des Komponisten, aus Runenfunden zusammengestellt hatte. Hierauf bezieht sich der Tondichter direkt im *»Schwan von Tuonela«* und indirekt in *En Saga,* doch in seinem Geist empfunden ist auch *Tapiola.* Kurz zum Inhalt dieser drei Tondichtungen.

En Saga (Eine Sage), op. 9 (1892, Neufassung 1901), war Sibelius' erste Sinfonische Dichtung und hat ihrem Komponisten auch im Ausland den ersten Erfolg beschert. Ist es doch das nordische Seitenstück etwa zu *Don Quixote* von RICHARD STRAUSS – ein (nicht programmatisches) Rittergedicht voller Kontraste, in dem sich aber bereits das später zunehmend bevorzugte düstere Kolorit, die breiten Melodiebögen und die auffälligen Ostinati (gleichbleibende, quasi »stehende« rhythmische Figuren) andeuten, aber auch Ausbrüche hörbarer Musizierfreude nicht fehlen.

Der Schwan von Tuonela, dieses gern gespielte, nur zehnminütige Orchesterstück von 1893, war eigentlich als Vorspiel einer geplanten Oper *Der Bootsbau* gedacht, deren Sujet ebenjenem Epos *Kalevala* entstammte. Später fügte es Sibelius seinen vier *Lemminkäinen-Legenden* op. 22 als zweite ein. Lemminkäinen ist in den Runengesängen des *Kalevala* der finnische Siegfried. Zuerst trifft er die Mädchen auf Saari (*Nr. 1, »Lemminkäinen und die Mädchen auf Saari«*), dann weilt er »in Tuonela« (*Nr. 3*), und endlich zieht er »heimwärts« (*Nr. 4*). Das aus beschriebenen Gründen inhaltlich nicht zugehörige Stück wurde den drei Legenden als düsterer Binnenkontrast eingefügt. Tuonela ist die Hölle der finnischen Mythologie, umgeben vom nordischen Styx, »einem breiten Flusse mit schwarzem Wasser und reißendem Lauf, auf dem der Schwan von Tuonela majestätisch und singend dahinzieht«. Die schwermütige, nach dem ersten Hören unvergeßliche Weise ist dem Englischhorn anvertraut.

Tapiola op. 112 entstand 1925 im Auftrag der Symphonischen Gesellschaft New York (einige Reisen nach England und Amerika waren die einzigen Gelegenheiten, zu denen der Komponist sein Heim auf dem finnischen Land verließ – innerhalb von 53 Jahren) und stellt seine letzte Sinfonische Dichtung dar. Im *Kalevala* ist Tapio der mythische Herrscher des Waldes. Zwischen *En Saga* und diesem Werk liegen 33 Jahre. Sibelius' kompositorisches Können hat seinen Höhepunkt erreicht. Hier entwickelt er (ganz im Trend der Zeit: vergleiche SKRJABINS All-Einheit und SCHÖNBERGS Zwölftonreihe) sämtliche Themen und Motive aus einer einzigen Keimzelle. Doch der Gerechtigkeit halber muß angemerkt werden, daß dieses Verfahren seinen Begründer in keinem Geringeren als FRANZ LISZT hat, der dies in seiner *Sonate für Klavier h-Moll* erstmals vorführte; und das war bereits 1853 gewesen! – Auf Wunsch des Verlegers hat Sibelius der Partitur selbstverfaßte Verse vorangestellt:

Da dehnen sich des Nordlands düstre Wälder,
uralt – geheimnisvoll in wilden Träumen;
in ihnen wohnt der Wälder großer Gott,
Waldgeister weben heimlich in dem Dunkel.

Nach diesen kreativen Initialzündungen, die über drei Jahrzehnte für Inspiration durch das *Kalevala* sorgen sollten, noch eine Notiz zum Sinfoniker Sibelius.

Schon seine *Erste Sinfonie* war ein Erfolg. Melancholisch wird sie eröffnet: ödes Land, ringsum Einsamkeit. Doch dann erwachen Entschlossenheit, ja Kampfstimmung. Im Jahr der Uraufführung, 1899, war Finnland noch russisches Großfürstentum; TSCHAIKOWSKYS *Sechste Sinfonie* klingt ein wenig durch das folgende Andante, das thematisch gleichwohl auch auf den ersten Satz zurückgreift. Aufgehellt wirkt das Scherzo, während das Finale mit dem Untertitel »Quasi una fantasia« das gesamte Stimmungsspektrum der vorangegangenen Sätze zusammenfaßt und zu einem pathetischen Höhepunkt führt.

Mehr noch erreichte die internationale Musikwelt die *Zweite Sinfonie*, die als die beliebteste seiner insgesamt sieben gilt. Vielleicht liegt das auch daran, daß sie die aufgehellteste von ihnen ist – und dies hat seinen Grund in dem Italienerlebnis des Finnen, das sich der heutige Mitteleuropäer, der unter Umständen alljährlich auf den Süden »zurückgreift«, in seiner elementaren Auswirkung auf einen Menschen des herben, menschenleeren Nordens schwerlich vorstellen kann. Einzig der zweite Satz hält die dramaturgisch unabdingbaren düsteren Akzente bereit: Auf dem Pizzikato-Grund der tiefen Streicher stimmen zwei Fagotte einen melancholischen, schmerzlichen Zwiegesang an. In die Welt der Heiterkeit holt den in trübe Reflexion versunkenen Hörer das im Vivacissimo dahinwirbelnde Scherzo zurück, dem das Finale mit seinem episch-breiten Hauptthema (Sibelius hat immer Zeit – wie sein Land Wälder und Seen) noch eine hymnische Kulmination aufsetzt.

Ebenfalls zu den bekanntesten Werken des Finnen, der ja nicht nur als Pianist, sondern auch als Geiger ausgebildet worden war, und zugleich zu den dankbarsten Werken seiner Art für den Virtuosen gehört das *d-Moll-Violinkonzert* von 1903. Die endgültige überarbeitete Fassung von 1905 erlebte ihre Uraufführung durch die Berliner Hofkapelle unter RICHARD STRAUSS (Solist war der tschechische Geiger KAREL HALIR). Das Konzert beginnt geradezu ätherisch. Am ersten Satz, stark von BRAHMS beeinflußt (der aber nirgends imitiert wird), fällt auf, daß die übliche Durchführung durch eine ausgedehnte Kadenz des Solisten ersetzt wird. Das ruhig dahinströmende Adagio di molto gehört zu den Höhepunkten im Schaffen des Komponisten und ist dem *»Schwan von Tuonela«* an die Seite zu stellen. Überaus temperamentvoll (vergleichbar dem Analogsatz bei Brahms) gibt sich das Finale – wer wollte vermuten, daß hier ein Skandinavier am Werk ist? Und doch hat sich dieser Komponist soeben für den Rest seines langen Lebens (immerhin noch mehr als ein halbes Jahrhundert) in die Einsamkeit der finnischen Natur zurückgezogen.

Nordrußland

Es war ebendiese Einsamkeit und Weite der dunklen Seen und Wälder der karelischen Landschaft (schon damals halb finnisch, halb russisch), die den entscheidenden russischen Sinfoniker TSCHAIKOWSKY zu seinem Erstling inspirierte. Anfang 1866 hatte der Absolvent des Petersburger Konservatoriums unter ANTON RUBINSTEIN eine Reise an den Ladogasee unternommen, in Begleitung seines intimen Freundes und einstigen Kommilitonen von der Rechtsschule, APUCHTIN. Die langen, schweigenden Spaziergänge und die herbe Schönheit der nordrussischen Landschaft berührten ihn tief. Namentlich von dem majestätischen See mit seinen malerischen Inseln und ihren Holzkirchen nahm er »unauslöschliche Eindrücke« mit.

Im Laufe des Jahres, mit dessen Beginn er vom Bruder seines Lehrers, dem Pianisten NIKOLAI RUBINSTEIN, als Theorieprofessor an dessen Moskauer Konservatorium berufen worden war, schrieb er seine *Sinfonie Nr. 1 in g-Moll* op. 13 und widmet sie seinem neuen Dienstherrn und Freund.

Zumindest die ersten beiden Sätze sind von der besagten Landschaft geprägt; unter einem unnachahmlichen Schleier erzählt die verhangene Klangwelt des Allegro tranquillo »Träume von einer Winterreise«. Herzstück der Partitur ist der zweite Satz, das Adagio cantabile mit seiner »sanglichen«, melancholischen Weise, die voll die skandinavische Atmosphäre atmet; es ist eine winterliche Natur, die hier geschildert wird – der Satz ist überschrieben »Düsteres Land, nebliges Land«, und die ganze Sinfonie heißt direkt *»Winterträume«*. An die stilistische Herkunft des »Viertelfranzosen« und »Dreiviertelrussen« aus der deutschen, speziell Leipziger Schule erinnert das sommernachtsgleich vorbeihuschende Scherzo, das dem MENDELSSOHN-Bewunderer ANTON RUBINSTEIN alle Ehre macht. (Der baltische Jude war so wenig russisch, daß er seine Lieder auf deutsch komponierte und sein Studiosus dank dessen Sprachfähigkeiten sie erst ins Russische übersetzen mußte.)

Schon seine *Erste* führt aber auch den aktiven, mitreißenden Tschaikowsky vor, der heimatliche Volksmusik so temperamentvoll verarbeiten kann, daß ihm konservative Zeitgenossen »asiatische Wildheit« bescheinigten. Nachdem er im Finale das Volkslied »Blumen blühen« erst einmal in langsam-schwermütiger Gestalt vorgestellt hat, formt er aus ihm das Seitenthema des Allegro maestoso, dessen Schwung man sich dann einfach nicht mehr entziehen kann und das uns nun in die Groß-, in die Weltstadt Sankt Petersburg entführt. Der junge Kritiker BORIS ASSAFJEW war begeistert, daß der Komponist nicht in der Elegie verharrt: »Wieder die Hinwendung zum Humor, wieder das Leben auf einer festlich bewegten russischen Straße mit dem ungeschickten Gedränge, dem Übermut, mit kecken Gebärden, verschmitzten Neckereien, listigem Geflüster und eigensinnigem Stampfen ein und derselben rhythmischen Figur. Kraftvoll, lebhaft, farbenreich.«

Womit wir in der Stadt an der Newa, dem Ziel unserer Reise, angelangt sind. Mitten drin im Gedränge von STRAWINSKYS genialem Ballett *Petruschka,* im Trubel der »Butterwoche«, dem russischen Karneval. Der spannendste Komponist des 20. Jahrhunderts ist der Stadt Peters des Großen, die dieser seinem Namenspatron gewidmet hat, und ihrer stilbildenden Symmetrie, Großzügigkeit und ihrem Licht zeitlebens verbunden geblieben. Aber ebenso seinem Idol TSCHAIKOWSKY, der nun seinerseits als Sänger der Sehnsucht und Gestalter des Schicksals auch die Stadt DOSTOJEWSKIS und GOGOLS kannte und ausformte, die Stadt immerhin, in der PUSCHKIN und LERMONTOW ums Leben kamen und in der er selbst, TSCHAIKOWSKY, nicht nur studiert hatte, sondern sich auch töten sollte.

Alpträume bevölkern dieses nächtliche Petersburg, Wahnvorstellungen ebenso wie Selbstmordgedanken. Man höre *Pique Dame* mit der spukhaften Erscheinung der toten Gräfin, mit der Mitternachtsarie der Lisa, die sich von der heute noch begehbaren Brücke am Winterpalais in die Kanawka, einen Seitenarm der Newa, stürzt, als ihr Geliebter sie verläßt und ins Casino eilt, um sich dort als endliches Opfer der rachelüsternen toten Gräfin die Kugel zu geben: »Was ist unser Leben – ein Spiel.«

Aber bei TSCHAIKOWSKY begegnet uns auch das unbeschwerte Petersburg: Die *»Hellen Nächte«* aus dem Klavierzyklus *Die Jahreszeiten* kennen keine Dämonie. Und das Finale aus *Eugen Onegin* schildert zwar den verzweifelten Verzicht zweier Liebender (den der Titelheld wohl verdient hat), stellt aber das herzzerreißende »Zu spät – nie wieder« in den Kontext eines prächtigen Festes, so prächtig und glanzvoll, daß mancher Regisseur sogar den russischen Zaren auftreten läßt (als stumme Rolle). Auch als junge Stadt (demnächst wird sie gerade dreihundert Jahre alt) war Sankt Petersburg stets eine Stadt der Kontraste und damit für Künstler und für sensible Besucher aller Zeiten besonders attraktiv . . .

Westwärts

Als letztes bleibt im Rahmen der Windrose jene Himmelsrichtung, die einerseits schon Jahrhunderte hindurch zivilisatorische Maßstäbe für das übrige Europa lieferte (von der Sorbonne, als einer der ältesten Universitäten der Welt, bis hin zur Französischen Revolution, dem Normmeter und dem Code Napoléon), andererseits erst seit der Wende zum 20. Jahrhundert für die mitteleuropäische Kulturszene prägend wurde. Ursache hierfür war die Entdeckung einer ebenso artifiziellen wie klangsinnlichen Neuordnung des Tonmaterials, weitaus erfreulicher – und eben sinnlicher, wärmender und naturbezogener, als es später SCHÖNBERGS Zwölftontechnik vermochte – der von DEBUSSY begründete musikalische Impressionismus. Bei aller Fragwürdigkeit der Übertragbarkeit optischer Phänomene auf die Tonkunst hat sich der Begriff doch stabil genug eingebürgert. Die neue Richtung machte Schule: nicht nur in Europa. Mit ihr kamen die Erlösung der Musik von den Fesseln der klassischen Kadenz (der obligatorischen Akkordfolge innerhalb des musikalischen Geschehens) und kompositorische Onomatopoetik – das Einfangen der flüchtigen Impressionen unserer Umwelt durch Klänge …

Diese von FAURÉ vorbereitete, durch DEBUSSY ausgebaute und von RAVEL um strukturelle Klarheit erweiterte und damit sozusagen »entnebelte« Klangwelt wurde zum neuen globalen Idiom kommender Generationen. In dieser Eigenschaft wird sie nur noch vom Blues, Swing und Jazz, entwickelt in Nordamerika, übertroffen. Und wenn unsere letzte Destination dann in Südamerika enden wird, mischen sich diesen Komponenten noch die Harmonien und Rhythmen der iberischen Folklore bei.

Paris und La France

Nun aber willkommen an der Seine. Verbal hat niemand Paris besser eingefangen als KURT TUCHOLSKY. »Das rollt und flimmert... Und da gehe ich ganz allein über die Brücken der Seine... Guten Tag. Und jetzt, wo niemand es hört, bewegen sich ganz leise meine Lippen, eine warme Welle schießt mir zum Herzen auf, und ich sage: Dank... Du warst gastlich vom ersten Tag an... Du hast dich nie gespreizt, aber du hast dich nie versagt. Wer dich zu suchen ausgeht, kann dich finden... Ja, du hast das größte Glück gegeben, das eine Umgebung verleihen kann. Lieben kann man überall, Geld gewinnen kann man überall, das äußere Wohlsein erreichen kann man überall. Aber über nichts glücklich sein, durch die Straßen streichen und die Häuser mit dem Blick umfangen: Gott sei Dank, daß ihr alle da seid! Zum Nachbar Ja sagen, immer nur runde Ecken vorfinden, betrunken sein, weil man diese Luft einatmet: das kann man nur bei dir. Deine Vergnügungen sind es nicht, deine Frauen sind es nicht, deine Kunstwerke sind es nicht. Nichts ist es und alles zusammen – du bist es. Und deine Menschen sind es.« (1927)

Wer Geschichte, Eleganz und Lebensfreude bei gleichzeitiger europäischer Kalkulierbarkeit zu schätzen weiß, muß sich einfach zu Hause fühlen in der klassischen Stadt der Künstler aller Couleur, an den Ufern der Seine, an den zahllosen Stätten der Inspiration. Wie zwanglos man hier mit dem Leben verfährt – und dabei durchaus effizient –, zeigt schon der von vielen Deutschen zu Recht gefürchtete Autoverkehr. In Paris fährt man halbwegs »levantinisch«: nur nach vorn. Paragraphen und Rückspiegel sind weniger als sekundär, sind tertiär und für den flüssigen Verkehr eher hinderlich, ja im konkreten Fall geradezu gefährlich, weil sie schnelles Reagieren verzögern. Dafür ist bei den Pariser Automobilisten der »erste« Paragraph großartig ausgebildet, den man in der Landessprache allerdings als das genugsam bekannte und gerade uns »Teutonen« so verdächtige Laissez-faire kurzfassen könnte. Aber so wird das Leben in einer champagnerähnlichen Weise leicht und luftig. Je länger man sich in dieser rauschhaften, berauschenden Metropole aufhält, desto mehr begreift man, wieso hier und nirgendwo anders ein Jahrhundert lang, etwa von 1830 bis 1930, die Musen Europas tagen und ihre Schützlinge von hier aus die Menschheit mit ihren Werken beschenken lassen *mußten.*

In welche Biographie der Großen aus Musik und Malerei man auch blickt: Am Paris des 19. und frühen 20. Jahrhunderts ist fast keiner vorbeigekommen. Was Wunder! Denn wenn wir genau hinschauen, ist es nicht nur das kulturhistorisch anregende Flair, sondern auch der überall webende und wirkende Eros dieser Stadt, die man unwillkürlich als Wesenheit fühlt und aufnimmt. Paris ist jene Stadt, die man ganz zwanglos personifizieren kann. Das gelingt weder mit Manhattan noch mit Rom, weder mit einem Moloch noch mit einer Institution. Paris hat und ist Herz. Der Preis ist – unter demokratischem Aspekt – hoch: Eine einzige Stadt, die Kapitale, auch noch zentral gelegen, dominiert das gesamte Land extrem, zieht die künstlerische und wissenschaftliche Intelligenz dieses Landes in ihre Mauern und steht dann natürlich jahrhundertelang unangefochten als tonangebend und schrittmachend in ganz Europa da. Doch es fehlen die paritätischen Zentren im Lande; Frankreich außerhalb der Hauptstadt ist und bleibt Provinz. Deutschland hat für das blanke Gegenteil, seine multizentrale Kulturlandschaft, einen hohen Preis zahlen müssen: die staatliche Zersplitterung, soviel Staaten wie Tage im Jahr waren es zeitweilig ... Doch dies hat andererseits das Potential der Bevölkerung bis ins letzte gefordert, dadurch aber – dank der Dialektik in der Geschichte – auch ge*för*dert.

Ich bitte um Nachsicht, wenn ich Sie zuerst auf den Friedhof führe, doch nicht auf irgendeinen, sondern den Künstlerfriedhof, um Frédéric Chopin und Georges Bizet die Reverenz zu erweisen. Heute dient der Père Lachaise als mit 44 Hektar größter Friedhof der Stadt, wie alle anderen »cimetières«, auch der Erholung – denn den Parisern fehlen insgesamt einige innerstädtische

Parks. Der Name kommt vom Beichtvater des Sonnenkönigs, einem Jesuiten, der seinen Nachnamen noch getrennt schrieb: La Chaise. In den 97 Abteilungen finden sich nicht nur (möglicherweise) Abélard und Heloise, sondern auch ein ganzer »Gotha« an Zelebritäten: von MOLIÈRE, LA FONTAINE, DE MUSSET (von TSCHAIKOWSKY vertont), BALZAC, PROUST, O. WILDE (er lieferte *Salome* für RICHARD STRAUSS) über die COLETTE, SARAH BERNHARDT, EDITH PIAF und die Maler MODIGLIANI und DELACROIX (der mit LISZT befreundet war) bis zu den genannten Komponisten, zu denen sich noch der aus Florenz gebürtige LUIGI CHERUBINI gesellt, viele Jahre Direktor des Conservatoire, der – obgleich selbst kein Franzose – dem jungen Franz Liszt, weil Ausländer, die Aufnahme verwehrte.

Auf dem Montmartre sind gleich drei Friedhöfe angelegt, deren größter zugleich die meisten Prominenten aufweist (Rue Caulaincourt). Hier findet man Madame PLESSIS, nach der ALEXANDRE DUMAS der Jüngere (der ebenfalls hier liegt) seine *Kameliendame* schrieb, auf die GIUSEPPE VERDI 1851 wiederum seine *Traviata* komponierte und deren Motto *auch* typisch ist für Paris: »Die Liebe macht den Menschen besser, von welcher Seite sie auch kommen möge.« Für den Liederfreund unerläßlich ist ein Besuch des Grabes von HEINRICH HEINE, der schließlich gleich von drei überragenden Komponisten vertont wurde: SCHUBERT, MENDELSSOHN und SCHUMANN. Sein bärtiger Ziegenkopf erhebt sich über einer rosengeschmückten Lyra. Das eingemeißelte Gedicht ist typisch für den Dichter, dessen relativierende Ironie auch vor dem eigenen Ende nicht zurückschreckte.

Wo wird einst des Wanderns Müden
letzte Ruhestätte sein,
unter Palmen in dem Süden,
unter Linden an dem Rhein?
Werd ich wo in eine Wüste
eingescharrt von fremder Hand
oder ruh ich an der Küste
eines Meeres in dem Sand?
Immerhin wird mich umgeben

Gottes Himmel dort wie hier
und als Totenlampen schweben
nachts die Sterne über mir.

Außer den Schriftstellern STENDHAL und ZOLA ruhen hier zwei Große ihres Fachs, die eng mit der Musikbühne zu tun hatten: der Ballett- und Pferdemaler EDGAR DEGAS sowie der Kölner Synagogensproß JACQUES OFFENBACH, der triumphale Repräsentant der Operette des Zweiten Kaiserreichs unter NAPOLEON III., mit dessen »schöner Eugénie« noch der alternde LISZT vierhändig seine »Liebesträume« spielen sollte. Offenbachs zündende Operette *Pariser Leben,* die (nach *Hoffmanns Erzählungen*) zum Besten aus seiner Feder gehört, schildert das mondäne, frivole Treiben jener quasi champagnerisierten Ära auf unnachahmliche Weise. Augenfälliger Ausdruck jener rauschhaften Jahre, die freilich nur durch harte Arbeit von Millionen möglich waren, deren Alltag man dann bei den Impressionisten abgebildet sehen konnte, ist die prachtvolle Alte Oper von GARNIER (in der die Handlung von ANDREW LLOYD WEBBERS Grusical-Musical *Das Phantom der Oper* spielt). Natürlich brach dann 1871 mit dem französischen Kaiserreich auch das buffonesk-kesse Imperium des JACOB EBERST, wie er eigentlich hieß, sich aber nach der Geburtsstadt seines Vaters »Offenbach« nannte, zusammen.

Nicht um originale Grabstellen und erst recht nicht um frühe Christen handelt es sich bei dem Werk MUSSORGSKIS: Wer seinen Zyklus *Bilder einer Ausstellung* kennt, wird sich über das Stück *»Con mortuis ...«* (nicht ganz exakt formuliert: es müßte »... mortibus« heißen) gewundert haben, denn da lautet der Untertitel *»In den Katakomben von Paris«.* Doch hatte man an der Seine nie Katakomben im Sinne frühchristlicher geheimer Versammlungsstätten gekannt. Sondern die Pariser Stadtverwaltung hat, als der Friedhof an den Hallen (heute abgerissen) gesundheitsgefährdende Gase ausströmte, ebendiesen kurzerhand verlegen lassen – in unterirdische Steinbrüche, die allerdings noch aus der Römerzeit stammten. Spätere Friedhöfe folgten. Heute ruhen hier auf 11 000 Quadratmetern, die einzelnen Gebeine sorgsam sortiert und geradezu kunstvoll geschichtet, knapp sechs Millionen Tote. Dies zur Vorlage für Mussorgskis mysteriöse Komposition. Auf diesem Bild stehen übrigens der Freund und Maler der Vorlage, VICTOR HARTMANN, und der Komponist selbst, mit einer Laterne, beide in Mantel und Zylinder, vor den Knochenmauern.

Von diesen Pseudokatakomben möchte ich Sie nun in drei musikhistorisch wichtige Pariser Kirchen führen. Fast ein halbes Jahrhundert saß der deutschstämmige Belgier CÉSAR FRANCK (1822 bis 1890) an Orgeln der Hauptstadt, am längsten an jener der neogotischen Kirche Sainte-Clotilde, wo er ein Werk der berühmten Firma CAVAILLÉ-COLL unter den (übrigens mit einer schier unvorstellbaren Spannweite begnadeten) Händen hatte. Franck, ein stets ernsthafter Mensch mit einer sehr ehrlichen und ernstmeinenden Musik, kam erst relativ spät zu seinen heute gültigen Kompositionen: Neben einer einzigen, ihrer ausladenden Dimensionen wegen *»Große«* genannten *d-Moll-Sinfonie* sind dies noch bemerkenswerte *Sinfonische Variationen für Klavier und Orchester*, einige interessante Sinfonische Dichtungen (vor allem *Psyché*), ein *Klavierquintett*, eine *Violinsonate* (beides singuläre Werke!) sowie Klavier- und Orgelschöpfungen, die einen wichtigen Markstein innerhalb der französischen Musikgeschichte darstellen. Nicht weniger bedeutend denn als Organist und Komponist war Franck als Lehrer, als geduldiger, gütiger Erzieher zweier Komponistengenerationen – eine Tätigkeit, die ihm neben seiner weißen Mähne samt Vollbart den Beinamen »pater seraphicus« (engelgleicher Vater) einbrachte.

Auch CAMILLE SAINT-SAËNS, Jahrgang 1835, war bei aller sonstigen Vielseitigkeit (von ihm stammt immerhin die Apotheose des klingenden Humors, *Le carneval des animaux* – Der Karneval der Tiere) ein erfolgreicher und tätiger Kirchenmusiker. Einer, der es wissen mußte, nannte ihn den »ersten Organisten der Welt« und bewunderte besonders seine geniale Improvisationskunst. Saint-Saëns schrieb unter anderem eine preisgekrönte *»Ode auf die heilige Cäcilie«* und eine *Dritte* (seine letzte) *Sinfonie* mit Orgel und zwei Klavieren und versah ab 1858 das Organistenamt an der klassizistischen Kirche Sainte-Madeleine, das er später an seinen zehn

Jahre jüngeren Meisterschüler Gabriel Fauré weitergab. Dieser war nicht nur ein Kenner des klanglichen Pastells – von ihm stammen eine der tröstlichsten Totenmessen (*Requiem*), eine Orchestersuite *Pelléas et Mélisande,* noch vor Debussys gleichnamiger lyrischer Oper, und eine sympathische, immer wieder gern gespielte vierhändige Suite *Dolly* (ein Puppenname) in sechs Sätzen (darunter *»Mi-a-ou«* für die Hauskatze).

Auch ein Gründungsmitglied der »Six« war hingebungsvoller Organist, der ebenfalls wichtige, teils mystische, teils exotische Literatur (auf indische, griechische und Sternen-»Rhythmen«) für die »Königin der Instrumente« hinterlassen hat, darunter *La Nativité du Seigneur* (Die Geburt des Herrn), *La Banquet céleste* (Das himmlische Gastmahl), *Apparition de l'église éternelle* (Die Erscheinung der ewigen Kirche) sowie eine *Messe de la Pentecôte* (Pfingstmesse): Olivier Messiaen, geboren 1908 in Avignon, spielte über fünfzig Jahre an Saint-Trinité, wo er bis kurz vor seinem Tod (1992) regelmäßig am Wochenende öffentlich vorzutragen und zu improvisieren pflegte. (Näheres über ihn im Kapitel »Ostwärts«.)

Angefügt sei diesen namhaftesten Pariser Organisten noch ein Markstein französischer Kirchenmusik und zugleich eine klingende Inkarnation des Jugendstils – der *Psalm 47* von Florent Schmitt (1870–1958), ausladend, ekstatisch bis zur Gruppenpsychose, sinnlich bis in den Taktstrich. Der Fünfvierteltakt erzeugt die nötige Suggestivität, ein überbordendes Orchester stellt im Jahre 1906 selbst Richard Strauss und Gustav Mahler in den Schatten. (Die Numerierung des Psalms bezieht sich auf die neueren Übertragungen; in der Vulgata handelt es sich um Nr. 46).

Nun auf ins Künstler- und Studentenviertel, ins Quartier Latin, ebenso wie »Montmartre« (eigentlich »Martyriumsberg«) seit Mitte des 19. Jahrhunderts Synonym für »La vie de bohème«, die in Henri Murgers Roman *Scènes de la vie de bohème* von 1851 noch nichts Touristisches hatte, sondern von »Kunstzigeunern« erzählte, die mehr schlecht als recht von ihrer Kunst und meistens eher von Luft und Liebe leben mußten. Giacomo Puccinis vierte Oper, *La Bohème*, ist die vollendete Wiedergabe dieses Lebens, das Dürftigkeit mit Humor (notfalls Galgenhumor) erträgt, eines sentimental-leichtfertigen und doch von echtem Gefühl, ja Altruismus getragenen »Künstlermilieus«. (Zumal das Finale ist von kinematographischer Stringenz und stellt bisherige tragische Schlüsse – wie bei VERDIS *Traviata* – weit in den Schatten.)

An die später genüßlich goutierte »Bohème« der schon bald vom Künstler- zum Vergnügungsviertel »avancierten« Arrondissements schließt sich die Parisbegeisterung von FREDERICK DELIUS an, der als deutschstämmiger Brite und Wahlfranzose ein reichliches Jahrzehnt unter Künstlern gelebt und sich speziell der skandinavischen Kolonie um MUNCH angeschlossen hatte, aber ebenso freundschaftlich nicht nur mit GAUGUIN verkehrte. Im Jahre 1896 begegnete er in diesem Milieu auch seiner künftigen Frau, der Malerin JELKA ROSEN, die er im Jahr darauf heiratete. Die beiden zogen in die Banlieu, behielten aber die Hauptstadt quasi vor der Haustür. Kein Wunder, daß Delius noch 1899 seiner geliebten Metropole eine sinfonische Partitur widmete: *Paris. The Song Of A Great City* (Das Lied einer großen Stadt). Freilich erwarte man hier keine »touristischen Details«; weit weniger konkret geht es in dem reichlich zwanzigminütigen dreiteiligen Werk zu als etwa in der *London Symphony* von VAUGHAN WILLIAMS. PHILIP HESELTINE, Komponist und Musikwissenschaftler, Verehrer des Komponisten (über den er auch ein Buch schrieb), nannte die Sinfonie »einen Winkel seiner eigenen Seele, ein Kapitel seiner eigenen Erinnerungen«. Der Stadt als gigantischem, imposant gewachsenem Organismus zwischen Abend- und Morgendämmerung gelten die Außensätze. Gelegentlich klingen Verkehrsgeräusche und Klangfetzen aus Cabarets und »music-hall« an unser Ohr, und manchmal vermeint man förmlich eine »Großstadtmelodie« zu hören und bei RICHARD STRAUSS zu sitzen. Der Stadt und der Nacht als verführerischem Rahmen für Liebe und Zärtlichkeit gelten dann die lyrischen Inseln. In den Skizzen finden sich bezeichnende Umschreibungen für das Faszinosum, das Paris auf den Komponisten ausübte: »Geheimnisvolle Stadt, Stadt der Freuden«.

Fünfzehn Jahre später schrieb Delius dann ein *Doppelkonzert für Violine und Violoncello*, das ich Ihnen in diesem Kontext einfach anbieten muß; schließlich ist es die Reflexion eines Wahlfranzosen auf das Flair seiner Umgebung. Wenn man Musik »liebenswert« nennen kann, dann diese. Die beiden Solisten gehen geradezu zärtlich miteinander um; zur Komposition angeregt wurde Delius durch eine Aufführung des *Doppelkonzerts für Violine und Violoncello* von JOHANNES BRAHMS durch die Schwestern BEATRICE und MAY HARRISON, denen er seine Partitur widmete. Die Cellistin Beatrice hatte es ihm sogar so sehr angetan, daß er für sie ein Solokonzert und eine Sonate folgen ließ.

Noch einige Beiträge zum Tingeltangel des Montmartre. Der mit Delius jahrgangsgleich geborene CLAUDE DEBUSSY hat seinen *Klavier-Préludes* zwei Reminiszenzen an die Pariser Kleinkunstszene eingefügt und sie damit konzertsaalfähig werden lassen. Bei *»Minstrels«* aus Heft I handelt es sich nicht etwa um mittelalterliche Troubadours, sondern um gastierende schwarze Sänger und Instrumentalisten zwischen Cabaret und Clownerie (im Geiste TOULOUSE-LAUTRECS). Das Klangbild erinnert an das *Unterbrochene Ständchen.* Verwandtes gilt für *General Lavine-Eccentric* aus dem zweiten Heft, ein Stück, das sogar den Kommentar »Im Stile und Tempo eines Cakewalk« (Vorform des Ragtime) aufweist und noch buntscheckiger, noch heterogener angelegt ist.

Was einem Debussy als künstlerische Vorlage diente, war für einen vier Jahre jüngeren Freund oft genug Existenzgrundlage. Gehen Sie heute doch mal etwa ins »Le Lapin agil«, das »Emsige Kaninchen«, um eine gewisse Vorstellung zu bekommen, in welchem Ambiente der kauzig-köstliche ERIC SATIE (Jahrgang 1866) seine skurrilen Kompositionen und Improvisationen vortrug – ein Ambiente, in dem das Chanson geboren wurde und der Tingeltangel à la »music-hall« zu Hause war. Satie stammte übrigens aus dem pittoresken Hafenstädtchen Honfleur an der Seine-Mündung, wo die impressionistischen Maler des wunderbaren Lichtes wegen gern und oft arbeiteten. Später vernachlässigte er das Musikstudium zugunsten der Mystik und wurde Rosenkreuzer. Wie weiland BRUCKNER setzte er sich als Vierzigjähriger dann noch einmal auf die Schulbank, um Kontrapunkt zu studieren, und zog 1898 nach Arcueil bei Paris, das er tapfer zu Fuß aufzusuchen pflegte (in einem jeweils zweistündigen Marsch). Als sich zwanzig

Jahre später die »Six« etablierten, erhoben sie Satie zur Leitfigur. Doch bereits um die Jahrhundertwende galt er als unbestrittener »Guru« der Pariser Avantgarde. Schon in der Titelwahl seiner Klavierstücke deutet sich die oben beschriebene Exzentrik an. Da gibt es *»Stücke für den Hund«, Embryons desséchés* (Vertrocknete Embryonen), Stücke in »Birnenform« *(Morceaux en forme de poire)* oder auch nur ganz schlicht *Pièces froides* (Kalte Stücke) . . .

Debussy und Ravel kommen in diesem Buch so oft vor, daß ich mich weniger ausführlich bei ihnen aufhalten, vielmehr auf einige minder oft gespielte Autoren hinweisen will. Zu ihnen gehört bei uns noch immer Francis Poulenc (1899 bis 1963), ein Meister der Einfühlung in frühere Stile, die er zu eigenem und fremdem Hörgenuß souverän zusammenmischt. Der Unterricht beim führenden Pianisten der französischen Musikszene des Fin de siècle, Ricardo Vines (der unter anderem viele Uraufführungen von Debussy und Ravel besorgte), ließ ihn zu einer Schlüsselfigur der jüngeren Komponistengruppe der »Six« werden. Ideal zum Kennen- und Mögenlernen ist sein *Konzert für 2 Klaviere und Orchester,* von dem man kaum glauben möchte, daß es erst 1932 entstand. Aber Poulenc blieb sich und seinen stilistischen Prinzipien lebenslang treu (anders als etwa Strawinsky). Mitunter will seine flüssige, gefällige Feder auch gar nichts anderes, als sinnliche Genugtuung und Spaß zu bereiten. Ein Freund charakterisierte ihn treffend als Mischung aus »Mönch und Lausbub«: kesser, mitunter ruchloser Umgang mit Traditionen, überraschende und reizvolle Kombination von Sentimentalität, Ironie, Jazz und Tagesschlagern, Chanson und Stummfilm-Musik. Mit einem Wort: das klingende Paris. Will man etwas von der Pariser Art-déco-Eleganz der zwanziger Jahre mit Bubikopf à la Lempickaja klingend erhaschen, so greife man zu dem (handlungslosen) Ballett mit Vokalanteil, *Les Biches,* wobei hier weniger »Rehe« (oder poetischer: »Hindinnen«) als vielmehr die – allenfalls reh*äugigen* »Häschen« gemeint sind, die die Boulevards und Cafés auch und gerade zu vorgerückter Stunde bevölkern und neben dem Louvre auch Paris »eine Reise wert« sein ließen. Über ganze Strecken glaubt man, direkt bei Strawinsky gelandet zu sein. Und so absurd ist das auch gar nicht, denn die Premiere besorgten die Ballets russes unter ihrem eleganten Impresario SERGEJ DJAGHILEW (1924 in Monte Carlo), und die Choreographie stammte von der Schwester *des* Tänzers aller Zeiten, BRONISLAWA NISHINSKAJA.

Bevor wir Frankreich verlassen, noch zwei Abstecher. Zuerst in die »Banlieu« der Hauptstadt, zu MAURICE RAVEL, der sich 1921 einen Lebenstraum erfüllt und eine Landvilla zugelegt hat, die vor wenigen Jahren als liebevoll geführtes Museum eröffnet wurde: in Montfort, fünfzig Kilometer westlich von Paris, einem Städtchen mit Geschichte (ANNE VON BRETAGNE hatte hier ihr Schloß) und einer Kirche, Saint-Pierre, mit eindrucksvollen Farbglasfenstern von 1450 (man hat sogar den Altaraufbau weggelassen, damit man mit dem Blick in den Chor staunend wie vor einem Kaleidoskop sitzt). Es handelt sich um ein langgestrecktes Hanghaus von 1907, in den heutigen Ausmaßen erbaut. Ein winziges Gärtchen (von dreieckigem Grundriß) mit Fischteich, den der Komponist selbst anlegte, und Bonsaibäumchen, für die er viel Geld ausgab und die dem Kleinwüchsigen ermöglichten, sich wie ein Gulliver unter den Zwergen zu fühlen, ergänzen das Ensemble, von dem aus man übrigens einen schönen Panoramablick auf das Städtchen und seine sanft geschwungene Umgebung hat. Innen ließ der Hausherr alles auf seine Maße zurückbauen: Sogar die Türen samt Klinken waren auf Kindeshöhe versetzt, Sessel und Tische in der Höhe gekürzt. Die Räume richtete er selbst mit auserlesener Eleganz ein und bemalte beispielsweise die Tapeten eigenhändig mit griechischen Motiven. Im Obergeschoß – von der Straße aus ebenerdig zugänglich – dominieren schwarzweiße und graue Töne, selbst der Boden war schwarzweiß »gekachelt«, allerdings als Teppich! Sammlungen mechanischen Spielzeugs belegten seine Leidenschaft für Präzision, ebenso wie manche Details des Interieurs auf einen Sophisten und leidenschaftlichen Symmetriefreund schließen ließen. In seinem Schlafzimmer, das sich der Straßengeräusche wegen im Keller befand und dennoch den Austritt in das Gärtchen gestattete (was dank der Hanglage möglich war), hatte Ravel griechische Säulen gemalt, diese allerdings auf den Kopf gestellt. Der Raum war gelb gestrichen, weil Ravel nur am Tag schlafen konnte. Dann allerdings wurde alles abgeschottet, einzig durch die Türläden zum Garten hin fielen zwei Lichtstrahlen – durch sternenförmige Ausschnitte, eine vollendete Illusion. Realen Türen, sofern sie nicht in der Wandmitte angebracht waren, setzte er gemalte Scheintüren symmetrisch entgegen. Gearbeitet und Besuch empfangen hat Ravel nur dort und nur nachts.

Vielleicht gerade wegen seiner, schon konditionsbedingten, Unfähigkeit zu einem normalen bürgerlichen Leben hegte der Komponist (ähnlich TSCHAIKOWSKY) eine starke Affinität zu Kindern, was sich mit seinem Faible für Spielzeug deckt. Für Kinder hat er denn auch das zauberhafte Ballett *Ma Mère l'oye* (Mutter Gans erzählt), in dem Märchen der Gebrüder GRIMM (wie *»Der kleine Däumling«*) sich mit solchen von CHARLES PERRAULT vermischen *(»Die Schöne und das Tier«)* und das erlösende Ende natürlich in einen Zauberwald führt. Die Kinder gehörten zur Familie des befreundeten Ehepaares GODEBSKI, Emigranten des polnischen Kleinadels. Die Tante der Kleinen, MISIA SERT, geschiedene Edward, geborene Godebska, war eine der »femmes fatales« der Hauptstadt und nicht zuletzt berüchtigt wegen ihrer heftigen Beziehung zur Modezarin CHANEL. Selbst der alte FAURÉ hatte ihr noch den Hof gemacht.

Nirgends, außer vielleicht in Ungarn, findet man eine solche Kluft zwischen Kapitale und Provinz wie zwischen Paris und La France. Dabei lohnt sich der Besuch des »Landes« nicht weniger als der der Hauptstadt. Nicht nur unter Malern (wie VAN GOGH und GAUGUIN) war der Süden Favorit: ALPHONSE DAUDET schreibt *Lettres de mon moulin* (Briefe aus meiner Mühle), und die befindet sich dort; auch sein Drama *L'Arlésienne* (Die Arlesierin) siedelt er, wie der Titel topographisch verrät, in der Provence an. Es ist eine traurige Geschichte, die diesem Drama zugrunde liegt, und das um so mehr, als sie in schroffem Kontrast zur lieblichen Landschaft steht. Unerwiderte Liebe treibt einen jungen Mann zum Selbstmord, nachdem er versucht hatte, sich an eine andere Frau zu binden. (Diese Handlung, ein eher lyrisches Pendant zu dem hitzigen sizilianischen Bauerndrama *Cavalleria rusticana* von PIETRO MASCAGNI, hatte der Autor bereits in einen seiner »Mühlen-Briefe« eingebaut.)

Drei Jahre vor seinem Tod schrieb BIZET die Schauspielmusik dazu, aus der er bald eine (erste) Suite zusammenstellte, die ihm einen der wenigen Erfolge zu Lebzeiten bringen sollte; bewies der Komponist hier doch noch vor *Carmen* seine Meisterschaft, Landschaft und aus ihr resultierende Mentalität der sie bewohnenden Menschen überzeugend in Klänge zu kleiden. Nach seinem Tod war es dann der befreundete ERNEST GUIRAUD (1837–1892; Rompreisträger und später als Professor Lehrer unter anderen von DEBUSSY und SATIE), der eine zweite Suite herausbrachte, wie er auch die Rezitative für die Oper *Carmen* seines Freundes nachkomponierte (die dann deren endlichen, freilich postumen Welterfolg erst ermöglichten).

Bekannter geworden ist die *Suite Nr. 1*. Sie beginnt mit vier Variationen auf die altprovenzalische Weise *Der Marsch der Könige* und soll die Leidenschaft des Liebenden darstellen. Ein historisierendes Menuett (Intermezzo) wird durch ein zartes Streicher-Adagietto kontrastiert. Im Stück bezieht es sich auf die Geschichte vom Liebesverzicht zweier alter Menschen. Das abschließende *»Glockenspiel«* gilt dem Fest der Verlobung, mit der sich der Zurückgewiesene vor seiner Verzweiflung zu retten sucht. Letztere wird durch einen elegischen Mittelteil angedeutet. Aus der *Zweiten Suite* hat sich ihr Finale, die leidenschaftliche *»Farandole«*, durchgesetzt, ein Volkstanz der Provence, der hier thematisch mit Figuren von Tambourinspielern sowie mit dem Königsmarsch der ersten Suite arbeitet.

Zu den bedeutendsten Schülern von SAINT-SAËNS zählt VINCENT D'INDY, der wiederum als Leiter der »Schola cantorum« ein wichtiger Lehrmeister wurde, unter anderen von JOSEPH CANTELOUBE (1879 bis 1957). Dieser gehörte (mit vierhundert Werken) zu den entscheidenden Folkloreforschern und Chorkomponisten seines Landes, sammelte und bearbeitete (zwischen 1923 und 1955) fünf Bände *Chants d'Auvergne* (Lieder aus der Auvergne) sowie Volksweisen aus dem Languedoc, der Touraine und weiteren Regionen. Sein Faible für die Folklore des Zentralmassivs zeigt sich auch in den beiden Opern *Le Mas* (Der Bauernhof) und *Vercingetorix* (auf den historisch verbürgten Herrscher der keltischen Averner, der alle Gallier gegen die Legionen CAESARS einte, nach anfänglichen Siegen von diesem schließlich aber überwunden und in Rom hingerichtet wurde).

Die Landschaft, die Canteloube in seinen *Chants d'Auvergne* unvergleichlich beschwört, ist geschichtsgetränkt und dünkt den heutigen Besucher zeitlos. Zu den Brücken, noch aus der Römerzeit, paßt die Sprache, eine Mischung aus dem Latein der einstigen Besatzer und einem noch älteren keltischen Dialekt. Der Text des Liedes *»Baïlero«* etwa könnte auch antiker bukolischer Dichtung entstammen: Ein Hirte versucht, seine Freundin am andern Ufer zu überreden, ihre Herde im Stich zu lassen und zu ihm überzusetzen. Bei diesen *»Liedern aus der Auvergne«* handelt es sich im übrigen um vorzügliche, moderne Nachschöpfungen von Volksmusik, die neben gleichartigen Werken eines Bartók absolut bestehen können.

New York – USA

Um den Sprung über den Atlantik zu bewältigen, möchte ich mich mehrerer »Fährmänner« bedienen, wie sie sich schon zwischen Schottland und Dänemark bewährt haben. Chronologisch sind dies der Böhme DVOŘÁK, der Deutschitaliener BUSONI und der Franzose DEBUSSY sowie der geniale russisch-jüdischstämmige Amerikaner GERSHWIN.

Zwar war es TSCHAIKOWSKY, der als erster Europäer von Rang in New York an geweihter Stätte auftreten durfte, um die Carnegie Hall einzuweihen, was er mit seiner *Fünften Sinfonie* und triumphalem Empfang denn auch im Jahre 1891 tat. Aber mit der Neuen Welt hatte er keine kreativen Tangenten.

Das wiederum holte unmittelbar darauf ein anderer slawischer Meister nach, und dies dank einer Frau: Mrs. THURBER, einer großherzigen Mäzenatin. Wie im Kapitel »Ostwärts« schon erwähnt, hatte sie zu diesem Zeitpunkt das National Conservatory of New York gegründet und sich ANTONÍN DVOŘÁK als dessen Direktor für die Dauer von drei Jahren ausgesucht, vielleicht in der Hoffnung, daß seine weltweit bekannte Fähigkeit, heimische Volksmusik in den Konzertsaal zu bringen, auf amerikanische Musiker abfärben könnte.

Und da das Ihnen vorliegende Buch nicht zuletzt von der Internationalität der Musik handelt, sei das Folgende zumindest erwähnt. Die Dame verband den Vertrag sogleich mit einem Kompositionsauftrag aus aktuellem Anlaß. Im nämlichen Jahr 1892 beging man in Amerika den vierhundertsten Jahrestag der Entdeckung des Kontinents durch Kolumbus. Da Dvořák für ein geplantes weltliches Oratorium nicht genügend Zeit hatte und das Textbuch noch nicht einmal fertig vorlag, schlug er ein *Te Deum* vor – mit geistlichen Werken hatte er seit seinen Kompositionen *Requiem, Stabat Mater, D-Dur-Messe* und *149. Psalm* genügend Erfahrung. Es sollte sein letztes Werk für die heilige Cäcilia sein: eine imposante Sakralpartitur mit großer Besetzung.

Von diesem direkt für New York geschriebenen Opus abgesehen ist die erwähnte Mäzenatin auch indirekte Urheberin dreier Werke, in denen der böhmische Gast seine Impressionen von Übersee verarbeitet – der längst zum klingenden Weltgut gehörigen Sinfonie *Aus der Neuen Welt,* op. 95, dem *»Amerikanischen Quartett«,* op. 96, und dem *Quintett,* op. 97, in welchen Dvořák Elemente seiner Heimat auf bislang einzigartige Weise mit melodischen und harmonischen Merkmalen der indianischen und schwarzen Folklore Amerikas verschmilzt. Hierin beweist er ähnlichen Pioniergeist wie später GERSHWIN mit seiner ebenfalls erst- und einmaligen Stilsynthese aus europäischer Romantik und der multinationalen amerikanischen Gebrauchs- und Volksmusik.

Der Erfolg gab ihm recht, die mitreißende *Neunte Sinfonie* wurde seine beliebteste und das genannte Quartett – beide *Aus der Neuen Welt* – sein berühmtestes Kammermusikwerk. Das Largo der Sinfonie geht konkret auf eine Episode aus dem Indianerepos *The Song of Hiawatha* von LONGFELLOW zurück, das Begräbnis der Gefährtin des Häuptlings, Minnehaha. Der melancholische Klagegesang wird (man denke an SIBELIUS' »Schwan«) dem Englischhorn übertragen. (Am Rande: HENRY W. LONGFELLOW, 1807–1882, war nordamerikanischer Dichter, Literaturprofessor in Harvard und einer der verdienstvollsten Übersetzer und Propagandisten für europäische Literatur und machte seine Landsleute unter anderem mit KLOPSTOCK, UHLAND, HEINE und deutscher Volksdichtung vertraut; seine indianische Verserzählung wurde von FREILIGRATH ins Deutsche übersetzt.)

Verweilen wir kurz bei den Indianern. Überraschenderweise schwärmte einer der subtilsten Klangästheten seiner Zeit für sie, der deutsch-italienische Spätromantiker beziehungsweise Neoklassizist FERRUCCIO BUSONI (er sprach von seinen »geliebten Rothäuten«). Der durch feinsinnige und einfühlsame BACH-Transkriptionen und sein beseeltes Spiel bekannte Pianist und Komponist hatte 1910 eine Amerikatournee absolviert und sich bei dieser Gelegenheit intensiv mit der Musik der Indianer beschäftigt, deren melodische Besonderheiten er nun in seine eigene Klangsprache einzubeziehen versuchte. Drei Jahre später beendete er eine *Indianische Fantasie* für Klavier und Orchester und zwei weitere Jahre darauf zwei Teile eines *Indianischen Tagebuches,* bestehend aus *»Vier Studien über Motive der Rothäute Amerikas«* mit einem latenten Programm (Szenen aus dem indianischen Alltag: Mutter – Sohn – Braut – Krieg und Frieden) und einem *»Gesang vom Reigen der Geister«* (der natürlich nichts mit GLUCK zu tun hat) in der exotischen Besetzung von Streichorchester, sechs Bläsern und Pauke.

Nicht mit den »Rothäuten«, sondern mit den amerikanischen Schwarzen befaßte sich einige Jahre zuvor CLAUDE DEBUSSY. Daß Klänge des frühen Jazz damals – etwa mit den beiden genannten Préludes – nicht nur in die »gute Stube« des französischen Bürgers eindrangen, sondern sogar ins ansonsten sorgsam gehütete Kinderzimmer, beweist *»Golliwog's Cakewalk«* aus der Klaviersuite *Children's Corner* (Kinderecke), die der Vater 1908 für sein zärtlich geliebtes Töchterchen Chouchou komponiert und schelmisch kommentiert hatte: »... mit der liebevollsten Entschuldigung des Papas für das, was folgt«. Der Cakewalk (»Kuchentanz«) ist eine Vorform des Foxtrotts und wurde von den Schwarzen gern und oft auch bewußt komisch ausgeführt. »Golliwog« war eine groteske Puppe, die aber unwillkürlich gemocht wird (vergleichbar etwa dem stets ungeschickten, schwarzhäutigen Pittiplatsch in den Kindersendungen um das einstige ostdeutsche Sandmännchen). Hier bringt der Komponist augenzwinkernd das stilistische Spagat zwischen Jazzsynkopen (»sehr offen und sehr deutlich«) und einem unüberhörbaren Zitat aus WAGNERS allerheiligstem *Tristan* fertig!

Bemerkenswert und kosmopolitisch die Entstehungsgeschichte dieser Suite: Noch als Student hatte DEBUSSY in Rußland in seiner Eigenschaft als Hauspianist bei NADESHDA VON MECK (TSCHAIKOWSKYS Mäzenatin) unter anderem den Liederzyklus *Kinderstube* von MODEST MUSSORGSKI kennengelernt und war begeistert von den ungewöhnlich frischen, kindgerechten Tönen. Wahrhaft global: Angeregt durch einen Russen, komponiert ein

Franzose Musik im Stil des frühen afroamerikanischen Jazz; doch die englischen Titel der Suite und der Einzelsätze erklären sich aus einem weiteren internationalen Umstand. Chouchous »Bonne« oder Kindermädchen hieß Miß DOLLY, und die kam aus England (auch Sprachen lernen sich spielend am leichtesten).

Nun geht es noch einmal zurück in die Hauptstadt Paris, wo wir einen Amerikaner abholen wollen, um ihn in seine Heimat zu begleiten: GEORGE GERSHWIN oder, um mit dem Titel einer seiner originellsten Kompositionen zu sprechen: *Ein Amerikaner in Paris.* Als der im Jahre 1928 MAURICE RAVEL aufsuchte, um bei ihm Unterricht, vor allem in Instrumentation, zu nehmen, hatte er sich bereits nationalen Ruhm und ein kleines Vermögen erworben: durch die *Rhapsody in Blue* von 1924 und das einzige *Klavierkonzert F-Dur* vom Jahr darauf. Doch das den sinfonischen Jazz begründende Opus, jene »Rhapsody«, mußte noch von fremder Hand orchestriert werden: durch FERDE GROFÉ. Dem sollte der anerkannte Klangfarbenkenner (berühmt unter anderem durch seine Orchesterfassung von MUSSORGSKIS Klavierzyklus *Bilder einer Ausstellung*) abhelfen. Der Franzose aber winkte ab: »Sie sind ein erstklassiger Gershwin – warum wollen Sie ein zweitklassiger Ravel werden?«

Der (hier ausnahmsweise einmal) Erfolglose fuhr zurück nach New York – und wir werden mit ihm reisen. Zuvor aber hatte er sich durchaus in Paris verliebt, wovon das Orchesterbild *Ein Amerikaner in Paris* erzählt. Noch an der Seine begann er mit der Komposition, die vorführt, wie ein »amerikanischer Reisender«, also er selbst, »durch Paris schlendert, den Straßenlärm hört und die französische Atmosphäre in sich aufnimmt«. Bereits Ende des Jahres (1928) hörten die New Yorker in der Carnegie Hall das fertige Werk, zu dem Gershwin aus Paris eigens originale Taxihupen hatte kommen lassen. Ähnlich dem Thema der *»Promenade«* in MUSSORGSKIS *Bilder einer Ausstellung* eröffnet und durchzieht die einsätzige Sinfonische Dichtung ein – dem »schlendernden« Besucher entsprechend – Ragtime mit lässig-kessen Vorschlägen. Eine sinnliche Bluesmelodie, hymnisch gesteigert, speist den Andante-Mittelteil. Die sensationellen Autohupen bereichern das traditionelle Sinfonieorchester dann in der Reprise des Anfangsteils.

Neben seiner Funktion als Begründer des sinfonischen Jazz war George Gershwin einer der erfolgreichsten Bühnenkomponisten seines Landes und gilt mit *Porgy and Bess* zu Recht als Schöpfer der ersten eigenständigen amerikanischen Oper. Darüber hinaus gelang dem einstigen Vorspieler von Tagesschlagern (»song plugger«) in einer New Yorker Notenhandlung das Höchstmögliche, das einem Komponisten vergönnt ist – seine Melodien wurden so populär wie weiland *»Gott erhalte Franz, den Kaiser«* von HAYDN, SCHUBERTS *»Lindenbaum«*, WEBERS *»Jungfernkranz«*, WAGNERS *»Pilgermarsch«*, *Das Gebet einer Jungfrau* der braven TECLA BADARCZEWSKA oder der *»Mackie-Messer-Song«* von KURT WEILL. Bei Gershwin freilich handelt es sich um sogenannte »Standards«, Songmelodien aus seinen zahlreichen Revuen und Musicals oder seiner einzigen, allerdings maßstabsetzenden Oper, die heute zum Repertoire sämtlicher Jazzer, Sänger und Tanzmusiker gehören. In etlichen Fällen haben sich von diesen Revuen und Musicals (meist mit, wenn überhaupt, recht dünner Handlung) nur ein oder zwei »show stopper« behauptet, Nummern, die unweigerlich für Szenenapplaus und häufig für Wiederholung sorgten. Goldene Titel sind (es ist schwer, eine Auswahl zu treffen): *»I Got Rhythm«*, *»The Man I Love«*, *»O Sweet and Lovely Lady«*.

Daß man weltweit lange glaubte, vor GERSHWIN habe es keine amerikanische Sinfonik gegeben, lag an der Besonderheit von Person und Schaffen des ersten »Klassikers« der USA: Er blieb Hobbykomponist und erlebte die Aufführung seiner großen Partituren erst Mitte des 20. Jahrhunderts. Ich möchte ihn etwas näher vorstellen.

CHARLES IVES kam 1874 in einer amerikanischen Mittelstadt im Bundesstaat Connecticut zur Welt und starb 1954 in New York. Nach seinem regulären Musikstudium (Yale University) wurde und blieb er Versicherungsmakler, um als Komponist völlig unabhängig vom Erfolg seiner Werke zu sein. Sein Schaffen ist das Lebenswerk eines fleißigen Freizeitkomponisten: Neben sechs Sinfonien und weiteren Orchesterpartituren stehen Dutzende Klavierwerke und hunderte Lieder – er ist der ELGAR und VAUGHAN WILLIAMS der Amerikaner in einem. Dabei war er moderner als sie beide und ist am ehesten mit MAHLER zu vergleichen, gerade auch in seiner Vorliebe für Stilbrüche und den Einbezug von Trivialmusik. Doch kann man in seiner Vita und Persönlichkeit keinerlei Parallele zur inneren Zerrissenheit Mahlers entdecken, die bei jenem die Voraussetzung zu solchen Brüchen war. Ives faßte schlichtweg zusammen, was in den Staaten der ersten Hälfte des 20. Jahrhunderts alles klang und in der Luft lag: Jazz, Gospel, Militärmusik, Popmusik, Schlager und Schnulze eingeschlossen.

Und doch war er auch durchaus ein zeitgemäßer Komponist und seiner Zeit in manchem sogar voraus: etwa in der Anwendung von Poly- bis Atonalität, Polyrhythmik und seriellen Strukturprinzipien (ausgehend von der Zwölftonreihe, deren Grundsätze auf andere Ebenen über die Tonhöhen hinaus übertragen werden), lange bevor diese in Europa aufkamen. Noch zwei Jahre vor Ausgang des 19. Jahrhunderts schrieb er – als Examensarbeit am Konservatorium – seine *Erste Sinfonie*, deren Außensätze bereits so krasse polytonale Stellen enthielten, daß der Absolvent sie seinem (recht konventionell gesinnten) Lehrer HORATIO PARKER zuliebe wieder glättete.

Ein typisches Merkmal seines späteren Personalstils deutet sich in der wichtigen *Zweiten Sinfonie* an: Ives liebt Zitate, hier aus patriotischen und geistlichen Liedern seiner Heimat sowie aus bekannten Werken der europäischen Klassiker bis hin zu BEETHOVENS *Neunter*. Der Höhepunkt des Werkes ist der fünfte und letzte Satz, in welchem Ives geradezu ein Pasticcio bewußt heterogener Melodien und Themen miteinander verschmilzt (zuletzt sein Lieblingslied *Columbia, Gem of the Ocean*) zu einem bunten Teppich mit einem – für damals hochmodernen – Cluster (einer dissonanten Tontraube, die bei seinen Klavierwerken mit der Faust gespielt werden muß). »Damals« war 1909, als Ives die Orchestration abschloß; doch auf ihre Uraufführung mußte das interessante Opus allerdings bis drei Jahre vor Ives' Tod warten: 1951 stellte LEONARD BERNSTEIN sie der Öffentlichkeit vor.

Vier Jahre zuvor konnte der Komponist seine *Dritte Sinfonie* hören, für die er den Pulitzerpreis erhielt. Sie war 1904 abgeschlossen und ging auf drei frühere Werke für beziehungsweise mit Orgel zurück. Diese Prototypen der drei Sätze deuten schon auf den religiösen Hintergrund der Partitur hin, die Ives *The Camp-Meeting* (Das Treffen unter freiem Himmel) überschrieb und in der er seine Kindheitserinnerungen an die Zusammenkünfte der Presbyterianer nahe seiner Geburtsstadt Danbury verarbeitet. Diese freie amerikanische Kirche (eine den Protestanten nahestehende Sekte) war für den herzlichen Umgang ihrer Mitglieder untereinander bekannt. Die Sätze heißen *»Old Folks Gathering«* (Das Treffen der Alten), *»Children's Day«* (Kindertag) und *»Communion«*.

Die nächstgezählte *Vierte Sinfonie* ist zugleich die letzte des Komponisten, 1916 beendet, doch erst nach seinem Tod uraufgeführt (1965 durch LEOPOLD STOKOWSKI). Sie beschäftigt einen gigantischen Apparat: Hauptorchester, Fernorchester, gemischten Vokalisenchor (die allmählich rhythmisch gegeneinander verschoben werden, so daß der Hörer die Orientierung verliert und die Illusion räumlicher Abläufe in unterschiedlichen Richtungen und Entfernungen hat). Als Motto dient der (durch den Untergang der »Titanic« berüchtigt gewordene) Choral *Näher, mein Gott, zu dir*, der konkret dann auch den letzten, vierten Satz bestimmt. Nach Ives fragt der erste Satz, *»Prélude«*, mit dem Kirchenlied *»Watchman«* (Wachmann) nach dem Gelobten Land; die weiteren Sätze versuchen dann, verschiedene Antworten zu geben. Im zweiten Satz operiert der Komponist sogar mit sechs getrennt aufgestellten und metrisch selbständigen Klanggruppen (jetzt muß ein zweiter Dirigent herangezogen werden), die eine schier betäubende Fülle von Zitaten und Melodien gegeneinanderführen; als dritter Satz überrascht eine recht artige Fuge – offenbar als ironischer Gegensatz zu Ives' eigener, vielschichtiger Ästhetik. Im zusammenfassenden Finale kommt dann der Vokalisenchor zum Einsatz.

Wenn hier schon ein Gipfelpunkt von Besetzung und Dramaturgie erreicht war, so hatte der Komponist mit einer *Universal Symphony* noch weitaus mehr vor. Diese Konzeption, an der er fast ein halbes Jahrhundert arbeitete, ohne sie bis zur Aufführungsreife zu bringen, sieht den Open-air-Einsatz von über zwölf Orchestern vor, zwischen denen sich die Hörer frei bewegen können, um so immer neue klangräumliche Kombinationen zu erleben. Hierzu ein Grunderlebnis noch des Knaben: Der Vater hatte ihn einmal während eines Stadtfestes auf einen Kirchturm mitgenommen, von wo aus sie die herannahenden Spielmannszüge beobachten konnten . . .

Von zwei frühen Sinfonischen Dichtungen im Kurzformat ist abschließend zu New York eine zu nennen, die sich direkt auf Manhattan bezieht: *Central Park In The Dark,* in der Ives in mehreren Klangschichten eine vorgebliche »Contemplation of nothing serious« (Betrachtung von etwas Unwichtigem) komponiert hat, konkret ein urbanes »Porträt in Klängen, und zwar derjenigen Klänge der Natur und der Ereignisse, die man vor dreißig Jahren hören konnte, wenn man in einer heißen Sommernacht auf einer Bank im Central Park saß«. Zu den »Ereignissen« gehören Bahngeräusche und Schlager.

Wir verlassen die Ostküste samt ihrer sinfonischen Tradition und begeben uns nun in Richtung Westen, direkt in den Grand Canyon. Dort erwartet uns der schon erwähnte Ferde Grofé: Er hat Gershwins *Rhapsody in Blue* orchestriert und war selbst ein vortrefflicher Komponist, wobei er fast immer nur als Pianist, Violinist und Arrangeur der Paul-Whiteman-Jazzband erwähnt wird. Der deutschstämmige Ferdinand Rudolph von Grofé (so sein vollständiger Name; er gab seinen Adel ebenso locker auf wie Claude Debussy, der eigentlich de Bussy hieß) war ein ganzer New Yorker (hier geboren und gestorben, 1892–1972), begann als Geiger im Sinfonieorchester Los Angeles und kam 1920 zu Whiteman. Seine stets programmatischen und fast schon landschaftsmalerischen Partituren sind eine Fundgrube für alle Gershwin-Fans, die mal etwas Abwechslung suchen. Namentlich drei großbesetzte (davon verstand er ja nun wirklich genug) Orchestersuiten lassen aufhorchen: *San Francisco, Niagara Falls* und – 1931, höchst koloristisch – die *Grand Canyon Suite.* Die letztere hat fünf Sätze und spart nicht mit geradezu kinematographischen Effekten: Sonnenaufgang, Wüste, auf der Eisenbahn, Sonnenuntergang, Wolkenbruch.

Weiter geht es nach Kalifornien. Hier möchte ich Ihnen zwei Meister vorstellen, die sich – der eine unfreiwillig, weil vom Nationalsozialismus, wie so viele unersetzliche Kräfte aus Europa, vertrieben – in Hollywood zu fulminanten Filmkomponisten entwickelt haben. Beide haben sie eine höchst seriöse Ausbildung erhalten. Das unstrittige Genie ist zweifellos ERICH WOLFGANG KORNGOLD (1897 bis 1957), ein Jahrhundert nach SCHUBERT geboren und mühelos wie dieser komponierend. Er gilt als eines der ausgeprägtesten Wunderkinder seiner Zunft. Ein Ballett des Elfjährigen wurde an der Wiener Staatsoper aufgeführt; Partituren des Heranwachsenden wurden von ersten Dirigenten, wie BRUNO WALTER und FELIX WEINGARTNER, aus der Taufe gehoben; der Regisseur MAX REINHARDT holte ihn nach Amerika, damit er MENDELSSOHNS *Sommernachtstraum* für den Film arrangiere. Als dann der Anschluß Österreichs an Hitlerdeutschland dem Juden Korngold eine Rückkehr unmöglich machte, ließ er sich in Hollywood nieder und schrieb bis Kriegsende nur noch Filmmusik. Ähnlich dem sogenannten *Warschauer Konzert*, das der Engländer RICHARD ADDINSELL für einen Film verfaßt hatte, in dem es in Echtzeit gespielt werden mußte und deshalb keine zehn Minuten dauern durfte, verhielt es sich mit einem Mini-Cellokonzert, das Korngold für einen Film namens *Deception* (Die Täuschung) komponierte.

Als der Krieg und der ganze Spuk vorbei waren und der Wahlamerikaner sich wieder mit freier Komposition beschäftigte, entstand dann 1947 unter Verwendung von thematischem Material dieses Stückes ein *Violinkonzert*, das ich dem Freund neuerer und dennoch warmer Klänge empfehlen möchte. Am Eingangssatz fällt ein ausdrucksvolles, ausgedehntes Solo der Violine auf – es stammt ebenso wie das zweite Thema, die Kantilene der Romanze, und das energische Finalthema aus verschiedenen Filmpartituren (letzteres aus dem Streifen *Der Prinz und der Bettlerknabe*).

Seit SERGEJ RACHMANINOW vor den Bolschewiki in die Vereinigten Staaten geflohen war, wußte man in Hollywood, bei wem man sich Anregungen zu den grandiosen, imposanten, großbesetzten Filmpartituren holen konnte. (Ein Zyniker wie STRAWINSKY versuchte, seinen Landsmann und Koemigranten auf Hollywood zu reduzieren: »Ich schätze diesen Mann außerordentlich. Er hat großartige Filmmusik geschrieben.«)

Und mitunter standen sogar gute Stoffe – wie *Casablanca* oder *Gone With the Wind* nach dem weltbekannten Bestseller *Vom Winde verweht* – zur Verfügung. Beide Streifen bekamen ihre durchwegs einprägsame und ausdrucksvolle Musik von MAX STEINER, der selbst aus bester Tradition kam. Der 1888 geborene Wiener war Schüler unter anderem von GUSTAV MAHLER und ging 1914 nach New York, wo er mit JEROME KERN und GEORGE GERSHWIN zusammenarbeitete. Seine Filmmusik zu *Casablanca* ist meisterlich zu nennen, zumal der knapp zehnminütige »Extrakt«, einer Sinfonischen Dichtung ähnlich, in der die politischen Parteien ebenso zu »Wort« kommen wie das arabische Ambiente. Wenn man Filmmusik konzertanten Rang zubilligen darf, so gebührt dieses Attribut ohne Zweifel dem Mahler-Schüler Max Steiner.

Lateinamerika

Weiter nach Mexiko. Dort gilt SILVESTRE REVUELTAS (1899 bis 1940) als Nationalkomponist. Spannend zu hören, wenngleich ein STRAWINSKY-Fan glauben möchte, daß es von seinem Idol stamme, die sechsminütige Sinfonische Dichtung *Sensemayá,* die in Mexiko wie BEETHOVENS Neunte und BACHS *Weihnachtsoratorium* zusammen gehandelt wird. Zumal es sich um ein programmatisches Werk handelt: Der afrokubanische Revolutionsdichter NICOLÁS GUILLÉN erzählt von einer tropischen Schlange, die sinnlos gehetzt und schließlich getötet wird, Symbol für die unterdrückten Völker Lateinamerikas.

Wir nähern uns der Karibik und dem brasilianischen Kulturkreis. Darum einige Notizen zu Bossa, zur Urwaldmusik des Amazonas, zu Samba und Tango.

In der Karibik hat die Klangwelt der Schwarzafrikaner, längst integriert, aber von ihrer ursprünglichen Rhythmokultur nicht zu trennen, der iberospanischen Folklore der Nachfahren einstiger Konquistadoren andere Akzente aufgesetzt als in Südamerika. Darum ist »latin« weder Samba noch Tango – jene repräsentativen Tänze des Portugiesisch sprechenden und geprägten Brasilien und des Spanisch sprechenden und geprägten Argentinien. Allenfalls die Samba verfügt in bestimmten Unterspezies über den reich differenzierten rhythmischen Untergrund der Karibik. Dort aber hebt man durch die fein verästelte, pluralistische Organisation des Zeitverlaufs in der Musik – was man gemeinhin als Metrum, das Gemessene, bezeichnet – geradezu ab. Während der Rhythmus ja erst die jeweils wechselnde, von der Komposition abhängende Stikkerei in dem vorgegebenen und ostinat durchgehaltenen Zeitrahmen (aus Takt und Taktzeiten) darstellt. Also ist im Karibischen schon der Rahmen ein emotionales, spannungerzeugendes Gebilde, das sich ostinat, beschwörend wiederholt. Bei dem Bossa Nova etwa wird ein Zweitaktmodell aus jeweils acht Achteln benutzt, aber in sich konträr betont, wodurch sich eine aufregende Mischung aus Überraschung und Gefühlsstau ergibt (die Ziffern für die betonten Achtel sind ausgeschrieben): eins 2 3 vier 5 6 sieben 8/1 2 drei 4 5 sechs 7 8.

Die durchaus erträgliche Leichtigkeit des Seins wird dem gestreßten, durch Sinnentleerung des Daseins fast schon unsinnlich gewordenen Mitteleuropäer visionär klar und physisch spürbar, wenn er in die Zauberwelt der Farben, Düfte und Klänge des karibischen Raums eintaucht. Auch wenn er einem Flugzeug entsteigt, wird er schon bald einen anderen, neuen, leichteren, fast schwebenden Gang haben, sich beflügelt fühlen. In den französischen Überseedepartements kommt als durchaus angenehmer Faktor noch hinzu, daß dort ein sichtbarer Wohlstand die sonst typischen und mitunter arg irritierenden sozialen Kontraste Lateinamerikas mildert. Man kann verstehen, wenn man den ersten Sonnenuntergang auf Martinique erlebt, daß ein PAUL GAUGUIN hier erstmals »ausstieg«, bevor er sich nach Tahiti begab: auf Martinique, wo heute ein besuchenswertes Museum steht. Man höre DARIUS MILHAUDS *Le Bal Martiniquais* für zwei Klaviere.

Direkt in das Amazonasgebiet entführt uns *Trilobita* – eine Suite dreier Brasilianer, geschrieben für Instrumente, die sämtlich aus Naturmaterialien der Region gefertigt wurden. Diese eigentümlich schwebende Musik erzählt von einem indianischen (offenbar phytomorphen) Fabelwesen namens Uakti mit durchlöchertem Körper. Wenn es den Urwald durchstreift, streicht der Wind durch diese Körperöffnungen und bringt eigentümliche Klänge von magischer Anziehungskraft hervor. Diese Klänge verzauberten und verführten einst die Frauen eines Indianerstammes. Woraufhin die eifersüchtigen Männer auszogen und das vermeintliche Unwesen töteten. Doch aus seinem Leichnam wuchsen drei Palmen, die den Geist Uaktis am Leben erhielten. Aus just diesen Palmen fertigten die Indianer dann Instrumente, mit denen sie jene rätselhafte Musik nachspielen konnten.

Und wieder begegnet uns ein Europäer, diesmal am »Januarfluß«, also in Rio de Janeiro. DARIUS MILHAUD (1892–1974), der jüdische Südfranzose, weilte dort von 1916 bis 1918 als Sekretär des Diplomaten und Literaten PAUL CLAUDEL. Selbst sein legendäres Opus (von 1919), die sogenannte »Cinema-Fantasie« *Le Bœf sur le toît* (Der Ochse auf dem Dach) geht im Titel und in den erfrischend neuartigen Klängen auf brasilianische Folklore zurück, nur noch aufgemischt durch die damals gerade aufgekommene Polytonalität. Das führende »Gründungsmitglied« der französischen Komponistengruppe »Les Six« hat zeit seines Lebens und Schaffens der brasilianischen Volksmusik und speziell ihren auf- und anregenden Tanzrhythmen eine starke Neigung bewahrt. Ausdruck dessen sind unter anderem zwölf Tanzstücke von nostalgisch-exotischer Träumerei: *Saudades du Brasil* (Erinnerungen an [eigentlich: Heimweh nach] Brasilien). Die einzelnen Nummern sind nach Stadtteilen von Rio benannt und basieren vorwiegend auf Sambarhythmen. Um sich eine Vorstellung von der sinnlichen Weichheit und sanften Erotik dieser Musik zu machen, sollte man an die Lautbildung des Portugiesischen denken, die ja viel weicher ausfällt als im Spanischen.

Noch zwanzig Jahre nach seinem Rio-Aufenthalt beschloß Milhaud seine hinreißende Zwei-Klaviere-Suite *Scaramouche* mit einer *»Brasileira«* à la Samba, die die Ekstase des Karnevals von Rio einfängt und in den Konzertsaal überträgt. (Der Titel der Suite knüpft freilich an die italienische Commedia dell'arte an: Scaramouche ist zwar Arzt, aber mehr ein Doktor Eisenbart und Quacksalber, ein durchaus derber Zeitgenosse und hier speziell ins Notenbild gesetzt für MOLIÈRES Schauspiel *Le médicin volant.*) Schon im zart-zärtlichen Mittelsatz der dreiteiligen Suite klingt Exotisches an: Zwischen die wiegenden Rhythmen des Siciliano schieben sich gekonnt und pikant Bluesklänge. Doch der »brasilianische« Schlußsatz ist es, dem *Scaramouche* seinen Dauerwelterfolg verdankt.

Milhaud war es auch, der einen, nein: *den* Komponisten des Riesenlandes zu seiner Karriere ermunterte: HEITOR VILLA-LOBOS (1887 bis 1959), bis zu seinem Tod der unbestrittene Musikpapst und internationale Musikbotschafter Brasiliens. Er hatte in

Europa studiert und sich besonders für BACH und dessen Polyphonie begeistert. Sein Wirken war atemberaubend vielseitig: Komponist, Pianist, Dirigent, Musikpädagoge und -politiker. Sein kompositorisches Schaffen, das die Werkzahl Tausend weit übersteigt, ist nicht minder breit angelegt: Konzerte, Sinfonien, Opern . . . Und als besonders originelle Werke schuf er in Verehrung für den Leipziger Thomaskantor sogenannte *Bachianas Brasileiras* (Brasilianische Bachiana), also auf südamerikanische Art nachempfundene Bach-Impressionen. An der *»Aria«* ist das Besondere, daß hier wirklich gesungen wird – aber wortlos, nach Art der Vokalise.

Verehrte Musikfreunde: Wir werden unsere klingende Weltreise, unsere musikalische Windrose in Argentinien beenden. Im Unterschied zur weichen, weil portugiesisch geprägten Samba ist der hier ansässige Tango geradezu aggressiv und von unverhohlener Sexualität gezeugt und geprägt, die aber auch durchaus repressive bis brutale Züge tragen kann. Noch nie war Düsteres, Finsteres, Böses ungeeignet zur »Ver-tonung« (das wußte schon SCHOPENHAUER); möglicherweise liegt in der Musik eine besonders effektive Möglichkeit, durch klingende Demonstration die Dämonen der Finsternis zu bannen, gleich den Wasserspeiern gotischer Dome.

Hören Sie nur die Tangos des grandiosen ASTOR PIAZZOLLA, die den sinnlich-schmusigen Bossas und Sambas eines ANTONIO CARLOS JOBIM in nichts nachstehen: Beides ist betörend und geeignet, unser fast schon sklerotisches eurozentrisches Musikleben und ganz persönliches Klang-Erleben auf schönste Weise zu ergänzen. Wenn mir etwas leid tut, dann ist es die relative Ungerechtigkeit, mit der der Argentinier in den Konzertsaal gebeten und der Brasilianer aus ihm verbannt wird. Aber das kann sich ja ändern.

Der sechste Kontinent ist umstritten. Aber als Anrainerstaat hat Argentinien zumindest einen Anspruch auf ihn. Darum darf ich Ihnen jetzt als vorletztes Werk unserer globalen Galerie eines der ungewöhnlichsten Opera der Musikliteratur vorstellen: die *Sinfo-*

nie Nr. 7, »Antartica«, des Ihnen seit den Kapiteln »Wasser« und »Nordwärts« bestens vertrauten Engländers Ralph Vaughan Williams (»Antartica« ist die verknappende italienische Schreibweise für »Sinfonia antartica«).

In den Polargefilden ist die Luft glasklar, so daß man über fünfzig Kilometer weit sehen kann. Da mag es geschehen, daß sich das Schiff im Schatten einer Wolkenbank befindet, in der Ferne aber ein weißer Götterberg aufragt, der zwei bis drei Kilometer hoch und in die volle Glut der Mitternachtssonne getaucht ist. Angesichts solcher elementarer Magie fiel mir nur ein: das Gelobte Land oder mit Hugo Wolf: »Du bist Orplid, mein Land, das ferne leuchtet.« Zumal die Antarktis ist eine einzigartige Welt aus Eis, Schnee, Sonne, Nebel und wildem Meer, eine Welt des Übergangs, eine Welt zwischen den Welten. Wer sich reisend auf die letzte Passage vorbereiten will, der sollte in die Polarregionen fahren. Diese Bilder werden sich ihm unvergeßlich einprägen und im Bedarfsfall selbst wieder geradezu aufdrängen.

Seit 1940 arbeitete Ralph Vaughan Williams auch für das neue Medium Film. Er begann mit einem Abenteuerstreifen, der in Kanada spielte, also so ziemlich am nördlichen Ende des amerikanischen Doppelkontinents. Es sollten insgesamt elf Partituren »für die Leinwand« werden. Für die tragische Reportage *Scott of the Antarctic* schrieb er 1948 die umfangreichste. Doch hier mußte er sich einiges einfallen lassen, denn für Eiswüsten, Pinguine und Wale hatte er keine Vorbilder, zumal er die Antarktis als »Hintergrund für menschliche Höchstleistungen« (Ursula Vaughan Williams) sah. Weil der englische Polarforscher auf die Technik baute und davor zurückschreckte, gleich seinem norwegischen Konkurrenten Amundsen mit Schlittenhunden zu operieren, von denen von Anfang an etliche Dutzend als Nahrung für Mensch und Tier mitgeführt wurden, hatte er das tödliche Nachsehen.

Um die gewünschten eisig-einsamen Wirkungen zu erzielen, zieht der Komponist ungewöhnliche Instrumente heran: Xylo- und Vibraphon sowie einen Extrachor von Frauenstimmen. Es sollten gelegentlich die hohen, silbrigen, unwirklichen Klänge dominieren. Denn für die Gewalt und unheimliche Majestät des Meeres hatte das übliche Orchester genügend Baßinstrumente. Jeder Satz trägt ein literarisches Motto. Das des ersten – Prelude: Andante maestoso – ist dem Byron-Freund, dem Lyriker P. B. Shelley entnommen. Schon die Wahl der Quelle sagt vieles über die Dimensionen aus, in denen RVW denkt: *Der entfesselte Prometheus.*

> Schmerzen zu leiden, unendlich selbst der Hoffnung, Unrecht vergeben,
> schwärzer noch als Nacht und Tod.
> Gen' eine Kraft zu kämpfen, die allmächtig scheint.
> Nicht wandeln sich, nicht schwanken und nicht klagen:
> Da heißt es, gut zu sein, groß und freudig, schön und frei.
> Nur das allein ist Leben, Freude, Reich und Sieg.

Das Scherzo bezieht sein Motto aus dem *Alten Testament* (Psalm 104):

> Dort ziehen die Schiffe dahin,
> auch der Leviathan, den Du geformt hast, um mit ihm zu spielen.

Das erwähnte Wesen dürfte jenes sein, das in der Bibel noch einmal vorkommt: in der Geschichte des Jona, der in dessen Bauch immerhin einige Zeit (unversehrt) zubrachte – der Wal. Wenn Gott mit dem Wal spielt, dann scheint er dem Meer offenkundig zu gestatten, mit den Menschen zu spielen, die sich auf seine Oberfläche wagen. Es stellt sie gleichsam in göttlichem Spiel auf die Probe, ob sie der Stimme des Herrn folgen und dem Wasser trauen. Man muß ja nicht buchstäblich auf ihm wandeln, figurativ geht es auch, und das hat schon seine Beschwernisse: »Wandeln auf den Wogen« heißt für uns heute schlicht und »einfach« – »Seefahrt«.

Packend setzt RVW im dritten Satz, »Landschaft«, die Majestät der schier endlosen weißen Weiten und der alle menschlichen Vorstellungen sprengenden Massen von Gebirge, Wasser, Eis und Schnee in Klänge um. Zuweilen vermeint man das Kalben eines Gletschers zu hören, das eher der Geburt eines Megariesen gleichkommt, denn es geschieht unter ohren- und sinnbetäubendem Krachen und tödlichen Gefahren, wenn man zu dicht dabei ist, wenn türkisblaue Brocken von Lokomotiv- bis Hochhausgröße ins aufschäumende Eismeer stürzen und regelrechte Springfluten auslösen. Hier ruft der Komponist die Orgel mit ihrer Klanggewalt und ihren wuchtigsten Bässen zu Hilfe.

Wir hatten unsere musikalische »Windrose« in Israel begonnen – mit einem jüdischen Gebet, vertont von MAX BRUCH. Und die letzte Destination, »West«, soll ebenfalls mit einer geistlichen Komposition ausklingen. Den *Bachianas* von VILLA-LOBOS und den metaphysisch-sinfonischen Reflexionen eines VAUGHAN WILLIAMS schließt sich hier organisch eines der ungewöhnlichsten Werke der Sakralmusik an: die sogenannte *Misa criolla,* die kreolische Messe des Argentiniers ARIEL RAMIREZ, eine der sanftesten Verführungen zum Glauben, wenn man so sagen darf, denn hier klingt und swingt alles wie in den schönsten Werken SEBASTIAN des Großen, Seele *und* Leib. Der Text folgt einer vom Vatikan genehmigten kastilischen Version des liturgischen Textes, die sich vor allem in Mittelamerika großer Popularität erfreut. Der Komponist kam 1921 in Buenos Aires zur Welt; der Siegeszug des Werkes begann 1964 mit einer in vierzig Ländern verkauften Schallplatteneinspielung; und als deutscher Musiker bin ich stolz darauf, vermelden zu dürfen, daß das Verdienst der Uraufführung unter Leitung des Komponisten einer unserer Kulturstädte zukommt: Düsseldorf.

So rundet sich der Kreis, und die Spur Süd- und Mittelamerikas führt wieder zurück nach Mitteleuropa – in guter musikalischer Tradition, die alle Grenzen und Entfernungen überwindet und die schönste Einladung zu gegenseitigem Interesse und gegenseitiger Toleranz darstellt.

EPILOG

Die Quintessenz: daheim

Gestatten Sie mir abschließend einen dreifachen Epilog als dreifache Annäherung an dasselbe Ergebnis. Zuerst geht es um ein scheinbares Paradoxon, um das Verreisen zu Hause.

Zu Hause verreisen

Sie und ich, wir waren über mehr als dreihundert Seiten lang unterwegs, haben unseren musikalischen Horizont geweitet, viele neue Musiken von teilweise kaum bekannten bis unbekannten Meistern kennengelernt, haben auf die deutschsprachigen Länder verzichtet und uns dafür lieber entlegenen Regionen wie den beiden Polargebieten genähert, sind manchem Menschen und schaffenden Künstler begegnet und hatten eine Fülle von Anregungen zu verarbeiten. Danach mag nicht nur dem Verfasser der Kopf etwas schwirren. Doch es war meine Absicht, verehrte Leserin, geschätzter Leser, Ihnen auf klanggestützte Ortsveränderung ein wenig den Mund wäßrig zu machen. So war das eingangs ja auch vereinbart.

Und nun kommt da zuletzt ein Kapitel, das vom Charme des – Zuhausebleibens handelt. Ein Widersinn? Nein: ein Über-Ziel. Denn wir alle kamen einmal aus der Ruhe, der Stille, dem Dunkel oder zumindest der Dämmerung und sind erst allmählich zu Licht und Laut vorgedrungen und haben uns »ent-faltet«, was man am Beispiel eines kleinen Menschenkindes beobachten kann. Und alle werden wir in diese Ruhe, in diese Dämmerung, in das bergende Dunkel wieder einmünden, werden uns wieder zusammenfalten in der natürlichen Retrogenese von Alter und Sterben. Also ist Ruhe das Ziel der Bewegung, aber solange wir atmen, kann diese Ruhe freilich nur »Rast statt Hast« bedeuten, nicht aber den völligen Stillstand des Lebens. Die Seele kann allenfalls (und soll letztendlich auch) »zur Ruhe kommen«, also ihre Unrast verlieren. So verstehe ich HERMANN HESSES Gedicht *Stufen*.

Wie jede Blüte welkt und jede Jugend
dem Alter weicht, blüht jede Lebensstufe,
blüht jede Weisheit auch und jede Tugend
zu ihrer Zeit und darf nicht ewig dauern.
Es muß das Herz bei jedem Lebensrufe
bereit zum Abschied sein und Neubeginne,
um sich in Tapferkeit und ohne Trauern
in andre, neue Bindungen zu geben.
Und jedem Anfang wohnt ein Zauber inne,
der uns beschützt und der uns hilft zu leben.
Wir sollen heiter Raum um Raum durchschreiten,
an keinem wie an einer Heimat hängen,
der Weltgeist will nicht fesseln uns und engen,
er will uns Stuf' um Stufe heben, weiten.
Kaum sind wir heimisch einem Lebenskreise
und traulich eingewohnt, so droht Erschlaffen.
Nur wer bereit zu Aufbruch ist und Reise,
mag lähmender Gewöhnung sich entraffen.
Es wird vielleicht auch noch die Todesstunde
uns neuen Räumen jung entgegensenden.
Des Lebens Ruf an uns wird niemals enden . . .
Wohlan denn, Herz, nimm Abschied und gesunde!

Des Reisens wahres Ziel ist das Nachhausekommen und sein tiefster Sinn das Zuhausebleiben. Allerdings erst *nach* getaner Arbeit, nach gehabtem Genuß und gewagtem, durchstandenem Abenteuer. Es lebt sich anders daheim, wenn man draußen war.

»Der längste Weg ist der Weg nach innen«

Der Mann, dem dieses Zitat zugehört, muß es wissen, er war genug unterwegs, der ehemalige UNO-Generalsekretär HAMMARSKJÖLD. Lassen Sie uns noch einmal über äußere und innere Mobilität nachsinnen.

Eines Tages kommt ein Mensch auf Erden an; woher er stammt, kann er nur ahnen, wo er »gelandet« ist, merkt er allmählich. Nach anfänglicher Hilflosigkeit wird ein Wesen fähig zur Fortbewegung. Bald weiß es, daß Mobilität eine der besten und wichtigsten Voraussetzungen für den sozialen Austausch und den Kreislauf des Lebens ist. Der Mensch findet Gefallen am Tapetenwechsel, nicht nur Lust an der Geschwindigkeit. Und Reisen wird zu einem Ausdruck von Lebenskultur und Lebensqualität. *Wie* man reist, ist freilich entscheidend. Der kultivierte, historisch und musisch interessierte Zeitgenosse sieht mehr als der ohne innere Vorbereitung. Er blickt hinter die Erscheinungen, er sieht mit dem Auge der vierten Dimension, der Zeit respektive Geschichte, und er nimmt die faszinierenden Strukturen der Schöpfung ebenso wahr wie die Vielfalt der Formen und Farben, der Geräusche und Klänge, der Sym- und Antipathien, der Düfte und Gerüche, die ihm entgegenfluten. So beginnt er, die Polyphonie des Alltags und erst recht die exotische Vielstimmigkeit und Vielschichtigkeit ihm unbekannter »Alltage« wie bezaubert aufzunehmen und zu verarbeiten. Das geht erfreulicherweise nicht ohne Folgen ab: Wer wach, staunend und dankbar annimmt, was ihm an Eindrücken geschenkt wird, kehrt mit erweiterten und verfeinerten Sinnen, also auf jeden Fall bereichert nach Hause zurück.

Dieser Mensch wird, wie alles in dieser Welt, älter, und eines Tages ist er sogar alt, was ein schönes Ziel ist, wenn mit Weisheit verknüpft. Dann läßt allmählich die äußere Mobilität nach – Ausnahmen konzentrieren sich auf Kreuzfahrtschiffen –, und man zieht vor, zu Hause zu bleiben, arbeitet die vielfältigen Eindrücke und Erinnerungen (möglichst per Notizen und Dokumentationen in Wort, Bild und Ton) auf und reist so nochmals durch die Welt, ohne Streß, in der unendlichen Weite der Phantasie, die ja schon die Verbindung zur nächsten Welt darstellt – jener Welt nämlich, die uns zeigen wird, daß die, welche wir gegenwärtig noch beleben, nicht unbedingt die beste aller Welten gewesen sein muß.

Wir kamen, ohne zu wissen, woher. Wir ahnen, wohin die Reise geht. Auf jeden Fall sind wir unterwegs, und da ist beides – das bewußte Reisen durch die Schöpfung und durch die guten Werke der Zivilisation ebenso wie das Reisen im Geiste dann im Alter – eine großartige Vorbereitung auf die allerletzte Reise. Denn die wird man um so bereitwilliger und gefaßter antreten, je gesättigter die eigene Innenwelt ist. Dann mag es einen Zustand geben, der der Fülle des Herbstes vergleichbar ist, wenn man sich wohlig ermattet zurücklehnt und zum Abschied bereit und fähig fühlt.

Vom Zuhausebleiben

In jedem Leben kommen eines Tages Situationen, da geht es gar nicht anders, als das Außen zum Innen werden zu lassen. Bereiten Sie Ihr Zuhause darauf vor, daß es Ihnen wesentliche Ansatzpunkte für ein erfülltes »Innen-Leben« bietet. Es ist ein Vorurteil, alle Bücher in den Regalen schon gelesen haben zu müssen. Ist es nicht spannend, in der eigenen Bibliothek auf Entdeckungsreisen zu gehen? Und enthalten sollte sie nicht nur solche Bücher, die man durchlesen muß, sondern auch solche, die man be*fragen* und mehrmals zur Hand nehmen kann, mit Registern – gleichsam freundliche, stets auskunftswillige Dialogpartner. Und da ist auch der unentbehrliche Weltatlas, daneben das vier- bis zwanzigbändige Konversationslexikon, wie unsere »Alten« zu sagen pflegten, als man noch auf anspruchsvolle Gespräche, eben auf Konversation, Wert legte.

Und da sind endlich auch die Tonträger als Voraussetzung für den Aufbau eines inneren Hörvorrats. Auf diesem Gebiet läßt sich viel vorsorgen, und das ist mindestens genauso wichtig wie das materielle Vorsorgesparen oder eine Pflegeversicherung. Denn das Reich unserer Erinnerung und Phantasie, letztere aus der ersteren resultierend, ist zugleich das Zwischenreich zum anderen Ufer und wird das letzte bleiben, das uns mit diesem Leben verbindet, wie das erste, das schon »von dannen« ist. Also eine der wichtigsten Voraussetzungen für einen friedvollen, dankbaren Abgang aus dieser reichen, seltsam schönen, in der Balance zwischen Dissonanz und Konsonanz schwingenden, klingenden Welt. Wenn kein Austausch mehr möglich ist, dann ist der Moribunde nur noch allein mit dem, was er in sich trägt, und mit dem Mysterium, in das er eingehen wird.

Mein Vater hat aufgrund seines Berufs viele Menschen auf ihrem letzten Gang begleiten müssen. Und als wir einst im Konfirmandenunterricht einmal murrten, soviel auswendig lernen zu müssen – in einem Zeitalter, in dem sich genügend Ersatzmedien für das menschliche Gedächtnis anbieten –, erzählte er uns von Sterbenden, die zuletzt nur noch die Lippen bewegt und fast lautlos Unverständliches geflüstert hatten. In manchen Fällen bekam er mit, was sie da zu artikulieren versuchten. Es waren die Choralstrophen und die Bibelsprüche aus dem Religionsunterricht, der Christenlehre. Also aus den frühen Stadien der Persönlichkeitsformung, in denen Pietät, Ehrfurcht vor dem Unerklärlichen (GOETHE spricht vom »Incommensurablen«) und Lerneifer eine Mischung ergaben, deren spätere Belastbarkeit mit einem soliden Brückenfundament verglichen werden kann. Und wenn dann in den letzten Erdenstunden keine Kommunikation mit der Außenwelt mehr stattfinden konnte (und wohl auch nicht mehr nötig war), bot sich diese Brücke wie von selbst an.

Arm ist, wem da nichts zur Verfügung steht, dessen »Scheuer leer steht«, um es im LUTHER-Deutsch zu sagen. Wir haben Zeit genug, unser Inneres mit den Reichtümern dieser Welt zu füllen – der Winter kommt bestimmt. Wie sagte doch der großartige Menschenkenner und subtile Lebenskünstler GOTTFRIED KELLER, der »Göpfi« aus Zürichs »Äpfelkämmerli«:

Trinkt, o Augen, was die Wimper hält,
von dem goldnen Überfluß der Welt ...

ANHANG

Komponisten- und Werkverzeichnis mit Register und Diskographie

Abkürzungen:
Ausw. = Auswahl, Esbl. = Ensemble, F. = Für, Ges. = Gesang, Git. = Gitarre, Hd. = Hände, Kl. = Klavier(musik), Op. = Opus, Orch. = Orchester, Philh. = Philharmonie, Philharmoniker, Rdf. = Rundfunk, SD = Sinfonische Dichtung, Sinf. = Sinfoniker, SO = Sinfonieorchester, St. = Staats . . ., Str. = Streich(er), Symph. = Symphoniker, u. a. = und andere, V. = Violine, Var. = Variation, Vc. = Violoncello. Die Abkürzungen der Schallplattenfirmen folgen dem »Bielefelder Katalog« (2/1994) und sind dem Schallplattenhandel geläufig.

Nicht alle im Text erwähnten Musiken sind derzeit schon auf CD erhältlich. Der Markt ist jedoch in stetiger Bewegung.

Die Seitenzahlen in eckigen Klammern nach den Lebensdaten verweisen auf die Behandlung der Komponisten und Werke im Textteil des Buches.

Addinsell, Richard (1904–1977) [*297*]
Warschauer Konzert. F. Kl. u. Orch. Dichter/Marriner/
Philh. Orch. London — Ph 411 123

Albéniz, Isaac (1860–1909) [*47, 130, 132*]
España: Tango a-Moll. Klaviersuite, op. 165. Cherkassky — Dec 433 653
Iberia. Klaviersuite. Orozco — Valois 4663 (2)
– Orch.-Fassung. Orquestra de Valencia/Galduf — Valois 4661
Recuerdos de Viaje: Rumores de la Caleta, F. Git. Romero — Phil 416 384

d'Albert, Eugène (1864–1932) [*32, 35*]
Tiefland. Oper (Ausw.) Schmitz/Kuhse u. a./St. Kapelle Dresden — Ed BC 20382

Bach, Johann Sebastian (1685–1750) [*30, 57, 60, 84 f., 98*]
Johannes-Passion, Oratorium. Ramin/Giebel u. a./Thomanerchor/
Gewandhaus-Orch. Leipzig — Ed BC 0220015 (2)
Matthäus-Passion, Oratorium. Karajan/Janowitz u. a./Domchor,
Chor. d. Dt. Oper Berlin, Wiener Singverein/Berliner Philh. — DG 419 789 (3)
Weihnachtsoratorium. Kantaten 1–6. Jochum/Amling u. a./
Tölzer Knabenchor, Chor/SO d. Bayer. Rdf. — Ph 416 402 (3)

Musikalisches Opfer. Bach-Collegium Leipzig — Cap 10 032
Goldberg-Variationen, F. Kl. Gould — Sony 52 685
Das wohltemperierte Klavier. F. Kl. Band I u. II. Gulda — Ph 412 794 (4)

Badarczewska, Tecla (1834–1861) [*293*]
Gebet einer Jungfrau. F. Kl. Nagy — Fono Nx 8550141

Balakirew, Mili (1837–1910) [*196*]
Tamara. SD. Golovchin/Staatl. SO v. Rußland — Fono Nx 8550792
Islamey. Orientalische Fantasie. F. Kl. Cherkassky — Dec 433 651

Bartók, Béla (1881–1945) [*176, 183 ff.*]
Herzog Blaubarts Burg. Oper. Solti/Sass u. a./London Philh. — Dec 433 082
Der wunderbare Mandarin. Ballett. Slatkin/Chor/St. Luis SO — BMG 902661702 (2)
Die Zauberhirsche. Cantata profana. Fricsay/Krebs u. a./Chor d. St.-Hedwigs-Kathedrale u. Rias-Kammerchor Berlin/Berliner Philh. — DG 445 400
Klavierkonzert Nr. 3. Entremont/Bernstein/New Yorker Philh. — Sony CD 475112
Deux Images, op. 10, SD. Erdélyi/Budapester Philh. — Hel HCD 31049
Konzert f. Orch. Dorati/Concertgebouw Amsterdam — Ph 411 132
Rumänische Volkstänze Nr. 1–6 f. Orch. Britten/Studio-Orch. — Ph 432 988
Suiten f. Orch. Nr. 1–2. Ferencsik/Ungar. Nationalphilh. — Pick PCD 1028
Tanzsuite. F. Orch. Ferencsik/Ungar. Nationalphilh. — Pick PCD 1021
Ungarische Skizzen. F. Orch. Fischer/Ungar. Staatsorch. — Fono Ni 5309
Sonatine f. Kl. Kocsis — Ph 434 104

Beethoven, Ludwig van (1770–1827) [*44, 49, 61, 91, 100*]
Die Geschöpfe des Prometheus. Ballett. Zinman/Phil. Orch. Rochester — Fono Dur 115454
Sinfonie Nr. 3 »Eroica«. Böhm/St. Kapelle Dresden — DG 427 194
Sinfonie Nr. 5 »Schicksalssinfonie«. Harnoncourt/Europa-Kammerorch. — Tel 903175712 ZK
Sinfonie Nr. 9 d-Moll. Furtwängler/Schwarzkopf u. a./Chor/Orch. d. Bayreuther Festspiele — EMI 555769 801
Ouvertüren: Coriolan, Egmont, König Stephan, Die Ruinen von Athen. Masur/Gewandhaus-Orch. Leipzig — Ph 438 706
Streichquartett Nr. 15. Op. 132: Molto Adagio »Heiliger Dankgesang eines Genesenen an die Gottheit«. Melos-Quartett Stuttgart — Int 820 537
Diabelli-Variationen f. Kl. Arrau — Ph 416 295 IMS
Eccossaisen Nr. 1–6. F. Kl. Ney — Col 1005
Variationen f. Kl. Op. 35 (»Eroica«) Brendel — Ph 412 227
– Gelber — Orf C 040 841

Berg, Alban (1885–1935) [*157*]
Lulu-Suite (nach d. Oper). Abbado/Price/London SO — DG 423 238
Sieben frühe Lieder f. Ges. u. Kl. Traumgekrönt (Rilke). Kuhse/Oertel — Ed BC 2075
– f. Ges. u. Orch. Balleys/Dt. SO Berlin (RSO) — Dec 436 567

Berlioz, Hector (1803–1869) [*44, 102*]
Benvenuto Cellini. Oper. Davis/Eda-Pierre u. a./Covent Garden Chor/BBC SO — Ph 416 955 IMS
– Ouvertüre »Carnaval romain«. Munch/Boston SO — BMG 9026 61 400
Symphonie fantastique. Gardiner/Orch. Revol. et Romant. — Ph 434 402

Bizet, Georges (1838–1875) [*131, 287*]
Carmen. Oper (Ausw.). Karajan/Freni u. a./Chor d. Wiener St. Oper/Wiener Philh. BMG GD 60190 QH
– Orchestersuiten. Bernstein/New Yorker Philh. Sony CD 47531
L'Arlésienne-Suiten. Prêtre/Bamberger Symph. BMG 74321 17901

Bloch, Ernest (1880–1959) [*86*]
Gebet (aus »La Vie Juive«) f. Vc. u. Orch. Krotov/Rachlevsky/Kammerorch. Kremlin Clav 50 9325
Schelomo. Hebräische Rhapsodie. Vc. u. Orch. Maisky/Bernstein/Israel Philh. Orch. DG 427 327

Borodin, Alexander (1833–1887) [*199, 202 f.*]
Fürst Igor. Oper. Semkov/Bareva, Christoff u. a./Chor/Orch. d. Nationaloper Sofia EMI 653763 386
– Polowetzer Tänze. Gergiev/Chor/Kirow-Orch. St. Petersburg Ph 442 011
Eine Steppenskizze aus Mittelasien, SD. Nazareth/Slowak. Philh. Bratislava Fono Nx 8550051

Brahms, Johannes (1833–1897) [*38, 57, 62, 67, 164, 181, 192, 246 f.*]
Klavierkonzert Nr. 2 B-Dur. Horowitz/Toscanini/NBC SO BMG GD 60523 QH
Violinkonzert D-Dur. Szeryng/Haitink/Concertgebouw-Orch. Amsterdam Ph 416 438 IMS
Ungarische Tänze. F. Kl. z. 4 Hd. Katia u. Marielle Labèque Ph 416 459
– F. Orch. Masur/Gewandhaus-Orch. Leipzig Ph 411 426
Ballade Op. 10 Nr. 1 »Edward«. F. Kl. Oppitz BMG 9026 61618
Variationen:
– Var. u. Fuge ü. e. Thema v. Händel. Op. 24. F. Kl. Oppitz BMG RD 69245 GQ
– Var. ü. e. Thema v. Haydn. Op. 56a. Haitink/Boston SO Ph 434 991
– Var. ü. e. Thema v. Paganini. Op. 35, F. Kl. Groote Hek Gha 126 020
– Var. u. Fuge ü. e. Thema v. Schumann. Op. 9. F. Kl. Reymond DC Cat 509 208
– Var. ü. e. Thema v. Schumann. Op. 23. F. 2 Kl. Klavierduo Crommelynck Clav 50 8711
Gesang aus Fingal. Lieder Op. 17, 4 (Ossian). F. Frauenstimmen, 2 Hörnern u. Harfe. Monteverdi-Chor/Halstead u. a. Ph 432 152
Zigeunerlieder (11). Lieder Op. 103. Rilling/Gächinger Kantorei Stuttgart/Galling DC Mus 51 331
– F. Ges. u. Kl. Otter/Forsberg DG 429 727
Zigeunerlieder (4). Lieder Op. 112. F. Chor u. Kl. Beringer/Windsbacher Knabenchor/Graf Hek Bay 100 072
Von ewiger Liebe (Wenzig). Lieder Op. 43,1. Norman/Parsons Ph 434 161
Der Schmied (Uhland). Lieder Op. 19,4. Price/Lockhart Orf C 058 831
An eine Äolsharfe (Mörike). Lied. Fischer-Dieskau/Höll Hel BR 100 006

Britten, Benjamin (1913–1976) [*241, 243 ff.*]
The Beggar's Opera (A New Musical Version). Bedford/Kenny u. a./Chor/Orch. Dec 436 850 (3)
Billy Budd. Oper. Britten/Bowman u. a./Ambrosian Singers/London SO Dec 417428ZB (3)
Peter Grimes. Oper. Davis/Cahill u. a./Chor/Covent Garden London Ph 432 578 (2)

Tod in Venedig. Oper. Bedford/Saunders u. a./Engl. Opernchor/ Engl. Chamber Orch. — Dec 425669ZA (2)
The Turn of the Screw. Oper. Bedford/Hulse u. a./Aldeburgh Festival Orch. — Ina Col 7030 (2)
Ein Sommernachtstraum. Bühnenmusik. Hickox/Solisten/Trinity Boys Choir/City of London Sinfonia — Vir 667759305 (2)
Sinfonia da Requiem. Oratorium. Kempe/St. Kapelle Dresden — Ed BC 1097
War-Requiem. Oratorium. Hickox/Harper u. a./Knabenchor d. St. Paul's Cathedral/Chor/London SO — Ko Ch 893/84 (2)
Serenade, F. Tenor, Horn u. Streicher. Britten/Pears/Brain/ Boyd Neel/Streichorch. — Dec 425 995

Bruch, Max (1838–1920) [*85, 248*]
Violinkonzert Nr. 1 g-Moll. Oleg/Pesek/Liverpool Philh. — Denon CO 79944
Violinkonzert Nr. 2 d-Moll. Schottische Fantasie: F, V. u. Orch. Accardo/Masur/Gewandhaus Leipzig — Ph 432 282 (3)
Kol Nidrei. F. Vc. u. Orch. Maisky/Bychkov/Orch. de Paris — DG 435 781

Bruckner, Anton (1824–1896) [*84*]
Sinfonien Nr. 0–9. Haitink/Chicago SO — Ph 442 040 (9)

Busoni, Ferruccio (1866–1924) [*114, 290*]
Indianisches Tagebuch. F. Kl. Bloch — Apo 86 106 (2)

Canteloube, Joseph (1879–1957) [*287*]
Chants d'Auvergne Nr. 1–13. F. Singst. u. Orch. Martin/ Orch. d'Auvergne — Den Co 75862
– Nr. 2 Mattila/Academy of St. Martin-in-the-Fields — Ph 442 406

Chabrier, Alexis Emanuel (1841–1894) [*125*]
España. SD. Markevitch/SO d. Span. Rdf. — Ph 438 837
Cortège burlesque. F. Kl. z. 4 Hd. Klavierduo Corre-Exerjean — IMS PV 786 031

Chatschaturjan, Aram (1903–1978) [*197 ff.*]
Gayaneh. Ballettsuiten I–III. Anitschanow/SO St. Petersburg — Fono Nx 85550800
Maskerade. Ballettsuite 1903. Tjeknavorian/Armen. Philh. — Ko ASV 773
– Ballettsuite 1944. Chatschaturjan/Philh. Orch. London — EMI 567 555035
Spartacus. Ballettsuite. Temirkanow/Royal Philh. Orch. London — EMI 567 747348
Klavierkonzert Des-Dur. Oborin/Mrawinsky/Tschech-. Philh. — Hek Pra 250027
Violinkonzert d-Moll. Oistrach/Chatschaturjan/Gr. Rdf. SO d. UdSSR — BMG GD 69087 QH
Violoncellokonzert. Wallfisch/Thomson/Philh. London — Ko Ch 8579
Toccata es-Moll. F. Kl. Vairo — Fono Str 102

Chopin, Frédéric (1810–1849) [*20, 27, 68*]
Balladen. F. Kl. Biret — Fono Nx 8550 508
Barcarolle. F. Kl. Horowitz — MBG GD 87752 QH
Ecossaisen. F. Kl. Op. 72, Freire — Tel 903173872 XG
Etüden. F. Kl. Magaloff — Ph 420 705
Mazurken. F. Kl. Rubinstein — BMG RD 85171 QE (2)
Nocturnes. F. Kl. Arrau — Ph 416 440
Préludes. F. Kl. Argerich — DG 415 836

Sonate b-Moll. F. Kl. Op. 35. Horowitz BMG GD 60376 QH
Walzer. F. Kl. Kocsis Ph 412 890

David, Félicien César (1810–1876) [*152 f.*]
Les Brises d'Orient. F. Kl. Blumenthal Fono MP 8223376
Le Désert, Vokalsinfonie. Guida/Pascalin, Lazaretti/Chor d. St. Hedwigs-Kathedrale Berlin/RSO Berlin Cap 10 379

Debussy, Claude (1862–1918) [*11, 16, 23, 29, 52, 65 f., 72, 87, 125 f., 144, 220, 283, 291 f.*]
Images: Iberia. F. Orch. Haitink/Concertgebouw-Orch. Amsterdam Ph 416 444 IMS
La Mer. SD. Inbal/Concertgebouw-Orch. Amsterdam Ph 426 635 IMS
Prélude à l'après-midi d'un faune. SD. Fournet/Concertgebouw-Orch. Amsterdam Ph 426 635 IMS
Chansons de Bilitis Nr. 1–3. (Louys). F. Ges. u. Kl. Berberian/Canino Wer CD 0054-50
– Nr. 1–12 (Louys). F. Sprechst. u. Kammeresbl. Deneuve/Esbl. Wien–Berlin DG 429 738
– F. 2 Flöten, 2 Harfen u. Celesta. Meisenbach u. a. DC Cen 502 114
En blanc et noir. 3 Stücke f. 2 Kl. Klavierduo Casadeus Sony CD 52 527
Petite Suite: F. Kl. z. 4 Hd. Klavierduo Casadeus Sony CD 52 527
Six épigraphes antiques. F. Kl. z. 4 Hd. Helffer, Austbö Hek 190 957
Children's Corner. F. Kl. Benedetti Michelangeli DG 415 372
Deux Arabesques. F. Kl. Demus Hek Chr CD 74592
Estampes. F. Kl. Arrau Ph 420 393 IMS
Préludes. Hefte I u. II. F. Kl. Haas Ph 438 718 (2)
Suite Bergamasque. F. Kl. Weissenberg BMG VD 60909 FQ
Syrinx. F. Flöte solo. Grafenauer Ph 426 248

Delius, Frederick (1862–1934) [*235, 282 f.*]
Koanga. Oper: Finale. Beecham/Chor/Royal Philh. London Sony CD 58 934
Beim Hören des ersten Kuckucks im Frühling. SD. Marriner/Academy of St. Martin-in-the-Fields Ph 442 406
Paris, the song of a great City. F. Orch. Davis/BBC SO Tel 4509 90845 ZK
Sommernacht auf dem Fluß. SD. Wordsworth/London SO Ina Col 1336
Konzert. F. Kl. u. Orch. Moisewitsch/Lambert/Philh. London – Konzert. F. V. u. Orch. Sammons/Sargent/Philh. Liverpool Hek SBT 1014
Sonate. F. Vc. u. Kl. Wallfisch/Wallfisch Ko Ch 8499

Dohnányi, Ernst von (1877–1960) [*174, 185*]
Ruralia Hungarica. F. Orch. Dohnányi/London SO Ko 311 136
Klavierkonzert Nr. 1 op. 5. Roscoe/Gluschenko/BBC Scott. SO Ko Hy 66 684
Variationen ü. e. Kinderlied op. 25. F. Kl. u. Orch. Schiff/Solti/Chicago SO Dec 417294 ZK

Dukas, Paul (1865–1935) [*64*]
Der Zauberlehrling. SD. Marriner/Academy of St. Martin-in-the-Fields Ph 432 034

Dvořák, Antonín (1841–1904) [*25, 161 f., 166, 289*]
Rusalka. Oper (Ausw.). Apelt/Mitzewa, Adam u. a./Chor d. St. Oper u. St. Kapelle Berlin Ed BC 2033

Requiem. Ancerl/Stader, Haefliger u. a./Tschech. Sängerchor u. Tschech. Philh. Prag — DC For 16636 (2)
Stabat mater. Oratorium. Kubelik/Mathis u. a./Engl. Chamber Orchestra — DG 423 919
Te Deum. Shaw/Brewer u. a./R. Shaw Chor/Atlanta SO — Ina Te 80287
Sinfonie Nr. 8. Kubelik/Berliner Philh. — DG 445 012
Sinfonie Nr. 9. »Aus der Neuen Welt«. Kubelik/Tschech. Philh. — Den CO 797 28
Sinfonische Dichtungen: Das goldene Spinnrad – Die Mittagshexe – Die Waldtaube – Der Wassermann. Gregor/Tschech. Philh. — Ko Sup 110526 (2)
Legenden 1–10. F. Orch. Järvi/Bamberger Symph. — DC Bis CD500436
Streichquintett Nr. 2. Stamitz-Quartett. Talich — Hek Bay 100 184
Streichquartett »Amerikanisches«. Guarneri-Quartett — Ph 420 803
Aus dem Böhmerwald. F. Kl. z. 4 Hd. Tal u. Groethuysen — Sony CD 47199
Slawische Tänze. F. 2 Kl. Katia u. Marielle Labèque — Ph 426 264
– F. Orch. Masur/Gewandhaus Leipzig — Ph 416 623

Eisler, Hanns (1898–1962) [*15, 27, 77, 168*]
Vierzehn Arten, den Regen zu beschreiben. Variationen. Op. 70. F. kl. Orch. Erben/Kammermusikvereinigung d. St.Oper Berlin — Mag AV 2100 236
Mutter Courage: Ballade vom Weib und dem Soldaten (Brecht). Deinzer/Scheunemann — Sche Nom 881003
Schwejk im Zweiten Weltkrieg: Das Lied von der Moldau (Brecht). May/Olbertz, Stöckigt — Ed BC 2165

Elgar, Edward (1857–1934) [*228 ff., 233 ff.*]
Der Traum des Gerontius. Oratorium – Sea Pictures, f. Liederzyklus. F. Mezzosopran u. Orch. Barbirolli/Baker u. a./ Hallé Choir u. a./London SO — EMI CMS 763185 (2)
Sinfonie Nr. 1. As-Dur. Previn/Royal Philh. Orch. — Ph 416 612
Sinfonie Nr. 2. Es-Dur. Slatkin/London Philh. Orch. — BMG 9026 60072
Enigma-Variationen. »Pomp and Circumstances«. Fünf Märsche. Previn/Royal Philh. Orch. — Ph 416 813
Serenade. F. Streicher. Menuhin/Engl. Chamber Orch. — Fono Ara 6563

Enescu, Georges (1881–1955) []
Oedipe. Oper. Foster/Hendricks u. a./Petits Chanteurs d. Monaco/ Philh. Monte Carlo — EMI 665754011 (2)
Sinfonie Nr. 3. F. Chor u. Orch. Kascae/Gavril Musicescu Chor/ Moldava Philh. Jassy — Fono Ot CD59344
Rumänisches Gedicht. Op. 1. Sinf. Suite. Conta/Chor/ Orch. d. Rumän. Philh. — Fono MP 8223146
Rumänische Rhapsodien. Nr. 1–2. Op. 11. Conta/Orch. d. Rumän. Rdf. — Fono MP 8223146

Falla, Manuel de (1876–1946) [*126, 134 f.*]
El amor brujo (Der Liebeszauber). Ballett. (Ausw.) Garcia Navarro/ Berganza/London SO — DG 431 102
– Feuertanz. Dutoit/SO Montreal — Dec 436 658
– Feuertanz. Gitarrenduo P. u. C. Romero — Ph 411 432
El sombrero de tres picos (Der Dreispitz). Ballettsuite mit Altsolo. Ozawa/Berganza/Boston SO — DG 429 181

La vida breve (Ein kurzes Leben). Oper. Spanischer Tanz Nr. 1.
Garcia Navarro/Württ. Staatsorch. Stuttgart — Cap 10 461
– F. 2 Kl. Klavierduo Labèque — Ph 438 938
Konzert f. Cemb., 5 Soloinstrumente u. Kammerorch. Kipnis u. a./
Boulez/New Yorker Philh. — Sony CD 53 264
Noches en los jardines de España (Nächte in spanischen Gärten).
F. Kl. u. Orch. Haskil/Markevitch/Lamoureux-Orch. Paris — Ph 416443 IMS

Fauré, Gabriel (1845–1924) [*209, 275, 281*]
Pelleas und Melisande. Bühnenmusik. Zinman/Gomez/
Rotterdamer Philh. — Ph 420 707
Pavane fis-Moll. Barenboim/Edinburgh Festival Choir/
Orch. de Paris — EMI 555-764634
Dolly. Suite f. Kl. z. 4 Hd. Smith, Sellick — Fono Ni 5178

Fibich, Ždenek (1850–1900) [*168*]
Ein Sommerabend. Op. 41. SD: Nr. 6. Poème. Neumann/
Tschech. Philh. Prag — Ko Sup 110 624
– Poem. Kammerfassung. Nakarjakow. Jando — Tel 903177705 F

Franck, César (1822–1890) [*66, 280*]
Sinfonie d-Moll (»Große«). Toscanini/NBC SO — BMG GD 60320 QH
Les Éolides. SD. Masur/New Yorker Philh. — Tel 903174863 ZK
Psyché. SD. Ashkenazy/RSO Berlin — Dec 425 432 ZK
Quintett für Klavier und Streichquartett. Ensemble C. Franck — Ko 31 055
Sonate für Violine und Klavier. A-Dur. Oistrach/Richter — Ina MFSL 909

Gabrieli, Giovanni (1557–1612) [*111*]
Magnificat a 17 a. Aus »Symphoniae Sacrae«. Parrott/Kirkby u. a./
London Cornett u. Sackbut Esbl. — Dec 436 860

Gade, Niels W. (1817–1890) [*255 f.*]
Sinfonie Nr. 1. Järvi/Sinfonietta Stockholm — DC Bis 500339
Sinfonie Nr. 5. Mit Kl. Schönwandt/Collegium musicum
Kopenhagen/Malling — Fono MP 9004
Sinfonie Nr. 7. Schönwandt/ Collegium musicum Kopenhagen — Fono MP 9301
Klaviermusik: Aquarelle – Dithyrambe – Nordische Tonbilder
– Skandinavische Volksweisen – Sonate Nr. 4. Blyme — Fono MP 9115, 9116, 9117

Gershwin, Georges (1898–1937) [*62, 289 f., 291 ff.*]
Porgy and Bess. Oper (Ausw.). Slatkin/Estes u. a./Rdf.-Chor u.
Rdf.-SO Berlin — Ph 412 720
Ein Amerikaner in Paris. SD – Rhapsody in Blue, SD – Klavierkonzert
F-Dur. Previn/Previn/Pittsburgh SO — Ph 412 611
Song Book. 18 Stücke f. Kl. MacGregor — Ina Col 1362

Glinka, Michail (1804–1857) [*122, 199*]
Ruslan und Ludmilla. Oper. Ouvertüre. Gergiew/Kirow-Orch.
St. Petersburg — Ph 442 011
Spanische Ouvertüren Nr. 1–2: »Spanische Ouvertüre« und »Erinnerungen an eine
Sommernacht in Madrid«. Clark/RSO Bratislava — Fono Nx 8550086

Gluck, Christoph Willibald Ritter von (1714–1787) [*88*]
Orpheus und Euridike. Oper. (Ausw.) Stein/Köth u. a./Rias-Kammerchor Berlin/Berliner Symph. EMI 523 252346
– Reigen seliger Geister. F. Fl. u. Orch. Galway/Gerhardt/National Philh. Orch. London BMG GD 60924 QH
– F. Kl. Kempff DG 439 108

Granados, Enrique (1867–1916) [*10, 133*]
Goyescas. Oper. Intermezzo. Gould/London SO Col 34 47209
– Intermezzo, F. 2 Git. Gitarrenduo P. u. C. Romero Ph 411 432
Danzas Españolas. F. Kl. Heisser Tel 229245803 ZK
– Nr. 5. Andaluza e-Moll. Benedetti Michelangeli EMI 555 764490
– Nr. 5. F. Git. Romero Ph 422 914
Goyescas. Klaviersuite nach 6 Bildern von Goya. Laroccha BMG RD 60408 QA

Grieg, Edvard (1843–1907) [*35, 249, 255, 257 f., 261 ff.*]
Sinfonie c-Moll. Kitaenko/Bergen Philh. Vir 567-759 301
Konzert f. Kl. u. Orch. a-Moll. Rubinstein/Ormandy/ Philadelphia Orch. BMG GD 60897 QH
Peer Gynt. Bühnenmusik (Ausw.) Waart/Ameling/Chor/ San Francisco SO Ph 422 989
Aus Holbergs Zeit. Suite f. Streichorch. Karajan/Berliner Philh. DG 439 010
Lyrische Suite op. 54. F. Orch. Järvi/Gothenburg SO DG 419 431
Sinfonische Tänze op. 64 – Sigurd-Jorsalfar-Suite. Butt/ Royal Philh. Orch. ASV CD CDA 722
Lyrische Stücke Nr. 1–66. F. Kl. Opitz BMG 902661568 (3)
– Nr. 17 Schmetterling. Grieg INT 860 855
Sonate e-Moll. F. Kl. Cherkassky Fono Ni 5090
Ich liebe dich (Andersen). Lied. Prey/Hokanson Den 33 CO-1254

Grofé, Ferde (1892–1972) [*292, 296*]
Grand Canyon Suite. F. Orch. Bernstein/New Yorker Philh. Sony CD 47 544

Guimaraes, Marco Antonio [*300*]
Trilobita. Suite. Naturinstrumente des Amazonasgebiets Ph 432 965

Händel, Georg Friedrich (1685–1759) [*15, 51, 60, 83, 85, 94, 227 ff.*]
Israel in Ägypten. Oratorium. Gardiner/Burrowes u. a./ Monteverdi-Chor u. -Orch. London Tel 229245399 ZA (2)
Der Messias. Ausschnitte a. a. Oratorium. Davis/Price u. a./Chor u. SO d. Bayer. Rdf. München Ph 426 752
Theseus (Teseo). Oratorium. Minkowski/Gooding u. a./Les Musiciens de Louvre Tel 229234806 ZA (2)
– Ouvertüre. Pinnock/Engl. Concert DG 419 219
Feuerwerksmusik. Gardiner/Engl. Barocksolisten Ph 434 154

Haydn, Joseph (1732–1809) [*61, 75*]
Die Schöpfung. Oratorium. Marriner/Mathis u. a./Chor u. Academy of St. Martin-in-the-Fields Ph 416 499 (2)
Sinfonie Nr. 83 »Die Henne«. Kuijken/Orch. of the Age of Enlightenment Vir 567–759537

Hindemith, Paul (1895–1963) [*38, 55, 78, 156*]
Cardillac. Oper. Albrecht/Schnaut u. a./Rias-Kammerchor/ RSO Berlin — Wer CD 6014850 (2)
Suite »1922« Op. 26. F. Kl. Pedroni — Ph 438 905
Ein Marienleben (Rilke). Liederzyklus. Janowitz/Gage — Jec 0574

Holst, Gustav (1874–1934) [*239 ff.*]
Die Planeten. Orch. Suite m. Chor. Davis/Frauenstimme d. Rdf. Chores Berlin/Berliner Philh. — Ph 442 408
St. Paul's Suite. F. Orch. Hogwood/St. Paul Chamber Orch. — Dec 440 376

Honegger, Arthur (1892–1955) [*55, 83*]
Le Roi David (König David). Oratorium. Hager/Barbaux u. a./Augsburger Domsingknaben/Chor u. Orch. d. Bayer. Rdf. München — Orf C 250911
Pacific 231. Mouvement symphonique. Bychkov/Orch. de Paris — Ph 432 993
– Honegger/Großes SO — Fono MA 767

Ibert, Jaques (1890–1962) [*284*]
Escales (Häfen). Suite f. Orch. Munch/Boston SO — BMG 9026 61500
Suite Elisabéthaine. Adriano/Kubricka/Slowak. Philh. Chor/ RSO Bratislava — Fono MP 822508

d'Indy, Vincent (1851–1931) [*204, 287*]
Istar. Sinf. Variationen op. 42. Monteux/San Francisco SO — BMG 902661893 (15)

Ives, Charles (1874–1954) [*293 ff.*]
Sinfonie Nr. 1 – Sinfonie Nr. 4. Thomas/Chicago Chor u. SO — Sony CD 44939
Sinfonie Nr. 2 »The Camp Meeting« – Sinfonie Nr. 3 – Central Park in the Dark. SD Bernstein/New York Philh. — Sony SMK 47568

Janáček, Leoš (1854–1928) [*163, 169*]
Aus einem Totenhaus. Oper. Neumann/Jirglova u. a./Chor/ Tschech. Philh. Prag — Ko Sup 102941 (2)
Die Ausflüge des Herrn Broucek. Oper. Keilberth/Fahberg, Wunderlich u. a./Chor der Bayer. St. Oper/Bayer.St. Orch. München — Orf C 354942 (2)
Jenufa. Oper. Mackerras/Jonasova, Popp u. a./Chor d. Wiener St. Oper/Wiener Philh. — Dec 414 483 ZA (2)
Katja Kabanova. Oper. Krombholc/Tikalova u. a./Chor/ Orch. d. Nationaltheaters Prag — Ko Sup 108 016
– Ouvertüre (»Eifersucht«). Belohlavek/Tschech. Philh. Prag — Ko Ch 9080
Das schlaue Füchslein. Oper. Suite. Talich/Tschech. Philh. Prag — Ko Sup 111905
Glagolitische Messe. Masur/Hruba-Freiberger u. a./Gewandhaus Leipzig — Ph 432 983
– Gielen/Shade u. a./Philh. Chor Bratislava/SO d. SWF Baden-B. — Int 860 902
Mährische Volkspoesie in Liedern. Auswahl. Solisten d. SO d. Bayer. Rdf. München — Tu d CD 772
Lachische Tänze Nr. 1–6. Lenard/RSO Bratislava — Fono Nx 8550411
Mährische Tänze Nr. 1–3. Pesek/Slowak. Philh. Bratislava — Fono MP 8220362
Sinfonietta op. 60 f. Orch. Jilek/St. Philh. Brünn — Ko Sup 111 522
Streichquartett Nr. 1 (»Kreutzer-Sonate«) – Streichquartett Nr. 2 (»Intime Briefe«). Smetana-Quartett — Den C 37 7545

Jobim, Antonio Carlos (geb. 1927) [*302*]
The Girl from Ipanema – Corcovado – Desafinado – One Note Samba – Jazz Samba. Jobim/de Moraes Verve 823 011

Joplin, Scott (1899–1904) [*296*]
Piano Works (Ragtimes). Hyman RCA GD 87993

Kodály, Zoltán (1882–1967) [*188*]
Psalmus Hungaricus op. 13. Fischer/Molnar/Ung. St. Chor/Budapester Festival-Orch. Hek HDC 31324
Háry János. Singspiel. Suite. Antal/Ung. NationalPhilh. Fono Nx 8550142
»Maroszéker Tänze« – »Tänze aus Galanta«. Dorati/Philh. Hungarica Dec 443 006 (2)

Koechlin, Charles (1867–1950) [*208 f.*]
Das Gesetz des Dschungels (Dschungelbuch). SD. Segerstam/St. Philh. Rheinld-Pfalz Fono MP 8223484
Les Heures Persanes. Suite f. Orch. Segerstam/St. Philh. Rheinld-Pfalz Fono MP 8223504
– F. Kl. Henck Wer CD 60137-50

Korngold, Erich Wolfgang (1897–1957) [*297*]
Konzert f. V. u. Orch. Heifetz/Wallenstein/Los Angeles Philh. RCA GD 879 63
Konzert f. Vc. u. Orch. Garbarro/Gerhardt/National Philh. Orch. London BMG GD 80185 QH

Laló, Edouard (1823–1892) [*127*]
Sinfonie Espagnole. F. V. u. Orch. Menuhin/Monteux/ San Francisco SO BMG 9026 61 395
Konzert f. V. u. Orch. Nr. 1. Dumay/Plasson/Orch. d. Capitol Toulouse EMI 567 749 833

Liszt, Franz (1811–1886) [*20, 23, 26, 35, 67 ff., 88, 100 f., 110, 115, 177 ff.*]
Die Legende von der Hl. Elisabeth. Oratorium. Joó/Kováts u. a./ Budapest Chorus/Ung. St. Orch. HCD 12694-96 (3)
Sinfonische Dichtungen: Berg-Sinfonie (Ce qu'on entend sur la montagne) – Hamlet – Hungaria – Die Hunnenschlacht – Orpheus – Prometheus. Haitink/London Philh. Ph 438 751 (2)
Danse macabre (Totentanz) f. Kl. u. Orch. Clidat/Casadesus/ SO RTL Luxemburg DC For 16 516
Ungarische Fantasie. F. Kl. u. Orch. Oppitz/Annado/ Bamberger Symph. BMG RD 60953 QA
Csárdás Nr. 1 – Csárdás obstine. F. Kl. Ranki Hek 190 3024
Csárdás macabre. F. Kl. Frankl Ko ASV 860
Études d'exécution transcendante. F. Kl. Arrau Ph 416 458
Franziskus-Legenden. F. Kl. Oppitz BMG RD 60954 QA
Historische ungarische Portraits. F. Kl. Howard Ko Hy 66421 (2)
Schubert-Lieder. Transkriptionen f. Kl. Bolet Dec 414 575
Liebesträume. F. Kl. Bolet Dec 410 115 ZK
– F. Kl. u. Orch. Pennario/Dragon/Hollywood Bowl SO EMI 567478233

Paraphrasen auf Opernthemen: Norma (Bellini) – Benvenuto Cellini (Berlioz) – Lucia di Lammermoor (Donizetti) – Ruslan und Ludmilla (Glinka) – Margarethe (Gounod) – Die Afrikanerin (Meyerbeer) – Don Juan (Mozart) – Eugen Onegin (Tschaikowsky) – Aida (Verdi) – Tristan und Isolda (Wagner) Ko Hy 66371 (2)
Années de pèlerinage. (Pilgerschaftsjahre). F. Kl.
– Jahrgang I (»Suisse«). Brendel Ph 420 202
– Jahrgang II (»Italie«). Dalberto Den Co-75500
– Jahrgang III (»Italie«). Kocsis Ph 420 174
R. W. Venezia. F. Kl. Pollini DG 427 322
Sonate h-Moll. F. Kl. Arrau Ph 432 305
– Horowitz BMG 9026 61415
Trauergondeln. F. Kl. Brendel Ph 426 753
Ungarische Nationalmelodien. F. Kl. Howard Ko Hy 66 787
Ungarische Rhapsodien Nr. 1–19. F. Kl. Campanella Ph 438 604 (2)
– Nr. 1–6. F. Orch. Korodi/St. Philh. Budapest Cap 10077

Ljadow, Anatoli (1855–1914) [*64*]
Sinfonische Dichtungen: »Baba Yaga« – »Kikimora«. Gergiew/ Kirow-Orch. St. Petersburg Ph 442 011
– »Der verzauberte See« – »Von alten Zeiten«. Dudarowa/ SO Moskau Cos OCD 513

Ljapunow, Sergej (1859–1924) [*197*]
Études d'exécution transcendante Nr. 1–12. F. Kl. Scherbakow Fono MP 8223491

Loewe, Carl (1796–1869) [*37, 76*]
Balladen op. 1. Nr. 1. Edward (Herder). Quasthoff/Shetler EMI 567749897
Der Papagei (Rückert). Lied op. 111. Halem/Göbel Tho CTH 2030
Der Schatzgräber (Goethe). Lied op. 59,3. Schlusnus/Peschko Fono Pr 89206 (2)

Lutoslawski, Witold (1913–1994) [*117, 208*]
Paganini-Variationen f. 2 Kl. Klavierduo Lukaszcyk Cos PNCD 045
– F. Kl. u. Orch. Jablonski/Ashkenazy/Royal Philh. Orch. London Dec 436 239

Mahler, Gustav (1860–1911) [*32, 40, 45, 75, 223, 252 f.*]
Sinfonie Nr. 5 cis-Moll. Ozawa/Boston SO Ph 432 141
Sinfonie Nr. 6 a-Moll. Haitink/Berliner Philh. Ph 426 257 (2)
Sinfonie Nr. 8 »Sinfonie d. Tausend«. Maazel/Sweet u. a./Wiener St. Opernchor u. a./Wiener Philh. Sony S2K45754 (2)
Das Lied von der Erde. Davis/Norman, Vickers/London SO Ph 411 474
– Reiner/Forrester, Lewis/Chicago SO EMG GD 60178 QH
Lieder eines fahrenden Gesellen Nr. 1–4. Fischer-Dieskau/ Wiener Philh. Orf 336 931
Lieder nach Rückert: »Ich atmet einen linden Duft«. Lipovsek/ Werba Orf S 1716 891
– Ludwig/Philh. Orch. London EMI 545 769499

Martinu, Bohuslaw (1890–1959) [*97, 171*]
Ariadne. Oper. Neumann/Lindsley u. a./Chor/Tschech. Philh. Prag Ko Sup 104395
Concertino. F. Kl. Trio u. Streichorch. Dresdner Kl. Trio/ Fischer-Dieskau/Berliner Neues Kammerorch. DC Bis CD 500578

Concerto grosso f. Kammerorch. Ancerl/Tschech. Philh. Prag Ko Mu 310 150
Konzert f. 2 Streichorch. Kl. u. Pauken. Belohlavek/Tschech. Philh. Prag/ Saroun, Mazacek Ko Ch 8950
Tschechische Tänze. F. Kl. z. 4 Hd. Klavierduo Cividino SST 30 212
Tschechische Tänze Nr. 1–7. F. Kl. Kvapil Hek Uni 9140

Mascagni, Pietro (1863–1945) [*117, 286*]
Cavalleria rusticana. Oper (Ausw.) Prêtre/Gall, Domingo u. a./Chor/ Orch. d. Mailänder Scala Ph 442 482

Massenet, Jules (1824–1912) [*94, 149 ff.*]
Cléopâtre. Oper. Fournillier/Harries u. a./Chöre d. Massenet-Festivals/ Nouvel Orch. Saint-Etienne Ko 31 032 (2)
Le Roi de Lahore. Oper. Bonynge/Sutherland u. a./London Voices/ National Philh. Orch. London Dec 433 851 (2)
Thais. Oper. Méditation. V. u. Orch. Kennedy/Bonynge/National Philh. Orch. London Ph 442 483
– Vc. u. Orch. Tortelier/Engl. Chamber Orch. Vir 567759668

Mendelssohn Bartholdy, Felix (1809–1847) [*20, 22, 61, 106, 244 ff.*]
Ein Sommernachtstraum. Bühnenmusik. Lind u. a./Previn/Wiener Jeunesse Chor/Wiener Philh. Ph 420 161
Sinfonie Nr. 3 (»Schottische«) – Sinfonie Nr. 4 (»Italienische«). New Philh. Orch. London/Sawallisch Ph 432 598 (3)
Hebriden-Ouvertüre (Fingals Höhle). Flor/Bamberger Sinf. BMG 786357905
Meeresstille und glückliche Fahrt. Ouvertüre. Masur/Gewandhaus-orch. Leipzig Ed BC 2057
Lieder ohne Worte: Venezianische Gondellieder, Op. 19 Nr. 6, op. 30 Nr. 6, op. 62 Nr.5. F. Kl. Nagy Fono Nx 8550453

Messiaen, Olivier (1908–1992) [*216 f., 281*]
Turangalîla-Sinfonie. Ondes Martenot. F. Kl. u. Orch. Loriod, Loriod/ Chung/Orch. d. Oper Bastille Paris DG 431 781
– Hartmann-Claverie, Muraro/Janowski/Philh. Orch. de l'ORFT Paris BMG 902661520 (2)
Die Geburt des Herrn – Das himmlische Mahl. F. Orgel. Bate Hek Uni 9005
Catalogue des oiseaux. 13 Stücke f. Kl. Ugorski DG 439 214 (3)

Milhaud, Darius (1892–1974) [*83, 116, 301*]
Le boeuf sur le toît. Ballett. Bychkov/Orch. de Paris Ph 432 993
La création du monde. Ballett. Milhaud/Orch. of 19 soloists EMI 567 747845
Le bal martiniquais. F. Kl. z. 4 Hd. – Scaramouche. Suite f. 2 Kl. Ivaldi & Lee EMI CDM 769854

Millöcker, Karl (1842–1899) [*40*]
Der Bettelstudent. Operettenquerschnitt. Stolz/Güden u.a./Chor d. Dt. Oper Berlin/Berliner Symph. BMG 258371-218

Monteverdi, Claudio (1567–1643) [*94*]
L'Arianna. Opernfragment: Lamento d'Arianna »Lasciate mi morire« (Laßt mich sterben). Berganza/Engl. Chamber Orch. Clav 50 9016

Mossolow, Alexander W. (1900–1973) [*38*]
Die Eisengießerei. Swetlanow/SO d. UdSSR — Zyx Mel 46073

Mozart, Wolfgang Amadeus (1756–1791) [*61, 70, 93, 98, 159*]
Don Giovanni. Oper. Keilberth/Goltz u. a./Chor d. Bayer. St. Oper/Münchener Philh. — Orf I 120842 (2)
Figaros Hochzeit. Oper (Ausw.) Böhm/Janowitz u. a./Chor/Orch. d. Dt. Oper Berlin — DG 429 8222
Idomeneo. Oper (Ausw.) Harnoncourt/Palmer u. a./Chor d. Oper Amsterdam/Mozart-Orch. d. Oper Zürich — Tel 229242408 ZS
Titus. Oper. Kertész/Popp u. a./Chor/Orch. d. Wiener St. Oper — Dec 430105 (2)
Die Zauberflöte. Oper (Ausw.) Davis/McLaughlin/Rdf. Chor Leipzig/St. Kapelle Dresden — Ph 432 628

Mussorgski, Modest (1839–1881) [*64, 142*]
Salambo. Opernfragment: Chor der Priesterinnen. Abbado/Chor/ London SO — BMG 902661354 QH
Bilder einer Ausstellung f. Kl. Afanassiev — Den CO-79046
– f. Orch. (Ravel). Gergiev/London Philh. Orch. — Ph 426 437

Nin-Culmell, Joaquín (geb. 1908) [*139*]
Tonadas. 44 spanische Volksweisen f. Kl. Cantos — Fono MP 8223534

Offenbach, Jacques (1819–1880) [*20, 88, 111*]
Hoffmanns Erzählungen. Oper. Tate/Araiza u. a./Rdf. Chor Leipzig/ St. Kapelle Dresden — Ph 422 374 (3)
– (Ausw.) Ozawa/Gruberova u. a./Chor v. Radio France/Orch. National de France — DG 429 788
Orpheus in der Unterwelt. Operettenquerschnitt. Hanell/Fischer, Schreier u. a./Rundfunkchor Leipzig/Dresdner Philh. — Ph 420 666
Pariser Leben. Operette (Ausw.) Allers/Casa u. a./Chor d. Dt. Oper Berlin/Berliner Symph. — BMG GD 69020 QH

Paganini, Niccolò (1782–1840) [*117*]
Caprice a-Moll, op. 1 Nr. 24. F. V. u. Kl. Meuhin, Balsam. — Hek SBT 1003

Palestrina, Giovanni Pierluigi da (1525–1594) [*98*]
Hodie Christus natus est. Motette. Ratzinger/Regensburger Domspatzen — DG 437 619
Missa Papae Marcelli. Hill/Westminster-Chor — Ko Hy 66 266

Pepusch, Johann Christoph (1667–1752) [*228, 244*]
Die Bettleroper. Querschnitt. Barlow/Kwella, Eliott/Broadside Band — Hek 90 1071 C

Pfitzner, Hans (1869–1949) [*98*]
Palestrina. Mus. Legende. Suitner/Nossek, Schreier, Wlaschiha u. a./ Chor d. Dt. Staatsoper u. Staatskapelle Berlin — Ed BC 1001 (3)
– Vorspiele zu Akt 1 bis 3. Sawallisch/Sinf. Orch d. Bayer. Rdf. München — Orf C 168 881

Piazolla, Astor (1921–1992) [*80, 302*]
Konzert f. Bandoneon u. Orch Piazolla/Schifrin/Orch. of St. Luke — Tel 755979174 PL
Adios Nonino. Tango. Garcia — Fono NX 8550273
Five Tango Sensations. Piazolla/Kronos Quartett — Tel 75597931 (6)
Tango-Suite. Albeniz-Gitarrenduo — Fono FCD 97702

Poulenc, Francis (1899–1963) [*284*]
Les Biches. Ballett m. Gesang. Bychkov/Chor/Orch. de Paris — Ph 432 993
– Prêtre/Ambrosian Singers/Philharmonica Orch. — EMI CZS 7626902
Konzert f. 2 Kl. u. Orch. Katia & Marielle Labèque/Ozawa/Boston SO — Ph 426 284

Prokofjew, Sergej (1891–1953) [*28, 36, 38, 45, 53, 57, 148, 197, 200*]
Der feurige Engel. Oper. Järvi/Secunde, Engert u. a./Pro Musica Kammerchor/SO Gothenburg — DG 431 669 (2)
Die Liebe zu den drei Orangen. Oper. Marsch. Fassung f. V. u. Kl. Suk/Hala — Ko Sup 111 311
Romeo und Julia. Ballett. Gergiev/Kirow-Orch. Leningrad — Ph 432 166 (2)
– Suiten 1 u. 2. Dorati/London SO — Mercury 432004
Die steinerne Blume. Ballett (Ausw.) Järvi/Philh. Orch. London — Ko CH 9095
Alexander Newski. Kantate f. Mezzosopr., Chor u. Orch. Previn/Armstrong/London Symph. Chorus/London SO — EMI CDM 7631142
Leutnant Kishe. Sinf. Suite. Marriner/London SO — Ph 426 640
Le pas d'acier. Ballettsuite. Järvi/Schott. National Orch. — Ko Ch 8729
Sinfonie Nr. 3 c-Moll. Kondraschin/Concertgebouw-Orch. — Ph 432 992
Skythische Suite. Kondraschin/Moskauer Philh. — Hek Glo 6006
Klavierkonzerte Nr. 2 u. 5. Paik/SO des Poln. Rdf. — Naxos 8.550565
Toccata d-Moll. F. Kl. Haas — Ph 434 414
– Horowitz — BMG GD 60377 QH

Puccini, Giacomo (1858–1924) [*44, 75, 103, 222, 281 f.*]
La Bohème. Oper. Davis/Ricciarelli u. a./Orch. u. Chor Covent Garden — Ph 416 492 (2)
– (Ausw.) Leinsdorf/Costa, Moffo u. a./Chor/Orch d. Oper Rom — BMG GD 60189 QH
Madame Butterfly. Oper. Sinopoli/Freni, Berganza, Carreras u. a./Ambrosian Singers/Philh. Orch. London — DG 423 567 (3)
Tosca. Oper. Davis/Caballé u. a./Chor u. Orch. Covent Garden — Ph 412 885 (2)
– (Ausw.) Prêtre/Callas u. a./Chor d. Oper Paris/Conservatoire-Orch. Paris — EMI 555763087
– (Ausw.) Stein/Woytowicz u. a./Chor d. Dt. St. Oper u. St. Kapelle Berlin — Ed BC 2039
Turandot. Oper (Ausw.) Patané/Bjoner u. a./Rdf. Chor Leipzig/St. Kapelle Dresden — Ed BC 2029
Chrysanthemen. F. Str. Quartett. Giovane Quartetto Italiano — Clav 50 9114

Purcell, Henry (1659–1695) [*227 ff., 244*]
Dido und Aeneas. Oper (Ausw.). Mackerras/Armstrong u. a./Monteverdi-Chor Hamburg/Kammerorch. d. NDR Hamburg — DG 439 474

Rachmaninow, Sergej (1873–1943) [*20, 28, 54 ff., 73 f.*]
Francesca da Rimini. Oper. Tschitjakow/Lapina u. a./Chor u. Orch. d. Bolschoi-Theaters Moskau Hek CM 288 081
Die Glocken (Poe). Sinf. Kantate. Kitaenko/Michailowa u. a./Chor d. Bolschoi-Theaters Moskau, Moskauer Philh. Zyx Mel 46050
Die Toteninsel. SD. Dutoit/Philadelphia Orch. Dec 436 283
Konzert f. Kl. u. Orch. Nr. 1 u. Nr. 2. Kocsis/de Waart/San Francisco SO Ph 412 881
Konzerte f. Kl. u. Orch. Nr. 1 u. Nr. 4. – Paganini-Rhapsodie op. 43. F. Kl. u. Orch. Entremont/Ormandy/Philadelphia Orch. Sony SBK 46541
Konzert f. Kl. u. Orch. Nr. 3. Rachmaninov/Ormandy/ Philadelphia Orch. BMG RD 85997 QA
Suite Nr. 1 f. 2 Kl. Argerich, Rabinovitch Tel 903174717 PL
Prélude gis-Moll, op. 23 Nr. 12. Paderewski BMG GD 60923 QH
– Rachmaninow BMG GD 69079 QH
Lieder f. Sopran u. Kl. Pusar/Hans Orf C 340 941 A
Lieder f. Tenor u. Kl. Gedda/Weissenberg EMI CDM 63731 2

Ramirez, Ariel (geb. 1921) [*305*]
Misa Criolla. Argentinische Messe. Ocejo/Carreras/Coral Salvé de Laredo/Sociedad Coral de Bilbao Ph 420 955

Ravel, Maurice (1875–1937) [*23 f., 27, 64, 127 ff., 192, 221, 285 f.*]
L'Heure espagnole. Oper. Ansermet/Danco u. a./Orch. de la Suisse Romande Dec 433 400 (2)
– (Ausw.) I Salonisti BMG GD 69299 QH
Boléro – Rhapsodie espagnole f. Orch. Haitink/Concertgebouw-Orch. Amsterdam Ph 416 495
Ma mère l'oye. F. Orch. Inbal/Orch. National de France Den Co 41 798
– F. Kl. z. 4 Hd. Klavierduo Kontarsky DG 439 450
La Valse. SD. Munch/Boston SO BMG 902661956
Tzigane. F. V. u. Orch. Szeryng/Remoortel/Orch. d. Oper Monte Carlo Ph 442 715
Gaspard de la nuit f. Kl. Porgorelich DG 413 363
Miroirs – Jeux d'eau f. Kl. Ousset Mag AV 2100 142
Vocalise en forme d'Habanera. F. Sopran u. Kl. Bálint/Mercz Fono Nx 8550 741

Reger, Max (1873–1916) [*32, 62*]
Böcklin-Suite. F. gr. Orch. Weigle/Dresdner Philh. Cap 10 307

Reichardt, Johann Friedrich (1752–1814) [*50*]
Prometheus (Goethe). Lied. Fischer-Dieskau/Graf Orf C 245 921

Respighi, Ottorino (1879–1936) [*103*]
Fontane di Roma. – Pini di Roma. – Feste di Roma. SD. Marriner/ Academy of St. Martin-in-the-Fields Ph 432 133
Gli ucelli. Suite f. kl. Orch. Orpheus Chamber Orch. New York DG 437 533

Revueltas, Silvestre (1899–1940) [*299*]
Sensemayá. SD. Bernstein/New Yorker Philh. Sony CD 47 554

Reyer, Lous Étienne Ernest (1823–1909) [*142*]
La Sélam. Oriental. Sinf. Guida/Ottenthal u. a./Chor der St. Hedwigs-Kathedrale u. RSO Berlin Cap 10 380

Rimski-Korsakow, Nikolai (1844–1908) [*16, 1123, 205, 211*]
Das Märchen vom Zaren Saltan. Oper: Hummelflug. Benzi/ Lamoureux-Orch. Paris — Ph 426 367
– F. Blechbläser. Canadian Brass — Ph 432 571
Sadko. Oper. Lied des indischen Gastes. F. V. u. Orch. Fiedler/ Boston Pops Orch. — BMG GD 61315 QH
– F. Vc. u. Orch. Tortelier/London SO — Mag Lu 2153174
Sinfonie Nr. 2 (»Antar«). Swetlanow/Philh. Orch. London — Ko Hy 66 399
Capriccio Espagnol. Atzmon/Tokyo Metropolitan SO — Den DC 8099
Scheherazade. Sinf. Suite. Ozawa/Wiener Philh. — Ph 438 941

Rodrigo, Joaquín (geb. 1901) [*137*]
Concierto Andaluz – Concierto para una fiesta – Fantasia para un gentilhombre. Romero/Marriner/Academy of St. Martin-in-the-Fields — Ph 432 581 (3)
Concierto de Aranjuez. F. Git. u. Orch. Bream/Davis/Melos Esbl. London — BMG 902661598
Concierto Madrigal. F. 2 Git. u. Orch. Yepes, Monden/Garcia Navarro/ Phil. Orch. London — DG 439 526

Rossini, Gioacchino (1792–1868) [*113*]
Tancred. Oper. Ouvertüre. Abbado/London SO — BMG VD 87814 QX
Sinfonia da Bologna. Francis/Haydn-SO Bozen — CPO 999 063
Streichersinfonien. Sonaten a4 Nr. 1–6. F. Streicher. Erxleben/Neues Berliner Kammerorch. — Cap 10 630 (2)

Roussel, Albert (1869–1937) [*212*]
Das Festmahl der Spinne. Ballett. Cluytens/Conservatoire-Orch. Paris — EMI 637568220 (2)
Padmâvatî. Ballettoper. Plasson/Horne u. a./Orféon Donostiarra/ Orch. du Capitole de Toulouse — EMI CDS 7478918 (2)

Rubinstein, Anton (1829–1894) [*272*]
Der Dämon. Oper: Ballettmusik. Halasz/Slowak. Philh. Bratislava — Fono MP 8220451
– Arien d. Dämons. Hvorostovsky — Ph 438 872

Saint-Saëns, Camille (1835–1921) [*64, 76, 280*]
Danse macabre. F. Kl. u. Orch. Garlitsky/Krivine/Orch. National de Lyon — Den Co 75 024
– F. Orch. Toscanini/NBC SO — BMG GD 60322 QH
Der Karneval der Tiere. Gr. zool. Fantasie. Argerich, Freire, Kremer u. a. — Ph 416 841
– Henderson/Katchen u. a./Loriot/London SO — DG 439 648
MC: DG 439 648-4

Sarasate, Pablo de (1844–1908) [*124, 192*]
Zigeunerweisen. F. V. u. Orch. Bernard/Gibaut/Orch. d. Oper Monte Carlo — Ph 442 7215

Satie, Eric (1866–1925) [*283 f.*]
Die frühen Klavierstücke (darin u. a. Gymnopédies – Kalte Stücke – Stücke für den Hund – Stücke in Birnenform – Vertrocknete Embryos). — Ph 426 444 (3)

Stücke f. Kl. z. 4 Hd. (darin u. a. Parade – La belle excentrique).
Jordans & van Doeselaar — Hel Etc KTC 1015

Schmidt, Franz (1874–1939) [*93*]
Notre Dame. Oper. Perick/Jones u. a./Chor d. St. Hedwigs-Kathedrale, Rias-Kammerchor u. RSO Berlin — Cap 10248/49 (2)
– Zwischenspiel. Karajan/Berliner Philh. — DG 415 856
Das Buch mit sieben Siegeln. Oratorium. Zagrosek/Greenberg u. a./Chor d. Wiener St. Oper/ORF-SO — Orf C 143862 (2)

Schmitt, Florent (1870–1958) [*84, 143, 209, 281*]
Psalm 47. Solo/Chor/Orch. u. Org. Janowski/Sweet/Philh. Orch. de l'ORTF Paris/Gil — MC Tel 2292 45029-1 AT
La Tragédie de Salomé. Mimodrama. Davin/Fayt/Staatsphilh. Rheinld-Pfalz — Fono MP 8223448

Schönberg, Arnold (1874–1951) [*34, 84 f., 251 f.*]
Moses und Aaron. Oper. Kegel/Krahmer u. a./Rdf-Chor u. RSO Leipzig — Ed BC 1116 (2)
Gurre-Lieder. Ozawa/Norman u. a./Tanglewood Festival Chorus/Boston SO — Ph 415 511 (2)
Ein Überlebender aus Warschau. Neumann/Baker/Chor/Tschech. Philh. — Ko Sup 110 663
– Gielen/Csapo u. a./Chor/ORF-SO — Ph 438 667 (2)

Schostakowitsch, Dimitri (1906–1975) [*45*]
Sinfonie Nr. 7 »Leningrader«. Kondraschin/Moskauer Philh. — BMG 74311 9839

Schubert, Franz (1797–1828) [*24, 28, 37, 40 ff., 50, 69, 75, 84, 106*]
Sinfonie Nr. 6. Wand/SO d. WDR Köln — BMG GD 60098 QH
Ouvertüren im italienischen Stil. Angerer/RSO Stuttgart — Fono FCD 91 104
Militärmärsche op. 51. F. Kl. z. 4 Hd. Badura-Skoda, Demus — IMS Val 4622
Wanderer-Fantasie. F. Kl. Brendel — Ph 420 644
– Kissin — DG 435 028
Edward (Herder). Duett. McLaughlin, Hampson/Johnson — Ko Hy 33 013
Erlkönig (Goethe) – Der Wanderer (Schmidt v. Lübeck) – Wanderers Nachtlied I (Goethe) »Über allen Wipfeln ist Ruh«. Lieder. Souzay/Baldwin — Ph 422 418
Die Götter Griechenlands (Schiller). Lied. Haefliger/Dähler (Hammerflügel) — Hel Clav CD 508611
Lieder der Mignon (Goethe). Lipovsek/Parsons — Orf C 159871 A
Prometheus (Goethe) – Grenzen der Menschheit (Goethe) – Gruppe aus dem Tartarus (Schiller) – Aus Helipolis II (Mayrhofer). Lieder. Moll/Garben — Orf C 021 821 A
Der Schatzgräber (Goethe). Lied. Fischer-Dieskau/Moore — DG 437215 (9)
Die schöne Müllerin (Müller). Liederzyklus. Prey/Hokanson — Ph 422 241
Wanderers Nachtlied II (Goethe): »Der du von dem Himmel bist«. Lied. Ameling/Baldwin — Etc KTC 1009
Die Winterreise (Müller). Liederzyklus. Schreier/Richter — Ph 416 289 (2)
– Prey/Sawallisch — Ph 422 242
– Ocker/Fuller (Hammerflügel) — amb 97863

Schütz, Heinrich (1585–1672) [*85*]
Johannes-Passion. Friedberg/Lebloch u. a./Collegium Musicum Plagense — Hek Chr CD74587
Matthäus-Passion. Norrington/Cash, Pears u. a./H.-Schütz-Chor London — Dec 436 221

Schumann, Robert (1810–1856) [*24 f., 37, 42, 191 f.*]
Manfred. Ouvertüre. Toscanini/NBC SO — MBG GD 60 292 QH
Zigeunerleben (Geibel) op. 29 Nr. 3 f. Chor u. Kl. Bernius/Kammerchor Stuttgart/Hindart — Hek Bay 100 072
An den Sonnenschein (Reinick). Shirai/Höll — Cap 10 445
Frühlingsfahrt (Eichendorff). Schreier/Shetler — Ec BC 2111
Lieder der Mignon (Goethe). Shirai/Höll — Cap 10 099
Wanderlied (Kerner). Schreier/Shetler — Ed BC 2113

Sibelius, Jean (1865–1957) [*258 f., 268 ff.*]
Sinfonie Nr. 1 u. Nr. 2 – Finlandia – Schwan von Tuonela – Tapiola. Davis/Boston SO — Ph 416 600 (4)
En Saga. SD. – König Christian II. OrchSuite. Engstrom/New Finnish SO — PCD 1003
Lemminkäinen. Legenden. SD. Järvi/SO Gothenburg — DC Bis CD 500294
Violinkonzert d-Moll. Oistrach/Ormandy/Philadelphia Orch. — Sony SBK 47659
– Mullova/Ozawa/Boston SO — Ph 416 821

Skrjabin, Alexander (1872–1915) [*50, 52, 169, 214 ff.*]
Sinfonie Nr. 3 (»Le Poème divin«). Barenboim/Orch. de Paris — Tel 229245507 ZK
Poème de l'extase. Abbado/Boston SO — DG 437 016
Prométheus (»Le poème du feu«). Barenboim/Orch. de Paris — Tel 22945 507 ZK
Sonate f. Kl. Nr. 4. Gilels — Zyx Mel 46077
Sonate f. Kl. Nr. 9. (»Schwarze Messe«). Horowitz — BMG GD 60526 QH
Sonate f. Kl. Nr. 10 (»Weiße Messe«). Paik — Fono Da 9125
Vers la flamme. F. Kl. Sofronitzki — Hek CM 280 032
– Richter — Ph 438 628

Smetana, Bedřich (1824–1884) [*35, 157 f., 160 f., 165 f.*]
Die verkaufte Braut. Oper (Ausw.) Suitner/Schlemm u. a./Chor d. St. Oper Dresden/St. Kapelle Dresden — Ed BC 2040
Mein Vaterland. Zyklus v. 6 SD. Neumann/Gewandhaus-Orch. Leipzig — Ed BC 2073 (2)
– Talich/Tschech. Philh. Prag — Ko 37 032
Tschechische Tänze (14). F. Kl. Kvapil — Hek Uni 9139
– (4) F. Orch. Altrichter/Prager Sinf. — Ko Sup 111 508

Spontini, Gasparo (1774–1851) [*99*]
Die Vestalin. Oper. Kuhn/Lowright u. a./Chor/Orch. d. Bayer. Rdf. München — Orf C 256922 (2)

Steiner, Max [*141, 184, 298*]
Filmmusik zu »Casablanca«. Suite. Gerhardt/National Philh. Orch. — RCA GD 80422
Filmmusik zu »Vom Winde verweht«. Mauceri/Hollywood Bowl Orch. — Ph 432 109

Stockhausen, Karlheinz (geb. 1928) [*53*]
Gesang der Jünglinge (im Feuerofen). Stockhausen/Elektron. Studio d. WDR Köln — Sto CD 3

Strauss, Richard (1864–1949) [*33 f., 36, 59, 90, 94, 146*]
Die Ägyptische Helena. Oper (Ausw.). Krauss/Bokor, Roswaenge u. a./ Chor/Orch. d. Wiener Staatsoper — Ko 31 455 (2)
Adriadne auf Naxos. Oper. (Ausw.) Erede/Casa u. a. — Hek SBT 1036
Elektra. Oper. Karajan/Haas u. a./Chor d. Wiener St. Oper/ Wiener Philh. — Orf C 298 922 (2)
Der Rosenkavalier. Oper. Walzerfolge. Mehta/Berliner Philh. — Sony STK 47197
Salome. Oper. Leinsdorf/Bainbridge u. a./London SO — BMG GD 86644 QR (2)
Alpensinfonie. Previn/Wiener Philh. — Ina Te 80211
Also sprach Zarathustra. SD. Haitink/Concertgebouw Amsterdam — Ph 438 300
Aus Italien. Sinf. Fantasie. Muti/Berliner Philh. — Ph 422 399
Metamorphosen. Gielen/Cincinatti SO — Fono Dur 115466

Strawinsky, Igor (1882–1971) [*15, 52, 76, 84, 88, 90, 92, 110, 112, 116*]
Oedipus Rex. Opern-Oratorium. Ozawa/Norman u. a./Shinyukai-Chor/ Saito Kinen Orch. — Ph 438 865
The Rake's Progress. Oper. Strawinsky/Raskin u. a./Sadler's Wells Opernchor/Royal Philh. Orch. — Sony CD 46299 (2)
Apollon Musagète. Ballett. Strawinsky/SO d. Bayer. Rdf. — Orf C 198 891
– Markevitch/London SO — Ph 438 597 (2)
Der Feuervogel (Oiseau du feu). Ballett. Haitink/Berliner Philh. — Ph 426 317 IMS
Orpheus. Ballett. Järvi/Concertgebouw-Orch. Amsterdam — Ko CH 9014
Petruschka. Ballett. Roshdestwensky/London SO — Fono Ni 5088
Pulcinella. Ballett m. Gesang. Abbado/Berganza u. a./London SO — DG 439 433
Sacre du printemps. Ballett. Stokowski/Philadelphia Orch. — BMG 902661394
Canticum sacrum. Oratorium. Strawinsky/Robinson, Chitijan/Chor/ Los Angeles Festival SO — Sony CD 46301 (2)
Psalmen-Sinfonie. Strawinsky/Toronto-Festival Singers/CBS SO — Sony CD 42434
Requiem Canticles. Craft/Anderson u. a./Ithaka College Concert Chor/ Columbia SO — Sony CD 46302
Le Chant de rossignol. SD. Craft/Columbia SO — Sony CD 46302
– Kegel/Dresdner Philh. — Ed BC 2044

Suk, Josef d. Ä. (1874–1935) [*86, 167*]
Asrael. Oratorium. Neumann/Tschech. Philh. Prag — Ko Sup 110 715
Pohadka (Ein Märchen). SD. Belohlavek/Tschech. Philh. Prag — Ko Ch 9063
Serenade op. 6. F. Streicher. Banfalvi/Budapester Streicher-Ensemble — Cap 10 527

Szymanowski, Karol (1882–1937) [*207 f.*]
Sinfonie Nr. 3 (»Das Lied der Nacht«). F. Tenor, Chor u. Orch. Semkow/ Ochman/Rdf-Chor Krakau/National SO d. Poln. Rdf. — EMI 555565082
Konzert f. V. u. Orch. Nr. 1 op. 35. Oistrach/Sanderling/ Leningrader Philh. — DC For 16589
– Edinger/Penderecki/RSO Kattowitz — Tho CTH 2057

Thomas, Ambroise (1811–1896) [*193*]
Mignon. Oper. Ouvertüre. Toscanini/NBC SO — BMG GD 60322 QH
– Kennst du das Land. Arie der Mignon. Berganza — BMG 902661 204 QA

Tschaikowsky, Pjotr Iljitsch (1840–1893) [*28, 33, 45, 48, 56, 69 ff., 102, 115, 272 ff.*]
Eugen Onegin. Oper (Ausw.). Bychkov/Focile u. a./Kammerchor St. Petersburg/Orch. de Paris — Ph 442 384
Pique Dame. Oper (Ausw.). Ozawa/Freni u. a./Tanglewood Festival/Chor/Boston SO — BMG 902661 227
Dornröschen. Ballettquerschnitt. Fistoulari/London SO — Ph 434 544
Schwanensee. Balettsuite. Monteux/London SO — Ph 434 544
Hamlet. Bühnenmusik. Akulow/RSO Moskau — Ina MFSL 870
Sinfonien Nr. 1–6. Markevitch/London SO — Ph 426 848 (4)
Sinfonie Nr. 1 (»Winterträume). Bernstein/New Yorker Philh. — Sony CD 47631
Sinfonie Nr. 4 f-Moll. Fedossejew/Gr. Rdf. SO d. UdSSR — Zyx Mel 45004
Sinfonie Nr. 5 e-Moll. Mrawinsky/Leningrader Philh. — Tel 229245755 ZS
Sinfonie Nr. 6 (»Pathétique«). Toscanini/NBC SO — BMG GD 60297 QH
Manfred-Sinfonie. Swetlanow/SO d. UdSSR — BMG 74321 17098
Capriccio Italien. Karajan/Berliner Philh. — DG 445 026
Francesca da Rimini. Munch/Royal Philh. Orch. London — Ina Che 7
Hamlet. SD. Dutoit/SO-Montreal — Dec 425503 ZKIMS
Ouvertüre 1812 (Das Jahr 1812). SD. Gergijew/Kirow-Orch. St. Petersburg — Ph 442 011
Der Sturm. SD. Roshdestwensky/London SO — Pick PCD 878
Violinkonzert D-Dur. Accardo/Davis/BBC SO — Ph 420 717
Sextett f. Streicher »Souvenir de Florence«. Orch.-Fassung. Kantorow/Orch. d'Auvergne — Den Co 75026
Streichquartett Nr. 1 D-Dur. Accardo u. a. — Fono Nu 6866
Die Jahreszeiten. Klavierzyklus. Pletnew — Cos MK 418008
– F. Orch. Grin/Philh. Orch. Tampere — Hek Ode 782
6 Duette op. 46. Edward. Schottische Ballade (Herder). Angeles, Fischer-Dieskau/Moore — EMI 653565061 (4)

Turina, Joaquín (1882–1949) [*135*]
Danzas fantasticas – La Procesión del Rocio – Ritmos. Fantasia coreografica – Sevillana (Sinfonia). Almeida/Bamberger Sinfoniker — BMG RD 60895 QA

Vaughan Williams, Ralph (1872–1958) [*11, 17 f., 28, 63, 232, 237 ff., 282, 302 ff.*]
Sinfonie Nr. 1 (A Sea Symphony). Previn/London SO u. Chor — RCA GC 90500
Sinfonie Nr. 2 (A London Symphony). Bakels/Bournemouth SO — Nax 8.550734
Sinfonie Nr. 3 (Pastorale). Slatkin/Hohenfeld/Philh. Orch. London — BMG 902661194
Sinfonie Nr. 7 (Sinfonia Antartica). Previn/Harper u. a./Ambrosian Singers/London SO — BMG 902661195
Towards the Unknown Region (Whitman). Kantate. Del Mar/Chor/City of Birmingham SO — Col 3447248
Fantasie über ein Thema von Tallis f. Streicher. Boughton/Engl. Streichorch. — Fono Ni 7013
Variationen über »Greensleeves«. Marriner/Academy of St. Martin-in-the-Fields — Ph 442 406

Verdi, Giuseppe (1813–1901) [*553, 111, 118, 121, 145*]
Aida. Oper (Ausw.). Maazel/Chiara, Pavarotti u. a./Chor/Orch. d. Mailänder Scala — Dec 433161

– Patané/Bjoner u. a./Rdf. Chor Leipzig/St. Kapelle Dresden Ed BC 2026
Don Carlos. Oper (Ausw.). Abbado/Murray u. a./Chor/Orch. d. Mailänder Scala DG 415 981
Othello. Oper (Ausw.). Solti/Kanawa u. a./Chor/Chicago SO Dec 440 843
Falstaff. Oper (Ausw.). Krauss/Kern u. a./Chor./Orch. d. Wiener St. Oper Ko 31458 (2)
Die sizilianische Vesper. Oper. Levine/Arroyo u. a./John-Alldis-Chor u. New. Philh. Orch. London BMG RD 80370 QF (3)
– Wie soll ich euch, ihr Treuen, danken. Arie d. Elena. Callas EMI 567-747282
Traviata. Oper (Ausw.). Previtali/Moffo u. a./ Chor/Orch. d. Oper Rom BMG GD 60204 QH

Villa-Lobos, Heitor (1887–1959) [*10, 301 f., 305*]
Bachianas Brasileiras. Nr. 1–9. F. Ges. u. Orch. Batiz/Hendricks u. a./ Royal Philh. Orch. EMI 6677479018 (3)
– Nr. 5 1. Satz (Aria). F. Ges. u. 8 Vc. Mattila/Academy of St. Martin-in-the-Fields Ph 442 406

Vivaldi, Antonio (1675–1741) [*80, 112*]
Concerti F 4, Nr. 7–11 (L'Estro Armonico). Carmirelli u. a./I Musici Ph 412 128 (2)
Concerti f. Viola d'amore/Paris/I Musici Ph 422051
Concerto D-Dur RV 564 u. a./I Musici Ph 422 212
Doppelkonzerte/Solisten/Marriner/Academy of St. Martin-in-the-Fields Ph 412 892

Wagner, Richard (1813–1883) [*53, 74*]
Der Fliegende Holländer. Oper (Ausw.). Karajan/Vejzovic u. a./ Chor d. Wiener St. Oper/Berliner Philh. EMI 555 763449
– Ouvertüre. Fassung f. 2 Kl. (Debussy). Heisser, Pludermacher Tel 450993209 ZK
Lohengrin. Oper (Ausw.). Suitner/Dvorakova u. a./Chor d. St. Oper/ St. Kapelle Berlin Mag AV 2100147
Die Meistersinger von Nürnberg. Oper (Ausw.). Karajan/Donath u. a./ Rdf. Chor Leipzig/ Chor d. St. Oper/St. Kapelle Dresden EMI 555763455
Parsifal. Oper (Ausw.). Knappertsbusch/Konetzni u. a./Chor/ Orch. d. Wiener St. Oper Ko 31 452 (2)
Ring des Nibelungen. Opern-Tetralogie.
– Rheingold (Ausw.). Kempe/Muszely, Schock u. a./St. Kapelle Dresden Ed BC 2035
– Walküre (Ausw.). Knappertsbusch/Flagstadt u. a./Wiener Philh. Dec 425 963 ZS
– Götterdämmerung (Ausw.). Levine/Behrens u. a./Chor/Orch. d. Metropolitan Oper New York DG 435 489
Tannhäuser. Oper (Ausw.). Janowski/Kanawa u. a./Ambrosian Singers/ London Philh. Tel 229246336 AZ
Tristan. Oper (Ausw.). Böhm/Nilsson u. a./Chor/Orch. d. Bayreuther Festspiele DG 439 469

Walton, William (1902–1983) [*241 ff.*]
Belsazars Fest. Oratorium. Shaw/Stone/Chor/SO-Atlanta Telarc 80181
Façades (Fassaden) f. Sprecher u. kl. Orch. Chailly/Ashcroft, Irons/ London Sinfonietta Dec 421 717
Konzert f. Viola u. Orch. Imai/Latham-Koenig/London Philh. Ko Ch 9106
Konzert f. V. u. Orch. Accardo/Hickox/London SO Ina Col 1338

Konzert f. Vc. u. Orch. Piatigorski/Munch/Boston SO BMG 902661498
Variationen auf ein Thema von Hindemith. Szell/Cleveland Orch. Sony CD 53258

Webber, Andrew Lloyd (geb. 1948) [*238, 241*]
Das Phantom der Oper. Musical. Richter/Goebel u. a./Orch. d. vereinigten Bühnen Wien Polydor 839206 (2)

Weber, Carl Maria von (1786–1826) [*16, 293*]
Oberon. Oper. Arie der Rezia »Ozean, du Ungeheuer«. Nilsson CD Blu 500 055

Wolf, Hugo (1860–1903) [*50, 53, 67, 95, 107*]
Italienische Serenade. F. kl. Orch. Bychkov/Berliner Philh. Ph 343 108
An eine Äolsharfe (Mörike). Shirai/RSO Berlin Cap 10 335
Anakreons Grab – Mignon I–III (Goethe). Ameling/Jansen Hek Etc 1003
Du bist Orplid, mein Land (Mörike). Shirai/RSO Berlin Cap 10335
Der Feuerreiter – Storchenbotschaft (Mörike). Fischer-Dieskau/Moore Orf 140 401
Italienisches Liederbuch (Heyse). Ziesak, Schmidt/Eisenlohr, Jansen BMG RD 60857 QA
Mignons Gesang (»Kennst du das Land«; Goethe). Oelze/Schneider Ed BC 1030
Prometheus (Goethe) – Lieder nach Michelangelo. Fischer-Dieskau/ Orch. d. Bayer. Rdf. München Orf C 219911
Spanisches Liederbuch (Geibel u. a.). Schwarzkopf, Fischer-Dieskau/ Moore DG 423 934 (2)

Zelter, Karl Friedrich (1758–1832) [*107*]
Es war ein König in Thule (Goethe). Wiedermann/Berliner Männerchor C. M. v. Weber Cap 10 435